アンコールワットの「発見」

タイ・カンボジア・ラオス諸王国遍歴記

The Discovery of Angkor Wat

アンリ・ムオ 著
大岩誠 訳

JN153981

2

序

アンコールは、昔のカンボジアすなわちクメール族の首都である。当時、この王国の名はインドシナの大国中にも響きわたっていたので、もっぱらこの国で語られている伝説によれば、この国に朝貢した国王の数は百二十、軍隊は五百万、王の宝庫だけで数里の長さに亘った、とある。

序

「ベンガル湾とシナ海とに挟《はさ》まれた二つの半島が形づくるこの広大な地域は、奥地は不毛の平原をなしていて、ただ海岸だけしか知られていない。*」

*原註――マルト・ブラン Malte Blun 著『正解世界地誌』《Précis de la géographie universelle》西紀一八一三年発行の初版第百五十一巻より。

これからわれわれが読者諸君に紹介しようとしている地域について、マルト・ブランが右のように述べてから、すでに五十余年が経過した。この優れた地理学者は、この地方の骨組みがチベットから出て南走する四つの山脈によってできていて、その間に平行する三つの長大な谷間を抱き、それらは大河によってうるおされているとは述べているが、「その水源および水路は、いまだほとんど知られていない」と述べている。

ところがその後の半世紀に発見が相《あい》ついで行われ、このマルト・ブランの所見《しょけん》に加うるもの大きく、これまでほとんど知られていなかったインドシナの相貌《そうぼう》が相当つまびらかにされるに至った。今はなくなった東インド会社とビルマ帝国との間に相ついで行われた二つの戦いは、イギリス人をしてイラワジ河の谷間にまで入り込ませ、戦いに勝ったイギリス人はその地方の探検を行い、ついでその南の半分を属領《ぞくりょう》としてしまった。(一) ここにおいてキリスト教の主《おも》だった宗派はすべてインドシナに伝道所を設け、今なお仕事を続けているわけであるが、なかにはタイにまで教会を持つものもできてきた。かくしてタイに関する最も優れた著書は(二)、カトリックの一司教によって著《あらわ》されるようになった。また「伝道史」のうちで最も興味もあり、また最も心を傷ましめる頁《ページ》は、コーチシナおよびトンキンに捧げられることになった。勇敢な聖職者たちはこの十二年来、ベトナムに、カンボジアに、未開の地を開拓し、あるいはインドシナ東部の広闊《こうかつ》たる谷間の動脈をなす大メコン河を遡《さかのぼ》り、広大なトンレサップ(三)をはじめ、湖畔に散在する古跡《こせき》を地誌に書き込むことになった。

(一) 訳註――ビルマに対するイギリス人の侵略は、西紀一八二四年から二六年に至る第一回ビルマ戦争に始まる。当時ビルマは西隣りのイギリス保護領アッサムの内乱に干渉しようとしたが、イギリス軍の援兵に破られてアラカン、メルギ、ダヴォイを失った。その後、清国の援助のもとに、たびたびイギリスの勢力に抵抗を試みたが、一八五二年にはペグー、プロームを失い、ビルマ王国は上ビルマを保つのみとなってしまった。その後、ビルマは明治十八年(一八八五年)にまたしても清国の援助を得て、第三回対英戦争を行ったが不利、ついに翌年一月一日に英領インドの一省となり、昭和十二年(一九三七年)にインドから引き放されて直轄植民地となってしまった。

(二) 原註――パルゴア司教の著『タイ国あるいはシャム国要録』《Description du royaume Thai ou Siam》を指す。(訳註――Denis-Jean-Baptiste Pallegoix(西紀

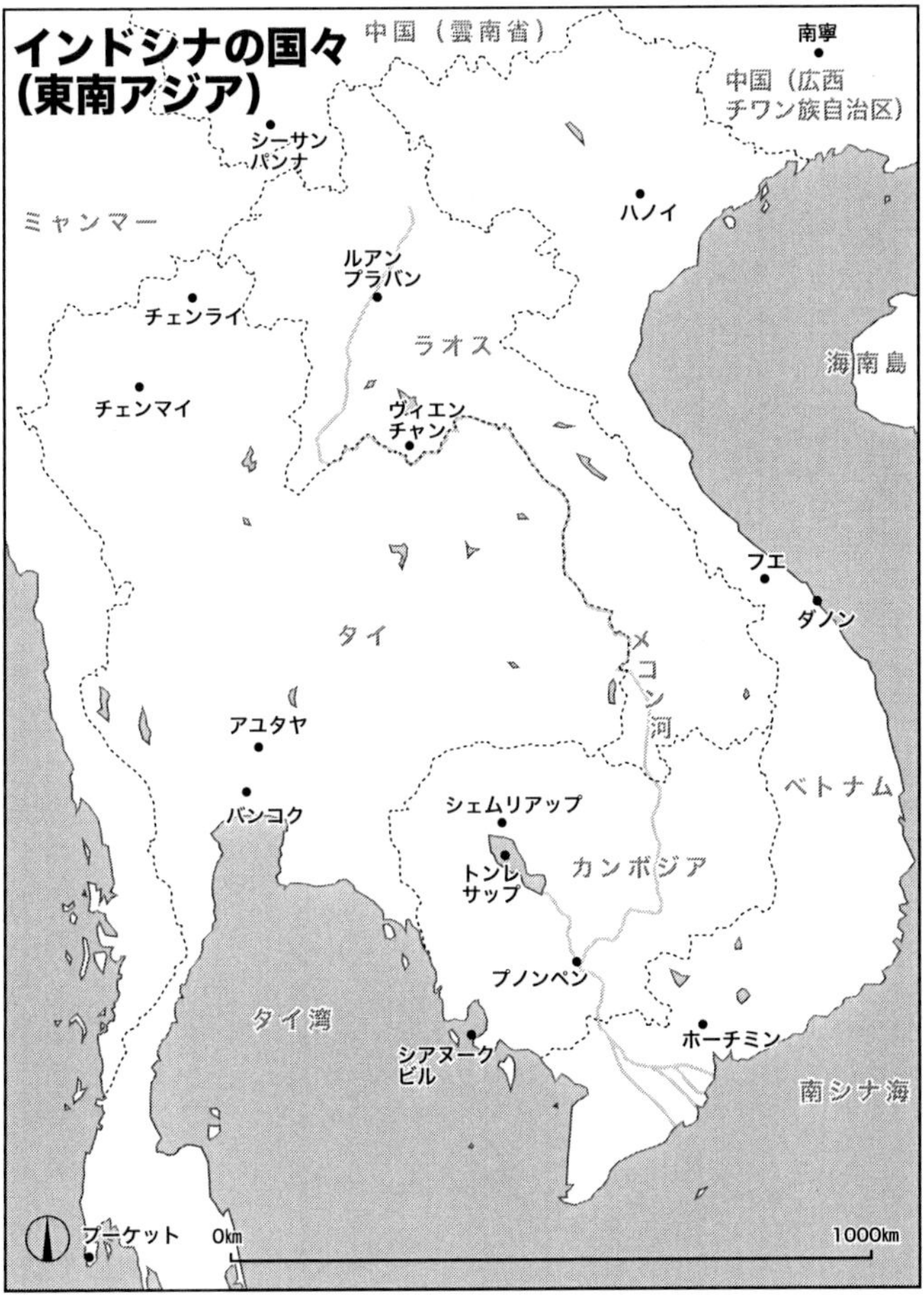
インドシナの国々
(東南アジア)
中国(雲南省)
南寧
中国(広西
チワン族自治区)
シーサン
パンナ
ミャンマー
ハノイ
ルアン
プラバン
チェンライ
ラオス
海南島
チェンマイ
ヴィエン
チャン
フエ
ダナン
タイ
メコン河
アユタヤ
ベトナム
バンコク
シェムリアップ
トンレ
サップ
カンボジア
プノンペン
タイ湾
シアヌーク
ビル
ホーチミン
南シナ海
プーケット
0km
1000km

一八〇五―一八六二年）はタイ国の司教として伝道につとめるかたわら、政治にも経済にも怪腕《かいわん》の程を示して、タイ国を一応フランスに惹《ひ》きつけるに成功した。上述の著書は西紀一八五四年刊行。）

（三）訳註――Touli-Sap は普通トンレサップ Tonlé-Sap（太湖）と呼ばれている。

敍上《じょじょう》の幾多の発見を総合・記録し、古跡《こせき》を訪ね、チャオプラヤー河とメコン河の両谷間を隔《へだ》てる山脈を踏破《とうは》し、メコン河を中国国境まで遡《さかのぼ》るなど、こうした尊い使命を初めて果たしたのが、そうした目的のために「ロンドン科学協会」から派遣されたわれわれの同志の一人ムオ氏である。

氏は生命を賭《と》し、もってよくこの栄誉を担《にな》われたのであるが、なかにも大きな功績は、その人となりが原住民に与えた印象であろう。最近、あるフランスの委員がサイゴン政庁から派遣されてメコン河を遡って水路の測定を行ったが、その途次《とじ》、再三ならずアンリ・ムオ氏の足跡に出会い、氏が未開人の棲息《せいそく》する地方に残された好印象の数々はまさに難路を平坦にし、あらゆる障害を取り除く護符《ごふ》のような役割を果たしてくれたと述べている。

あまりにも早く訪れたアンリ・ムオ氏の死も、これによって十分に償《つぐな》われたということができよう。この英雄にして謙譲《けんじょう》な学者である氏は、その仕事と死とによって学界並びに国家のために大いに尽くすところがあったのである。

最初『世界旅行』紙*に発表されたこの旅行記は、翌年、イギリスで菊版《きくばん》二巻ものとしてまとめられ、フランス人の収集になる挿絵《さしえ》を加えて公《おおや》けにされた。

＊訳註――『世界旅行』《Tour du Monde》紙は、西紀一八六〇年に創刊された有名な旅行新聞で、興味ある旅行記を掲載して、フランス人に地理学上の趣味を吹き込み、探検熱をそそった。その後、いくらか体裁に変化はあったが、大正十三年（一九一四年）まで続いた。

本書を『世界旅行』紙を底本として出版するにあたっては、十分に編纂《へんさん》の正確を期し、英訳との相違を一々良心的に比較吟味《ぎんみ》してみることも忘れなかった。

しかしその相違は事実よりも外観、内容よりも形式に多く認められたに過ぎなかった。この相違は言うまでもなく、アンリ・ムオ氏の遺《のこ》された数多い文献の編纂《へんさん》にたずさわった編者の観点、すなわちロンドンとパリの見方の相違に帰着《きちゃく》するものなのである。

この旅行家の仕事を科学者としての興味をもって、後援し来たった学者たちにとっては編纂は単なる「分類」に終ろうはずはなかったのである。

ところでわれわれは——その義務は「極東《きょくとう》」においてフランスの文化を率先《そっせん》紹介し、祖国《フランス》の国旗に光彩《こうさい》を添えて死んでいった一人の同志の精神と魂、仕事と人間をフランスに、いな、広くフランス人同胞の間に知らせることにある——そこでわれわれは氏の物語をまず「整理」することに重点をおいた。

肝要《かんよう》なところは原文のまま何ら省略するところなく収録したが、重複《ちょうふく》するところは努めて省《はぶ》き、同性質のものに対する鑑賞または独創的な観察は、能《あた》う限り一か所にまとめて互いに関連をもたせるため、その記録ないしは書簡をひとまとめにして、極力、著者の文献を緊密なものとするよう努めた。それがイギリス訳では二巻に収

カンボジア内陸部に残るクメール芸術の精華、アンコール遺跡群。写真はバイヨン（アンコール・トム）の観世音菩薩四面像

められている内容を幾分、窮屈《きゅうくつ》なこの体裁《ていさい》の書物に収めるために許された唯一の方法だと考えたからに他《ほか》ならない。最後に私がアンリ・ムオ氏のこの書を編纂《へんさん》するについて抱いた念願をここに述べておきたい。それは、やがてわれわれの上にも死が訪れて来たとき、われわれの未完成かつ粗末《そまつ》なこの記録の編纂に対しても、共鳴《きょうめい》ないしは同情の念をもって協力せられる同志を得たいということである。

西紀一八六八年九月三十日、パリにて
フェルジナンド・ド・ラヌアイ

序

目次

アンコールワットの「発見」
タイ・カンボジア・ラオス諸王国遍歴記

目次

目次

アンリ・ムオ
Henri Mouhot
(1826-61)

The Discovery of Angkor Wat

第I章

航海

航海——タイならびにその首都バンコクの第一印象

航海――タイならびにその首都バンコクの第一印象

西紀一八五八年四月二十七日、私はロンドンから、帆《ほ》を張ったひどく粗末《そまつ》な商船に乗り込んで、しばらく前から計画していた旅行、すなわちタイ、カンボジア、ラオス、その他メコン河流域の諸民族探検の旅路《たびじ》についた。航海中の細かい出来事および船中生活の物語はここでは省《はぶ》く。ただ、船の混雑と船長の始末屋《しまつや》なのには大いに閉口《へいこう》したこと、そのためにあまり楽しからざる旅をしたということだけを述べるにとどめる。九月三日、シンガポールに到着した。しかし、ここではこれから訪ねる国々の地理を調べ、タイの首都への船便を待つ間の短い期間しかいなかった。同月十二日、インドシナを二つの半島に分けている広い湾を横切る相当、単調な船旅の挙句《あげく》、ようやくバンコクを貫くチャオプラヤー河の浅瀬《あさせ》に到着した。この河の河口は、広い砂洲に塞《ふさ》がれていて大船の遡航《そこう》を妨《さまた》げている。従《したが》って首都までこの河を遡《さかのぼ》ろうとするものは、七、八マイル手前の湾内で相当高い料金を仕払って積荷《つみに》の一部を陸揚《りくあ》げする。幸いわれわれの乗船「クスロヴィ号」の吃水《きっすい》は十二ピエしかなかったので、あまり無理をせずにこの浅瀬を越えて、パークナムPaknamの政庁前に錨《いかり》を降ろすことができた。まもなくその政庁に私と船長は、チャオプラヤー河の遡航許可書《そこうきょかしょ》をもらいに出かけた。

手続きが済むと、私は砲台をはじめ、町の通りを二つ三つ駆け足で見物した。砲台はレンガ造りで銃眼《じゅうがん》をそなえている。パークナムはタイにとってはまさにセバストポールであり、クロンシュタットにあたる。しかし欧州の艦隊をもってすれば、彼らが難攻不落と豪語《ごうご》するこの砲台を陥《お》とすことも朝飯前《あさめしまえ》だと思われた。寄せ手《よせて》の大将はここで朝食をすませ、同じ日にバンコクで夕飯の卓《たく》につく芸当《げいとう》もできるに違いない。

河の中央の小島には、有名なすこぶる立派なパゴダがある。聞くところによると、そこには最近のタイ諸王の遺骨《いこつ》が納められていると言う。尖塔《せんとう》が澄《す》んだ深い水面に影をおとし、熱帯の緑を背景にして太い線を浮き出しているあたり、まことに素晴らしい風物である。

町は、見たところ実に汚い。八キロメートルあるいは十キロメートル上流でわれわれはパクラート Paklat と呼ぶ町を通過したが、ここは人口約七千、大部分が生粋《きっすい》のペグー族からなっている。ここには流れを扼《やく》して二つの要塞があり、両者の間には鋼索《こうさく》と、鉤《かぎ》のついた横木《よこぎ》とを張り渡す仕掛けになっている。しかしこの障害物も、あるいは中国やベトナムのジャンクなら脅《おど》かせるかもしれないが、われわれの甲鉄砲艦《こうてつほうかん》はびくともするものではなかった。こんな案山子《かかし》よりもその隣りにある茅屋《かやや》の方がずっと珍しかった。それはその地方の産業状態をそのままに示した精糖工場《せいとうこうじょう》だったからである。

この河はたしかにその名メーナム*（チャオプラヤー）——それは諸川《しょせん》の母を意味

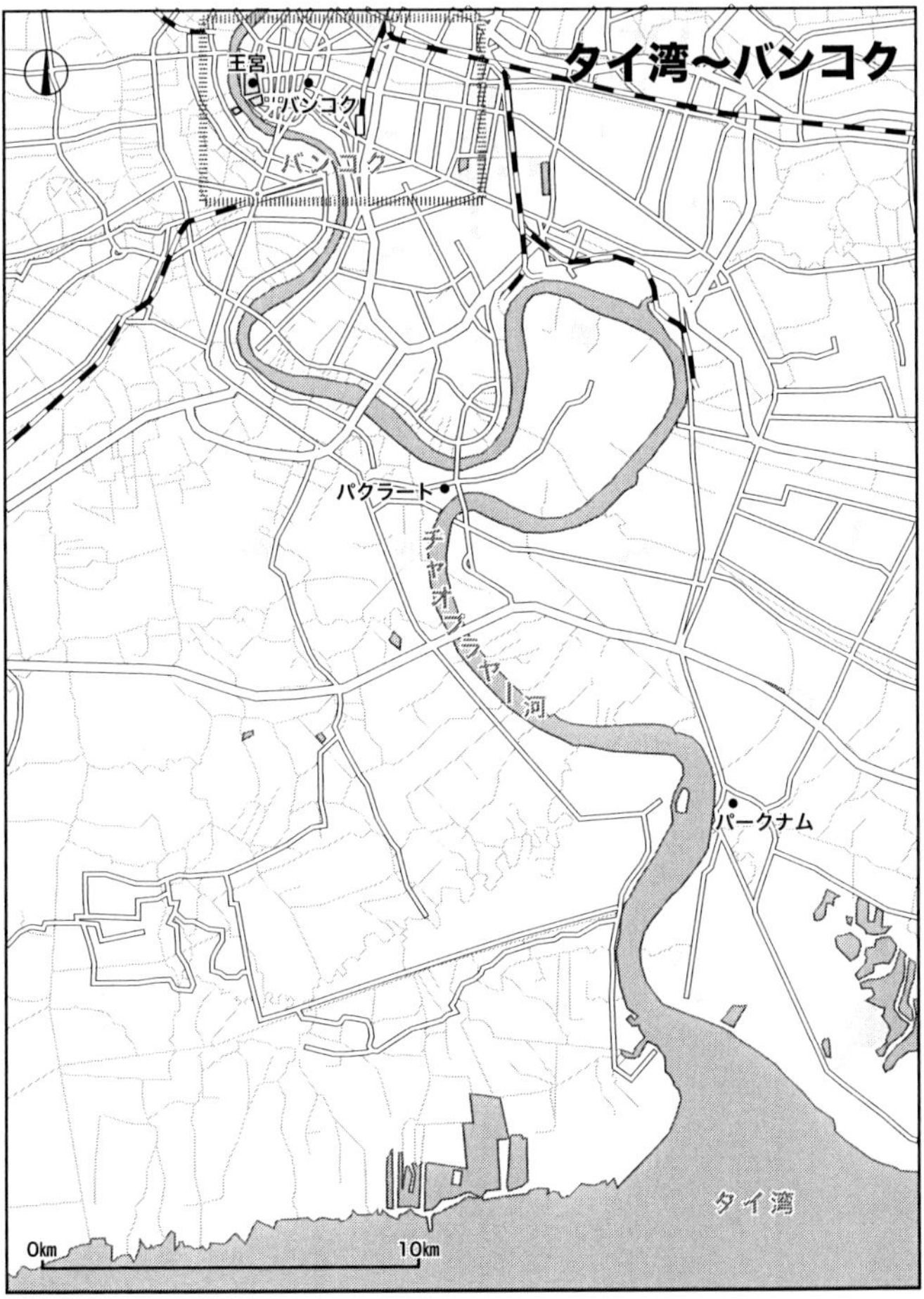
タイ湾～バンコク
王宮
バンコク
バンコク
パクラート
チャオプラヤー河
パークナム
タイ湾
0km
10km

する――にふさわしい。幅も深さも大船を河岸に沿って何の危険もなしに通行させ得る。帆桁《ほげた》は木の枝にふれ、鳥はさえずりながら船具のうえを飛びかよう。無数の虫は昼夜をわかたず、羽音を立てて船橋のあたりに群れ集まる。しかも風物は絵のように麗《うるわ》しい。河の両岸のそこここには人家があり、遠く彼方の村々まで指呼《しこ》の間に眺められる。無数の小船が往来しているが、男も女も子供も、すべてのものが巧《たく》みに船を操る。

＊訳註――メーナムMenamは「河」という意で、「諸川の母」という意味はない。しかし事実上、この河がタイ国の「諸川の母」であることに相違なく、この河に育まれる地域以外にはタイの国土はなく、平野はなく、谷はないとも言い得よう。ゆえにタイ人は単に「河」という言葉でこの河を指しているわけである。ちなみにこの河の正しい名前は、メーナム・チャオプラヤーMenam Chao Phyaである。

すでにパークナムの政庁を訪ねたときに、この国の住民が子供の頃から水とは切っても切れない関係のうちに育っている事実を、私は教えられた。私の会った役人の子供たちはいずれも年端《としは》のゆかない童《わらべ》たちだったが、その齢で早くも河に飛び込み、魚のように泳いだり、潜《もぐ》ったりしているのを見せつけられた。実にそれは不思議な面白い光景であったが、この子供らを大人と比較してみると興味は一層深いものがある。これはその後もタイ平野の到るところで感じたことであるが、子供はすべて可愛いくて、頭を撫《な》でてやりたいような気持ちを起こさせる。それが、ある年齢に達するとキンマの常用によって歯を黒くし、*唇は肥厚《ひこう》してたちまち醜悪《しゅうあく》な人間になってしまう。

＊訳註――キンマはコショウ科に属するツル性の植物で、タイ人をはじめインドシナ半島の住民たちは、この葉に檳榔樹《びんろうじゅ》の実すなわち檳榔子《びんろうじ》と石炭とを包んだものを好んで噛《か》む。なお歯が黒いのはオハグロのゆえであることをムオは知らない。

この国の地勢からいって、また住民は水陸両棲動物《りょうせいどうぶつ》にならざるを得ない。チャオプラヤー河の谷間の中央に位《くらい》する地方はすべて沖積平野《ちゅうせきへいや》に属していて、運河が縦横に貫通《かんつう》し、毎年数か月はきまって水浸《みずびた》しになるからである。従《したが》って人口の稠密《ちゅうみつ》な町に入っても、田舎《いなか》めいた感じしか与えない。いくつかの西洋建築と、両岸に人家や商店の櫛比《しっぴ》するこの大河を往来する蒸汽船*さえなかったら、あるいは草深《くさぶか》い田舎と思わざるを得ないにちがいない。

＊訳註――タイ国に始めていわゆる蒸汽船なるものが現れたのは英暹《タイ》条約後の西紀一八五七年で、タイ国自身が自国商船を持ったのはムオの死後、七〇年代である。ついでながらタイ国人は古来、海洋航海をあまりせず、もっぱら内国水運のみ従事《じゅうじ》している。

われわれはフランス伝道会の教会であり、パルゴア猊下《げいか》の質素な屋敷である建物の前で錨《いかり》を降《お》ろした。尊敬すべきこの司教《しきょう》はすでに三十年近く、師同様に献身的《けんしんてき》な助祭《じょさい》たちの援助を唯一の頼りに、この異境《いきょう》の空で十字架とフランスとの名に対して、この国の住民たちの尊信《そんしん》を集めるための努力をひたすら続けているのである。

異境の空で十字架を仰《あお》ぐということは、旧知《きゅうち》に巡り会ったように、ことの外《ほか》に嬉しいものである。それを仰げば心は休まり、孤独の気持ちは消え失せてしまう。これら貧しいが善良な人々、旅人の保護者であり、科学と信仰との謙譲《けんじょう》なる先駆者たちの犠牲と献身こそはまことに称《たた》えられるべきである。従《したが》って、これらの人々が当然受けられるはずの挨拶をわれわれが怠《おこた》るならば、忘恩《ぼうおん》のそしりは免《まぬが》れ得ないであろう。

数年来、ことにフランスが中国およびコーチシナと戦いを始めて以来*、タイは大いに欧州から重要視されてきた。そして、通商条約、和平条約などあまり効果のないこれら文書を頼りに、フランスやイギリスの代表者が数人この地にやって来て、商館を経営するまでになった。ところがさて遥々《はるばる》やって来てみると、待っていたのは失望ばかりであった。そして、ようやく怨嗟《えんさ》の声が高まった。というのは、商人はこの国の大官、それどころか王族とまで、危険な競争をあえてしなければならなかったからである。なかにも王族はこの国の主要な産物である米、砂糖などの大部分を独占して、その所有するジャンクや多数の船舶によって積み出しを行う。しかもこの国はいきなり上記のような条約を結んでみても、実際に交易を行うだけの用意はまるでできていなかった。いまだに農業は、自給自足の程度を出ていなかったのである。加うるに人口は少なく、タイ人は怠《なま》け者《もの》ときている。耕作の大部分は彼らよりも働き者の中国人によって行われているのであるが、その中国移民さえがこの数年来減少して、オーストラリア、カリフォルニア、シンガポール、その他この国よりも栄《さか》えた地方に向かうようになってしまった。

＊訳註――フランスのコーチシナ攻略は、ベトナム皇帝嗣徳《トゥドゥク》のキリスト教徒迫害を直接原因とする。大体がベトナムの現王朝の各帝は中国的統治をもって理想として、キリスト教徒を圧迫して来たので、フランスとベトナムとの軋轢《あつれき》は絶えなかったが、第四代の嗣徳帝の十一年（西紀一八五七年）に至ってスペイン僧正ディアス Diaz を刑するにおよんで爆発した。すなわち好戦的なナポレオン三世はこの機、逸《いっ》すべからずとしてスペインと結んで問罪《もんざい》の師を起こし、翌年八月三十一日にフランス提督リゴー・ド・ジュヌイイ Rigault de Genouilly 指揮のもとに、フランス連合艦隊はツーラーヌを奪った。そして同地にしばらく滞留《たいりゅう》したが、多くの人命を疫病《えきびょう》で失った後、翌年サイゴン《ホーチミン》を奪い、ここに根拠を移した。この時、フランスと中国との間に事があり、ジュヌイイに代わった提督パージュ Page は兵を具《ぐ》して北に向かったので、千人に満たないフランス兵は海軍大佐ダリエス d'Ariés 指揮のもとにサイゴンに残された。

　ムオはここで以上のことを言っているのであるが、コーチシナがフランス領植民地になるまでにはなお紆余曲折《うよきょくせつ》を経《へ》なければならなかった。ムオは本書の処々でそれに触れているので、ここにまとめてそれまでの経緯を簡略《かんりゃく》に述べておく。（ムオは一八六一年九月七日に死んだ。）

　コーチシナのフランス軍劣勢《れっせい》と見てとるや、阮知方《ユエンチファン》の率いるベトナム軍は失地回復《しっちかいふく》を計《はか》って攻め寄せたが、フランス兵は苦戦惨憺《さんたん》それを支えて一八六〇年から一八六一年一月におよんだ。この時、中国戦役《せんえき》が終了し、シャルネ Charner 提督の率いる大軍がサイゴンの囲《かこ》みを解き、ベトナム軍を撃破《げきは》し、進んでコーチシナの一部を奪った。シャルネに代わったボナル Bonard 海軍中将は、さらにビエンホア、バリア、ヴィンロンを奪取《だっしゅ》した。かくしてベトナム王朝はついに屈《くっ》し、キリスト教弘布《こうふ》の自由を許し、コーチシナ東部三省をフランスに割《さ》き、嗣徳帝《しとくてい》の十九年、ついにコーチシナ全体がフランスの植民地となってしまった。

タイはたしかに、タイ人自らも誇りとしているように美しい国である。しかし真にこの国の自然の偉大さに接し得られるのは山岳地方である。

バンコクの近傍《きんぼう》は眼路《めじ》の続く限りオランダの「埋立地《ポルデール》」のように平坦《へいたん》である。バンコク自身、泥ぶかい小島の集団の上にあって、本流すなわちチャオプラヤー河のタールヴェック(一)がこの町を二分している。しかし、その右方は「郊外」の名にすら値《あたい》しない。というのは、粗末《そまつ》な茅屋《かやや》や田んぼ、沼地がその大部分を占めているからである。パゴダや大官の屋敷はほとんどこの部分には見られない。これに反して左岸の方は名実ともにそなわる町をなしていて、処々に塔や稜堡《りょうほ》をつけた城壁が延々二里にわたって町を囲繞《いじょう》している。この二つの区画の間には、幾千と数を知らぬ商店が筏《いかだ》のうえで揺れながら河の両側に二列にならび、河の迂曲《うねり》なりに軒《のき》をつらね、その間をまた無数の船が往復している。こうした水上の活気は、チャオプラヤー河からこの首都の中心部にたどり着いた旅人の眼をまず驚かせる。そのうちに旅人の眼は王宮に、パゴダにひきつけられる。熱帯の不断の緑のうえに高く黄金色の尖塔《せんとう》、あるいは釉薬《ゆうやく》を施《ほどこ》した円屋根、さては三角形の建物などがそそり立ち、すべてが透かし彫りやレースのような縁飾《ふちかざ》りをつけ、それらにちりばめられたガラスや陶器は、さながら万華鏡《まんげきょう》のように光彩を放っている。『千一夜物語』を忍ばせるこれらの建築物、その他、地球上のこの一点に種々雑多な民族が寄り集まっていることを物語る千姿万態《せんしばんたい》の建物や服装、絶え間なく聞こえてくる楽《がく》の音《ね》、芝居めいた風景のまっただ中から湧《わ》き起こる雑音、これらすべては一緒になって旅の者に初めのうちは眼あたらしくもあり、また快《こころよ》い印象を与える。

しかしここでは――これもまた不思議な感じを与えるものであるが――乗り物や馬の音はまるで聞かれない。用足しに出かけるにも、遊山《ゆさん》に行くにも、ここではひとは船で河を上下する。バンコクは東洋のヴェニスであって、ここでは櫂《かい》の音、錨《いかり》の音、船頭《せんどう》の船歌《ふなうた》、シペイ(二)と称する船乗りの叫び声しか聞かれない。河はここでは河と大路の二役をつとめ、運河は小路の役目をしている。旅の者はこの国では二つの境遇《きょうぐう》しか選べない。すなわち露台《ろだい》に肘《ひじ》をついているか、さもなければ小船に坐《ざ》して静かに水面をすべって行くか。

（一）訳註――Thalweg は傾斜の緩漫《かんまん》な広闊《こうかつ》たる谷間を作る河をいう。
（二）訳註――シパイとも言う。外国人、ことにイギリス人に傭われたインド兵。

The Discovery of Angkor Wat

第2章 バンコクの住民

バンコクの住民——タイ人——男、女、子供——家族主義——不思議な対照——迷信

バンコクの住民——タイ人——男、女、子供
——家族主義——不思議な対照——迷信

バンコクは建設されてまだ間のない町で、アユタヤ Ajouthia、ロッブリー（ノパブリー）Nophabury など、いずれもさして古くない時代の首都に次ぐ都である。そしてこれらの都から首都としての特権を受け継ぐと同時に、様々な称号をも受け継いだ。人のよいタイ人はそこでバンコクのことを Krung-thépha-maha-nakkon-si-Ayuthajia-maha-dilok-raxathani……すなわち「天使たちの住む王宮のある大都市、美しくしかも難攻不落《なんこうふらく》を誇る首都云々《うんぬん》……」と呼んでいる。まことに自讃《じさん》は結構で

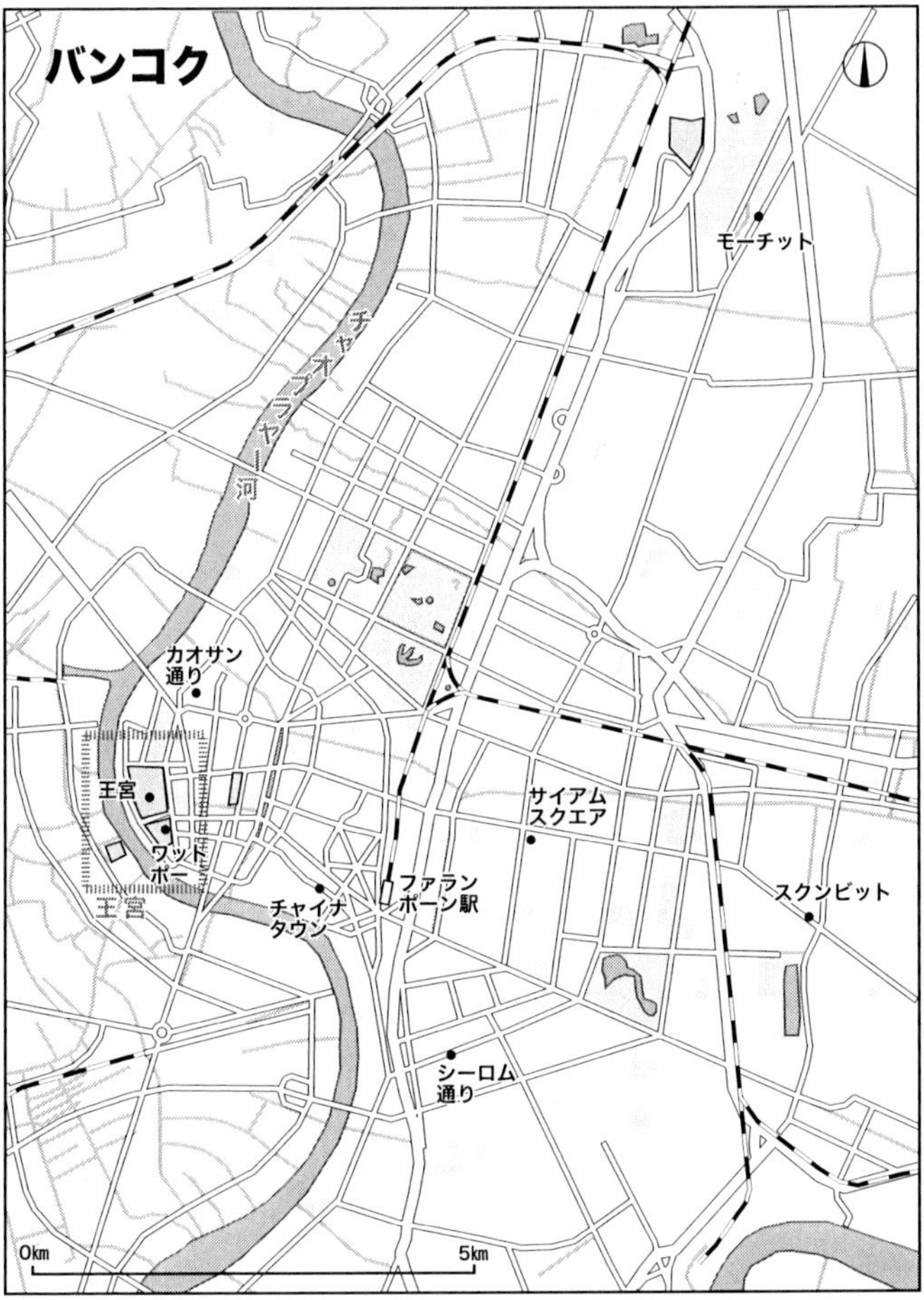
バンコク
チャオプラヤー河
モーチット
カオサン通り
王宮
ワットポー
王宮
サイアムスクエア
ファランポーン駅
チャイナタウン
スクンビット
シーロム通り
0km
5km

あるが、はたして事実はそれに値《あたい》するであろうか？　難攻不落！　ああ！　バンコクも、ペグー人、ビルマ人に度々《たびたび》侵略され、掠奪《りゃくだつ》をほしいままにされたアユタヤとどれだけ違っているだろうか。――美しい！　たしかにこの自讃は、河の中から王宮寺院のつらなるこの町を眺めたときにはあてはまる。しかし、一度ほこりまみれの街に入り、粗末な汚い茅屋《かやや》の建てこむ小島を区切る、狭くて臭《くさ》い、眼にも鼻にも不快な小運河に入るや否や、たちまちその感じは失われてしまう。この首都の住民はといえば――東洋諸国では調査不完全なために正確な人口はわからないが、フランス人ならせいぜい五万の人間が住んでもう身動きもままならず、息もつけないような面積に三十万ないし四十万人が蝟集《いしゅう》している(一)――彼らはわれわれが芸術ないしは宗教などから考え得られるいかなる天使の型からもおよそ遠い存在なのである。それどころか、肉体的にも精神的にもこの地球上に住むあらゆる人種の中で、最も萎靡沈滞《いびちんたい》した社会的集団としか考えられない(二)。

(一)訳註――昭和十二年に行われた国勢調査によれば、バンコクの人口は六八一、二一四人である。

（二）訳評——この点に関する限り、ムオの観察は根底から間違っている。もとよりタイ国人はその国の位置、その他の理由から決して勤勉な国民とは称し得ないものになっているが、それらの諸欠点を償《つぐな》ってなおあまりある美点、すなわち独立自由を愛する熱情を古来から伝統的に持ち続けている。過去においてもタイ国人は、これが擁護《ようご》のためにはその欠点とするあらゆる国民性を忘れたかのごとく、驚異的な勤勉さと克己《こっき》と忍耐と努力を示してきた。タイ国人は今や大東亜戦下、この国民的誇りのために戦いを開始しているのである。

十年の久しい間、私はロシアに滞在していたことがある。そしてそこで私は、専制主義《せんせいしゅぎ》と隷属《れいぞく》との恐るべき結果を眼のあたりに見て来た。ところが！　ここでもまた私は前者に劣らぬ、いたましくも、また悲しむべき姿を眼のあたりに見たのである。タイではあらゆる下級者は上位者に怯《おび》えながら、へいつくばらねばならないのである。上から命令を受ける時には、服従ないしは尊敬のあらゆる表現を示して、跪坐《きざ》するか平伏《へいふく》する。社会のすべてのものがその階級の上下に従《したが》って、どこまで行っても平伏するのである。奴隷《どれい》は、地位の如何《いかん》にかかわらず、とにかく主人と名のつくものの前に。主人はまた、役人、軍人、僧侶の前に。これらすべての者は王の前に。タイ人はどれほど高位のものであろうと、王の前に出た場合は、王が眼を注がれるまではいつまでも膝と肘とを地につけて平伏していなくてはならない。王に対する尊敬は、王自身に対して行われるだけではない。王の住む王宮に対しても示される。王宮の門前を通る時にはいつでも脱帽《だつぼう》する。大臣といえどもその場合には、日傘《ひがさ》をつぼめるか、少なくとも敬虔《けいけん》の意を表して、神聖な住居とは反対側に日傘を傾けなければならない。河を往来する無数の船の漕手《こぎて》たちも、王宮を過ぎるまでは脱帽して跪《ひざまず》く。王宮のあちらこちらには哨兵《しょうへい》が立っていて、非常に硬い土の丸《たま》のついた矢を遠くまで飛ばす特殊な弓を持って見張りをしていて、無礼者を懲《こ》らしめる役目を負わされている。ここで一言付言《ふげん》したいのは、しゅっちゅう土下座《どげざ》ばかりしているこの国民――少なくもその三分の一強、否《いな》、華僑を除けば、おそらくはなかばに達する人間どもは、身体もその持ち物もすべてが主人のものという奴隷ではあるが――自身を称してタイと呼んでいるということである。タイとは、自由人を意味する!!

パルゴア司教によれば、タイ王国の人口は六百万、イギリス人ボウリング(一)によれば四百五十万ということになっているが、その数字はともかくとして、この中には多数の異種族《いしゅぞく》がまじっている。すなわちこの国で非常な尊敬をかち得ている華僑《かきょう》が二割、他の四割がマレー人、カンボジア人、ラオス人、ペグー人等々によって占められている。そこで正しくいってのタイ人は、わずかに二百万あたりということになろうか。(二)各種族はそれぞれの風俗習慣を堅持《けんじ》し、いずれも人類学者が「蒙古族《もうこぞく》」と呼ぶ人種に属しているにかかわらず、それぞれ異なった型を示している。そのうちタイ人はいかにも柔弱怠惰《じゅうじゃくたいだ》な様子をし、卑屈《ひくつ》な顔をしているのですぐわかる。普通、いくらか獅子鼻《ししばな》で、顴骨《かんこつ》が高く、眼には生気がなく、知的な輝きを持っていない。鼻孔《びこう》が大きく、口の切れは深く、キンマを常用するために唇は真っ赤で、歯は黒檀《こくたん》のように黒い。頭は剃《そ》ってただ一部、顱頂部《ろちょうぶ》だけに髪を一総《ひとふさ》残している。髪は黒くて硬《かた》く、刷毛《はけ》によく似た感じである。女も総《ふさ》をつけているが、この方は細く、手入れも行き届いている。そこで見る者に、生まれるとすぐにどうして髪など剃《そ》り落としたのだろうともったいない気持ちを起こさせる。服装は男女ともに簡単で、一枚の布を後ろからまわし、その両端を腹部にはさみ込む、ただそれだけである。そしてこれを腰巻きあるいは腰衣《こしごろも》と呼んでいる。(三)女はその他に両肩を包む肩衣《ショール》ようのものをつけている。なお、この国の婦人の姿は、若いうちは男より遥かに美しく、容貌《ようぼう》はともかく、十二歳から二十歳くらいまでのタイ女はそのまま我が国の彫塑家《ちょうそか》のモデルになりそうに思われる。

(一)訳註――Sir Jhon Bowring(西紀一七九二―一八七二年)はイギリスの外交官で言語学者、旅行家としても名が著《あらわ》れている。一八五五年にタイ国に渡って英暹《タイ》通商条約を結ぶ。

(二)訳註――昭和十二年に行われた国勢調査によれば、タイ国の人口は一四、四六四、四八九人である。

(三)訳註――これはパヌンと言われ、長さ七尺、幅二尺五寸くらいの布を腰から膝の下部にかけて後ろから前に巻いて結び、あまった両端はねじって股《また》の間を通して背面《はいめん》にまわして、布の上部にねじ込んだものである。

王族から物乞《ものご》いに至るまで、タイではすべてのものがキンマを噛《か》む。これは彼らの生活には無くてならないものとなっている。そこで華橋《かきょう》までがこれを栽培して懐《ふところ》を肥やしている。彼らは農業に長《た》け、また商才にも秀《ひい》でている。またタイ語を自国語のように巧《たく》みに操り、タイ人同様にキンマを噛《か》み、タイ人同様に王や大官《たいかん》の前に平伏《へいふく》する。そうしておいてしこたま儲《もう》けて、金力《きんりょく》で官位さえ自分のものにする。

タイ人の大きな特徴の一つは、家族に対する精神である。奴隷《どれい》の家庭でも、大官の家庭でも、ひとしく子供を大事にして非常に可愛いがるのを諸君は見るだろう。家族の誰かに不幸が起こると、兄弟、従兄弟《いとこ》等々、あらゆる親戚が進んで力を貸し、拠金《きょきん》する。不幸が起こりそうでしばらく間があるときは、躊躇《ちゅうちょ》なくその対策を講じるし、すでに不幸が起こった場合は、それを軽減するための工作をやる。私は何度となく奴隷の小屋や大臣の住居で、子供を膝にのせてかわいがってやったものだが、子供の両親はひどく喜び、夫婦揃《そろ》って心から Kopliai,kopliai（ありがとう、ありがとう）を繰り返す。私の通りかかるのを見ると母親が出て来て、「異人《いじん》さん、入ってお休みなさい」と呼びかけたりしたこともある。この一小事《いちしょうじ》は明らかに、この国の国民は相当優れた心意気を持つものであることを示している。従《したが》ってわれわれとの接触により彼らが啓発《けいはつ》され、文明化される時が来るならば、今は眠っているに過ぎない彼らの知性も目醒《めざ》めて来るのではあるまいか、と私は確信をもって言いたい。*

＊訳註――フランスの知性がどんなものであるかは、昭和十六年六月パリの陥落《かんらく》によってはっきりその正体を現した。フランスまたはイギリスの知性によって啓発《けいはつ》されて今日のタイ国が戦っているのではない。

タイ人はまだゆりかごにいる子供から、墓に片足つっ込んだ老人にいたるまで、すべて宝石を好む。しかし光さえすれば真物《まもの》であろうと、偽物《にせもの》であろうと平気でいる傾向がある。そこで、女や子供は、金あるいは銀の指環《ゆびわ》、腕環《うでわ》、お守り、板等を、腕に、脛《すね》に、頸《くび》に、耳に、身体の上に、肩の上に、およそつけられるところならど

水の都バンコク。正式名称を「クルンテープ・マハーナコーン・アモーンラッタナコーシン・マヒンタラーユッタヤー・マハーディロックポップ・ノッパラット・ラーチャタニーブリーロム・ウドムラーチャニウェートマハーサターン・アモーンピマーン・アワターンサティット・サッカタッティヤウィサヌカムプラシット」という

こにでもつけている。まだ六歳の王子が、これら宝石をはじめ、金銀の箔《はく》や刺繍《ししゅう》をあまり身体につけ過ぎたために身動きもならずにいるのを私は見たことがある。衣裳《いしょう》と宝石の重みがそのいたいけない身体にはあまりに重すぎた。

われわれが目撃したものは、個々についても全体についても、いいも悪いも、すべてをあからさまに言う義務がある。それで話を前に戻して、少なくもこの国の住民の三分の一は奴隷《どれい》生活をしているという点に再び触れる。すなわち百五十万ないし百八十万人の人間が、この国では商品並《しょうひんなみ》の取り扱いを受けている。ところでこれには三つの種類がある。その一は戦争による捕虜《ほりょ》で、これは王の御意《ぎょい》のままに貴族に分け与えられる。身代金は平均四十八ティカル（約百五十フラン）。その二は売買のゆるされた奴隷、すなわち借金のために自由を奪われたもので、彼らが債権者《さいけんしゃ》のためにする労働は借金の利息だと考えられている。その三、すなわち最後のものは売買不可能の奴隷である。これは哀れな重　荷《カプートモルヴゥム》で、いずれも訴訟《そしょう》、貧困、飢饉《ききん》等の結果、両親によって売られた子供で、契約書によって身体も魂も、すべてを契約者の意のままに任されたものである。*

＊訳註――明治元年（西紀一八六八年）、タイではチュラーロンコーン大帝が即位し、後年、その帝の英断によって奴隷制度が廃止された。明治維新の顕著な影響の一つである。

パルゴア司教の著書（第一巻二三四頁《ページ》）にその契約書が出ている。

「太陰暦一二二一年第六月第二十五日、水曜日、夫タル私ハ、妻コル共々、ルアン・シ殿ニ対スル八十ティコー（二百四十法《フラン》）ノ負債ノ抵当トシテ娘マ同伴参上仕候間、何卒負債ノ利息トシテ御使役被下度、万一娘マ逃亡ヲ企図致候節ハ、責任ヲ以テ連レ戻シ可申、ココニ御約束申上候。私儀ミ、以上ノ誓約ニ万相違無之実証トシテココニ署名致候。」

誰がこの売買契約書を無味乾燥《むみかんそう》と言い得よう。

両親に子供を商品として売る権利の次に来るものは、家長が妻を同様に処分し得る権利である。妻を金で求めた場合は――これは普通、下級社会で行われるが――さして悶着《もんちゃく》を起こさず、売り手が後でまた欲しくなれば買い戻すこともできる。しかし持参金《じさんきん》付きの妻君《さいくん》となると、ことは簡単に運ばない。妻君の承諾《しょうだく》を要するので、この場合、妻君の立場は相当自由である。

このように一方ではしばしば劇的な取引が行われているのであるが、タイの家庭を眺め渡したところすこぶる琴瑟相和《きんしつあいわ》している。妻君は大体において夫から優遇《ゆうぐう》されていて、家庭のことには絶対の権力を持ち、非常に自由に振る舞っている。中国に見るような監禁《かんきん》同様の生活はしておらず、公《おおやけ》の席にも出れば、市場へも出かける。訪問もすれば、客の応接もやる。町や田舎へ散歩にも出かける。お寺詣《まい》りもやる。虚栄心《きょえいしん》から、また夫の関心を惹《ひ》くための化粧《けしょう》もするし、宝石も身につける。挙句《あげく》の果て、夫が妻を無闇《むやみ》に信じすぎて後悔の臍《ほぞ》をかむという破目《はめ》になることも時には起こる。

かように、彼らは家族主義精神というものを高度に持っている。両親は子供を可愛いがり、子供が苦しんだり泣いたりすると身を震わせて悲しむ。ところが一方、それほど愛する子供をさえ下らぬ品物同様に、驚くべき冷淡《れいたん》さをもって人手に渡しもするのである。彼らは立派な夫婦で、平和な模範《もはん》的な夫婦生活を行っている。ところがその夫婦生活の上には絶えず、一朝、事があればその妻君の自由を売って高利の仕払《しはら》いをなし得るのだという考えがつきまとっている。……ああ！　哲学者は人間の心を隈《くま》なく究《きわ》め得たように考えているが、その人間の心の中にはいかに矛盾《むじゅん》がひそみ、社会制度、とくに邪悪に対してはいかに巧妙《こうみょう》に順応性《じゅんのうせい》を発揮するものであるかはついに究め得るところではない。

西部と北部から来た二種族の混血によって生まれたタイ人は、インドおよび中国の迷信をそのまますべて持っている。仏教はそれらの迷信の駆除《くじょ》につとめたが、ついに成功しなかった。タイ人は中国の神話に出て来るかぎ鼻で角《つの》があり、毛むじゃらなあらゆる悪魔の存在を信じ、半神半魚《はんしんはんぎょ》の女だとか、食人鬼《しょくじんき》だとか、巨人、森や山に棲む妖魔《ようま》、火や水や空気に住むといわれる精霊、その他バラモン教の説く諸々の神、すなわち火を吐く蛇神《ナーガ》から、人間を淩《さら》うという鷲《ガルーダ》に至るまで、すべての存在を信じて疑わない。またお守り札《ふだ》の威力を信じ、それは身を守り、健康や富を与え、悪運や悪魔を払ってくれるものだと信じている。また恋情や怨恨《えんこん》を挑発する媚薬《びやく》の威力も信じている。また、下は民衆から上は王まで、多少の差こそあれ、ひとしくそれぞれの天文学者、占星者の存在を許していて、彼らに降雨や干ばつ、平和や戦争、賭博《とばく》の運の良し悪し、商売の吉凶《きっきょう》を占わせ、出産、婚姻《こんいん》、旅立ち、帰国、普請《ふしん》等に佳《よ》い日を決定させている。つまり家庭の、あるいは社会のあらゆる出来事、あらゆる行動に対して占を立てさせているのである。

最も罪の深い迷信は、――ブリュギエリ Bruguierie 司教の言葉を信じるならば(一)――町の城廓《じょうかく》に新しく門を造るとき、その礎《いしずえ》に人血を注ぐ必要があるとする迷信であろう。最近、旅行者によって、同じ恐しい風習がアフリカの中部でも行われているのが確かめられたが、(二)タイのこの迷信はおそらくは病的《びょうてき》でしかも根強い瘴癘毒《しょうれいどく》のようなもので、幾世紀もの昔から今に伝わるものではなかろうか。従《したが》ってその起源を究めるためには、原始野蛮時代すなわち原始民族が、アジアの東部および中央部に蟠踞《ばんきょ》していた時代にまで遡《さかのぼ》らなければなるまい。パルゴア司教はしかし、そのようなことをシャム年代記で読んだことがあるとのみ言って、同僚の言《げん》を肯定してはいない。ブリュギエリ司教の話というのは次の通りである。

（一）原註――『伝道史』の一八三二年版。
（二）原註――種々の書があるが、ラフネル Raffenel 氏の『黒人の国に旅して』《Voyage dans le pays des nègres》には、同氏がセゴ Sègo の最近の歴史から抜粋《ばっすい》した恐しい物語が出ている。

「市の城壁に城門を新しく造営する際、あるいはすでにあるものを修復する際には、いかなる迷信によるものかは判然せぬが、とにかく三人の罪なき者を犠牲に捧げる習慣がある。次にこの野蛮《やばん》極まる犠牲がどのようにして行われるかを紹介しよう。秘《ひそ》かに王により会議が開かれ、一人の役人が建造される門の付近に遺《のこ》される。役人は時々、何者かを呼ぶらしくよそおって数度その門の名を呼ばわる。通行人が思わずその声に振り返る。と役人は、付近にひそむ部下と協力してそのうち三人を召し捕える。この三人の死は、その瞬間に絶対不可避のものとなる。いかなる奉仕《ほうし》も、約束も、犠牲も、彼らをもはや死から逃れさせることはできない。犠牲が定まると、門の内側に穴が掘られる。その上にはある高さに巨大な横木《よこぎ》が渡され、綱で水平に吊《つ》るされる。それは圧縮器《あっしゅくき》の仕組みに似たところがある。いよいよ恐るべき犠牲が捧げられる当日が来ると、不幸な三人には、山海《さんかい》の珍味《ちんみ》が与えられる。ついで三人は行列を組んで穴に導かれる。この時、王をはじめ宮廷の者は、すべて犠牲者に挨拶に赴《おもむ》く。そして王、自ら三人の犠牲者に対し、以後、彼らが守護すべき門をよく守り、敵軍あるいは一揆が町に押し寄せて来た場合には、一刻も早く告げることを忘れぬようにと依頼する。終わって綱は切られ、迷信の哀れな犠牲者たちは頭上から落下する大木に圧《お》し殺される。タイ人は、これら不運な者どもは、死後、ピ*と呼ばれる精霊に変わるのだと信じている。同じ恐しい殺人行為は、また時に王以外の市民によっても行われる。この場合には奴隷が犠牲に選ばれ、主人の隠匿《いんとく》する宝物の守護にあたらされる。

*訳註および訳評――ピ Phi の崇拝はベトナムのトンキン地方の山地に住む未開人で、タイ族に属するトー Tho（原住民）およびラオス人の間にも行われている。なおムオはしきりに「野蛮なる犠牲」というが、彼の故郷たる欧州でもこの「蛮行《ばんこう》」が盛んに行われ

た。詳しくはわが南方熊楠《みなかたくまぐす》先生『南方閑話《みなかたかんわ》』所収《しょしゅう》「人柱」に関する研究を見られよ。

第3章 王宮

The Discovery of Angkor Wat

タイ王――その博識――王宮

タイ王——その博識——王宮

十月十六日に北に向かって出発し、カンボジアとその属領《ぞくりょう》を究《きわ》める予定で準備を進めていたところへ、タイ王から、王の生誕の佳節《かせつ》を祝って毎年開かれるバンコク在留欧州人の招宴《しょうえん》に列席するように、との招きを受けた。パルゴア師によって私は王に紹介されたが、王はまことに温和な、愛想のよい人であった。

簡単にその日の王の服装を紹介すると、大きなズボンに軽い布地の青味がかったチョッキ、それにスリッパ様の履物《はきもの》をはき、フランスの海軍士官の軍帽に似た革帽子をかぶっていた。腰には立派な剣を吊《つ》るしていた。この饗宴《きょうえん》にはバンコク在留の

タイ国王ならびに故王妃

欧州人のほとんどすべてがつらなったが、一同はキンマを嚙《か》みながら卓の周囲を廻《まわ》って、皆に愛想をふりまく王の健康を心から祝して乾杯した。食事は広い広間、というよりは柱廊《ちゅうろう》の間といいたいところで行われた。そこからは宮廷で、太鼓を先頭に旗を持った近衛兵《このえへい》の分隊が一列に並んでいるのが眺められた。

王に暇乞《いとまご》いの挨拶を言上《ごんじょう》に行くと、この国の習慣から、緑色の絹の小形の財布を贈られたが、中には幾枚かの金銀貨がとりまぜて入っていた。思いがけない贈り物であったが、厚く礼を述べて頂載《ちょうだい》した。

プラ・バート・ソムデット・プラ・パラメンド・マハー・モンクット Phra-Bard-Somdeteh-Phra-Pharamendr-Maha-Monkut 王*が、当時、タイを治めていたが、王は領土内のあらゆる人間、物の絶対君主であった。土地も、公証人《こうしょうにん》の言い方を真似るならば、底の底まで王の所有にかかる。何者も王の許可なしには土地を所有することも、地上に住むことも許されない。また軍隊、法律、宗教の無謬《むびょう》の首長でもある。文官、武官、僧侶の任命は、一切、王の権限にある。王は欲するがままに僧侶の王族をつくることもできれば、パゴダの僧正を任命することもできる。また免職することもできる。しかし、この王はあまり罷免《ひめん》は行わない。といって別に僧侶を尊敬している訳ではなく、王の過去の思い出がそうさせているまでなのである。というのが、この王は即位前に久しい間、僧籍《そうせき》にいたことがあるからである。この国では誰しも一度は僧籍に入らなければならない義務があるが、これはタイ王室に課せられた唯一の義務と称すべきものであろう。

＊訳註――ラーマ四世（西紀一八五一――一八六八年）

過去がどうあろうと、一度タイの王位に即くと、行政上のあらゆる特権が与えられる。そしてそのために毎日、閣僚《かくりょう》や大官によって二つの会議が開かれる。最初のものは午前十時に始まり、午後二時ないし三時に終わる。第二のものは夜中の十一時に始まり、翌朝の二時に終わる。

四時間をみっちり使えば、種種有用な仕事ができる。ところが、ここではほとんど毎日、そもそもこの会議は何が故に開かれたかなどという、まことに他愛《たあい》もない討論によって過ごされてしまう。プラ・バート・ソムデット・モンクット王は、種々の点でイギリスのジェームズ一世*に似ている。年は六十で、聡明《そうめい》というよりはむしろ物識《ものし》りの方であって、理論よりは弁舌《べんぜつ》に秀《ひい》でている。何事にもあれ、定見《ていけん》というものがなく、判断となるとまるで年寄りのくせにまったく子供らしいところが見受けられる。後世から名君と謳われるような画期的な時代をお生みなさいとすすめられると、王国内に何でもかでも新しく興《おこ》したり改革したりしようとする。ところが漠然《ばくぜん》と始めるのであるから、王自身も周囲のものも何ら確《かく》とした成算《せいさん》がない。

王は欧風の軍隊も編成すれば、運河も掘らせる。要塞も築けば、道路も造る。船も建造すれば、蒸気船まで造る。バンコクに王室の印刷所を興しもすれば、領土内のあらゆる国に信仰の自由を与えもする。東洋の君主としては、それはあまりに荷重《におも》である。たしかにその意図はよく、讃《たた》えられてよかろうが、王がそうして努めて豊穣《ほうじょう》をもたらそうとしている畑というのは、もう幾世紀も休田《きゅうでん》になっていたところなので、プラ・ソムデット・モンクット王よりも精力的な人間にもなかなか耕し

タイの王子

切れないところなのである。まして王は命令するだけで、自分の時間はパーリ語や古い仏典の研究に捧げ、実際の政治や様々な命令の行使は、普通、王よりはその方面の経験に富む、もっと精力的な、しかし王よりは誠実味《せいじつみ》に欠けたものの手にゆだねられているにおいてをやである。

＊訳註――イギリス皇帝ジェームズJames一世（西紀一五六六―一六二五年）はスチュアート朝の開祖。王はいわゆる王権神授説《おうけんしんじゅせつ》を抱いて憲法を守らず、しばしば議会と衝突し、また外交の方面にも種々手出しをしては失敗して国民の信望を失う。なおこの王の時（西紀一六一二年）に英船グローブ号が初めてタイ国パタニー港に投錨《とうびょう》、王の親書を携《たずさ》えて来て当地に商館を開いた。

パーリ語もサンスクリット語も、この王にとっては少しも難解なものではなかった。いかに難解な文章も分かるし、その奥義にも通じている。そして無邪気に博学を衒《てら》い、好んで博言学《はくげんがく》の知識をひけらかす。フランスの学者で、王の書庫とその知識を利用するものも少くない。また王は単独で、ほとんど書物というものを用いずに英語を覚え、流暢《りゅうちょう》に話もすれば書きもする。しかし心底からの東洋主義者である王は、自国の習慣の埒外《らちがい》に出ることは容易にしなかった。タイの習慣は、いかなる理由があるにもせよ、外国人が武器を携えて王の前に出ることを許さない。ところが聞くところでは、タイ在住の欧州人のうち、ジョン・ボウリング卿とフランス公使ド・モンティニイ氏*の二人だけは、この宮廷の習慣を破って、帯剣《たいけん》のまま王の前に出ることを許されていたというのであるが、それにはどのような複雑な手続きを要したことであろうか、思いなかばに過ぎるであろう。

*訳註――de Montigny（西紀一七四三―一八一九年）ベンガルのフランス植民地総督。

この王と長年にわたって、いわば親交を続けて来たパルゴア猊下《げいか》は、王宮につき左のように述べている。

「王宮は周囲数キロメートルにわたり高壁をもって囲まれている。内部はすべて大理石あるいは花崗岩《かこうがん》の華麗な瓷《かわら》をもって敷きつめられ、そこここには哨舎《しょうしゃ》があり、大砲が据《す》えつけられている。いたるところに絵画や黄金で飾られた見事な小建築物が散在する。大広場の中央には四方に入口のあるマハーラサート Maharasat（一）が、釉薬塗《ゆうやく》りの甍《いらか》をのせ、大きな彫刻で飾られて、虚空《こくう》を突く素晴らしく大きな黄金色の尖塔《せんとう》をそびえさせている。王はここで外国使臣に謁《えっ》を賜《たま》わる。またここは故王の黄金の柩《ひつぎ》が、火葬に付せられるまでの一年間安置せられていたところでもある。またここで高僧の説教が行われ、王妃をはじめ寵妃《ちょうひ》たちが幕のうしろで聴問《ちょうもん》する。この聖所から少しく離れて大広間があり、ここで王は床に額《ぬか》ずく百人以上の大官を前に、毎日会議を開かれる。入口には中国渡来の花崗岩の巨像が控え、広間の壁や柱は絵画や金泥《きんでい》で装飾されて見事である。祭壇《さいだん》の形をした玉座の上には、七重の天蓋《てんがい》がついている。王の御殿はこの会議室の隣りにある。その先には王妃の御殿、ついで寵妃や女官の屋敷が連なり、これらは広い一つ庭に面しているといわれる。その他、大きな建物が幾棟かあり、それらには王の財宝すなわち黄金、銀、宝石、家具、

バンコク全景

高価な布などが蔵《おさ》められている。

この広い王宮内には議事堂をはじめ、喜劇の上演される劇場、王室書庫、広大な武器庫、褒美《ほうび》に賜わる馬匹《ばひつ》をおさめた厩《うまや》、その他、様々なものを納めた倉庫などがある。また見事なパゴダがあって、瓷《かわら》の上には銀のござが敷かれている。ここには二つの偶像すなわちブッダの像が祀《まつ》られているが、その一つは純金製で高さ四ピエ、いま一つは一顆《いっか》のエメラルドからできていて、高さは一ピエ六プースある。（二） イギリス人の見積りによると、これは少なくとも二十万ピアストル（百万フラン）はしようとのことである。

（一）訳註——大広間の意。

（二）訳註——この寺はワット・プラケオ（玉仏寺）で、西紀一七八五年にこのエメラルドの仏像を奉安《ほうあん》するために建てられたものである。

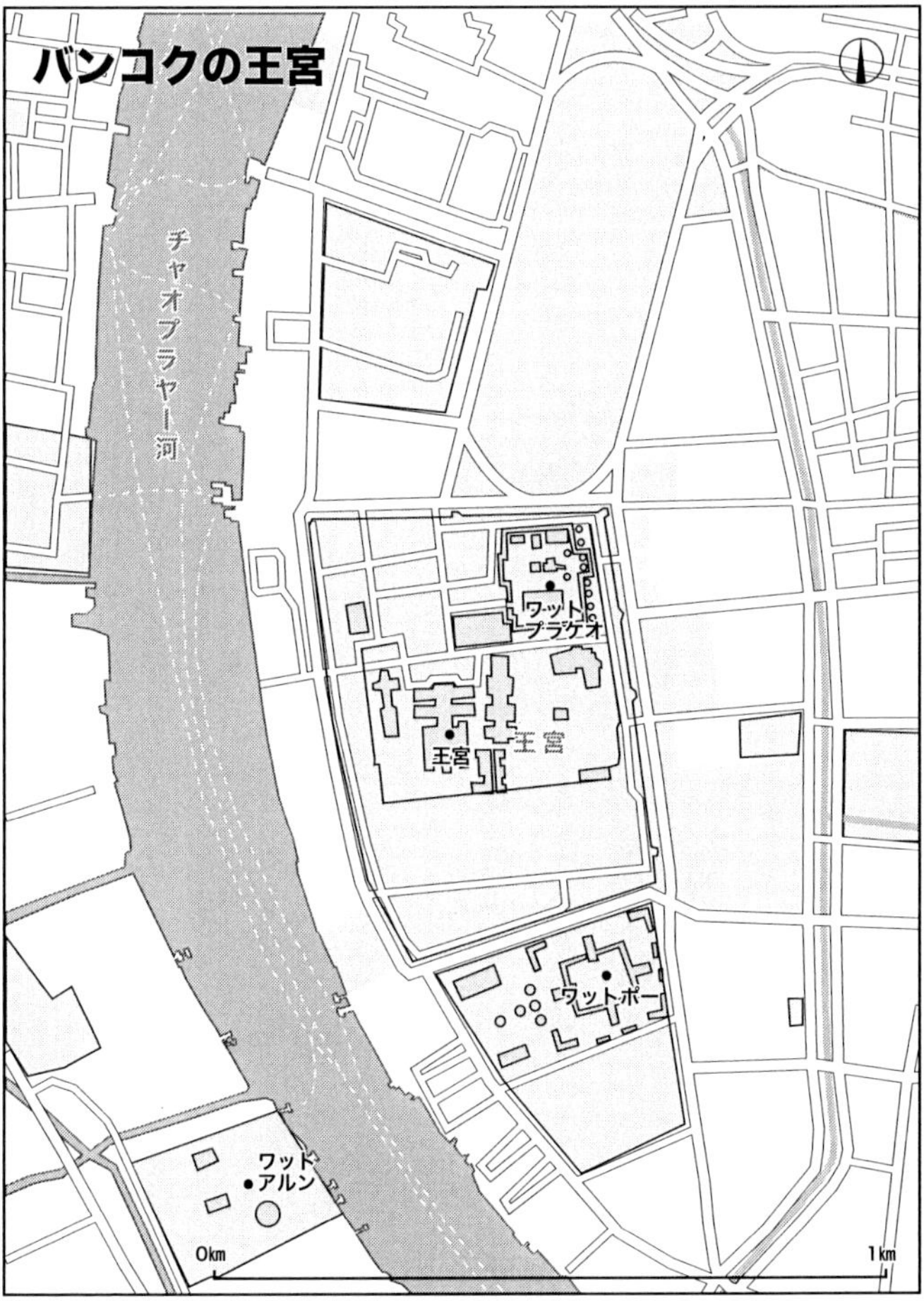
バンコクの王宮
チャオプラヤー河
ワット
プラケオ
王宮
王宮
ワットポー
ワット
アルン
0km
1km

王のパゴダ《ワットプラケオ》はまことに立派であるが、こういっただけではどの程度に立派なのか、ちょっと、欧州人には見当がつくまい。ここには銀で二百キンタル（四百万フランあまり）を要したパゴダがある。それが城内に十一、城外に二十ある。(一) チェットポン《ワットポー》 Xetuphon パゴダには身の丈五十メートルにおよぶブッダの寝像があり、全身黄金色に塗られている。ボロヴァニェート Borovanivet パゴダの仏像には厚手の金箔《きんぱく》を（外部に張るだけで）四百五十オンス要したといわれる。またある王のパゴダなどは大寺院程の大きさがあって、四、五百名の僧侶と千人におよぶ小僧がいる。これは広大な敷地、というよりは公園の中にあって、中央には立派な建物が幾棟となく並んでいる。すなわち約二十の中国風の塔、河に沿って建ち並ぶ数棟の大広間、一棟の大きな説教所、巨大な二つの寺などからなり、寺のうち一つには仏像が安置せられ、いま一つは僧侶の祈祷所《きとうしょ》にあてられている。その他、レンガと木とからなる小建築物が二、三百あって、これが僧侶の住居にあてられている。沼あり、庭園がある。金色の陶板《とうばん》を張った尖塔が十二ほどあって、その中には高さ三百ピエにおよぶものもいくつかある。鐘楼《しょうろう》が一棟、旗を掲げる柱が数本。その先には金色の白鳥

王宮に隣接するワット・ポー。アユタヤ朝（1351～1767年）末期に建立されたバンコク最古の寺院で、その後、バンコク朝のラーマ3世（1824～51年）によって17年の月日をかけて長さ46mの涅槃像や仏塔などが造営された

がついていて、ワニの形をした旗が掲げられている。中国渡来の花崗岩《かこうがん》あるいは大理石の高麗獅子《こまじし》があり、敷地の両端の運河沿いは石崖になり、ここには船を入れる小屋、死人を焼く時に用いる薪小屋《まきごや》、橋、塀などがある。言い忘れたが、寺の内部はすべて絵画と金泥《きんでい》をもって飾られている。大きな偶像はまた百千の宝石をつけた黄金の塊のようにも見られる。簡単ながら以上で、タイ王宮および王のパゴダがどのようなものであるか、想像だけはつこう。[(二)]」

（一）訳註――現在パゴダは首都バンコクの面積の約五分の一を占め、その数は四百近くある。

（二）原註――パルゴア司教著『タイ国あるいはシャム国要録』、第一巻、六二頁―六六頁。

付言するが、バンコクで最も壮麗なパゴダ、ワット《ワット》・チャン《アルン》 Wat-Chang は王宮内にはなく、チャオプラヤー河の右岸、ちょうど王宮と向かい合わせのところにある。

高さは二百ピエあり、尖塔《せんとう》は海から河を遡《さかのぼ》って来る旅人の眼をまず惹きつけるバンコクの目じるしとなっている。

　パルゴア猊下《げいか》の著書が公刊された後に、柱廊《ちゅうろう》を持つ純イタリア風の離家《はなれ》がマハープラサートのすぐそばに建てられた。王は先に述べた晩餐会《ばんさんかい》の後で、自らわれわれをその建物に案内されたが、玄関正面には二国語（英語とサンスクリット語）で「王の休息所」と書かれてあった。内部の間取りは独立した一戸の構えをなしていて、部屋の配置や家具などはすべて欧風に造られ、ガラス窓あり、掛け時計あり、壁には高価な壁紙が張られていた。ただ高価な家具の配置だけに遺憾《いかん》な点が見受けられた。すなわち代々の王や欧州の有名人の像や肖像、東洋西洋の陶器、あらゆる国の書物や写本を飾った書棚《しょだな》、様々な地図、地球儀に天球儀、測定器や物理用器具、望遠鏡、自然科学の見本を納めた広口瓶《ひろくちびん》、イギリス製の贈答《ぞうとう》用の図書や画帳《がちょう》、バルベディエンヌの青銅器（一）、広東製の安物に張り合ってフランス人が作った品々、日本の漆器《しっき》、バッカラのガラス器（二）、実験用レトルト、写真用具、幻灯《げんとう》等々が、秩序もなく雑然とおかれていたのには少からず驚かされた。この雑然たる家具は、その所有者である王が、創意よりも百科辞典的頭脳、それもいくらか混乱したものの持ち主である事を雄弁に語るもののように思われた。

（一）訳註——Ferdinand Barberdienne（西紀一八一〇——一八九二年）の製作にかかる青銅器。彫刻の模造機を用いて、各地の博物館の名品の小型を多数作製する。
（二）訳註——Baccarat はフランスの硬質ガラスの主産地。

The Discovery of Angkor Wat

第4章

寵妃と娘子軍

第二王——階級制度と高官の頽廃——寵妃と娘子軍

第二王――階級制度と高官の頽廃
――寵妃と娘子軍（アマゾーン）

この因果《いんが》な国では、一人の王と一つの宮廷と一団の後宮《こうきゅう》を養うだけではまだ足りないのか、タイ人はそれらをすべて二通り持っている。すなわち第一王の他に第二王というのがあって、この王もまたその王宮と重臣と軍隊とを持っている。そして、皆はこの第二王をも至上権者《しじょうけんしゃ》として尊敬している。しかし、この第二王は名目上の王たるに過ぎない。この王がその高い位によって得ている実際上の特権というものは、彼が蔭《かげ》の役をつとめている第一王の前に出ても、平伏せずに椅子に掛けていられるというだけのものに過ぎない。また第二王は必要に応じて王室の金庫を使用し得るが、そのときにはあらかじめ第一王の印璽《いんじ》を得なくてはならないことになっている。しかし、それを第一王が拒むことは絶対にない。ある者はこの第一王の「第二の我《アルテルエゴ》」がタイ軍隊の統率権を握っているように言っているが、これは間違いである。というのは、ラオス人およびベトナム人に対して行われた最近の戦いでは、タイ軍の指揮官には最初は王の末弟の「クロム・ルアン」（一）がなり、ついで、名は知らないがある原住民の将軍が指揮をとっているからである。同じ誤謬《ごびゅう》から、タイには二人の王がいて、一人は平和を司り、一人は戦いを司っているのだというような評判がフランスに広まった。事実はしかし、宣戦を布告する権利も、和平条約を結ぶ権利も、どちらも第一王にだけある。現在の二人の王は異母兄弟であるが、もっぱら噂によればその兄弟愛は相当薄いらしい。事実、第二王はよほどの必要の生じない限り、第一王を訪ねない。また第二王は、次の王位の継承者と定められているのであるから、血縁以上の心づかいを第一王の健康に対しては抱いていない。第二王について私の知ることは、この王も格別つとめもせずに英語とフランス語とを流暢《りゅうちょう》に話し、欧州の文化を愛し、兄王よりも遥かに実際的な考えを持ち、組織的な頭脳と政治的な手腕に恵まれているということである。この点では兄王よりも優れていると自覚している第二王は、誰よりも事物の遅々《ちち》として進捗《しんちょく》しないのをもどかしがっている。また美術、文学を愛し、乗馬を好むなど趣味が広く、欧州の富裕な領主のような生活をしている。（二）

（一）訳註――王族の階級の一つで、国王と正后または王女との間の子女、すなわちソムデット・チャオ・ファー Somdetch Chao Fa および国王と妃嬪《ひひん》との間の子女すなわちプラ・オーン・チャオ Phra Ongka Chao が丁年《ていねん》に達するとクロム・プラヤー Krom Phya、クロム・プラ Krom Phra、クロム・ルアン Krom Luang、クロム・クン Krom Khun、クロム・ムーン Krom Mun 等に分かれる。

（二）原註――この書の初版が出た頃に、第二王は薨《こう》じた。その後、誰がこの栄位に即いたかは不幸にして知らない。（訳註――この第二王《マハーウパラート》の制度は、西紀一八八五年以来、廃止となった。）

タイ副王

二人の王と庶民との間には、常に十二の王族の階級、数箇の大臣の階級、五ないし六の役人の階級があり、また王国内四十一州にはいずれも知事および副知事がいて、彼らの無能と搾取癖《さくしゅへき》とは世界に類を見ない。ブリュギエール師は、タイ語のサレニヴァル Sarenival を知事 Gouverneur とわれわれは訳しているが、字義通りに解釈すると「人民を食う」という意味になると述べているが、あるいはそうかも知れない。役人の俸給《ほうきゅう》は少なく、しかも統制がとれておらず、監視もまた行き届いていない。結果は想像に難くない。彼らは争って瀆職《とくしょく》行為を行うのである。王はそれを知って知らぬふりをする。罰し始めたらきりがないと思っているのか、それとも、それしきのことに貴重な時間を費《つい》やしてはおれぬと思っているのであろう。そこで地方の州はあたかも知事の乳牛《にゅうぎゅう》のように、搾《しぼ》れるだけ搾られる。タイでは庶民は奴隷《どれい》と労役者と納税者とに三分されているが、税金をそのまま国庫に納めたのでは、役人は一文の得にもならない。そこで彼らは上前《うわまえ》をはねる。税金の一に対し、三倍くらいのものを失敬する。また役人ともなれば屋敷も欲しくなるが、これはちょっとやそっとの小細工ではものにならない。そこで民衆に建てさせようとする。それには藤の鞭《むち》にものをいわせる。地方でも都会でもその材料にはこと欠かない。隣の屋敷をそのまま没収《ぼっしゅう》してもよく、場合によってはそれを取り潰《つぶ》してもよい。世にこんな手軽な普請《ふしん》の仕方はない。また、ある役人が諸君の娘を妻妾《さいしょう》の一人に加えたいと思うか、諸君の息子をその喜劇団の一員に加えたいと思った場合には、ただその由を通告すれば足りる。人のよいタイ人は、その要求は聴くよりほか術《すべ》のないことを知っているからである。

隷属《れいぞく》と専横《せんおう》とが隣り合わせにひそんでいる心のどこか奥底から、立ちあがる瘴気《しょうき》のような情欲《じょうよく》について、私の聞いた話を紹介しよう。数年前の話であるが、ひどく人の好いプラ・ソムデット王ですら、その朝貢国《ちょうこうこく》カンボジアに眉目麗《みめうるわ》しい王女がいると聞くと、それを後宮の一人に求め、断られると、当時、バンコクにいた王子を俘囚《とりこ》にしてしまった。ところが当のタイ王は、当時すでに六百人の後宮を囲《かこ》っていたのである。その上にいま一人を加えて、六百一人にする必要は一体どこにあったのだろう。数多い後宮のうち、ただ一人だけが王妃の称号を許される。この王妃のことに関しては、今一度《いまいちど》パルゴア猊下《げいか》の助けを借りることにしよう。

「……王妃に外国の王女を迎える習慣はなく、王国内の王女――これには近親者《きんしんしゃ》である場合が多い――あるいは属国の王女から選ばれる。王妃の御殿は王の御殿《ごてん》と隣り合わせにあり、美々しく飾られた数棟の大きな建物からなっている。御殿には一人の女官長がいる。もう相当の年輩で王の信任は厚い。この女官長が王妃の御殿に関する一切の事を司り、その下には百人あまりの女官がいる。女官長は王妃の世話をする他《ほか》、大勢の後宮の監視もつとめる。後宮はいずれも各国の王女、あるいはこの国の大官から贈られた娘たちである。その他、女官長の下には約二千人の娘がいる。またこの女官長は、一生嫁《とつ》がずに尼僧のような生活をしている王女や姫たちの監督にもあたっている。これら一団の女性は三重の囲壁《いへき》の中に閉じこめられていて、時たま何か買いものがあるとか、パゴダにお詣《まい》りをするとかいう時ぐらいしか外出しない。上は王妃から下は女の門番まで、ここのものはすべて王から手当をもらって暮らしていて、いずれも贅沢三昧《ぜいたくざんまい》、気ままな生活を送っている。噂によれば三重の壁の中には美しくもまた不可思議な庭園がある由《よし》である。それは広くて、この世のありとあらゆるものの縮図《しゅくず》を見るような観があるという。人工の山あり、森あり、

室内におけるタイ王女

河あり、小島を浮かべた岩のそそり立つ湖があり、そこには小型の汽船や船まで浮かんでいる。また王宮の女たちによって開かれている売店があり、パゴダ、亭、塔、像、外国からもたらされた珍しい花卉《かき》や果樹まで植えられている。夜になると提灯《ちょうちん》や釣ろうそくに灯が入り、後宮の婦人たちはこの湖で沐浴《もくよく》をし、この世から隔絶《かくぜつ》されたわびしい暮らしを慰める種々な遊びに興ずるとか」云々。

この後宮の婦人の写真が幾枚か今では欧州に流布《るふ》しているが、あの写真は、まだ写真というものをご存知ないタイ王自身の眼の前で撮られたものであることを打ち開けよう。王たるものに一つとして不可知のものがあってはならない。ニエプスやダゲールの発明品*もまた王にとって未知のものであってはならないという考えから、これは撮られたものなのである。

＊訳註――この二人が協力して、現在の写真術の元祖ともいうべきダゲレオタイプを完成、西紀一八三九年に公開した。

王宮の周囲を見張る歩哨《ほしょう》には、この国では一大隊の娘子軍《アマゾーン》があてられているが、これはハイデラバード（一）やダホメ族（二）の王にならって、プラ・ソムデット・モンクット王が人民の娘のうちから美人を選《え》りすぐって編成したものである。「女丈夫《じょじょうふ》」とこの国では呼んでいるが、彼女らはタイ軍隊でも綺麗な服装をした陸軍軍人であることには間違いないが、スコットランド風のベレー帽をかぶり、格子縞《こうしじま》のスカートをはき、剣を腰に、ピストルを帯にし、肩には矢と箙《えびら》をつけて、堂々、隊形変換《たいけいへんかん》を行っているところを見ていると、何とはなしに「帝室音楽院」のバレエ団が抜け出たような感じがしてならない。

（一）訳註――Hyderabad は一名「獅子の市」ともいわれるインド、デカン高原にある国。
（二）訳註――Dahomey 族は西アフリカのフランス植民地の黒人。

第5章 博奕と芝居

博奕と芝居

隷属《れいぞく》的な国民はみなそうであるが、タイ人もまた日常生活の大部分を——ほとんど全部といってもよかろう——博奕《ばくち》と遊びに費やしている。食事さえすめば、それも飢えてさえいなければ気にもとめずに、すぐさま博奕を始める。彼らはいくつになっても年中何か楽しむ玩具《おもちゃ》を必要とする。子供は朝から晩まで、板投げ、かくれんぼ、馬飛び、人取り、目隠鬼《めかくしおに》ごっこ、コマ廻し、その他、欧州の子供がして遊ぶようなことは何でもやる。大人は戦争将棋、将棋、サイコロ、中国カルタ、それからフランスでは子供だけしかやらない凧《たこ》あげまでやる。彼らは技量と偶然との組み合わせにすっかり夢中になって、持っているだけは何にでも賭ける。持ち金をすっかりすってしまうと、裸体につけている唯一の被物《かずきもの》、腰衣《こしごろも》や猿股《さるまた》までも賭けるのである！

タイ人は非常に闘鶏《とうけい》が好きなので、王はこれを禁じ、違犯者には罰金刑《ばっきんけい》まで定めているにもかかわらず、毎日のように行われている。どこかで闘鶏があると聞くと、皆は駆けつけて賭けを始める。熱中のあまり、最後はいつも喧嘩《けんか》口論に終わる。蹴り合いや羽根の飛沫《しぶき》が、決まって拳固《げんこ》のなぐり合い、眼を腫《は》れ上がらせてけりがつく。

大人の娯楽《ごらく》であるこの闘鶏を何とかして禁止しようとした政府は、子供に蟻地獄《ありじごく》やキリギリス、バッタ、小さな怒りっぽい好戦的な魚の喧嘩《けんか》などを許した。子供たちはこれらに夢中になったが、ここにも――他にも種々例があるように――政府の方針が全然、理論的でないという例を見出す。諸君はどうすればよいと言われるか。この専制的な政府は、大衆から絶対に楽しみを取り上げることはできないというすこぶる崇高《すうこう》な意見を持っているのだからである。

野牛や象の闘いは国民の最も好むところであるが、これには金がかかる。それでこれらは、競漕《きょうそう》同様、たまにしか行われない。ところが彼らにとって幸いなことは、これらの大がかりな興業の幕間《まくあい》をつとめてくれる王族大官の葬儀《そうぎ》がある。これにはきまって相撲、拳闘《けんとう》、綱の上の踊り、花火、人形使い、中国影絵、露天の喜劇《きげき》などが付く。

タイ人に許された楽しみの中で、この喜劇ほど皆の喜ぶものはない。劇場は四方あけっぱなしの広い部屋に過ぎない。そこには舞台めいたものが設けられているだけで、その上で男優や女優が身体中をまっ白に粉で塗りたて、先の尖《とが》った長い帽子をかぶり、つけ耳をし、道化《どうげ》の衣裳《いしょう》をまとい、安もののの宝石を飾り、代わるがわる、時には声を揃《そろ》えて伝説や架空の物語を妙な身振りで歌ったり叫んだりする。ところが、大衆はそれに見惚《みほ》れ、耳をそばだて、陶酔し切って、大体二十四時間は続く芝居から片時も眼や耳をそらさない。

タイでは大官はみな劇場を一つずつ持って、専属の俳優を養っている。もちろん王もお抱えの劇団を持っているが、光栄にも私はその「宮廷劇」に招待された。次にその紹介をしよう。劇場は謁見《えっけん》の間に隣《とな》った中庭にある。赤や白の絹の幕、彫刻した板壁《いたかべ》、タイ人の得意とする無数の厚紙細工《あつがみざいく》、それらが劇場の内部を飾っている。舞台の右側には広い桟敷《さじき》があって、見事な布が人眼をひくが、そこが玉座になっている。桟敷に通ずる段の下には、百官が平伏《へいふく》している。舞台の前と横には壇《だん》が設けられていて、欧州人のための椅子や安楽椅子《あんらくいす》が置かれている。王はわれわれより前に見えていたので、われわれは挨拶に出かけて行って、かくも花々しく催《もよお》された芝居を拝見《はいけん》する光栄に浴《よく》し得たお礼を言上《ごんじょう》におよんだ。やがて耳を聾《ろう》せんばかりの音楽が開幕を知らせた。この奏楽《そうがく》は、曲目の貧困な上に、おそろしい音を立てること、まったく調和に欠けている点などを特色とする。この時も同じ楽章が五時間も演奏されたのであるが、王をはじめ百僚《ひゃくりょう》はひどく満悦《まんえつ》らしい様子に見受けられた。私はタイ音楽とはおそろしい曲を奏することにあるのではないかと考える。なぜならその後、私が否応《いやおう》なしに他で聞かされた音楽もまた単一な不調和音で終始したからである。やがて芝居が始まった。大勢の男優と女優とが、想像を絶した異様な衣裳《いしょう》を身にまとって登場した。すべて金の刺繍《ししゅう》のある絹を着て、人造石《じんぞうせき》やガラス玉をちりばめた円すい形の冠《かんむり》をもったいらしくかぶっている。彼らの演技となると、またこれほど単純なものはない。おそらくそれで独創的なのであろうが、あまり品のよくないただ一様の身振りが、俳優とはあまり離れていないところで歌われる騒々しい合唱につれて行われるだけである。何を彼らが演《や》っているのか、さっぱり私には分《わ》からなかった。私にわかったのは、いかにも子供っぽい鹿狩《しかが》りのところだけである。鹿の頭を、頭につけた男優が舞台に飛び出すと、皆はしばらくその後を追う。捕えると、殺して運び、舞台の上で料理をして食べるのであるが、これだけが、私が描写する暇もないほど短時間内に行われた。このタイのアクテオンの不運*で、芝居はまだ千秋楽《せんしゅうらく》にならない。しかもこの芝居は、それまでにもすでに六時間も続いているのである。ところが幸い、ここでわれわれをこの芝居に招待された王が席を立たれたので、私もそっと席をはずす機会を得た。しかし、それまででもう十分に、タイの劇芸術《げきげいじゅつ》とはどんなものかを私は窺《うかが》い得た。

＊訳註——Actéon はギリシャ神話の猟の名人。沐浴中の Diane（ダイアナ）を驚かした

罪により鹿にされ、自身の飼い犬に咬《か》み殺される。

しかし、この世を終えた人の営み、すなわち葬式だけはまことに見事な芸術である。役人あるいは相当裕福な町民のものになると、少なくも三日は続く。そしてその三日間は絶えず花火が打ち上げられ、僧侶の説教が行われる。夜は喜劇《きげき》、その他、様々な催しものが開かれ、中にもご馳走《ちそう》が振る舞われる。これが王のものとなると一層、大裂装《おおげさ》になる！　王の物乞いから奴隷、卑しき馬、けものに至るまで、（この形容はタイ語で「忠良なる臣民」の意味を示す表現である）、六か月間は様々な見世物《みせもの》を楽しむことができ、大祭日《たいさいじつ》の七日間は仕事を休んで、ご馳走のお振舞いにあずかることができるのである。

The Discovery of Angkor Wat

第6章

チャオプラヤー河の遡航

チャオプラヤー河の遡航――河畔および水上生活者ならびに船――アユタヤの今昔――王室編纂史の一節

チャオプラヤー河の遡航——河畔および水上生活者ならびに船
——アユタヤの今昔——王室編纂史の一節

バンコクでの調べも見物も大体終わったので、急ぎ旅の支度《したく》にかかった。私はもっている鞄《かばん》をすべて積み込んだ上で、自分の身体を入れるに足るだけの狭い覆《おお》いのある場所と、同行の二足と四足の家族全部、すなわち二人の漕手《こぎて》とサルとオウム、犬等を入れ得るだけの余裕のある船足の軽い小船を購《あがな》った。従者《じゅうしゃ》の一人はカンボジア人で、いま一人はベトナム人、二人ともキリスト教徒でわずかながらラテン語と英語が話せた。それに私がこれまでに覚えた心もとないタイ語を加えるとどうにか用

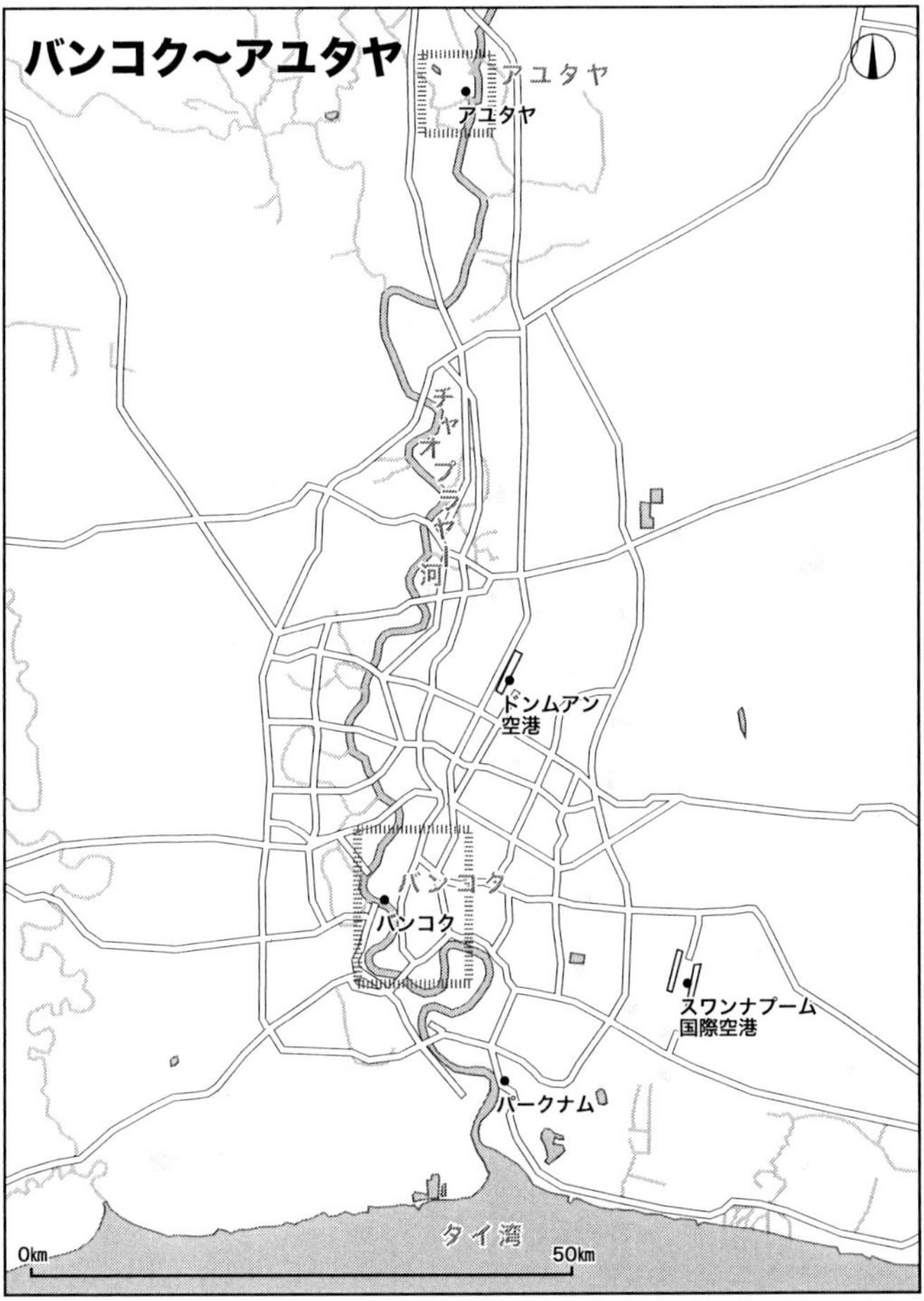
バンコク〜アユタヤ
アユタヤ
アユタヤ
チャオプラヤー河
ドンムアン
空港
バンコク
バンコク
スワンナプーム
国際空港
パークナム
タイ湾
0km
50km

は足せそうであった。
十月十九日、バンコクを発《た》って、二人の遭手《こぎて》とともにチャオプラヤー河を遡《さかのぼ》った。遭手のうち一人は「コック」すなわち料理人兼任である。この時期にはまだ流れは急なので、約七十マイルを遡るのに五日もかかった。夜になると大いに蚊軍《ぶんぐん》に悩まされた。日中でもこの恐しい小吸血鬼《しょうきゅうけつき》は、絶えず扇で叩《たた》き落とさなくてはならないほどいる。また田舎はすっかり水びたしになっていたので、どこへ行っても地面に降りることはできなかった。民家の近くで鳥を撃ち落としても拾えないことがよくあった。われわれはタンタールの苦痛*をここでなめさせられたのである。なぜなら、河岸は微笑《びしょう》し、いかにも明るく、自然はいかにも美しく、また豊かであったからである。

*訳註——Tantale はギリシャ神話に出て来るリディ Lydie の王。神々の饗宴《きょうえん》に招かれるや、その味を人間に知らせようとして神饌《しんせん》を貪《むさぼ》り食う。再び神饌の響応《きょうおう》に預ろうとして自分の子供ペロプ Pélops の首を刎《は》ねてその肉を神々に捧げる。ために地獄に堕ち、湖中の

メーナム・チャオプラヤー

果樹に繋がれ、飢えて果実を食おうとすれば果実は逃げ、渇《かっ》して水を飲まうとすれば水は逃げ、散々餓渇《がかつ》に悩まされる。

この時期になると雨はすっかりあがって、数か月はまったく降らなくなる。しばらく前から北東の季節風が吹き始めて、天気は毎日よく、暑さは微風《そよかぜ》のためにやわらげられる。水も日ごとに少しずつ退《しりぞ》き始めている。タイの宗教上の祭が行われるのはこの時期で、河には絶えず吹き流しを立てた長形の美しい船の列が眺められた。そうして晴れ衣《ぎぬ》を着飾《きかざ》った男女の信者は巡礼に出かけるのである。船には大抵、新調の派手な衣裳《いしょう》を着けた五十人以上の漕手《こぎて》が乗っていて、各々《おのおの》速力を競い合う。長い叫びや短い叫びをこもごも上げながら、彼らは楽器の音に合わせて櫂《かい》を漕ぐのであるが、その旋律《せんりつ》は流れの音にやわらげられて聞くものに快さを与える。長い船列が一人の役人を護衛《ごえい》して通過するのも見掛けた。役人の乗った小船は——この地方の呼び方を真似《まね》ると風船は——金泥《きんでい》を塗り、彫刻を施《ほどこ》し、船列中《せんれつちゅう》ではアヒルにまじった白鳥のように眼に美しかった。役人は近所のパゴダに参詣《さんけい》して供物《くもつ》を捧げたり、僧侶たちに黄色い衣の布を贈るために出かけて行くのである。

王はたまにしか庶民の前には姿を見せない。一年に二度か三度くらいである。うち一度は船で、いま一度は十月中に固まった陸路を行く。河の場合は必ず三百ないし四百艘の船が従《したが》い、これに普通十二万の家臣が乗り込む。漕手は派手な仕着《しき》せを着て、船はいずれも吹き流しをつけ、その船列の美しさは筆舌《ひつぜつ》に絶する。それは東洋にのみ、今に残る独特の景観であろう。

旅の路《みち》すがら、一再《いっさい》ならずタイ人の気楽さ、のん気さに驚かされた。彼らは重い軛《くびき》をはめられ、重税を課せられながらも、気候に恵まれているためと、生来《せいらい》の従順さ、それから、幾代もの間に隷属《れいぞく》に馴《な》れ切っているので、専制政治《せんせいせいじ》につきものの苦痛や、取り上げられた自由などを忘れてしまうようになっている。

私の行く先々、どこでも彼らは漁の支度《したく》に忙しかった。畑地から水の退《ひ》く時が漁期にあたっているからである。獲物は干《ほ》して一年中の彼らの食料とする上、相当量が輸出される。私の小船は鞄や箱、道具類でいっぱいになっていたので、私はきわめて狭い場所で辛抱《しんぼう》しなければならなかったので、暑さと息苦しさに窒息《ちっそく》しそうになった。しかし最も悩まされたのは蚊《か》である。実にこれは多くて、手で掴《つか》めるくらいいて、それがまるでミツバチの巣でもつついたようにわんわんと鳴く。この蚊は熱帯地方を通じての悩みの種なのだが、ここのは特にひどく、恐しい勢いで繁殖《はんしょく》している。というのが、無数の沼、それから洪水が残してゆく泥、それらに太陽が直射して短時間内に卵を孵《かえ》すからである。おかげで私の足は腫《は》れ上がってしまった。

十月二十三日にアユタヤに着いた。二人の漕手《こぎて》は早速、私をラルノディーLarnaudy師のところへ案内してくれた。師はフランスの聖職者で、私を待ち受けていてくれた。私はこの親切な神父の心からなる歓待《かんたい》を受け、アユタヤに滞在中はいつまでもその住居、すなわち粗末《そまつ》な竹作りの建物を自由に使うことを許された。

この親切な神父は、余暇《よか》には自然科学者や猟師の生活を送っている。師に誘われて私も幾度か猟に出かけた。そして森を歩きながら、われわれは美しい国フランスのことを語り合った。幾時間も猟に、あるいは船遊びに過ごして小屋に戻って来ると、そこにはタイ料理の名人が腕をふるった食事が待っていてくれたが、空腹のためにわれわれはそれを特に甘く思ったのかもしれない。オムレツあるいはカレイ煮にした魚に米飯《べいはん》。タケノコ、インゲン、その他、野生の野菜が焼き鳥に、あるいは猟で獲物のあった時は、それと一緒に出された。ここではニワトリ三羽が一ファン（三十七サンチーム）で買える。

現在ではアユタヤがこの国、第二の都会になっている。町の大半がチャオプラヤー河の本流と、ラオスへの要衝《ようしょう》パークプリオおよびコラートへ通ずる支流を繋ぐ運河上にあるので、それらの地方へ旅する者のほとんどすべてがこの地に立ち寄って、島上に遺《のこ》された古都の数々の寺を見物に出かける。

現在、人口は二万ないし三万であるが、*その中には多数の華僑《かきょう》、その他、少数のビルマ人、未開のラオス人等が含まれている。住民は大体、商業、農業、漁業に従事《じゅうじ》しているが、この地には重要な生産物がないからである。水上生活者がそのうちの大部分を占めているが、タイ人は地上に家を建てるよりも、水上で生活する方が衛生的《えいせいてき》だと考えているからに他ならない。土地は非常に肥《こ》えている。主な農産物は米であるが、収穫は多いが、海に近い地方のものほど市場では歓迎されていない。

この辺《あたり》の米は粘着力《ねんちゃくりょく》に乏《とぼ》しく、粒《つぶ》も小さいからである。油と棕櫚酒《トディ》（甘味《かんみ》があって酔う飲み物）も多量に製せられている。

＊訳註――昭和十二年度の国勢調査によれば、アユタヤの総人口は三二六、二一八人である。

この二つのものは、ともに棕櫚《しゅろ》の一種から採られるのであるが、この棕櫚はこの近傍《きんぼう》では随所《ずいしょ》に見られる。西洋野菜の栽培も相当、盛んに行われている。この地方の果物は見事で味も優れている。ただし種類はバンコク付近ほど豊富ではない。椰子《やし》や檳榔樹《びんろうじゅ》は北へ行くほど追々《おいおい》少なくなり、竹やぶがこれに代わる。

アユタヤはもちろんこの地方では最も重要な都市の一つになっているが、堡塁《ほうるい》はない。王の使者ともいうべき知事と、数人の下級官吏が駐箚《ちゅうさつ》する。

王は大体、毎年八日ないし十五日をこの祖先の都に過ごしにやって来る。そのために河に臨んだ昔の王宮跡に離宮が建てられているが、これは竹とチーク材とで作

アユタヤ遺跡

られたちょっと見には、離宮とは思えないほど粗末なものである。

バンコクの富裕《ふゆう》な商人は、大抵、このアユタヤに店舗《てんぽ》兼用の別荘を持っていて、暑期《しょき》には一週間ないし二週間を過ごしにやって来る。昔の町の名残りといっては数多い「ワット」すなわち多少とも崩壊した寺だけしか遺《のこ》っていない。それらは数マイルの広さにわたる地域にあって、周囲を樹林で囲まれている。タイの寺の美しさは建物の内部にはなく、外部のレンガや漆喰《しっくい》の壁に施された無数の唐草模様《からくさもよう》にあるのだが、これらは瞬く間に時の力に圧倒され、そのまま放擲《ほうてき》しておこうものなら、あらゆる種類の寄生木《やどりぎ》に蔽《おお》われた木とレンガの異様な形の堆積物《たいせきぶつ》と化してしまう。現在のアユタヤ遺跡《いせき》がちょうどそれで、建物の頂だけをわずかに残したレンガと土の塊が、かつては幾千人の善男善女《ぜんなんぜんにょ》がブッダの前に額《ぬか》ずくために来た場所の名残りをとどめている。この廃墟《はいきょ》の広大な四辺形――壊れて茨《いばら》の生い繁った壁を踏み越えて、その中を私は相当苦労して歩き廻《まわ》ったが――その四隅はひび割れた円天井《まるてんじょう》や壊れた尖塔《せんとう》などによっていまだに認められる。崩壊して今はわずかに台座だけが大きな破壊力をもつ時間と、環境にさからって遺《のこ》っている昔の壁龕《へきがん》の中には、ブッダ（こ

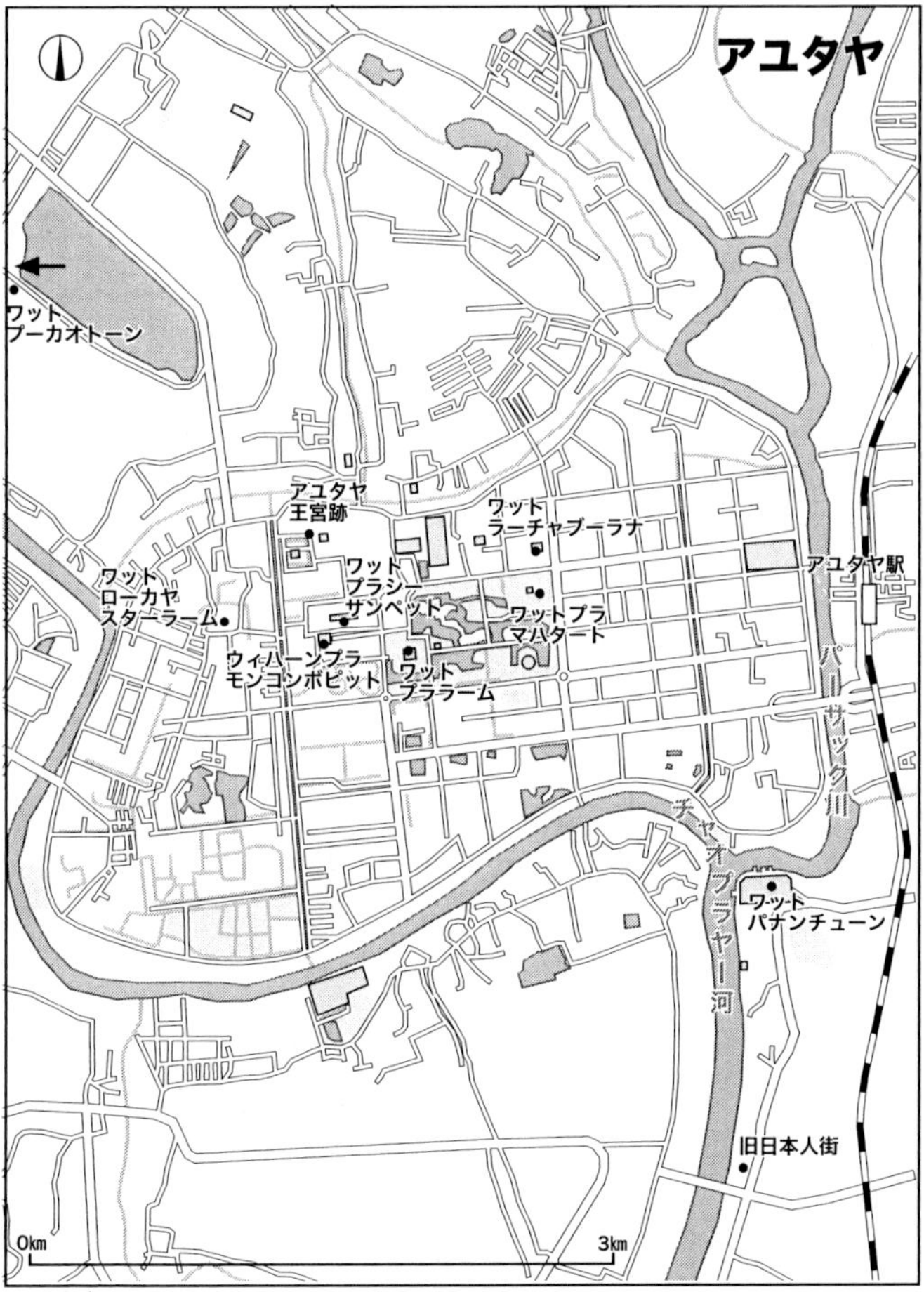
アユタヤ
ワット
プーカオトーン
アユタヤ
王宮跡
ワット
ラーチャブーラナ
アユタヤ駅
ワット
ローカヤ
スターラーム
ワット
プラシー
サンペット
ワットプラ
マハタート
ウィハーンプラ
モンコンボピット
ワット
プララーム
パーサック川
チャオプラヤー河
ワット
パナンチューン
旧日本人街
0km
3km

こではゴータマ Gautama と呼ばれている）の像を見出した。高さは十八メートルあり、一見、青銅製のように見えるが、つぶさに見ると中はレンガで、その上に厚さ三センチメートルの青銅が被《かぶ》せられている。パルゴア猊下《げいか》の語るところでは、このアユタヤの廃墟には無尽蔵《むじんぞう》に宝物が匿《かく》されていて、いまだによく宝物が掘り出されているとのことである。なお師の語るところでは、現在、この崩壊物中に埋もれて眠っている像の中には、ただ一つで二万五千リーヴルの銅と、二千リーヴルの銀と、四百リーヴルの金を用いたものがあるはずであるという！　今日では、それらの仏像を埋めつくしている崩壊物の上には禿鷹《はげたか》や尾白鷲《おじろわし》が巣喰《すく》っている。

町から四マイルほど隔《へだ》たった平原のまっただ中に、高さも周囲も驚くほど大きな尖塔《せんとう》がそびえ立っている。一種の隠所《いんじょ》ともいうべきもので、いまだにここへは時々王が訪ねて行く。そこへ行くためには船あるいは象による。道がないので、運河によるか湿地《しっち》を横切るかしなくてはならないからである。この建物は高いのでタイ人の間には有名になっているが、外国人にとっての唯一の魅力は、その頂から俯瞰《ふかん》した素晴らしい風景である。同種の大建築物がすべてそうであるように、この建物に

アユタヤの仏像

も蜿蜒《えんえん》たる階段が下から頂上までついている。そしてわずかに不細工《ぶさいく》ないくつかの像がレンガ造りのこの建物の単調さを破《やぶ》っている。この建物にはバンコクの寺や尖塔に多数見られる陶器の装飾は全然見られない。

この記念物の四階目に十字形に交わった四本の廊下があって、交差点は穹窿《きゅうりゅう》になり、そこには巨大な黄金仏が安置されていて、コウモリやミミズクが絶え間なくその周囲を飛び交わしたり、襲いかかったり、糞《ふん》をひっかけたりしている。これら夜鳥のはなはだしい糞の臭いが、今は忘れ去られたこの仏像に捧げられる唯一の香りであり、その鋭い無気味な叫び声が唯一の頌歌《しょうか》になっている！かくて光栄《シックトランシットグローリアムンディ》は消え去りぬ！

アユタヤの歴史は、タイ王国の盛衰をそのままに語っているので、タイ王国の盛衰《せいすい》を手短《てみじか》に語ろうとすれば、それを紹介するのが捷径《しょうけい》と考えられる。その歴史*はまた、プラ・ソムデット王自らの編纂《へんさん》にかかる浩瀚《こうかん》な史書に比べて、決して劣《おと》るものではない。

＊原註――この小冊子は最初ディーン Dean 氏により『中国古美術集』《Chinese repository》に発表され、ついでそのままジョン・ボウリング卿《きょう》によってその名著『シャム王国と住民』《Le Royaume et peuple de Siam（The Kingdom and people of Siam,London, J.W.Parker and son,1857)》に収録されたものである。

「アユタヤは北緯《ほくい》十五度十九分、パリ標準東経《とうけい》九十度十三分にあって、同市はカンボジアの宗主権《そうしゅけん》を認める他の数市を包含《ほうがん》する。西紀一三〇〇年頃には北部のタイ族およびペグー族あるいはモア族との闘争絶えず、この地の住民は絶え間なく殺戮《さつりく》にあい、市《まち》は掠奪《りゃくだつ》され、まったく荒廃《こうはい》し尽くして、市とは名のみに過ぎなかった。この時、この地方に未曾有《みぞう》の名君ウ・トーン U-Tong が現れ、都を奠《さだ》めるのに適した健康地を求めた挙句《あげく》がアユタヤに白羽《しらは》の矢を立て、西紀一三五〇年四月に同地に同名の市を興《おこ》した。この時から同市は広くなり、追々《おいおい》美化された。住民も自然増加だけではなく、ラオス人、カンボジア人、ペグー人、その他、中国雲南地方の住民、中国人、当時通商にやって来たインドの回教徒《かいきょうと》でこの地に落ち着くものなど、続々他から流入するものもできてきた。ウント朝十五代の王は代々アユタヤに都したが、その次の王の時代に強大なペグー王チャムナディスチョプ Cham-nadischop がペグー人をはじめ、ビルマ、タイ北部の種族を多数率《ひき》いてアユタヤを攻略した。敵軍は三か月の包囲の後、この首都を陥《おとしい》れたが、住民を掠《かす》めたり殺したりはしなかった。ペグー王はアユタヤの王と王族を俘虜《ふりょ》として凱旋《がいせん》し、マタムマ・ラージャー Mathamma-rajah なる者を新しい属国《ぞっこく》の総督に任じて、その長男を人質として連れ去った。長男の名はプラ・ナレート Phra-Naret といった。西紀一五五六年のことである。

しかし、この従属《じゅうぞく》関係は幾年も続かなかった。やがて王位の継承問題をめぐって、ペグー王室に内紛が起こるや、ナレートは家族を伴《ともな》って逃走を企《くわだ》て、ペグー人で心を寄せるもの数人の援助を得て故国《ここく》への道を急いだ。ペグーの親王は軍を派してその後《あと》を追わせたが、ナレートはその隊長を攻め、隊長はナレートの放った矢にあたって象から転落して死んだ。かくしてナレートは、無事アユタヤに帰り着いた。

やがてペグーと戦いが起こったが、その結果、タイの独立は確立された。(二) それから六代目ナーラーイNarai王の治世に、数名の欧州商人がこの国に入り込んで来た。その中にコンスタンス・フォールコン(二)がいて、その功労によりタイ北方諸州の統治を委《ゆだ》ねられた。彼は首都防衛のため西欧式の要塞を築くことを献言《けんげん》した。王はそれを容《い》れたので、コンスタンスはバンコクに程近《ほどちか》い運河沿いに要塞を構築《こうちく》した。バンコクが開けたそもそもの原因はこの要塞にある。

(一)訳註――プラ・ナレートから二代目の王エーカートツサロートEkatotsarot王の治世に多数日本人がタイ国に定住し、王の好遇《こうぐう》を受け、日本人のみからなる近衛隊《このえへい》が組織され、山田長政《やまだながまさ》がその指揮にあたった。山田長政のタイ国における活躍は、日本人のこの国における発展とともに次の王ソンタームSongtamの時代に最も目覚ましい。

(二)訳註――Constance Phaulcon(西紀一六五〇――一六八八年)はギリシャのささやかな宿屋の倅《せがれ》として生まれたが、十歳の頃、家を逃がれてイギリス船に乗じてイギリスに渡る。東インド会社の商船の給仕をつとめてタイ国に渡り、密貿易に従事《じゅうじ》などしていたが、一六八〇年にタイ国の大蔵大臣に任ぜられ、本書にもあるように種々タイ国のため尽くしたが、ついに王族の嫉視《しっし》を得るところとなって死刑に処せられ、四十年の短い生涯を終える。彼の妻は日本婦人であって、フォールコンの死後も異境の空で貞節《ていせつ》を守り、時の王が腰を低うしてその愛を求めて来た際にもなびかんとはせず、日本婦道《ふどう》の美しさを示した。詳しくは雑誌『新亜細亜』昭一七。

この有名な欧州人はナライ王にすすめて古都市ロッブリー（ノパブリー Nophaburi、ラウォー Louvo）に遷都《せんと》させ、同地に欧風建築術による壮麗《そうれい》な王宮を造営させた。ついで自身広壮な邸宅を造り、カトリック教会を建てたが、この教会の文字は今もなお読むことができる。いずれも現在はまったく崩壊しているが、廃墟としての景観を楽しむことはできる。コンスタンスは様々な事業を興《おこ》した。すなわち水道の敷設、鉱山の開発等を計画し、また実際に着手もした。ところがたまたまタイ王族の嫉妬《しっと》を得て、敢《あ》えない最後を遂げるに至った。陰謀《いんぼう》に加わったとの嫌疑《けんぎ》を受けて、王命により暗殺されたのである（少なくもそう信じらしているが、タイの年代記は、コンスタンスを生かしておいたのでは、王位を簒奪《さんだつ》するのに不都合だと考えた叛逆《はんぎゃく》の王子により殺害されたとなっている）。今なおこの不幸な寵臣《ちょうしん》の遺《のこ》した有益な事業の跡を見ることができる。ロッブリーからプラバート Phrâbat と称する聖地へ至る運河をはじめ、山地には水道が遺っている。

ナライ王が薨《こう》ずると、再び後宮内に勢力争いが起こった。庶子《しょし》が王太子《たいし》を殺して、王冠は初めその黒幕に渡り、当の庶子は十五年間宰相《さいしょう》の位置で辛抱《しんぼう》していた。そして煽動者《せんどうしゃ》が死ぬにおよんで初めて即位した。この王の名をナイ・ドア Nai-Dua と称する。その二人の王子と二人の王孫とが、相継《あいつ》いでアユタヤを治めた。王孫のうち一人はきわめて短い間王位に即《つ》いたのみで、弟に王冠を譲《ゆず》ると出家した。この時代、すなわち西紀一七五九年に恐しい侵略が行われた。ビルマ王が多数の軍勢を三手にわけて攻め寄せ、首都アユタヤを包囲したのである。これに対してタイ王（チャオファー・エカドワット・オラク・モントリー（Chaufa-Ekadwat-Aurak-Montri）王は力強い反撃を加えることができず、また大官連《たいかんれん》は心から王を支持しようともしなかった。王は近傍《きんぼう》の小さな町の住民を首都に集めて、防御について諸計画をめぐらしたが、意見の不統一、嫉妬《しっと》のために努力はすべて水泡《すいほう》に帰《き》した。包囲は二か年続き、被攻囲軍《ひこういぐん》は小ぜりあいや出撃《しゅつげき》の度に必ず破れ、いよいよ軍勢を失った。ビルマ将軍マハ・ノラタ Maha Noratha は攻略の最中に陣没《じんぼつ》した。そこで諸星《しょせい》が協議して代わりの将軍を立てたが、彼は折《おり》からの乾期《かんき》を利して濠《ほり》を越え、破墻孔《はしょうこう》を開き、城門を破って市《まち》を占領してしまった。タイ軍の兵糧《ひょうろう》はすでにまったく尽き、市内の混乱はその極みに達していた。しかも勝ちに乗じたビルマ軍は市中に火を放った。王は重傷を負いながらも逃亡者の群れにまじって市外へ逃げのびたが、まもなく傷と疲労がもとで誰一人見守るものもないうちに死んでしまった。死体は後になって発見されて葬られた。大知識として最も人民の尊信《そんしん》を集めていた王兄は、人質としてビルマに連れ去られた。ビルマ人は、タイが治めるにしては広すぎるし、本国からはへだたりすぎていると考えたところから思いのままに放火と掠奪《りゃくだつ》とを行った。隠匿《いんとく》している宝石まで探し出そうとして無闇《むやみ》と市民を虐殺《ぎゃくさつ》した。破壊と掠奪とは二か月続いた。ビルマ人は無辜《むこ》の市民の奪略《だつりゃく》によって懐《ふところ》を肥やした上、無数の捕虜《ほりょ》を従《したが》えて本国へ引き上げた。しかもビルマ人の残忍と盗賊《とうぞく》行為とは、まだこれだけで終わらなかった。後にはパヤ・ナッコン Phaya-Naekong と呼ぶペグー人が残されたが、彼はタイを思うがままに統治する権限を与えられ、その後も絶えず奴隷と鹵獲品《ろかくひん》を集めては機会あるごとにビルマに送り出した。

こうして、四百十七年間にわたり、三王朝三十三代の君主のもとに栄えたアユタヤも、西紀一七六七年三月をもって亡びてしまった。

結果、タイ族のあらゆる国は無政府状態に陥《おちい》り、至るところに武装の盗賊が横行した。タイは、敵国と自国民との双方によって四分五裂《しぶんごれつ》に陥ったのである。森も沙漠も被圧迫民にとってはもはや隠れ家とはならなくなった。盗みを働くためには、住民の首を刎《は》ねることも恐れぬ不逞《ふてい》の輩《やから》が跳梁《ちょうりょう》する巣窟《そうくつ》と化し去ってしまったのである。

こうした最中に、謀略《ぼうりゃく》にたけた勇敢な一人の男が現れて、この悲しむべき状態に終止符を打つことになった。名をシン・タク Sin Tak*といって、もと中国の出で、西紀一七三四年に北部タイで生まれた。彼は最後の王に仕えて初めは二流どころの地位にいたが、やがて生国《しょうごく》タクの知事となり、ここで、王からプラヤー Phaya なる称号を与えられた。史書に見える彼の名に、この字がついているのはこのためである。ビルマ侵略のしばらく前には、彼は総督格で西部諸州を治めていた。ビルマの侵略が報ぜられると、多数の意見に従《したが》って彼もまたアユタヤ守護に馳《は》せ参じたが、政府軍をもってしては到底、敵に抗《こう》し得ずと見てとると、軍を返してタイ湾東岸のチャンタブリー Chantaburi（チャンタブーン Chantaboun）に落ちのびた。そしてここを侵略軍に抗《こう》するための本拠とし、また、盗賊団を見捨てて集まる勇敢《ゆうかん》な同志の隠れ家とした。やがてプラヤー・タクの下には一万の部下が集った。彼はまたカンボジア北部および東南部の首長、ベトナム、コーチシナの首長等と修交条約《しゅうこうじょうやく》を結んだ。また術策《じゅっさく》と実力によって北部の諸地方を手中におさめた。その上で突如《とつじょ》、ビルマ総督パヤ・ナッコンを襲ってこれを殺害し、敵の財宝全部すなわち黄金、糧食《りょうしょく》、兵器等を押収《おうしゅう》した。その上で、当然予期されたビルマ軍の反撃を怖れたわけではないが、ひとまず軍を南へ返し、その勢力の中心地をバンコクにおいた。海に近いこの地は、万一の場合、退却するには好都合だと考えたからである。彼は全軍を率いてバンコクへ至ると、そこに首都を建設し、現在残っている堡塁《ほうるい》に近く、河の西岸に王宮を造築した。

＊訳註――普通にタクシンという。中国名は達信あるいは鄭昭《ていしょう》。

彼は驚くべき忍耐強さをもって計画を進めた。ビルマ軍とはその後たびたび戈《ほこ》を交《まじ》えたが、その都度《つど》、水軍を用いて敵を撃破し、一度などは敵の全陣営を席捲《せっけん》して、彼らの集めた鹵獲品《ろかくひん》の一部を奪ったこともある。そしてついに、恐怖と悲惨の原因であった敵の制圧下から自国を完全に解放した。民衆は彼を救世主のように仰いだので、彼が王位に即《つ》くことに反対する者もなかった。彼はバンコクから地方に指令を発し、知事を送り、人口の増加を計《はか》って移民を送ったりなどした。こうして西紀一七六八年の終わりには、彼はタイ南部全体と、タイ湾に臨む東部諸州を含む一円《いちえん》の地の専制君主となった。中国ビルマ間に激しい戦いが起こるや、その機に乗じて彼は北部すなわちコラート州を征服した。ビルマに攻略されていた頃にまったくタイから離れてしまっていた二州もまたプラヤー・タクに服従することになった。こうして三年後には、彼はタイの名実ともにそなわる王となり、至るところに秩序と平和をもたらして、いよいよ地歩《ちほ》を固めた。国内がこのようにして完全に整備したので、西紀一七七一年にまたしてもビルマが侵略して来た時には、難なくこれを撃退した。翌年にはマレー半島に遠征を試み、その首都リゴール Ligore を収めた。この地の知事は代々アユタヤ王に仕えていたのであったが、後《のち》、独立してタイの新王を簒奪者《さんだつしゃ》呼ばわりして反抗の気勢《きせい》を示したからである。相当激戦の末、リゴールの知事は破れ、マレー半島の他の都会パタウイ Patawi の首長を頼って走ったが、まもなくプラヤー・タクの間諜《かんちょう》に捕えられた。プラヤー・タクはその間にリゴールに攻め入って、知事の全家族を捕え、その財宝を押収した。ところがこの准王族《じゅんおうぞく》の家族の中に非常に美しい知事の娘がいた。タイ王は彼女を後宮に抱えたが、その訴願《そがん》によってその父と一家の全部は助命されたばかりでなく、その後に至って（西紀一七七六年）、リゴールの知事はもとの采地《さいち》の知事に復《ふく》し、爾後《じご》代々その地方はその子孫により治められることになった。」

以上が現王朝の始祖によって書かれた史記の大要《たいよう》である。* これをまた別の史記によって補おう。プラヤー・タク王の最後は仕合わせではなかった。晩年にはひどい憂鬱症《ゆううつしょう》に陥《おちい》って残忍になり、評判をおとした。その将軍の一人チャクリー Chakriはカンボジアの統治を委《ゆだ》ねられていたが、その権勢《けんせい》をかって謀叛《むほん》を企《くわだ》て、突如《とつじょ》としてバンコクに攻め上《のぼ》って王を投獄《とうごく》し、まもなくこれを殺してしまった（西紀一七八二年）。代わってチャクリーが王位に即いたが、まもなく死に、その子が王位を継いだ。その時代にビルマとの戦いが再び頻繁《ひんぱん》に繰り返された。争いの原因は、主として北部地方の国境の不分明《ふぶんめい》に由来していた。二度、タイ王はこれを撃退したが、三度、ビルマは攻め寄せて来て、ついにタイ王は王国の西の一部を失うに至り、爾後、その地方はビルマ領に併合《へいごう》されることになった。この王は西紀一八一一年に薨《こう》じたが、王位の継承者たる王子は、陰謀《いんぼう》の繰り返されるのを恐れてか、あるいは恐れるふりをしてか、とにかく王族百十七人の首を刎《は》ねた。その中には父王を援《たす》けてビルマと戦った勇敢な将軍も幾人かまじっていた。従兄弟《いとこ》の一人で衆望《しゅうぼう》の篤《あつ》かった王子も同様この王の犠牲となり、以後人民で王子を愛するものはなくなった。しかし他の記録によれば、この王の時代にも施政《しせい》の見るべきものが全然なくはなかった。王は止《や》むことのないビルマ人の侵略を退け、いくつかの陰謀を鎮圧している。

また王は戦いによって得た俘虜《ふりょ》はすべてバンコクに送って耕地を与え、首都に繁栄をもたらすために有効な方法を講じた。また彼はこれまで容易に服従しなかったマレー人をも巧みに懐柔《かいじゅう》した。

＊訳註――ウッドW.A.R.Woodはその著『タイ国史』の前文で、この書につき次のように述べている。すなわち「……タクシン王（ピンタクのこと）およびバンコク王朝の始祖プラ・ブッタ・ヨット・ファ・チュラロック王（ラーマ一世）の時代に、当時利用し得べき資料をもってアユタヤ史の再編纂《へんさん》を企《くわだ》てた。その結果、成就《じょうじゅ》したものがポンサワダン（歴史の意）で、そのうちの数篇が現存している。しかるにその材料となった資料が滅失《めっしつ》したか、それともいかなる資料によったたか、それが明らかでない。ゆえにタイ国史中、多くの事実がきわめて不正確であると言い得るが、いかなる理由で誤謬《ごびゅう》が生じたかを発見することは容易でない。またこれを訂正することも一層困難である。」

この王の時代に、人間としても学者としても優れた外交官ジョン・クロフォードに率いられてイギリスの聖職者がバンコクへやって来た。

西紀一八二四年にこの王は薨《こう》じたが、王子チャオ・ファー・モンクット Cháo-Fa-Monkut はまだようやく二十歳に達したばかりであった。しかし彼は王妃の長男であったので、当然、王位を嗣《つ》ぐ資格をもっていた。ところがここに後宮《こうきゅう》の腹で、彼より年長の異母兄《いぼけい》があって、これが王子にこう言った。

「あなたはまだ若いのだから、ここ数年の間、王位は私にお譲《ゆず》りなさい。幾年かしたら、あなたに返して上げますから。」

そしてこの異母兄が王位に即いてプラ・チャオ・プラサート・トーン Phra-cháo-Prasat-Tong と称した。ところがさて王位に即くと、すっかり王様になりすました。王位は居心地がよかったとみえて、いつまで経《た》っても約束をはたそうとしない。そこで王子チャオ・ファーは、いつまでも未練《みれん》がましく王位を望んで政府の要職を占めていては、早晩《そうばん》、何かの口実のもとに殺されるにきまっていると考えた。それで用心をしてパゴダに入って僧侶となった。プラ・チャオ・プラサート・トーンの治世には、二つの主《おも》だった事件があった。その一は、西紀一八二九年にラオスのヴィエンチャン Vieng-Chang 王との間に開かれた戦いで、この戦いに敗れて捕えられたラオス王はバンコクに送られて鉄の檻《おり》に入れられ、民衆の嘲笑《ちょうしょう》にさらされた。この虐待《ぎゃくたい》に堪《た》えかねたラオス王はまもなく死んだ。その二は、海陸《かいりく》両方面から行われたコーチシナへの遠征であるが、これは幾千人かの俘虜《ふりょ》をタイにもたらしたに過ぎなかった。

西紀一八五一年の初めに王は重病にかかった。そこで会議を開いて、王子の一人に王位を嗣《つ》がせたい由《よし》をもらした。

しかし、皆はそれにこう答えた。

「陛下、王国の後嗣《こうし》はすでに決定致しているはずにはござりませぬか。」

この答えにすっかり力を落としてしまった王は、その後は王宮に籠《こ》もったきりで再び人前に姿を見せなくなった。心痛と病は王の衰弱《すいじゃく》を早め、西紀一八五一年四月三日ついに他界した。故王の王子について陰謀があったが、巧みにそれは時の宰相によって鎮《しず》められ、王の薨《こう》じたその日のうちに、王子チャオ・ファーは僧院と黄衣《こうえ》とに別れを告げて、諸君もすでにご存知のソムデット・プラ・パラマンド・マハー・モンクット云々《うんぬん》の称号で位に即いた。王の称号をすっかり書きあげると一頁《ページ》以上を費《つい》やすからここでは省く。二十六年にわたる孤独裡《こどくり》の勉強は、誠実な魂の持ち主であるこの王に収穫をもたらさずにはいなかった。王は四半世紀の間に、世界でも最も古い文化を生み、民衆の神を生んだインドのこの地方に、今はすでに抗《こう》し得ない勢いをもってイギリスの勢力が浸滲《しんしん》しつつあるのを自覚した。またこの国の商業に密接な利害関係を持つ大マレー半島におよんで来たオランダの勢力をも認めぬわけにはゆかなかった。その一方に王は、長年にわたるタイの強敵であり、畏怖《いふ》の対象であったビルマ王国が分裂と衰微《すいび》の一路を辿《たど》りつつあるのを目撃した。また東亜のあらゆる国家の師表《しひょう》であり、調節者でもあった中華帝国の没落《ぼつらく》をも認めた。こういう四囲《しい》の情勢がこの賢明な王の眼にうつったのは幸いであった。……プラ・ソムデット王はそれを明確に認めたとまではゆかなくも、少なくともそこに気がつき、結果は西洋諸国に眼をつけて、そこから助言と援助を得ようと思うようになった。王は寛容《かんよう》という大きな収穫を得て、僧庵《そうあん》を出た。そして王が最初にとった方針の一つは、すでに数度繰り返されていた宣教師追放の禁止であった。西紀一八五二年に欧州に向かうパルゴア司教に謁《えつ》を賜《たま》わった王は、英語でしたためた法王宛《あて》の親翰《しんかん》を託したが、それには、カトリック教の首長に対する心からの敬意を表し、王国は法王の宗教の要求する信仰の絶対自由を認めるにやぶさかならざるものであるということが認《したた》められていた。また、人民には信仰の絶対自由を許すことにより、代々の王の精神にそうよう自分は努めるつもりだとも書き加えられていた。王はこの目的にそうために、キリスト教徒に改宗した民衆から異教徒の役人どもが不当徴税《ちょうぜい》などを行わないよう、カトリック聖職者の仕事についての報告を集めさせた。この時代からフランスをはじめ欧州諸国とこの国との修交は絶えることなく、いよいよ友情こまやかなるに至ったのである。すでに得られた結果および王の賢明な意図につき、後世の心ない歴史家どもは必ずやそれはプラ・ソムデット王の性格の弱さ、およびすでに幾世紀も続いたこの国の傷手《いたで》を癒《なお》し得なかった王の無能に帰することだろう。

タイの国境は、時代により著《いちじる》しく相違《そうい》している。現在*でもなお、西部はともかく、その他の方面ではほとんど正確なものは知られていない。というのが、国境の大部分は多少とも独立した種族によって占められているからである。それにしてもマレー半島を加えるならば、この国の領土は現在、北緯《ほくい》四度から二十度におよび、東経《とうけい》九十二度から百度におよんでいる。この測定によると、タイ王国の長さは約四百五十里、幅は狭いところで数キロメートルから広いところで百七十里におよぶことになる。

＊訳註——言うまでもなく、わが安政五年（西紀一八五八年）あたかもナポレオン三世がスペインを誘ってベトナム帝国攻撃を始めた年である。

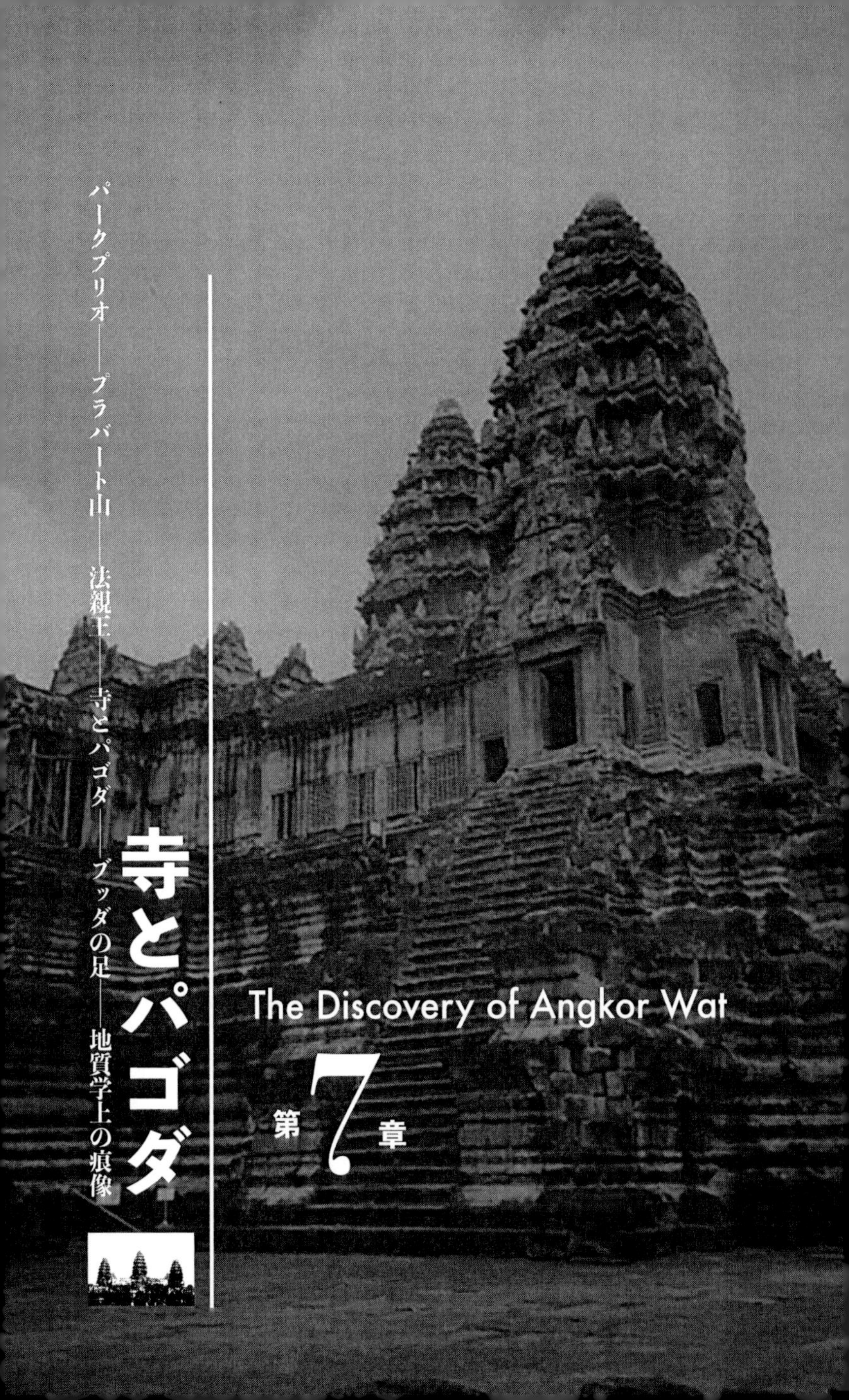

The Discovery of Angkor Wat

第7章

寺とパゴダ

パークプリオ——プラバート山——法親王——寺とパゴダ——ブッダの足——地質学上の痕像

パークプリオ——プラバート山——法親王（プランス・アベ）
——寺とパゴダ——ブッダの足——地質学上の痕像

時によって、アユタヤの暑さには堪《た》えられなかった。八日間の滞在中、昼夜の別なしに日蔭《ひかげ》で摂氏《せっし》三十二度にも上《のぼ》ったからである。しかし、蚊《か》の少ないのは大助かりであった。私はたびたび森の廃墟を訪ねて、美しい蝶《ちょう》や数種の新しい昆虫を採集した。アユタヤに別れを告げてパークプリオに向かった。この町はアユタヤの北方数日の行程《こうてい》、ラオスとの国境にある。そのあたりは山岳重畳《さんがくちょうじょう》としていた。様々な昆虫や陸棲貝類《りくせいかいるい》が生棲《せいせい》しているという話であった。

すでにわれわれが海上の旅の最中に発見した大彗星《だいすいせい》（西紀一八五八年）は、今では河面《かわも》にその光芒《こうぼう》を映している。その尾《お》はまさに見事である。今年の夏から秋にかけての猛暑は、この星のせいだとわれわれも信じたくなるくらいである。

今日までのところ、私の健康は上々《じょうじょう》である。こんなに身体の調子のよいことは、ロシアの北部にいた時にも経験がない。イギリス船をはじめ欧州諸国の船舶《せんぱく》がバンコクにやって来て以来、バンコクの物価は倍になった。それでも欧州の物価に比べると、まだまだ比較にならないほど安い。私と同行者の分まで含めて、一日の食費がわずかに一フランで足りるのである。原住民たちは群れをなして私の採集品《さいしゅうひん》を見物にやって来るが、こんな動物や昆虫を集めて一体どうするのだろうといった顔をする。

ここの自然と欧州の自然とは、何という違いであろう！　燃える大地や輝く大空に比べると、欧州の太陽は蒼白《あおじろ》く、空は冷たく暗いとしか思われない。朝、輝く太陽が昇る前に起き出るのは何という快さであろう！　それにも増して、夜中にさまざまな物音、あの鋭い金属性の叫び声に耳を傾けているときの快さは！　それは地面のあらゆる方角から、たとえば数限りない金銀細工師《きんぎんざいくし》や金箔師《きんぱくし》が仕事をしているようにも聞こえてくる。静寂《せいじゃく》と休息とは、ここには全然ない。この豊穣《ほうじょう》な自然の中では、至るところに、そして常に、生命の躍動《やくどう》を見、また聞くのである。

私がいつも驚かされるのは、ようやく二、三歳としか思えない子供が大きな船を操《あやつ》って、流れの早い、海のように深い河を自由自在に泳いだり潜《もぐ》ったりしていることである。繰り返し私はいうが、彼らは両棲類《りょうせい》の生活をやっている。面白いのはこれらの小さい子供たちが、私の煙草の吸《す》い殻《がら》を拾って喫《す》うのをよく見かけることである。煙草をやるからというと、彼らは蝶《ちょう》を追いかけて、傷《いた》めずに捕えて持って来てくれる。

確かケープタウンだったと記憶するが、そこで発見されたという糸のとれる蜘蛛《くも》をこの途上で発見した。この蜘蛛は、糸をとる目的で飼うこともできる。捕えて身体の突出部《とっしゅつぶ》をおさえると、無限に糸が出て来る。糸は非常に強く、弾力に富み、糸を繰《く》りつくすまでは切れない。

この国の住民がもし賤《いや》しい隷属《れいぞく》に甘んじることさえしなければ、生活はどんなに

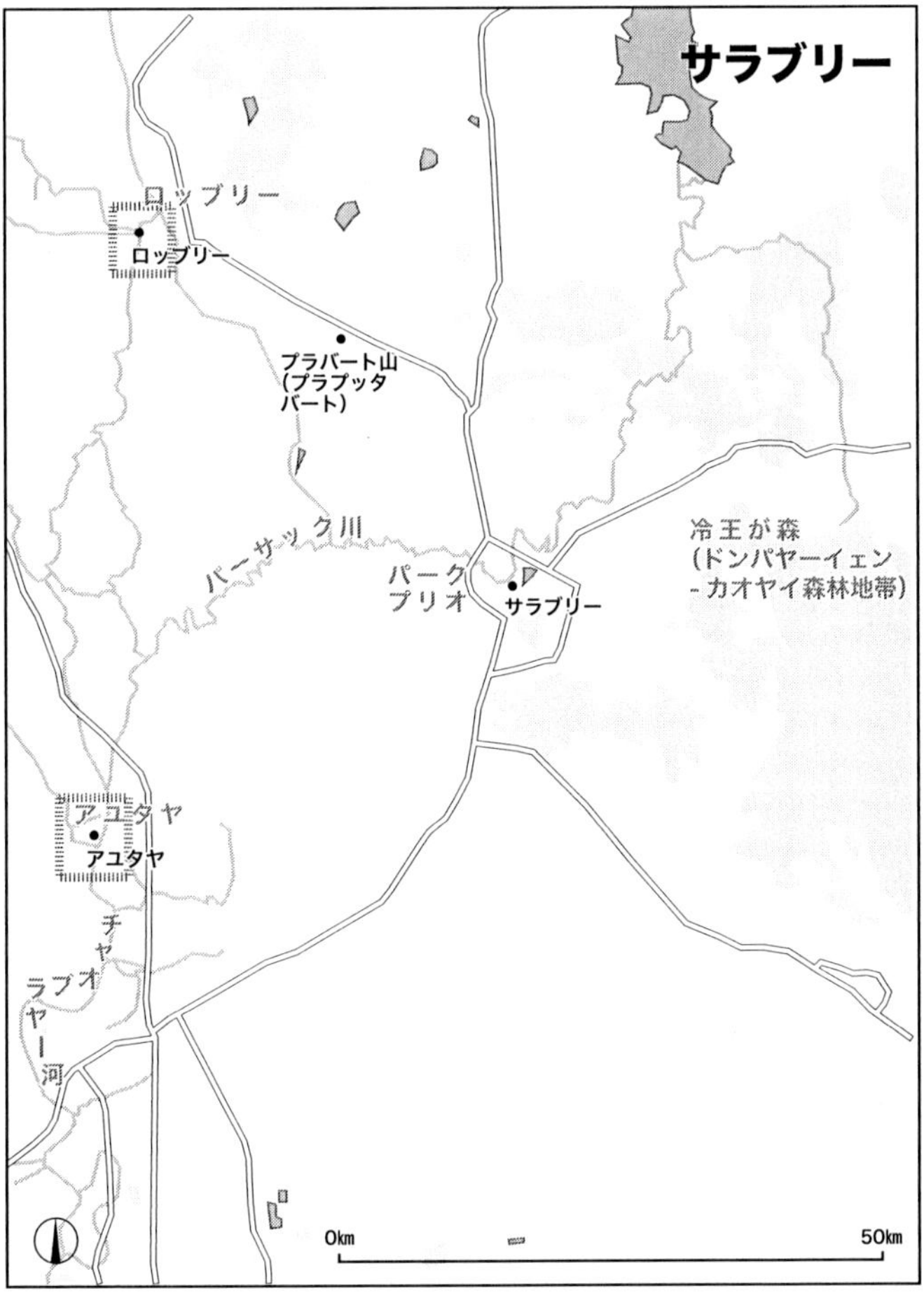
サラブリー
ロッブリー
ロッブリー
プラバート山
(プラプッタ
バート)
パーサック川
パーク
プリオ
サラブリー
冷王が森
(ドンパヤーイェン
-カオヤイ森林地帯)
アユタヤ
アユタヤ
チャオ
プラヤー河
0km
50km

恵まれたものになるだろう！　自然は豊かで、この素晴らしい母親は彼らを思う存分甘やかしてくれる。何でも彼らのためには作ってくれる。森の木々は、美味な果実や、新芽《しんめ》を与えてくれる。河や湖や沼は、魚を豊富に恵んでくれる。幾本かの竹さえあれば小屋ができる。毎年、きまって起こる氾濫は、土地をすっかり肥やしてくれる。ここでは人間は種さえ蒔《ま》けばよい。あとはすべて太陽がやってくれる。しかも彼らは、欧州人の生活の一部となっている贅沢品《ぜいたくひん》も知らなければ、その必要も感じていない。

十一月十三日に、われわれはアラチェク Arajiek という村に着いた。すでにこの村は相当高く、初めてわれわれは地上に降りてあたりを歩き廻《まわ》ることができた。ここで私は数匹の白リスを捕えたが、これはバンコク近傍《きんぼう》では見かけなかったものである。数週間にわたる水路や陸路の旅も、夜中も眠ることなしに鳴きつづける数千のセミ、その他の昆虫の声に私を馴《な》らしてはくれなかった。それは両岸からいっせいに、絶えることなく聞こえて来る。

太陽が木々の梢《こずえ》を黄金色に染め始めたかと思うまもなく、たちまち敏捷《びんしょう》で陽気な鳥どもが朝の歌をうたいだす。それは聞く者を恍惚《こうこつ》とさせる合奏《がっそう》で、様々な調子の混声合唱である。静寂《せいじゃく》な森の奥に入らなければ、無数の鳥がいっせいに、一種の調子を作って交響楽《こうきょうがく》の効果を上げるのを聞くことはできない。一つの声が他の声により消されることがないからである。そしてそれを聞くものは、全体の声が織りなす効果とともに。これと思う翼の音楽師の声の魅力にも思うがままに浸《ひた》れるのである。イワツバメ、ホオジロ、オウチュウ、ドミニカンなどの鳥が、高い梢《こずえ》で鳴くキジバトの「クウクウ」という鳴き声に応える。そうかと思うと、ツル、サギ、カワセミ、その他多くの水禽《すいきん》、あるいは猛禽類《もうきんるい》が思い出したようにしゃがれた鋭い叫びを一声、二声聞かせる。

私は村役人を訪ねて歓待を受け、私の方から差し出した細々《こまごま》した贈り物の返礼として、米、鮮魚《せんぎょ》、バナナ等からなるご馳走《ちそう》にあずかった。また、私がプラバート山へお詣《まい》りするについて、何分の便宜《べんぎ》を頼むと、自身で案内を申し出てくれた。喜んで私はその申し出を受け入れた。このプラバート山というのは有名な霊場で、そこにある「ブッダ」の足跡を拝《おが》みに、毎年多数のタイ人が参詣《さんけい》する。＊翌朝七時になると、役人は象使いの乗った幾頭かの象、その他にわれわれの参詣に必要なだけの家来を従《したが》えて迎いにやって来てくれた。われわれはその日の夕方七時に、目的地に到着した。

＊訳註――このブッダの足跡（これをプラバートと呼ぶので、山をプラバート山という）は前の訳註に出たソンタ－ム王の時代に発見された。それは岩石に残された大きな足跡の形に過ぎぬが、仏教徒の尊崇《そんすう》措《お》くあたわざるもので、毎年二月には数千の信者がプラバート参詣に集まる。

われわれが着くとまもなく、山の住民全部、それから僧侶や山男までが「異人」見物に集まって来た。私は彼らのうちの主《おも》だった者に心ばかりの贈り物をしたが、皆は非常に喜んだ。しかし皆が、最も欲しがったものは私の鉄砲だった。

私は山の法親王《プランスアペ》の屋敷を訪ねた。法親王は病気で引きこもり中であったが、われわれのために宴席《えんせき》を命じ、自ら山の案内に立てないことを残念がってくれた。そして親切にも、私の案内役兼従者《じゅうしゃ》として四人の男を貸してくれた。法親王の心づくしのお礼として、私は小形の拳銃を贈ったが、非常に喜んで納めてくれた。

プラバート山とその麓の平野幅八里の間がこの親王《しんのう》の采地《さいち》で、その地位は欧州の封建時代の法親王《プランスアペ》にはなはだよく似ている。彼は人頭税《じんとうぜい》や苦役を課し得る何千人かの臣下を従《したが》え、パゴダのためにはいつでも彼らを使役《しえき》し得る権利を持っている。

この法親王には、聖職者らしい貧《ひん》に甘《あま》んずるといったところは微塵《みじん》もない。外出の時には必ず轎《きょう》に乗って使丁《してい》を従えるし、食堂には美しい娘が大勢働いている。禁欲生活を送っているような気配は、薬《くすり》にしたくも見られないのである。

私は法親王の屋敷を出て、山の西の斜面へ向かった。そこには阿羅漢《サモナコドム》すなわちインドシナのブッダの足跡を祀《まつ》る有名な寺がある。山のそのあたりへ行くと、思わず私は感嘆《かんたん》の叫びを発した。眼前にひらけた眺《なが》めの大きさには、まさに表現を絶《ぜっ》するものがあったからである。何という自然の惑乱《わくらん》！　一体、いかなる力がこの巨大な岩を持ち上げ、動かし、漂石《ひょうせき》の大塊《たいかい》をこのように一つ一つ積み重ねたのだろう。この混乱、この混沌《こんとん》を目《ま》のあたりに見て、初めて私は、幾世紀という年月が流れたにかかわらず、いまだに子供のままでいるこの地方の哀《あわ》れな人間たちの想像力が、それを彼らの偶像《ぐうぞう》がお通りになった跡だと信じているのも無理からぬわけが分かった。それは、最近に洪水でもあった跡のようにも見られた。見ているだけでも疲労《ひろう》を覚えさせる眺めである。そして山嶺《さんれい》から谷間へかけて至るところ、岩の裂け目から洞穴の中まで、獣《けもの》の痕像《こんぞう》*が認められた。中にも象と虎のものが明瞭《めいりょう》に、また最も多かった。中には太古に棲息《せいそく》していた動物なのか、私にもわからない獣の痕像も認められた。これらの動物はすべて、タイ人のいうところでは、ブッダがこの山中をお通りになった時、その行列に従《したが》ったものだということになっている。寺自身は別にたいしたものではなかった。タイの到るところに見かけるパゴダと大差はなく、一部は未完で、一部は崩壊していた。プラバート山には、石材や大理石を多量に産するが、パゴダはレンガ造りで、広い石段を登って達するようになっている。壁は様々な色の小さなガラス玉で被《おお》われて、非常に変化に富むアラベスクを作っていて、それが陽光を受けて、様々な色に煌《きら》めくところは魅力もなくはなかった。羽目板《はめいた》と壁龕《へきがん》は、金泥《きんでい》で塗られていた。しかし細工の巧緻《こうち》と美しさで人目をひくものは黒檀《こくたん》

プラバート山頂の巨石

の大門《だいもん》で、嵌《は》め込まれた色様々な螺鈿《らでん》は、まことに見事な模様を描き出していた。寺の内部は外部ほどに美しくなかったが、それでも床には銀のむしろがしかれ、壁には金泥《きんでい》の跡をとどめていた。しかしそれも時と香煙《こうえん》に、今では黒ずんでしまっている。本堂の中央に葬龕《ずし》があって、金色のサージの幕が周囲をとり巻いていて、その中に有名なブッダの足跡というのが保存されている。参詣《さんけい》の巡礼《じゅんれい》たちは、この葬龕を供物《くもつ》、すなわち人形や異様な形の紙細工、茶碗、様々な玩具《おもちゃ》類で埋めているが、その中には金銀製のものも見受けられた。

*訳註——痕像《こんぞう》とは動物の足跡およびクラゲ等の印象が、岩石に残っているものを言う。

この山上に一週間滞在した後、私はそこで得た興味ある収穫《しゅうかく》とともに、昔の王の遺灰《いはい》をこねて作ったという遺物を携《たずさ》え、その間ずっと私と行動をともにしていてくれたアラチェクの役人の象の背中に再び乗り、プラバート山の親王《しんのう》がつけてくれた案内者を伴《ともな》って山を降った。そしていま一度アラチェクの役人の住居で歓待《かんたい》に預《あず》かった後、翌日水路を、パークプリオ州の首都で知事の所在地であるサラブリーSarabüriに向かった。

サラブリー*は相当大きな町で、タイ人をはじめ中国人、ラオス人の百姓が多数居住《きょじゅう》しているが、ここの民家もタイの他の町村と同じく、竹づくりで、その半分は河岸の緑の蔭《かげ》に隠れている。町の外《はず》れには広々と稲田《いなだ》がひろがり、その先は深い森で、野獣が棲息《せいそく》している。

*訳註——最近に至ってタイ国の首都は、バンコクからこの地に移ることに決定し、本年（昭和十七年）六月二十四日の同国革命記念日を期《き》して、盛大に新首都建設定礎式《ていそしき》が挙行された。新首都の面積は約二百平方キロメートル、建設費一億バーツないし一億五千万バーツ、完成までには十年ないし十五年を要するはずである。なおサラブリーの人口は（昭和十二年調べ）一八二、七四九人である。

二十六日の朝、われわれはパークプリオの前を通過した。この村の付近から上流にかけて多数の滝が始まる。水量はまだ豊富で、従《したが》って河を遡《さかのぼ》るのにはなかなか骨が折れた。この村の少し北で、ラルノディー Larnaudy 師*から聞いて来たキリスト教の貧しいラオス人の小屋を見つけた。われわれは船をその小屋のすぐ近くに繋《つな》いだが、その近傍《きんぼう》を探検したり、パタウイ Patawi——プラバート山がタイ人の霊場《れいじょう》であるように、そこはラオス人の霊場になっている——を訪ねたりして来る間、船を繋いでおくのには最も安全な場所だと思ったからに他ならない。

*原註——ラルノディー師は、一八六〇—一八六一年にかけてフランスに留まっていたタイ大使の通訳官をしていたことのある人である。

パークプリオ地方はすべて——河岸の東も西も、それから八里ないし十里先の山の麓《ふもと》まで、さらにまた山脈の頂から麓まで、土地という土地は全部酸化鉄《さんかてつ》と隕石《いんせき》の破片《はへん》で覆《おお》われている。従《したが》って樹木は痩《や》せ、大部分は竹やぶである。しかし砕屑岩《さいせつがん》がいくらか厚い腐植土層《ふしょくどそう》をつくっているところだけは、逆にひどく肥《こ》えていて、様々な植物が繁茂《はんも》している。木々は鬱蒼《うっそう》たる大樹林をなしていて、ゴム樹や油を産する。住民が怠《なま》け者でなく、それらを採集する労力《ろうりょく》さえ惜《お》しまなければ、商品としても工業用材料としても、それらを十分に活用できるのにと惜しまれた。森には虎、豹《ひょう》、ヤマネコ等が棲息《せいそく》している。われわれがパークプリオに滞在中にも、われわれの船の番人たるキリスト教徒の小屋の近くで、犬が二匹と豚が一匹さらわれた。翌日、私は、この気の毒な男のものを盗んだ豹に仕返しをして、皮は私の敷物《しきもの》とした。湿《しっ》けて砂を含んだ地上には、これら獣類の足跡が無数に刻まれている。しかし大虎の足跡はあまり見なかった。夜になると、ここの住民は外出しない。しかし日中にはこれらの獣は獲物に飽きて、森の奥の穴の中に帰るのを知っている。パークプリオ山脈の東へ採集に出かけた時のことである。繁《しげ》みを分けて突進する猪《いのしし》を見つけたわれわれは、銃や斧や箱等を持ったまま苦心惨憺《くしんさんたん》その後を追ったが、挙句《あげく》が森のまっただ中で道に踏《ふ》み迷ってしまった。しかもサルやその他の動物の恐怖の叫びで、身近に虎か豹が、朝の獲物《えもの》を食っているらしい様子が知られた。そのうちに夜が来た。不気味な一夜を経験したくないなら、何とかして小屋に帰りつかねばならなかったが、いくら焦《あせ》っても道はついに見つからなかった。われわれは森のまっただ中の木によじ登って、枝と葉でハンモック様のものを作り、一夜をその中で明かさなければならなくなった。翌朝、陽が高く昇ってから、ようやく道を発見した。

The Discovery of Angkor Wat

第8章 バンコクへ帰る

パタウイ――壮観――バンコクへ帰る

パタウイ——壮観——バンコクへ帰る

この地方の探検には、荷物を運ぶ牛か象を必要としたが、どちらも都合がつかなかったので、——この地方の百姓はみな稲の刈《か》り入《い》れに忙しかった——船と中味はそのままわれわれが世話になったラオス人に預けておくことにした。そしてわれわれは、巡礼《じゅんれい》のように徒歩でパタウイへ向かった。美しい朝で、かすかに雲のかかったいわゆる「猟日和《りょうびより》」は、フランスの快い秋の日を思わせた。私はクー Küe と若いラオス人の案内人しか連れなかった。三時間ばかり野獣《やじゅう》の棲《す》む森の中を進んでから、コラートへ通ずる道に出て、ようやくパタウイに到着した。プラバートと同じように、麓《ふもと》の広々とした長い並木道《なみきみち》の入口には鐘楼《しょうろう》が立っていた。巡礼《じゅんれい》たちは、着くとすぐに鐘《かね》を叩いて彼らの到着を山の良き精霊《せいれい》に知らせ、あわせて彼らの祈りを聴いてもらう。山は高さ百五十メートル、孤立していて、岩質はプラバートと同じだが、山姿は前者よりも大きく、形も非常に異なっていた。こちらの山は、おとぎ話の巨人が闘争をした跡でも見るような岩石の堆積《たいせき》ではない。パタウイ山は一つの岩塊《がんかい》、一つの巨大な岩からなっていて、それが壁のように切り立ち、ただ南の中腹部だけが傾斜《けいしゃ》をなして七、八メートル谷の上に突き出し、そこのところが露台《ろだい》のようになっている。一見《いっけん》して太古《たいこ》は粘土《ねんど》に蔽《おお》われていたのが、水により洗い流されたものだと知られる。

この山にもプラバート山と同じような痕像《こんぞう》が多数、見受けられた。また数か所、大木が幾本も根元から倒れて、同種の生木のそばで朽《く》ちはてているのが見られた。まるで今しがた斧《おの》で切り倒したばかりのような木ばかりで、槌《つち》で叩いて見て、はじめて腐っているのが知られた。広い石階《せっかい》をいくつか越えて、ようやく左にパゴダ、右に僧房《そうぼう》のあるところへ出た。僧正《そうじょう》とそれに仕える二人の男――この三人がこの山に住む人間のすべてで、彼らが阿羅漢《ソマナコドム》の貴《とおと》い仏壇《レヨン》を守り、それを祀《まつ》っていた。仏教に関する著書を著《あらわ》している人々で、仏教信者が使うこの棚《レヨン》（または光線《こうせん》）の意味を、果たして正しく解《かい》しているものがあるだろうか。タイではレヨンを意味する同じ語が「陰《オムブル》」をも意味する。しかしブッダに対する尊敬から、最初の意味が一般に用いられているのである。

僧正《そうじょう》と二人の従者《じゅうしゃ》は、突然「ファラン Farang」すなわち外国人がパゴダに現れたのでひどく驚いた。私は彼らのもてなしに対して細々《こまごま》とした贈り物をした。僧正はことのほか磁石《じしゃく》を喜んで、長い間その玩具《おもちゃ》をいじくりまわして、小さな金属を側《そば》へもってゆくと吸いつけるのを見ては、驚きの叫びを上げていた。

私は、山の北の端まで行ってみた。そこには信者によって、路傍《ろぼう》やパゴダなどに見る旅人の休息所に似た小屋*が建てられていた。

＊訳注――サーラ Sala といって、我が国の公園などに見る体息用の亭の大きなものである。

そこから眺めた景色は、文字通り筆舌《ひつぜつ》に絶した。次々に展開する壮大なその眺めのありとあらゆる色彩をここにつぶさに写し出すなどということは、とても私のおよぶところでないのは読者諸君にも分かってもらえよう。私の筆力では、その概観《がいかん》と細部をいくらか描き得るのがせいぜいである。また私の目的は見たままを紹介することで、それ以上の望みなどは持っていない。私はこれまで、タイではいくらか広い水平線を見て来たに過ぎない。ところがここでは、この国の美しさが初めて十二分に発揮されて眺められたのである。さながら見事な色調を見せて変化し、溶《と》け合う贅沢《ぜいたく》な毛の深い敷物《しきもの》でも眺めるように、私の足下には稲田《いなだ》をちりばめた広い森の帯《おび》、あさぎ色の小さな網《あみ》をひろげたように見える木のあまり繁《しげ》っていない平野などがひろがっていた。その向こうには、守護者のように丘や山がそびえ、そのまた向こうの東と北と西の三方面には、半円形にプラバート山脈、ついでムアン・ローム Muang-Lom 領の山脈、最後にコラートの山脈などが六十マイルの先まで続いている。それらは互いに連《つら》なり合って、同じ大地の変動《へんどう》によってただ一つの塊《かたまり》に作られたもののようにも眺められた。が、それらの山脈の頂の変化、それをどう私は形容《けいよう》すればよいのだろう。こちらには水平線の水気《すいき》をふくんだ薔薇色《ばらいろ》に溶け込む峭山《しょうざん》があり、向こうには岩肌《いわはだ》に樹木の緑を浮き出させた針山《はりやま》がある。その向こうには樹に蔽《おお》われ、碧空《へきくう》にくっきり浮き出た円山《まるやま》がある。そのまた先には、巨大な山嶺《さんれい》がそびえ立っている。しかもそれらには、明るい光の織りなす綾《あや》が見られるのである。微妙《びみょう》な色調、あるいは強烈な色などがそこには生じて、何とはなしに妖《あや》しい感じを与える。それは画家の眼にして初めて捕え得るものであるが、よしその画家の絵筆《えふで》がいかに優《すぐ》れ、力強かろうとも、完全にそれを写し出すことはとてもできまいと思われた。

この思いもかけないをパノラマを眼にしては、皆の口から同時に、思わず感嘆《かんたん》の叫びが出ずにはいなかった。自然美《しぜんび》に対しては大体無感覚な私の従者《じゅうしゃ》たちも、この崇高荘厳《すうこうそうごん》な景観を前にしては、さすがに興奮をおさえかねた。「ああ！　きれいだ《デイ》！　きれいだ《デイ》！」と若いラオス人の案内人は叫びを上げた。黙然《もくぜん》としているクーに、この景色をどう思うと訊《き》くと「はあ！　旦那《マスター》さま」と言って、ラテン語と英語とタイ語とお国訛《くになま》りのちゃんぽんでこう答えた。

「タイ人は岩石をブッダのごとくありがたがりますが、かかる巨大なものに仏《ほとけ》を見出そうとはいたしません。しかし私は、パタウイへ来てよかったと思います。」

反対側すなわち南側の景色はまた違っていた。それは、パタウイとそれに隣《とな》る山々の裾《すそ》から始まって、百二十里先の、水平線に溶け込んで、かすかにそれと高塔《こうとう》の認められるアユタヤまで広がる一跳千里《いっちょうせんり》の平野である。一見《いっけん》してこの平野が今を遡《さかのぼ》るあまり遠くない時代には、海水に蔽《おお》われていたことがわかる。その頃にはタイの南部は湾の底になっていたので、それは私が地上に地下に発見した介殻《かいがら》――それらは完全に原形をとどめていた――によっても知られるのである。また痕像《こんぞう》や岩石、介殻の化石などは、その時代より遥かに古い時代にこのあたりの地表《ちひょう》に大変動のあったことも物語っている。

私はプラバートの時と同じように、パタウイでも幾晩《いくばん》かを夜おそくまで、善良なラオスの山男と語りあかした。毎夜、畑仕事をしまうと、幾人かの原住民が「異人《ファラン》」を見にやって来るのである。ラオス人は、タイ人とはいくらか違う。タイ人よりは細っそりしていて、顴骨《かんこつ》が幾分高く、大体に色が黒い。タイ人は、頭をほとんど剃《そ》り落として、わずかに顱頂部《ろちょうぶ》だけに髪《かみ》を残しているが、ラオス人は髪を長く伸ばしている。このラオス人は戦士としてはとにかく、猟師としてはたしかに勇敢《ゆうかん》な種族に属する。反身《そりみ》の刀剣《とうけん》を腰に帯び、弓を持ち、陽《ひ》に干《ほ》し固めた粘土《ねんど》の丸《たま》のついた矢をよく百メートル以上も遠くへ飛ばす。豹や虎を恐れずに広い森中を駆《か》けめぐる。狩猟《しゅりょう》が彼らの主《おも》な楽しみで、銃といくらかの中国火薬が手に入ろうものなら、猪《いのしし》狩りに出かけたり、竹の桟上《さんじょう》にこしらえた小屋で虎やディム*を待ち伏せて捕獲《ほかく》したりする。彼らは惨《みじ》めなほど貧しい暮らしをしているが、これは彼らの怠《なま》け者の報《むく》いの場合が多い。彼らは彼らに必要な米だけしか作らず、それだけの米さえ作ればあとは眠ったり、森の中を彷徨《ほうこう》したり、近所の町や村を訪ねたり、知人を訪ねて廻《まわ》ったりして過ごす。

＊訳註——ディムDaim は鹿の一種で、掌形《しょうけい》の角、鏡斑《きょうはん》があり、尾が長い等を特徴とする。これに二種あって、欧州産のものをDama Dama といい、主に小アジアに産するものをDama Mesopotamicus と呼ぶ。

パタウイで私はコラートの噂をたびたび耳にした。それは同名の州の首都で、パークプリオの東北に位《くらい》し、ここからは五日の行程（百ないし百二十マイル）にあって、かねて私も訪ねる計画を立てていたところである。話によるとそこははなはだ物資に悪まれていて、中にも良質の絹を産するという。またゴムの樹が豊富であるが、原住民はその効用を知らないのであろう、生えるに委《まか》せているといわれる。私はイギリス人によって非常に良質だ、と折り紙をつけられたその大きな見本を持っている。なお話では、そこの幕らしはお話にならないほど楽らしい。ニワトリ一羽、あるいは雛《ひな》六羽でわずかに一ファン（三十七サンチーム）、卵《たまご》百個がまた同じ値、他は推《お》して知るべしである。しかしそこへ行くには、パタウイ山の頂から望まれた広大な「冷王《れいおう》が森」＊を抜けなくてはならない。また乾期《かんき》を選ぶ必要がある。雨期には水も大気も瘴気《しょうき》を含んで、往々《おうおう》にして命を失うことがあるからである。非常に迷信深いタイ人は、この森では銃を撃つことすら控えている。そんなことをしようものなら、悪霊を怒らせて必ず死ぬような目に遭《あ》うと信じている。

＊訳註――「冷王が森」すなわちドン・パヤー・ファイ（ドン・パヤーイェン―カオ・ヤイ森林群）Dong-Phya-Phaye は、タイ国の東北部および中部にわたるラオス、カンボジア等との境界面にある熱帯常緑林で、上階段は通常百ないし二百フィートのフタバガキ科の巨樹からなり、その下層に小木、棕櫚《しゅろ》、ソテツ、籐、竹等をともない、きわめて繁茂した下生《したば》えを見せている。幅は四マイルから広いところは百マイルにもおよび、雨期には大気が蒸《む》れて恐しい熱病の温床となる。

山上に滞在中は、僧正《そうじょう》の一方ならぬ歓待《かんたい》にあずかった。私の荷物は僧正の部屋へ運んでくれるし、僧正の敷物《しきもの》を私の敷物に重ねてくれたりした。僧正たちは雨期におけるパタウイ山の寒さをこぼした。山上から流れ落ちる奔流《ほんりゅう》。洪水のために追われた虎が山に逃がれて彼らの住居をおびやかし、ニワトリや犬までさらってゆくとがあると語った。ところがこの掠奪《りゃくだつ》は、雨期だけに限られていなかった。いうのが、ここへ来て二日目の夜のことである。十時頃に、急に犬が悲しそうな声を上げた。と、

「虎だ！」

私の側《そば》で寝ていたラオス人が大声に叫んだ。

私は飛び起きるなり、銃を取って戸を細目《ほそめ》に開けた。しかし外はまっ暗闇《くらやみ》で、さて出てみても仕様がなさそうだった。私は空に向かって威嚇《いかく》の一発をぶっ放すに止《とど》めたが、翌日になると私の犬が一匹いなくなっていた。

この興味ある地方を一週間にわたって跋渉《ばっしょう》した後、採集物をひとまず整理して送り出すために、錨《いかり》を上げてバンコクへ戻ることにした。

二か月前には深さ六メートルの水浸《みずびた》しになっていたあたりが、今ではすっかり乾いていた。そして人家の周囲にはイモが植えられ、野菜の植付けが始められていた。しかし恐しい蚊軍《ぶんぐん》は、前より一層《いっそう》ひどかった。私の従者《じゅうしゃ》たちは、丸一日《まるいちにち》船を漕《こ》いですっかり疲労《ひろう》していながらも、夜になっても蚊のために熟睡《じゅくすい》できないくらいだった。日中は、特にパークプリオ付近は、非常に暑かった。寒暖計《かんだんけい》は日蔭《ひかげ》で華氏《かし》の九十二度、炎天下《えんてんか》では百四十度、すなわち摂氏《せっし》で三十五度から六十度までを示した。しかし幸いにもわれわれは流れと闘う必要はなかった。相当荷物が重たかったが、船はかなりの速度で進んだ。バンコクへもう三時間くらいというところで、河岸に繋《つな》がれた二艘《そう》の洋式ボートを見つけた。ついでパゴダに近い旅人の休息所に、私は顔馴染《かおなじみ》のイギリス士官が三人、それぞれ夫人同伴で見物に出かけて来ているのを見つけた。うち一人は、私をシンガポールからここへ送ってくれた士官だった。彼らは私を迎えて、弁当のご馳走《ちそう》をしてくれた。

その日のうちにバンコクへ着いた。どこに宿をとったものかと私が思案しているうちに、デンマークの領事ウィルソンWilson氏が出迎えに来て、立派な住居に案内してくれた。私が旅して来た地方は、非常に健康的な土地であったと言いたい。ただし雨期は別で、その頃になると山を流れ落ちる水は、毒気《どくけ》を含む砕屑岩《さいせつがん》の中を流れ、金気《かなけ》を含み、瘴気《しょうき》を立てて恐しい森林熱《しんりんねつ》（ジャングル・フィーヴァー）を発生させる。この熱にかかったものはただちに治療を受けないと、数年間はそのために苦しまなくてはならないことになる。

私の旅は雨期の終わりに始められた。洪水に浸されていた土地が乾き始める頃にである。従《したが》ってまだ相当瘴気《しょうき》があり、原住民の中にも幾人か間歇熱《かんけつねつ》にかかっているものがあるのを見かけた。しかし、私は始終、健康を保つことができた。これは、私が人からすすめられた養生法《ようじょうほう》を守ったお蔭《かげ》だろうか。つまり生水《なまみず》は一切、慎《つつ》しんで茶しか飲まず、葡萄酒《ぶどうしゅ》またはアルコール類を絶対に、あるいはきわめて少量にしか、たしなまなかったためであろうか。私はそうだと思っている。そこで私は、このようにさえすれば、たとえ瘴癘《しょうれい》のはなはだしい地方に入り込もうと、さしてひどい病気を患《わずら》うようなことはまずなかろうと言いたい。

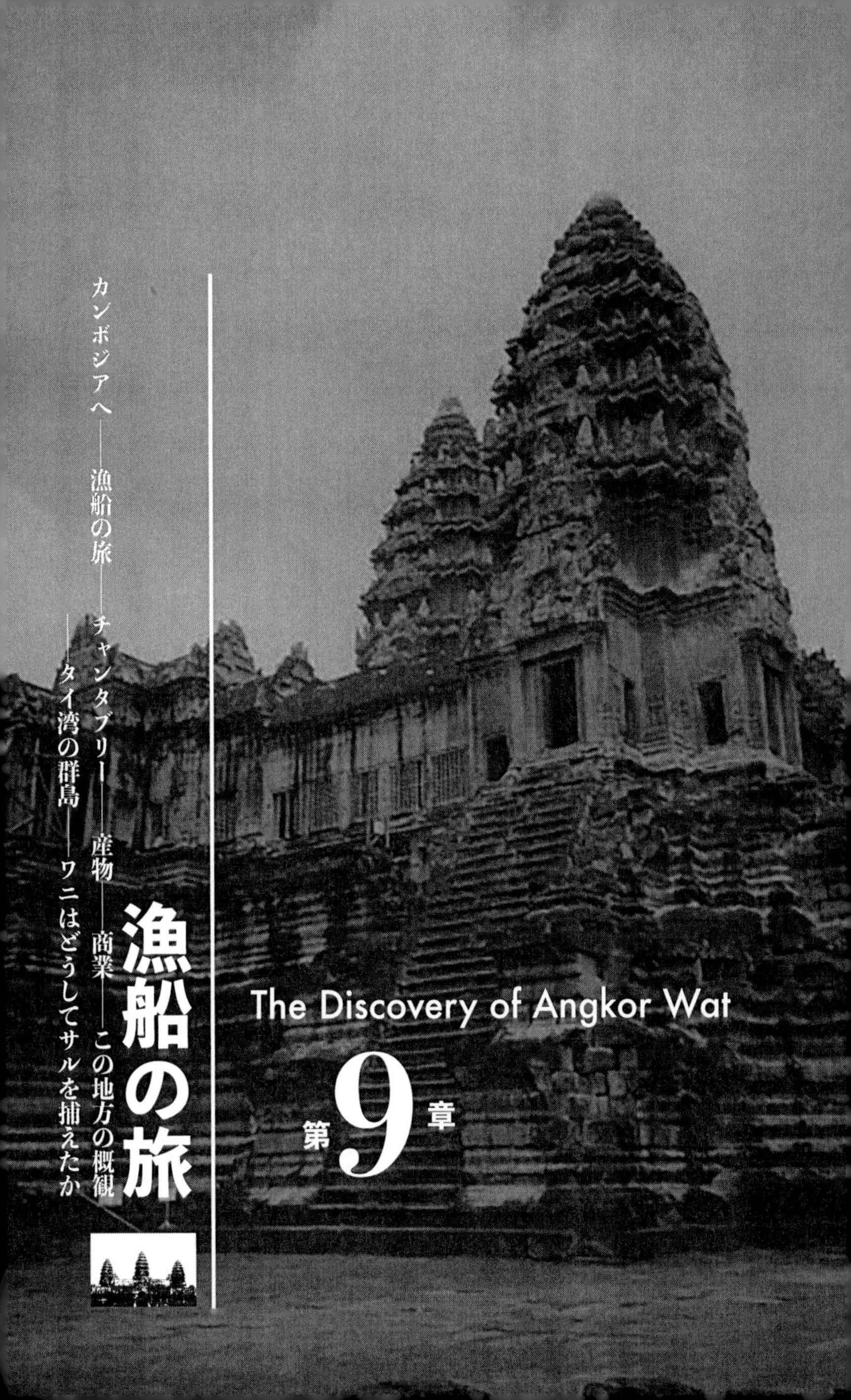

第9章

The Discovery of Angkor Wat

漁船の旅

カンボジアへ——漁船の旅——チャンタブリー——産物——商業——この地方の概観——タイ湾の群島——ワニはどうしてサルを捕えたか

カンボジアへ——漁船の旅——チャンタブリー——産物——商業——この地方の概観——タイ湾の群島——ワニはどうしてサルを捕えたか

カンボジアへの旅を計画したが、私の河船《かせん》では海を渡ることはできなかった。ところが、バンコク、チャンタブリー Chantaboun 間の交通はといえば、小ジャンクか、バンコクへ魚を送る漁船しかなかった。仕方がないので私は後者を選んで、十二月二十三日に、新しく雇ったベトナム人のニウ Niou と呼ぶ従者《じゅうしゃ》を連れて乗り込んだ。この船は乗員の割りにしては小さ過ぎた。私とニウの外《ほか》に、二人の船頭《せんどう》と十三と十四くらいの二人の子供が乗り込んだからである。湾内の島々は絵のように美しく、また妖《あや》しい魅力《みりょく》を持っていた。旅は思った以上に長くかかった。普通なら三日の行程《こうてい》を、向かい風が強いために八日を要したのである。その間に乗員の一人の生命を――もしかすると全員の生命を失ったかも知れないような事件が起きた。十二月三十一日から元旦《がんたん》にかけての夜中の出来事である。船は冷たい相当強い軟風《なんぷう》の中を全速力ではしっていた。私は、雨や夜風《よかぜ》をさけるために作られた、竹の骨に草を葺《ふ》いた小さな屋根の下に坐《すわ》って、まさに過ぎようとする年に別れを告げ、新年の多幸《たこう》を祈《いの》っていた。今年は私にとって良き年でありますように、そしてまた私の愛する人々にも幸《さち》多い年となりますようにと。夜は暗かった。船は陸から二マイル沖《おき》を走っていた。山は黒い紐《ひも》のように見えて、海だけが、長い航海をした人なら知っていようが、あの燐光《りんこう》を発《はな》っていた。数時間前から二匹の鮫《さめ》がわれわれの船の後を追っていたが、その跡が曲がりくねった光となって見えていた。船中は寝しずまっていた。聞こえるものといっては、帆《ほ》にあたる風の唸《うな》りと波の音ばかりである。私はその真夜中に、愛するものとすべてから、ただ一人遠く離れて来ている自分を思い、そこはかとない哀愁《あいしゅう》と心細さを感じていた。と不意に、激しく衝撃《ショック》を私は感じた。続いていま一度。そしてそれなり、船は進まなくなってしまった。船のものは驚きの叫びを上げた。船頭たちはニウと一緒に舳《へさき》の方へ飛んで行った。すぐに帆《ほ》はたたまれ、炬火《たいまつ》がつけられた。ところが、ああ、何という不幸！　乗員の一人の姿が見えなかったのである……甲板《かんぱん》で寝ていた子供の一人が、衝撃《しょうげき》で海に落ちてしまった。不運なその子供は、探してみたがついに見つからなかった。おそらくは鮫《さめ》の餌食《えじき》となったのであろう。しかしわれわれにとって幸いなことは、船は舷《ふなばた》を岩角《いわかど》にぶつけて砂に乗り上げたに過ぎなかった。砂地《すなち》から船を降ろすと、陸地に近づいて錨《いかり》をおろした。

一八五九年一月三日。波の高い外海《がいかい》からチャンタブリーの小湾《しょうわん》に入り、港の入口を扼《やく》する岬《みさき》、有名な獅子岩《ししいわ》を臨《のぞ》んだ。遠くから見ると、たしかにその岩は獅子が横たわっているように見える。自然の力だけでよくもこのような不思議な形が刻《きざ》まれたものだと不思議な気がするが、事実、波がそれを丸《まる》くし、そんな形に刻んだのである。タイ人は並《なみ》はずれた物なら何でも信仰するが、この岩にもまた信心を寄せているのだそうである。聞くところによると、ある日、イギリス船がこのチャンタブ

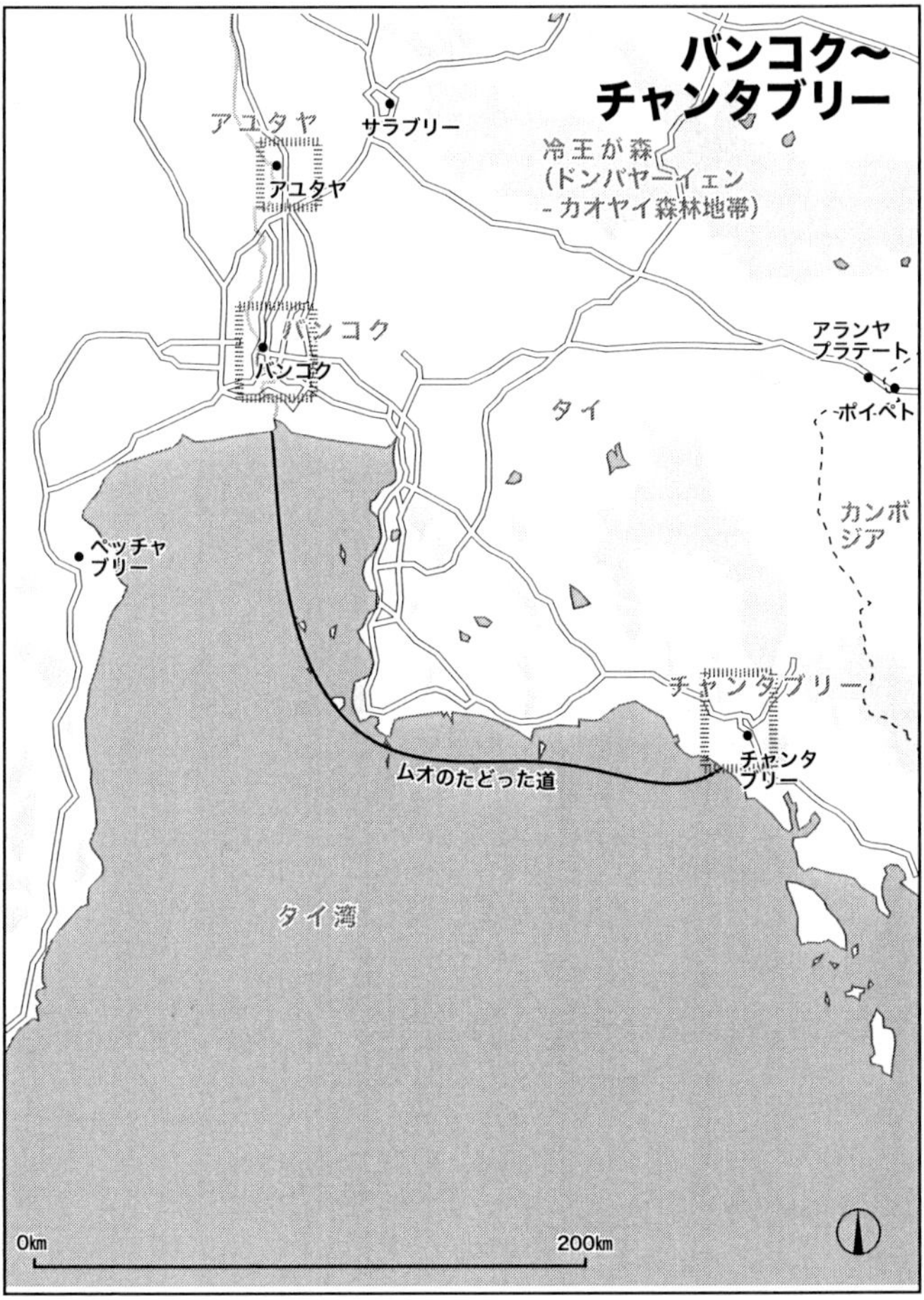
バンコク〜
チャンタブリー
アユタヤ
サラブリー
アユタヤ
冷王が森
(ドンパヤーイェン
-カオヤイ森林地帯)
バンコク
バンコク
アランヤ
プラテート
ポイペト
タイ
カンボ
ジア
ペッチャ
ブリー
チャンタブリー
チャンタ
ブリー
ムオのたどった道
タイ湾
0km
200km

リーに投錨《とうびょう》したが、船長はこの獅子岩を見ると買いたいと言いだした。しかし役人は拒絶《きょぜつ》した。と、イギリス人は無慈悲《むじひ》にも、この哀れな動物の上に建っていた建物を一つ残らず焼き払ってしまった。この話は、タイの詩人から直接、私が聞いたものである。この詩人は、東洋の未開人《みかいじん》のかたくなな心を悲しむ哀調《あいちょう》に富んだ作品をつくっている。

一月四日の朝八時に、われわれはチャンタブリーの町についた。この町は河沿いにあって、六、七マイルの彼方《かなた》に山がそびえている。キリスト教徒のベトナム人が人口の約三分の一を占め、後は華橋、小数のキリスト教徒でないベトナム人、タイ人等からなっている。* その他はすべて漁師《りょうし》で、同じ職業のベトナム人の子孫である。彼らはコーチシナからタイ湾北部に漁に来て、追々《おいおい》チャンタブリーに定住したもので、寒期の波の高くない時期には、毎日沿海《えんかい》の湾内、島の間の内海《ないかい》等に網《あみ》をおろしに出かける。

＊訳注――昭和十二年度の国勢調査《こくせいちょうさ》では総人口一〇一、〇八四人。

チャンタブリーの獅子岩

この地方の商業は思ったほど活発ではない。それというのが税は重く、役人は常に民衆に労役《ろうえき》を課し、横領《おうりょう》、収賄《しゅうわい》を行い、そのために奴隷《どれい》が増す一方で、どこの家も内緒《ないしょ》は苦しく、自然事業も不振に陥《おちい》るというのが現状だからである。しかし人口は少ないながら、バンコクに相当量の胡椒《こしょう》を積み出している。それは主として山麓《さんろく》地方の中国人が栽培している。* その他、少量ながら砂糖《さとう》や優良なコーヒー、中国に高価にさばける美しい藺莫蓙《いござ》、煙草《たばこ》、異教徒のベトナム人が漁獲物《ぎょかくぶつ》から作る多量の干魚《ほしうお》、塩魚《しおざかな》、キンコつまりナマコの干《ほ》したもの、貝類等を産する。

＊訳註――現在、タイ国の胡椒の九十五パーセントは、チャンタブリー州で産している。また胡椒の栽培には非常に人手を要するので、ほとんど勤勉な華僑の独占事業になっている。

タイ王国の臣下《しんか》たるものはすべて身の丈《たけ》三クーデ（一・五メートル）に達すると、

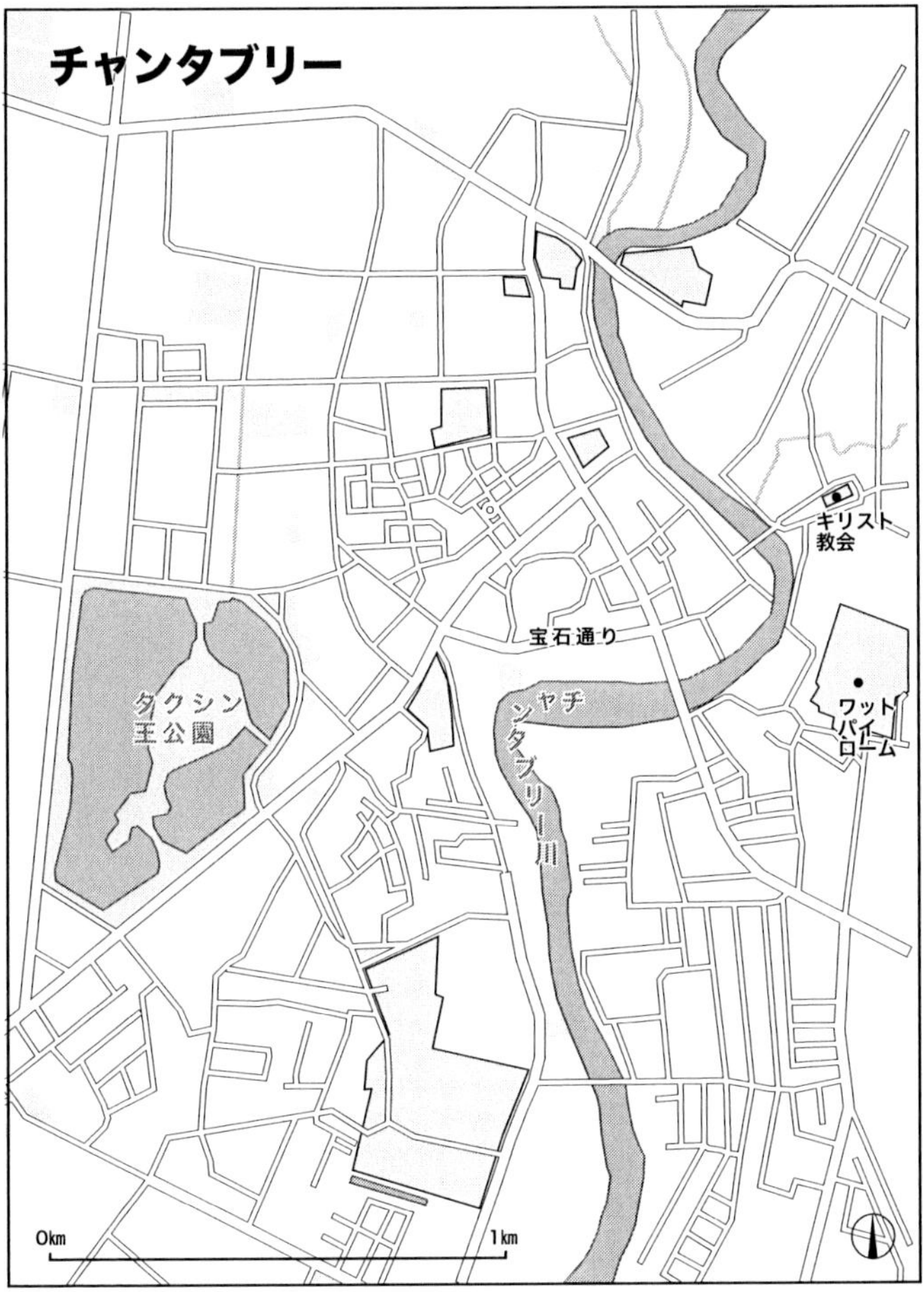
チャンタブリー
キリスト教会
宝石通り
タクシン王公園
ワットパイローム
チャンタブリー川
0km
1km

毎年六ティカル（十八フラン）の税を納めなくてはならない。チャンタブリー在住のベトナム人はそれを伽羅《きゃら》（一）で納め、タイ人は藤黄《とうおう》（二）で納める。中国人はセラックで納めるが、これは四年に一度でよいことになっていて、その値は四ティカルにしかあたらない。雨期も終わりになると、キリスト教徒のベトナム人は十五人ないし二十人くらいのいくつかの組に分かれて、経験者を先に立てて伽羅の採集に出かける。伽羅のある木は誰にでもすぐわかるというわけのものではなく、それがわかるまでには相当の修業が必要だ。それで、無駄《むだ》な時間や労力を費やさないために経験者を先に立てるわけである。ある組は近所の山へ向かうし、またある組はチャンタブリーの東南にある大きな島、コ・チャン島 Ko-Xang 島、コ・クート Ko-Kut 島等へ出かける。

（一）訳註——沈香《じんこう》属の心材《しんざい》から採取される香木。
（二）訳註——常緑森林地帯に産する Garcinia Hanburyi の樹脂で主として染料に用いられる。

伽羅《きゃら》は固くて斑紋《はんもん》があり、焚《た》くと得《え》もいわれぬ芳香《ほうこう》を放つ。王族や大官《たいかん》の死体を荼毘《だび》に付《ふ》する場合に使用するが、彼らの死体は焼かれるまでに一年間は柩《ひつぎ》の中に納めたままにしておかれる。タイ人はこれをまた薬用にもする。この伽羅のできる木は、白くて非常にしなやかである。これを伐《き》り倒してすっかり裂《さ》いて、幹《みき》の中にひろがっている伽羅を採集《さいしゅう》する。ベトナム人は伽羅のある木を見分ける方法を一種の秘伝《ひでん》にしているが、私はその一部を手ほどきしてもらっただけで、すっかり奥義《おうぎ》を究《きわ》めてしまった。私は山へ行って伽羅があるにちがいないと、あたりをつけた木を数本、伐り倒させた。私の観察《かんさつ》からすると、それは木の洞《ほら》にできるので、木が古ければ古いほど、発見の率が多い。木の幹を叩いて洞の音を立てると同時に、節穴《ふしあな》から伽羅の香気《こうき》を少しでも立てるものには、必ず目ざすものがあること間違いなしである。

華僑のほとんど全部はアヘンを吸引し、博奕《ばくち》をやる。キリスト教徒のベトナム人は、大体において品行が正しい。またその性格は大いにタイ人と異なる。タイ人は柔弱怠惰《じゅうじゃくたいだ》で、のん気であっさりしているが、寛大《かんだい》で、世話好きで、素朴《そぼく》で、高慢《こうまん》なところがない。ところが小柄《こがら》で痩《や》せぎすなベトナム人は、敏捷《びんしょう》で、活動的で、短気で怒りっぽく、陰鬱《いんうつ》で、執念《しゅうねん》深く、すぐに仕返しをする。中にも傲慢《ごうまん》なところがあって、身内ですら始終《しじゅう》争い、嫉視《しっし》し合っている。また貧しいもの、不幸な者に対して同情がなく、生まれながらの権勢《けんせい》の奴隷《どれい》といったところが見受けられる。しかし、カトリック信者がその神父なり、聖職者に対する場合は例外で、彼らのためとあらば、身を投げ出すことも厭《いと》わない。キリスト教徒以外のベトナム人は、祖先を崇《うやま》い、昔ながらの偶像《ぐうぞう》を信じている。私はチャンタブリーやその付近の島々で異教徒のベトナム人と大分、接したが——島ではチャンタブリーあるいはカンボジアの港カンポット Kampot などから来たものが多かった——彼らは寛大《かんだい》で善良に見受けられた。

バンコクの宣教師《せんきょうし》からチャンタブリーの同職者《どうしょくしゃ》へ紹介状をもらっていたので、その住居を訪ねたが、まことに立派な人で、厚く私を遇《ぐう》して、質素《しっそ》な住居の一室を私に提供してくれた。善良なこの神父は、もう二十年以上もチャンタブリーに住《す》まって、彼が洗礼《せんれい》を与えたベトナム人とともに暮らし、原住民と孤独の中にあって満足と幸福とを見出していられた。私が訪ねた時は、ちょうど非常な喜びの最中にいられるところだった。神父は新しい礼拝堂《れいはいどう》の工事が日ごとに進捗《しんちょく》するのを眺《なが》めていられるところだったからである。神父はその礼拝堂を建てるために、只《ただ》さえ粗末《そまつ》な食事をすら節食《せっしょく》していた。まもなく、現在、神父が仕事をしている木作りの礼拝堂は、レンガ建ての礼拝堂と代わるだろう。私は仕合わせな十七日間を、その神父のもとで送った。その間、私は河や運河に糸を垂《た》れたり、サバブ Sabab 山に猟に出かけたりして過ごした。この地方はパークプリオによく似ている。ただし、平野にはパークプリオよりも未開拓《みかいたく》の荒蕪地《こうぶち》が多いように思われた。それでも美しい谷のひらけた山裾《やますそ》では、幾百人もの華僑《かきょう》たちが胡椒《こしょう》の栽培を行っている。

私は湾内の島々を訪ねるために、二十五ティカルで小船を求めた。虎が多数棲《す》む島もその中にはいくつかあったが、人の話を総合してみるとなかなか面白そうに思えたからである。最初に私が訪ねたのはコ・ナム・サオ Ko-nam-sao（娘の胴《どう》）と呼ぶ島であった。先の尖《とが》った山の形をしていて、高さは約二百五十メートルある。湾のこの部分の島がいずれもそうであるように、この島もまた火山性で、周囲はわずかに二マイルしかない。その周囲はほとんど岩からなっていて近づき難いが、喬木《こうぼく》が繁《しげ》り、蒼々《あおあお》と緑に輝いている光景はなかなかに美しい。乾期《かんき》の旅は、欧州では朝夕《あさゆう》が涼《すず》しいのでなかなか快適であるが、タイではそれは死の時であり、全自然の荒涼《こうりょう》とした時期にあたっている。木々はそれでもまだ相当蒼々しているが、生活は停頓《ていとん》してしまう。鳥類は水を求めて飛び去り、昆虫の多い民家の近くや河のほとりに行ってしまう。まれに鳥の鳴き声が快く耳を打つが、それは風向きによってしゃがれた鋭《するど》い声を送って来る唯一の鳥、ハヤブサの鳴き声である。反対に蟻《あり》が非常に多くなって、至るところに群れをなしている。地上も、木も、すべてが蟻に蔽《おお》われてしまう。この蟻と蚊《か》といくらかのキリギリス、これらの虫だけが乾期にもなお死滅《しめつ》しない虫類と思われた。近づくと逃げるサルを追っかけたり、ディムや豹《ひょう》の足跡を探したりしながら私は進んでみたが——うち幾頭かを私は撃止《しと》めた——小径《こみち》もなければ、泉も河も見あたらなかった。私は、斧《おの》で蔓《つる》や枝のもつれ合う中を伐《き》り開きながら進んでみたが、暑さと疲労に岸へ戻るより仕方《しかた》なかった。

この山の岩石は大部分、他の島も同様、変質岩《へんしつがん》からなっている。すなわち水底《みなそこ》に今なお見られる古い水成岩《すいせいがん》が、火山の作用を受けて変質したものである。従《したが》ってどの岩を見ても多数の岩床《がんしょう》や餅盤《べいばん》、地質学上でいうところの「接触岩層《せっしょくがんそう》」、つまり噴出岩《ふんしゅつがん》が岩層間に嵌《はま》り込んで岩塊《がんかい》となったものが認められた。

二十六日にわれわれはコ・マン Ko-Man 島の中でも最大の島を訪ねた。コ・マン島は相接《あいせつ》する三つの島からなっていて、そのうち最大のこの島は陸から約十マイルしか離れていない。幾羽かのハヤブサと白鳩《しろはと》の一種、それに黒ホトトギス等がこの島で私の認め得たわずかな鳥類《ちょうるい》であった。しかし、大トカゲは非常に多い。夕方になると、それが隠れ家からはい出して、乾いた木の葉や枯《か》れ枝などの上を、いかにも大儀《たいぎ》そうにのたくっている音を聞くと、実際以上に大きな恐しいものに出遭《であ》ったような感じを受ける。

夕方になって潮《しお》が退《ひ》いたので、われわれは小船を泥の上に引き上げた。私はすでに日中《にっちゅう》に、泥炭《でいたん》のようなそのあたりの泥には、何か火山の噴出物《ふんしゅつぶつ》の混じっているのに気付いていたが、夜になると硫黄《いおう》の臭気《しゅうき》が急に強烈《きょうれつ》になり、たしかにその辺には海底火山《かいていかざん》がいまだに活動しているのが知られた。二十八日にわれわれは「薯島《パタート》」の第二番目の島を訪れた。この島は前の島よりまだ高く、なお美しく、島を縁《ふち》どる岩はなかなかに雄大《ゆうだい》だった。美しい太陽に照らされ、干潮《かんちょう》の中に浮かぶ二つの島を見はるかす眺めはことによかった。「藷島」の名は、この島に産する無数の野生の藷《いも》から来ている。

数日を私はリオー Liaut 岬《みさき》で過ごして、海岸を探《さぐ》ったり、その辺に点在する島々を訪ねたりした。そのあたりはタイ湾でも最も美しいところで、景色の美しさは、ジャワ海岸に近いスンダ海峡《かいきょう》にも匹敵《ひってき》する。十年前にタイ王がチャンタブリーを訪ねたことがある。その時、この岬の突端《とったん》に一棟《ひとむね》の家と亭《てい》が建てられたが、この来訪を記念して山頂にも小さな塔が建てられている。ここからは非常に広い眺めを楽しむことができる。

私はまた、バンコクとチャンタブリー間の湾の北岸にある島の中でも、最大かつ最も美しいコ・クラム Ko-Kram 島へも行ってみた。全島樹木の生い繁《しげ》った山であるが、近づきやすく、また多量の赤鉄鉱《せきてっこう》を理蔵《まいぞう》している。ここに棲《す》むサルとディムは、真水《まみず》がこの島には湧出《ゆうしゅつ》しないので、夕方になると海辺に水を飲みにやって来る。

リオー岬より湾内を臨む

二十九日朝。太陽が水平線上に昇るにつれて、微風《そよかぜ》が落ちて来た。檳榔《アレク》島と鹿島《セルフ》との瀬戸《せと》を三マイルも進んだころには、風はぱったりやんでしまった。それから半時間、われわれは櫂《かい》で進んだ。焼けつくような太陽の下で、しかもそよとの微風もないのであるから、朝とはいいながら、私はすっかり参って息がつまりそうだった。と、私は愕然《がくぜん》としたが、不意に海面が盛り上がって、われわれの小船は枯れ葉のように揺れ動いた。今までついぞそれは経験したこともない不審《ふしん》な現象なので、とっさの間には、何か知らぬが非常に大きな危険、あるいは珍事《ちんじ》が身辺《しんぺん》に差し迫《せま》ったとしか、私には考えられなかった。その時、船頭《せんどう》が不意に叫んだ。

「そうら、海の水が起《た》ち上がった。」

指差された方を振り返って見ると、いかにもその言葉の通り、海は沸《わ》き立って、見ているうちに水柱《みずばしら》と水蒸気とが高く沖天《ちゅうてん》に噴《ふ》き上がり、それが数秒間続いた。初めて見る現象である。これで、コ・マン島で嗅《か》いだ窒息《ちっそく》しそうな強い臭気《しゅうき》の理由もわかった。すると、そこから一マイル先の、三日前にわれわれが錨《いかり》をおろしたあのあたりで、海底火山《かいていかざん》が噴出《ふんしゅつ》したものに違いなかった。

タイ湾トウルウのトンネル岩

三月一日に、われわれはウェンVen河に臨むウェン・ウェンVen-Venに着いた。この町は州上にあって、州には河口三マイル以上におよぶ河が水を吐《は》きかけている。この河は山から流れ出る幾筋かの河水を集めたもので、その一つはチャンタブリー河の一支流と繋《つな》がり、運河の用をなして両地方を結びつけている。

パークナム・ウェンには、チャンタブリー河よりワニが多数棲《す》んでいる。私は幾度もその姿を眼にしたし、また河岸から水にもぐり込む音も聞いた。ここではよく不用意な漁師《りょうし》や、河の近くで居眠りしているものがワニに呑《の》まれたり、咬《か》まれたりする由《よし》である。私がチャンタブリーに着いてからでも、そうした事件が二度も起きた。ところでここに、神が地球上のあらゆる場所にばら撒《ま》かれた生物の興味ある習性を研究しようとする人にとっては、まこと面白《おもしろ》い話がある。それはわれわれがウェン・ウェンで目撃したもので、ワニをからかいに来た意地悪《いじわる》のサルをワニがどうして捕《と》らえたかという話である。河岸でワニが身体を水の中に入れ、口だけ大きく開き、近よるものもあらば、ひと呑《の》みにしようと待ちかまえている。それをサルの一群《いちぐん》が見つけた。彼らは一時《いっとき》、凝議《ぎょうぎ》しているように見えたが、やがて徐々《じょじょ》にワニに近づいて、代わるがわるいたずらを仕掛《しか》けたり、それを眺める番に廻《まわ》ったりしていた。そのうちに、中でも一番敏捷《びんしょう》で一番用心深いのが、枝から枝へ渡りながら、ワニからいくらか離れたところまで近づいて、片手で枝にぶら下がりながら、サル特有の軽妙さで、身体をワニの方へのり出したり引いたりして、手の掌《しょう》でワニを打ったり、打つ真似《まね》をしたりしはじめた。これを眺めていた他のサルどもは面白《おもしろ》がって、彼らもその真似がしてみたくなった。しかし、他の枝はみな高い。それでサルは手を握り合ったり、尻尾《しっぽ》の端《はし》を握ったりして、一連の鎖を作り上げた。そしてこの揺れ動く鎖の一番先のサルが思う存分、下の両棲動物《りょうせいどうぶつ》をからかい始めたのである。時々《ときどき》、ワニの恐しい口が閉まる。しかし大胆《だいたん》なサルは、なかなか捕まらない。その度に快哉《かいさい》を叫ぶらしい狂気《きょうき》じみた叫びが上がる。が、時にサルの手が恐るべき万力《まんりき》にまんまと挟《はさ》まれることがある。と、電光石火《でんこうせっか》、非常な速さで森の曲芸師《きょくげいし》は水の中に引き込まれる。これを見た浅知恵《あさぢえ》の一団は、鳴き叫び、悲鳴を上げて散って行く。しかしこれで同じ遊びを数日間はしなくなるかというと、そうでもないようである。どうやら一時間も辛抱《しんぼう》しないらしい。

第10章

The Discovery of Angkor Wat

山の生活

山（サバブ山）の生活——狐——虎——蛇等々

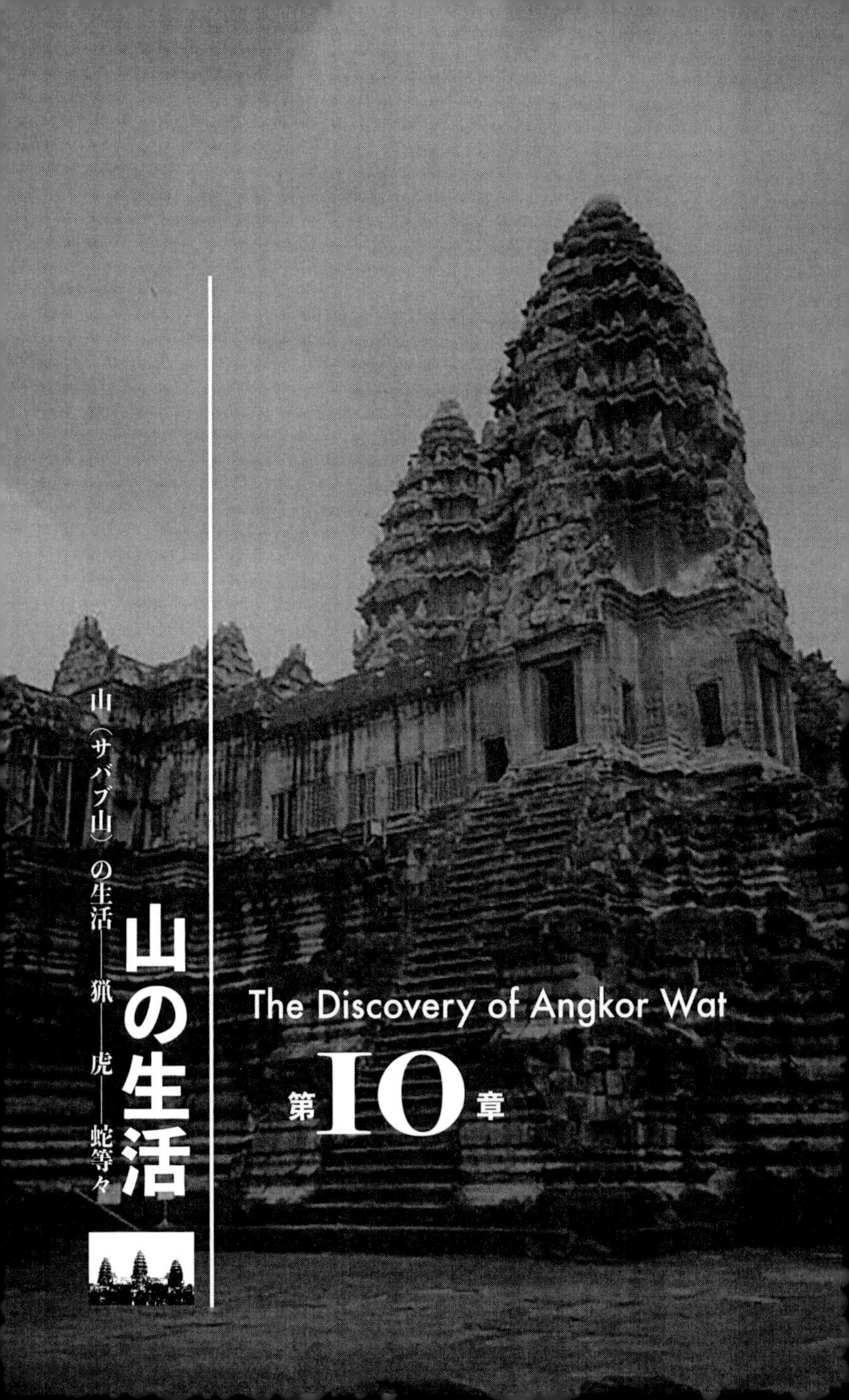

山（サバブ山）の生活――猟――虎――蛇等々

海上の旅を終えてチャンタブリーへ戻ると、人のよい老中国人《ろうちゅうごくじん》の家に世話になった。胡椒《こしょう》の栽培を業《ぎょう》としている者で、二か月前に初めてこの町へやって来た時にも、何かと世話になったことがある。名をイーエ・フウ Ihié-Hou といったが、われわれはアパイトと呼んだ。小父《おじ》さんという意味である。アパイトはやもめ暮らしで、二人の子持ちである。上の子は十八で、よい息子だった。働き者で、元気があり、勇敢《ゆうかん》で、疲れを知らない。前からこの息子は、何とかして私の伴《とも》をしてカンボジアへ行きたい意志を示していた。山国《やまぐに》育ちで、しかも聡明《そうめい》で、あらゆる獣や鳥類の特性、習慣をよく心得ていて、しかも虎や象をも恐れるところがない。その上に従順《じゅうじゅん》なので、私もこのプライPhrai(若者の名はこういった)なら願ってもない同伴者《どうはんしゃ》だと思った。

アパイトには二人の兄弟があった。いずれもカトリック信者になって、教会の近くに住むためにチャンタブリーに移住している。ところがアパイト自身は改宗する気が全然ない。キリスト教徒になれば、これまで仕えて来た祖先を忘れてしまわなければならないからと言うのである。アパイトの仕事は決して収入のよいものではない。なぜならタイの利息《りそく》は二割ないし三割という高率《こうりつ》で、わずか五十ティカル*の借金にも十二ティカルの利息を仕払わなければならないからである。その上にまだ税がある。二人の息子に十二ティカル、胡椒園《こしょうえん》に八ティカル、豚に一ティカル、住居に四ティカル、家族に一ティカル、栽培しているキンマに一ティカル、椰子《やし》に二サルン、ドリアンに二〇サルン、檳榔樹《びんろうじゅ》に一ティカル、合計三十九ティカルを仕払わなければならない。ところが畑の収入が四十ティカルというのであるから、税を全部仕払うと、手もとにはわずかに一ティカル（二フラン五十サンチーム）しか残らない計算になる。それだけでどうして暮らしてゆけるだろう。彼のような不幸な百姓は大勢いる。彼らは、タイ人から檳榔子《びんろうじ》と交換に米、その他、野菜類を得ている。

＊訳注――ティカル Tical はタイ国の貨幣単位バーツ Baht に欧州人が永らくあてはめていた呼称で、漢字は「銖《しゅ》」をあてている。なお十九世紀初葉のタイの銀貨には、タムルン、バーツ、ソーン・サルン、サルン、ファンの五種があり、それぞれ四、一、二分の一、四分の一、八分の一バーツに相当する。また金貨にはバーツのそれぞれ五、一〇、二〇倍に相当するものがあった。

私は楽しく幸福に――とそんなことを言ってよいものだろうか――この美しくそして静かな、明るく雄大な土地の厄介《やっかい》になっていた。山脈が一処《いっしょ》切れていて、美しいその谷間《たにあい》には冷たく澄《す》んだ河が幾筋も流れている。狭い平地のそこここには中国百姓の粗末《そまつ》な家が散在している。そうかと思うと少し隔《へだ》てた彼方《かなた》には、巨岩や巨木、奔湍《ほんたん》や瀑布《ばくふ》等のある山が巍然《ぎぜん》とそびえている。

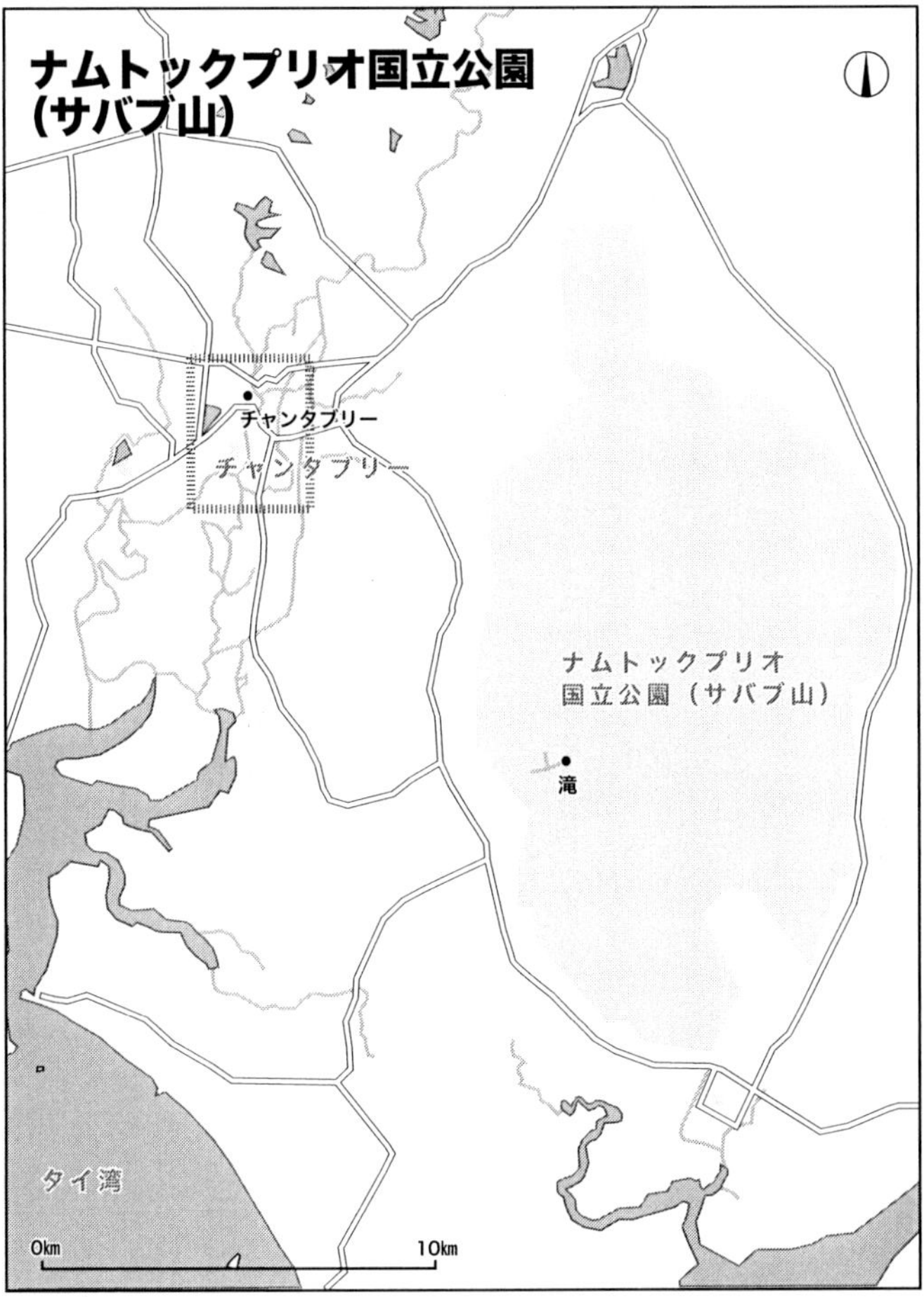
ナムトックプリオ国立公園
(サバブ山)
チャンタブリー
チャンタブリー
ナムトックプリオ
国立公園（サバブ山）
滝
タイ湾
0km
10km

もう幾度《いくど》か大雨が訪れて来た。雨期が近づいて来たのである。ために万物《ばんぶつ》は甦《よみがえ》り、活気を呈《てい》し始めて来た。鳥のさえずり、昆虫の唸《うな》りなどは、どこでも聞かれる。アパイトは私に、彼の寝台を与えてくれたが、檳榔樹《びんろうじゅ》の小割《こわ》り板を四本の竹の脚の上にのせたものを寝台と呼べるならばである。その上に私はござを敷いてよく眠った。しかし時に蟻《あり》の大群が私の上を這《は》いまわり、掛蒲団《かけぶとん》の下や寝間着《ねまき》の中にまで入り込み、私の髭《ひげ》の中に居心地のよい場所を見つけたりして、私を寝台から飛び降りさせたり、蒲団《ふとん》をもじもじさせることはあった。またある時はアブラムシ、その他同種の不快な虫が天井裏《てんじょううら》を飛び廻《まわ》って、挙句《あげく》のはてが私の上に落ちて来るといった気持ちの悪い思いもした。そんな時にはよく私は、毒をもったもっと不倫快《ふゆかい》なものが落ちて来たのではないかと思ってひやりとする。暑気《しょき》は凌《しの》ぎやすくなった。寒暖計《かんだんけい》は、午前中はいつも華氏《かし》の八十度くらい、日中は九十度くらい（摂氏《せっし》の二十九度から三十二度の間）を指しているが、河の水は冷たく、健康のためにやる朝夕《あさゆう》二回の快《こころよ》い水浴は、そのあと数時間を爽快《そうかい》にしてくれる。

昨夜、プライはニウと一緒にチャンタブリーへ食料の買い出しに出かけて、父親に半ファンで中国の砂糖菓子《さとうがし》を土産《みやげ》に買って来た。しかし、老父は別にうれしそうな顔もしなかった。そして、今朝のことである。父親は早く起きて晴衣《はれぎ》を着た。何事が起きたのだろうと怪しんでいると、卓《たく》の形をした板を洗って、うやうやしくそれを一つの絵の前においた。その絵というのは、舌を出し、足にも手にも爪《つめ》を生やして、サルのような尾《お》を持ったからくり人形そのままの姿をしているのだが、それでアパイトの父を表《あらわ》しているのである。ついでアパイトは小さな茶碗《ちゃわん》を三つ出してそれに茶をつぎ、いま一つの茶碗に例の砂糖菓子を盛って、先に述べた祭壇用《さいだんよう》の板の上においた。それからアパイトは二本の香木《こうぼく》のかけらに火をつけ、祈祷《きとう》を始めた。それらは先祖の霊前《れいぜん》へ供《そな》えられたので、先祖に甘い菓子を味わってもらおうというつもりなのであった。

　アパイトの住居の前庭の入口に、私は木と枝とを使って乾燥室ようのものを造《つく》って、その上を葉で葺《ふ》いた。そこに私は白や黒のテナガザル、ジャコウジカ、ノスリ(二)、サイチョウ(三)等の大物、それから昆虫箱等を入れて乾燥した。これがタイ人や中国人の好奇心をそそって、「異人《ファラン》」見物かたがた、これら不思議なものを見て来ようというので、大勢、見物人が押しよせて来た。

（一）訳註——ノスリはアジア中部で繁殖し、冬季には前後インド、インドシナ等に渡る中形の鷹で、我が国にも各地に相当棲息《せいそく》する。一名くそとび。

（二）訳註——サイチョウはブッポウソウ目サイチョウ科に属するもので、クチバシは著しく膨大で下方に湾曲《わんきょく》し、上クチバシの基部から頭上にかけて角冠《つのかんむり》と称する隆起物《りゅうきぶつ》があり、このためにサイチョウの名がある。習性上、非常に変わったところがある。すなわち雌《めす》が樹洞内《じゅどう》で抱卵《ほうらん》および育雛《いくすう》に従事《じゅうじ》している間は、雄《おす》が粘土《ねんど》をもって樹洞の入口をわずかに雌のクチバシの尖《さき》が出るだけの余裕を残して塞《ふさ》いでしまう。そして雄はこの小孔《しょうこう》から穴内の親子に食物を運ぶ。これは蛇、その他の外敵を防ぐためと言われている。また朝夕《あさゆう》および降雨の前には、非常に騒々《そうぞう》しく鳴く習性を持っている。

私は中国の正月をここで迎えた。祭は、三日続いた。この三日の休みを利用して、遠く隔《へだ》った地に住む華橋までがわれわれを見物にやって来た。そのために時にはアパイトの家や、庭に面した広い土まで晴衣《はれぎ》の客で埋まることもあった。中には私の治療《ちりょう》を乞《こ》うものも多数いた。私の様々な器具、博物の採集用具、広口瓶《ひろくちびん》等を見て、彼らは私を名医《めいい》と思い込んだためである。大変なことになった！　私は柄《がら》にもない自惚《うぬぼ》れなどはまるで持たなかったが、彼らにラスパイユ*の治療法くらいは施《ほどこ》してやることができた。その時、私が与えたカンフルチンキの塗《ぬ》り薬の箱、あるいは鎮痛剤《ちんつうざい》を入れた瓶などのお蔭《かげ》で、一匹の昆虫、一つの貝でも手に入って、欧州のどこかの博物館に飾られるというようなことになれば、望外《ぼうがい》の仕合わせというものであろう。

＊訳註――François Vincent Raspail（西紀一七九四―一八七八年）はフランスの政治家で化学者。西紀一八四二年以来、医学の研究に没頭し、体内あるいは体外の寄生虫が諸病の原因をなすこと、その治療にカンフルが特効あるのを発見した。

斧《おの》で道を伐《き》りひらきながら、終日、山や谷や森の中を駆けずりまわって猟をして疲れて戻って来た夕べなど、椰子《やし》や棕櫚《しゅろ》、その他の木々が蔭を落としている中国人の家の前で床几《しょうぎ》に腰掛《こしか》けているのは何という気持ちのよさだろう。ところがこの四日間というものは、季節外《はず》れの冷たい北風が激しく吹いて、山の木は折れたり、根こそぎ吹き倒されたりした。しかし、もうこの北風ともおさらばだ。いまに西南の風が吹き始めて、数か月は同じ風が吹くことになろう。

今夜はことに美しく、気持ちがよい。星は大空に煌《きら》めき、月は明るい。私はアパイトと並んで腰を掛けていた。その側《そば》では、息子が竹笛《たけぶえ》で中国の曲を吹いている。私は、この美しく、しかも豊沃《ほうよく》なこの地が賢明《けんめい》かつ巧妙《こうみょう》に治められるか、それとも欧州人が資本を下《くだ》して文明人の植民地《しょくみんち》をこの地方に建設するかすれば、どんなにか栄えることだろうかということを考えた。

海に近いので輸送の便に恵まれ、気候は健康に適し、暑さも堪《た》え難《がた》いほどではない。なかんずく土地は非常に肥《こ》えていて、豊かな収穫をもたらすことができる。勤勉な企業精神に富む農業者にとって、成功を約束しないものは何一つとして見出せない。

交渉はようやく成功した。やっとのことで人のいい老《ろう》アパイトは、息子のプライを私の従者《じゅうしゃ》にすることを承知《しょうち》してくれた。ただし条件として、一年分の給料の半分、すなわち三十ティカルを前金《まえきん》で欲しいといった。それだけの金が手に入れば、住居と胡椒畑《こしょうばたけ》を売り払って借金を返し、どこかの山中に引きこもることもできようというのである。プライは私のお伴《とも》をして、終日《しゅうじつ》、森の中を駆けめぐれるようになったのを喜んだ。私もまた喜んだ。この男のこの地方に関する知識と、その身軽さ、聡明《そうめい》さ、それから私への心服《しんぷく》などは容易《ようい》に得られるものではないと思ったからである。暑さは追々《おいおい》きびしくなって来た。寒暖計《かんだんけい》は、日中は日蔭《ひかげ》で華氏《かし》の百二十度（摂氏《せっし》四十九度）に達した。従《したが》って長時間にわたる猟は困難《こんなん》になったし、森以外の猟はほとんどできなくなってしまった。数日前のこと、その日は曇《くも》っていたので——従《したが》ってそれほど暑くなかったので——かねてから噂に聞いていたコムボオKombauの先十二マイル、プリウPriouという人里《ひとざと》離れたところにある滝《たき》見物に出かけた。一月に初めてここを通った時にも、一度はそれを見ておきたいと思ったのであったが、その時は案内人の中国人が道を違えて、まる一日歩き廻った挙句《あげく》の果てが思いもよらぬ方角に出てしまった。コムボオから一時間半ほどの間、われわれは芝《しば》を敷きつめた公園のように美しい谷間《たにあい》を進んだ。そのうちに道は森の中に入って、花崗岩《かこうがん》のそそり立つはざまを流れる急湍《きゅうたん》のほとりに出た。水上に向かって進むにつれて流れは広くなって、やがて滝に到着した。雨期には、この滝は定めし壮観《そうかん》を呈《てい》することだろうと思われた。先の尖《とが》った巨岩《きょがん》が垂直《すいちょく》にそそり立って、直径三十メートルにおよぶ円弧《えんこ》を描いている。その上から一面に豊かな水量が布のように落ちかかるわけである。しかし乾期には、巨大な花崗岩の下から一か所、涌き水が湧き出しているに過ぎない。しかし、それだけでも優《ゆう》に数本の小川を作るに足るだけの水量はある。二十メートル以上もある高さから二メートル幅に湧き出る大奔流《だいほんりゅう》は、轟《とどろ》きながら、ほとんど垂直に岩の上に落ちかかり、ここでいま一度跳《は》ね返って、今度はわずかに高さ三メートルの滝をつくって、深さ十五ピエ以上もあろうと思われる淵《ふち》の中に落ち込む。淵は鏡のように澄《す》み、周囲の岩や木々のたたずまいを映している。遠道《とおみち》を歩いて来てすっかり茹《うだ》った二人の従者《じゅうしゃ》は、私の驚きをよそに、冷たいこの淵《ふち》に跳《と》び込んだ。そんなことをしては危険だと私がたしなめても、「暑い時はこれに限ります」といって、彼らは肯《うなず》こうともしなかった。

旅行家は何でも心得ていなくてはならない。というのが、ある日のこと、山の急湍《きゅうたん》の大きな花崗岩《かこうがん》の表面に、私は未知の動物の痕像《アンプレイント》を発見したが、それを取るために、自身で石を切らなければならない破目《はめ》になったからである。一月に私はその仕事をさる中国人に頼んだのであるが、法外《ほうがい》の値段を吹っかけられた。仕方がないので、一時は私は蝋型《ろうがた》で辛抱《しんぼう》しようかとも思ったが、プライが進んで石を切るのを手伝おうと言い出してくれた。それで一緒に石を切りにかかって、いい具合にそれを取るのに成功した。その際、多くのタイ人は、石にはあまり手を触れないがよいといった態度を示した。タイ人といえば、彼らは同じく迷信《めいしん》から、われわれがシロテナガザルを殺すのを嫌がった*。ところが、殺したテナガザルの皮を剥《は》ぐと、自分らはその殺生《せっしょう》にはあずからなかったのだといった顔で、その肉で作ったカツレツやビフテキなどには喜んでありついた。このサルの肉を食うと丈夫《じょうぶ》になると彼らは信じているからである。

＊訳註――タイ人は白象、シロテナガザルのような白色の動物には、王あるいは王族の霊魂が宿っていると考えて崇拝する（第二十六章参照）。

雨期が近づいて来た。嵐は追々繁《おいおいしげ》くなり、時々おそろしい稲妻がして雷鳴《らいめい》を伴《ともな》った。虫がひどく増えて来た。蟻《あり》は隠れ家を求めて人家に入り込み、着物はもちろん、身体、採集物《さいしゅうぶつ》にまでついて、まことに厄介《やっかい》な存在となった。私は一夜のうちに本を数冊と地図を幾枚か台《だい》なしにされてしまった。しかし、ありがたいことには蚊《か》がいなくなった。これは大助かりである。ところが、今度はこれに代わって小さな水蛭《みずびる》が繁殖《はんしょく》し、雨が降ると河から森に入り込んで、森の通行は不可能とまでゆかなくも、非常に不快なものになった。始終二十匹くらいの水蛭を皮膚《ひふ》から払いのけながら進まなくてはならなくなったからである。うっかり水蛭に気づかずにいたり、取り忘れたりしようものなら、血だらけになって宿に帰り着かねばならない。ある時など、出かける時はまっ白だった私のズボンが、フランス兵のズボンのように茜色《あかねいろ》になっていた。

獲物は追々《おいおい》少なくなって、われわれ皆に失望を与えた。というのは、プライとニウはテナガザルの肉の方はご馳走《ちそう》になり、肝《きも》の方はチャンタブリーの中国人の薬舗《くすりや》に売って一サルン、わが国《フランス》の金にして七十五サンチームを得ていたのだからである。サイチョウもあまり姿を見せなくなった。そこでわれわれは、台所を賑《にぎ》わす望みはジャコウジカにしか繋《つな》げないことになった。

山には大鹿がいるにはいたが、撃てるまで近づこうとすれば、一夜を埋伏所《まいふくしょ》であかさなければならなかった。鳥類も大体において同様である。ウズラもシャコもキジも姿を見せなくなった。時たま野生のニワトリを見掛けることはあっても、生来《せいらい》、人間嫌いなこの鳥を撃とうとすれば、貴重な時間を無駄にしなければならない。この地方のタイ人は象がいるので、バナナの栽培はできないといっている。一頃《ひところ》はこの象が山の向こうの斜面にしばしば現れて、彼らの好物のバナナの葉を荒らしたものだそうである。虎もまた多く、巨虎も小虎もどちらもいる。夜中になると人家の近くに現れるので、朝になると彼らの大きな足跡が深々と河辺の粘土《ねんど》に、あるいは小径《こみち》の砂地に残っているのをよく見かけた。しかし、日中は山の繁《しげ》みの奥にひそんでいるので近づけない。この「巣」を狙うということは、なかなか容易な業《わざ》ではない。また彼らは飢《う》えていない限り、人間が近づくとたちまち逃げてしまう。私は若い中国移民で、虎のために全身十九か所に傷を負ったという男に出会った。ある日、彼は木の高さ三メートルのあたりにひそんでいた。と巨虎が現れて、すぐ近くの木に繋いであった小ヤギに襲いかかろうとした。小ヤギの叫び声に中国人は振り返って撃った。すると虎は重傷を負いながらも、全身の力をあつめて大きく跳躍《ちょうやく》して、爪《つめ》と牙《きば》で中国人に襲いかかり、怨敵《おんてき》をその隠れ場所から引きずり出し、地上に落ちる間にその皮膚《ひふ》を引き裂いたというのである。中国人にとって幸いなことには、それが大虎の最後の足掻《あが》きであった。それからまもなく、虎は息をひきとった。

チャンタブリーの山の中、われわれの今の宿からあまり離れていないところで、相当光沢《こうたく》のいい宝石が発見された。この村の東にも有名な宝石の産地があって、これは「宝の山」と呼ばれている。パルゴア司教の語るところによると、そこは以前は非常に有名な宝石の産地であったらしい。というのが、わずか半時間のうちに師は手にいっぱいの宝石、すなわち現在、この地方の住民全体が一年かかってようやく得ているくらいのものを見つけたと言っているからである。もっともこのことは、その後、産出の量を減《げん》じた事実を示している。現在では、高い金を払っても容易に求められない。

先に述べた痕像《こんぞう》の切り出しは、どうやらコムボオのタイ族の感情をだいぶ害《がい》したようである。というのが、彼らのうちから数人、「腕を折って」働けない、お蔭《かげ》で口が干上《ひあ》がりますなど、と言って来るものが出て来たからである。この後とも、彼らはそれをいい口実にして怠《なま》けることだろう。そして私は、あの石を切ったために山の精霊を怒らせて、彼らに迷惑《めいわく》を掛けたのだと言われて、自分でも気まずい思いをし、彼らの面倒も見てやらなくてはならないことになるだろう。中国人は中国人でまたこの問題に面白い解釈《かいしゃく》を下している。彼らは痕像の下には宝物が隠されていたにちがいないとか、私の切り取った岩塊《がんかい》は霊薬《れいやく》を含んでいるものに相違ないなどと言い出した。そこでアパイトをはじめ、その知人たちは毎朝、その岩の底を他の花崗岩《かこうがん》に擦《す》り合わせて、その粉を大事そうに水に入れ、水底に沈んだ粉を百病《ひゃくびょう》に効くのだなどと言いふらして、空腹時に服用《ふくよう》し始めた。これこそ信念がわれわれを救うのだという一つの証拠となるものである。文明人の作る丸薬《がんやく》も、老アパイトの飲んだ「花崗岩の粉」ほどの効き目はあらわすまいと思われた。

この気の毒な男は、六十二ティカルで地所《じしょ》を売って借金を返した。そして息子の給料の前金として、私から受けとった金を合わせて四十ティカルが手もとに残った。それだけの金があれば、ここでは死ぬまで不自由なしに暮らせるのである。それだけの金があれば、時々先祖の霊前《れいぜん》に砂糖菓子《さとうがし》や茶を供えることもできるし、自身は田舎の役人くらいの暮らしは結構やってゆける。この人のよい老人はコムボオを去る前に、月二ティカル（五フラン）で私のために代わりの家を見つけてくれた。今度の宿も住み心地という点では、前の宿と代わりはなかったが、「家具付」なのだから、決して高すぎはしなかった。ところがその家具であるが、「広間」には皆無《かいむ》、寝室には古ござをのせた「榻《しじ》」がある切りだった。しかしこの小屋は前のものより清潔《せいけつ》で、広くて、屋根の具合もよく、前のように方々から雨洩《あまも》りのするようなことはなかった。それに私は、長い猟をするための野営用《やえいよう》の大きな寝台を持っている。しかも私の新居の主人は、バナナや野菜をくれた。その礼として、私は獲物のあった時には分けてやった。

この地方の果物は味がよく、また豊かである。マンゴー、マンゴスチン、香気が高くて口に入れると溶けるようなパイナップル。中にも、味わうまでは想像もつかなかった、以上のどれよりも美味なドリアンがある。これこそは果物《くだもの》の王と呼ぶに相応《ふさわ》しい。しかし、この味がよくわかるまでには相当の時日《じじつ》を要する。食べたことのない者は、まずその匂いから卒業しなくてはならない。その匂いには私も初めは辟易《へきえき》して、これのあるところは避けて通るようにしたものである。初めてこれを口にした時は、獣《けもの》の腐肉《ふにく》のそばにでもいるような気持ちがした。ところがようやく四度目、あるいは五度目になって、その匂いに非常な快さを覚えるようになった。このドリアンは、パンの実の約三分の二くらいの大きさでパンの実《み》同様、非常に厚い棘《とげ》のある外皮《がいひ》で被《おお》われ、リス、その他の齧歯類《げっしるい》に食われるのを防いでいる。実を割ると、中は十の胞に分かれ、各胞にはナツメヤシの実ほどの種がいくつかあって、その周囲に白、時にはいくらか黄味《きみ》がかった非常に美味なクリームがつまっている。それにしても何という皮肉な自然の悪戯《いたずら》であろう！　それを味わおうとすれば、まず鼻の曲がるような嫌な匂いを忍ばなければならないし、あまりたびたび食ったり、一度に多量に食べ過ぎると、てき面《めん》に報いが来る。この果物は強い便秘性《べんぴせい》を持っているので、過食《かしょく》すると翌日には麻疹《ましん》にでもかかったように、赤斑《せきはん》や吹出物《ふきでもの》ができるのである。このドリアンは、枝からもいだのでは甘くない。なぜかといえば、熟《じゅく》し切ると自然に枝から落ちるものなのだからである。また割ったら、すぐに食べなくてはならない。たちまちのうちに味が落ちてしまう。殻《から》のままだと三日くらいは持つ。バンコクではこの実一つで一サルンするが、チャンタブリーでは同じ値段で九つも買える。

私は日記にこうつけようとしていた。ここでは森を駆け廻るのは少しの危険もない。それでわれわれはよく斧《おの》と狩猟用のナイフだけを持って、蝶《ちょう》や昆虫を採集に出かける。ニウはなかなか勇敢で、鹿を待ち伏せるためにプライを誘って、夜中に埋伏所《まいふくしょ》へ出かけたりする、と。ところがその矢先に、豹《ひょう》が襲来《しゅうらい》して、私の宿の戸口から二歩と離れていないところで、犬が一匹殺されるという事件が起こった。哀《あわ》れな犬は文字通り腸《はらわた》を裂くような悲鳴を上げた。それを聞きつけたわれわれと隣の中国人とは、時を移さず、炬火《たいまつ》を手に飛び出したが、そこでパッタリ豹《ひょう》と鉢合《はちあ》わせをして、今度はわれわれが思わず大きな叫びを上げる番になった。もう銃を取りに戻る間はなかった。数秒の後には、豹はわれわれの手の届かないあたりに逃げ去ってしまっていた。

海と山に近いお蔭《かげ》で、暑い盛《さか》りもさほどに感じずに過ごしてしまった。かえって数日前にバンコクから便があって、今年は三十年来の暑さだなどとあるのを見て驚いたくらいである。今年はバンコクに住む欧州人のほとんど全部が病気にやられたというのであるが、バンコクの気候は熱帯に位《くらい》する東アジアの他の町よりも決して悪いとは思われない。それどころか、私はその逆とさえ思っている。しかし健康を保つためには、ここでは絶対に運動を必要とする。その運動が欠けると様々な病気にとりつかれるのは確かである。

ずっと前から私は、チャンタブリーとコムボオとの間にあるサバブ山の洞穴《どうけつ》を訪ねてみたいと思っていた。穴は非常に深く、その先は山頂に達していると一般に信じられているものである。そこで私は、プライとニウを伴《ともな》って、洞穴探検に必要な品々を整えたうえ出発した。洞穴の入口の着くとわれわれは炬火《たいまつ》をつけ、入口の近くにある花崗岩《かこうがん》をよじ登って穴の中に入り込んだ。幾千《いくせん》というコウモリが炬火の光に眠りを妨《さまた》げられて、われわれの周囲を飛び交い、幾度も炬火を消したり、翼で顔を打ったりした。プライが手にした槍《やり》の先で足元を探りながら先頭をつとめてくれた。そうしてわれわれは百歩も進んだであろうか。不意にプライが、何かによほど驚いたとみえて、私の方へ飛んで来るなり叫んだ。

「蛇だ！　危ない！」

その時、私は巨大なボアが、せいぜい五十歩と隔《へだ》っていない先に、鎌首《かまくび》をもたげ、口を開き、叉《ふたまた》になった舌を吐《は》きながら、今にも私の案内者に飛びかかろうとし、身構えているのを見た。私の銃は片方に弾が二発、いま片方に大ぶりの散弾が一発装填《そうてん》されていた。私はその銃を構えると同時に、両方の引き金を引いた。濃い硝煙《しょうえん》がわれわれを包んで一寸先《いっすんさき》も見えなくなった。私はこの際、最も賢明《けんめい》な措置《そち》は、とにかく外へ逃げ出すことだと考えた。それで早速、引き返した。そして敵が現れようなものなら眼にも見せてくれようと、不安のうちにもしばらくはじっと穴を凝視《ぎょうし》していた。しかし、ついに何も現れて来なかった。私の良き案内人は、ここでその勇敢《ゆうかん》さを発揮した。炬火をつけると、すっかり弾込《たまご》めし直した私の銃と綱《つな》を持って、単身、洞穴《どうけつ》内に引き返したのである。われわれは綱の端を持って、合図があればただちに救援《きゅうえん》に赴《おもむ》こうと身構えた。しばらくは――それが無限に長い時間のように思われたが――われわれは不安の絶頂にいた。それだけに綱の先に大きなボアをくくりつけて現れたプライの姿を見た時のわれわれの驚きと喜びとは大きかった。匍虫類《ほちゅうるい》の頭部は、私の二発の弾を受けてくだけていた。即死だったのである。その日はそれ以上深く洞穴に入りこもうとしなかった。我々は探検の成功に満足したのである。

一里先の山のパゴダで、去年死んだ僧正《そうじょう》のお祭がタイ人によって行われ、兼ねてその死体が荼毘《だび》に付せられるという噂を聞いた。私はその風変《ふうが》わりな祭を見に行けば、葬式、娯楽《ごらく》を通じて、きっとタイ人の風習を知ることができようと思って出かけた。パゴダに着いたのは朝の八時で、ちょうど、キン・カオすなわち施餓鬼《せがき》の行われている最中であった。二千人近いタイ人の男女が、チャンタブリーから、あるいは近くの村々から、あるものは馬車に乗り、あるものは徒歩でやって来て、パゴダの塀《へい》の中は人間でいっぱいになっていた。いずれもお祭らしく派出な色の新しい腹帯《はらおび》や下帯をつけていて、それら雑色《ざっしょく》の群集を遠くから望んだところはなかなかに美しかった。広い板葺《いたぶ》きの屋根の下が式場になっていて、ひどく変わった恰好《かっこう》の人間や怪物の絵を描いた布が飾りつけられていた。また彩色した厚紙細工《あつがみざいく》の岩がこしらえつけられていて、その上には金泥《きんでい》、その他の色を塗り、彫刻を施《ほどこ》した葬龕《ずし》がのせてあった。その中に僧正の死体を納めた棺《ひつぎ》が入れられているのである。布や紙の長旗《ちょうき》が幾本か立てられて、それが装飾の用をしていた。葬龕の正面、広間の外には薪《まき》が置かれ、それから少し離れた壇上《だんじょう》には楽師《がくし》が陣取《じんど》って、様々な楽器でタイ音楽を奏《かな》でていた。そこから大分隔《へだ》てて女の小店がいくつか並んで、果実や砂糖菓子《さとうがし》、檳榔樹《びんろうじゅ》の実《み》等を売っていた。その向かいには臨時の小舞台が組まれて、中国人やタイ人が、フランスで市日《いちび》を追って廻《まわ》る田舎芝居《いなかしばい》程度の芝居をやっていた。三日続くこの祭は、およそ葬式という観念からは遠いもので、花火の火薬《かやく》と火酒《かしゅ》の大量消費所にしか過ぎなかった。私は何か目新《めあたら》しいもの、風変《ふうが》わりなものが見られはせぬかと期待してやって来た。というのが、この儀式は特定の人間、すなわち王か、王族か、高官に限られて行われるものだと聞いていたからである。また私は、まさかに自分が群集からあれほどまでの好奇心《こうきしん》をもって迎えられようとは夢にも思っていなかった。ところが実際、そんな結果になったのである。

私がプライとニウを連れてパゴダの塀《へい》の中に入るとすぐに、「異人《ファラン》だ！　見ろ」という声が方々で起こった。とたちまち、タイ人も中国人も、飯を盛《も》った茶碗《ちゃわん》を捨てて、私の側《そば》へ集まって来た。私は彼らの好奇心さえ満たしてやったら、後は自由に見物できるものと初めのうちは思っていた。ところがそれどころではなかった。群集はいよいよ私の周囲に集まって来る。しかも私について歩いて、そのうちささにはついに堪《た》え難いまでになったのである。その上、彼らのほとんどすべてがアヘンや火酒《かしゅ》、おそらくはその両方をやっている。たまらなくなった私はついに引き上げる決心をして、板葺《いたぶ》きの仮屋《かりや》のそばまで戻ったが、中ではその時、地方の役人が食事をしていた。私を見ると、中でも一番年崇《ねんすう》なのが進み出て、私の手を取るとひどく丁重《ていちょう》に彼らの宴席《えんせき》に招じてくれた。私はうるさい邪魔者《じゃまもの》から逃れられるのをいいことにしてその厚意《こうい》を受けた。皆は親切に菓子や果物、塩漬《しおづ》けの果物などをすすめてくれた。しかしそれでも、私を追って来た群集はまだ去ろうとはしなかった。それどころか、だんだんと小屋の周囲に集まって来て、はては近寄《ちかよ》れるだけ近寄って来る。中には屋根によじ登るものさえできて来た。と、不意《ふい》に、メリッという大きな音がして小屋の前の方が壊れ、群集のうち幾人かが、僧侶や異教徒が食事をしているまっただ中に転がり込んで来た。まことに笑止千万《しょうしせんばん》、滑稽《こっけい》極まる騒ぎであったが、私はその隙《すき》に、二度と彼らに捕まっては大変と、いささか後《あと》の祭《まつり》ながら匆々《そうそう》、その場を逃げ出した。

第II章

The Discovery of Angkor Wat

カンボジア

チャンタブリーへ戻る——コ・クウト島、コー・コン島等々——カンポット湾の美景——

カンボジア——この国の商業——哀れなこの国の現状——カンボジア王宮における謁見

チャンタブリーへ戻る――コ・クウト島、コー・コン島等々
――カンポット湾の美景――カンボジア――この国の商業
――哀れなこの国の現状――カンボジア王宮における謁見

チャンタブリーへ戻って、この地のフランス宣教師《せんきょうし》ランフェン Ranfaing 師のもとに世話になると、早速、私はバッタンバン Battambang およびそこへ至る道のりの調査にかかった。バッタンバンは同名の州の首都で、一世紀前にカンボジアからタイが奪ったところである。* 私は異教徒《いきょうと》のベトナム漁師と掛け合って、まずチャンタブリーからカンボジアの海港《かいこう》カンポット Kampot へ渡ることにして船賃《ふなちん》を三十

ティカルで契約した。キリスト教徒のベトナム人は四十ティカルを請求《せいきゅう》した上に往復の食費まで要求したからである。チャンタブリー到着以来、何かと親切な心づかいにあずかったランフェン師に別れを告げると、私は中国人とベトナム人の従者《じゅうしゃ》を連れて再び船に乗り込んだ。そして高潮《たかしお》を利用して、盆《ぼん》を覆《くつがえ》したような雨の中を正午に出帆《しゅっぱん》した。港には夕方七時に到着したが、向かい風が強くて危険なので、港を出るのは翌々日まで見合わさなければならなかった。

＊訳註——このバッタンバン州をはじめシェムリアップ、シソフォン等の諸州は西紀一九〇七年の仏暹《タイ》条約によって再びカンボジア領となったが、さる昭和十六年三月十二日にタイ国に返還されたのは周知の通りである。

二日目にコ・クウト Ko-Khut 島についたが、ここでまたもや大雨にあい、かてて加えて風さえ加わったので、小船を託《たく》するには不安であったが、とにかく島の入江に逃げ込んで、岸から百メートルあたりのところに錨《いかり》を下ろした。

われわれのおかれた状態は、決して快いものではなかった。小船は荒れ狂う怒涛《どとう》にひどくもまれて、ともすれば岩の切り立つ海岸に打ちつけられそうになる。船の四分の三はわれわれの荷物が、それも海水や雨にかからぬようにというのでよい場所を占めているので、われわれ五人の大の男は、舳《へさき》の方にすし詰めになっている。しかも上を被《おお》っているのといっては、棕櫚《しゅろ》の葉を数枚つなぎ合わせたものだけなのだから雨は漏《も》る。われわれは絶えずびしょ濡れだった。加うるに、雨は強く降りつづけて米を炊《た》くにも火さえ燃やせない。そうして四日間というもの、われわれは船の中にうずくまったままなので、身体は痛くて仕方がなかった。われわれは狭い場所に濡れそぼって、身体にまとわりつく下着をかこったものである。ようやく五日目に輝かしい空が姿を現した。われわれは喜んだ。風も変わった。それで午後二時頃になると、われわれはその夜の快晴《かいせい》を見越して、すっかり腐《くさ》りかけていた気持を一杯の甘い火酒《かしゅ》で元気づけると、錨を上げて順風《じゅんぷう》に吹かれながらコ・クウト島を出発した。われわれは船を走らせるのが嬉しかった。やっと胸いっぱいに呼吸ので

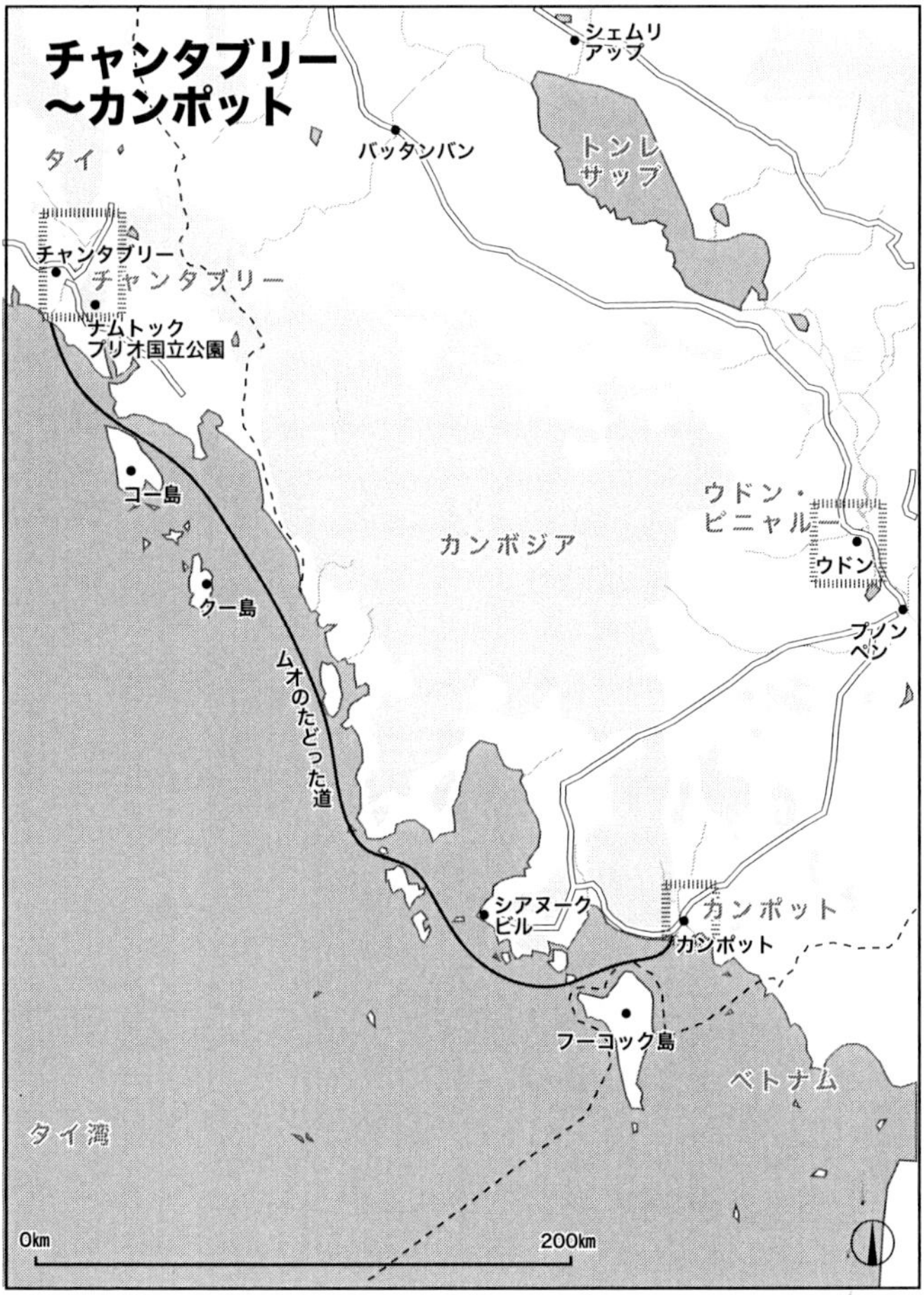
チャンタブリー
～カンポット
タイ
チャンタブリー
チャンタブリー
ナムトック
プリオ国立公園
シェムリアップ
バッタンバン
トンレサップ
コー島
クー島
カンボジア
ウドン・ピニャルー
ウドン
プノンペン
ムオのたどった道
シアヌークビル
カンポット
カンポット
フーコック島
ベトナム
タイ湾
0km
200km

きるのが嬉しかった。夜になると私は棕櫚の屋根の上に出て、空の美しさや船の速さを楽しんだ。夜明けがた、われわれはコー・コン Koh-Kong 島はじめての島影《しまかげ》を左方十マイルのあたりに眺めた。この島に人間は住んでいないが雌黄《しおう》を産する。またこの島は、コー・クサン Koh-Xong 島、コー・チャン Koh-Chang 島ほど大きくはなく、それらの島ほど雄大でもなく、また高峻《こうしゅん》な峰《みね》もなかった。この辺の主要産物である雌黄とカルダモンのほとんど大半は、カンポットに近いコムポン・ソーム Compong-Sôm でとれるのである。原住民は雌黄を竹に詰め、固まったときに割ってとる。

やがてわれわれは、旅の初めの惨《みじ》めさをすっかり忘れてしまっていた。はてしもなく続く大小様々な美しい島影の応接《おうせつ》、絵のようなその眺めは、それを償《つぐな》うに十分であった。船はカンポットの海賊の巣窟《そうくつ》である海の沖合を通過した。彼らは高所に陣取《じんど》り、海上を見張っていて、帆影《ほかげ》一つでも見つけようものなら襲いかかって来る。しかしわれわれは、海賊に襲われる心配などせずに悠々《ゆうゆう》と船を走らせた。われわれの船には彼らを誘う商品は何一つなかったし、銃器《じゅうき》も十分にあった。万一、襲われても、また撃退するだけの自信があった。夕方五時頃にとある小島の入江に錨《いかり》を下ろした。前夜はみな眠っていなかったので、そこで夕食の米を炊《た》いたり、皆にいくらか休息を与えたいと思ったからに他ならない。もうそこからカンポットまでは一日半の行程しかなかった。真夜中にわれわれは錨を上げて、満帆《まんぱん》に風をはらみ、波に揺られながら櫂《かい》を漕《こ》いだ。コーチシナ領に属する大島コー・ジュド Koh-Dud の北西端の岬をまわると、景色はいよいよ美しくなった。陸地が額縁《がくぶち》のように四方を囲んで、緑にかこまれた円い湖でも漕いでいるような気持ちがした。東の方にはコーチシナ領の島々が見え、遥か彼方《かなた》にはカンカオ Kankao 島が望まれる。西と北にはカンボジアの島々が見えて、その上高く、高さ九百メートルにもおよぶ美しい山がそびえている。この山はサバブ山にそっくりで、プライは水夫《すいふ》にこんなことを言ったくらいである。

「チャンタブリーに逆戻《ぎゃくもど》りした。あれはサバブ山だ。」

われわれの眼前にひらけたこの美しい景色も、しかし長く楽しむことはできなかった。われわれが湾に入るとまもなく、大きな入道雲《にゅうどうぐも》が山嶺《さんれい》に現れて、やがて山を包んでしまったからである。まもなくその雲は、われわれの頭上にも拡《ひろ》がって来た。そして大きな雷鳴《らいめい》が轟《とどろ》いたと思う間もなく、疾風《はやて》が起こって、船は傾きながら蒸気船のように走り出した。これには舵をとる船頭《せんどう》までが慄《ふる》え上がって、勇気をつけるために火酒《かしゅ》を求めたくらいであった。この韋駄天走《いだてんばし》りの最中に雲は破《やぶ》れ、雨は滝のように降り出した。しかし、風は落ちた。その頃、われわれはカンポットへ通ずる河に入っていた。

われわれが着いたこの日は、偶然にもカンボジア王が波止場《はとば》の船を親謁《しんえつ》する日にあたっていた。ところがあいにくの荒天《こうてん》なので、ずっと上の杭上広間《こうじょうひろま》で、王は朝の十一時から嵐の止《や》むのを待っていた。われわれが税関の前にさしかかった時、王の船列《せんれつ》は一艘《そう》の大きなジャンク船さして進んでいるところだった。この大ジャンク船は、シンガポールまで商品を積み出すために、これまでの古い幾艘《いくそう》かの船に代わって建造されたもので、このほどようやくそれが竣工《しゅんこう》したので、遥々《はるばる》、国王が出かけて来たわけである。

町に通ずる河は幅百五十メートルほどあるが、水はその一部しか流れていない。

水源は近くの山に発《はっ》している。この河の主な効用は、両岸の森から多量に産する建築用の巨材を海まで流す便にあるので、ここの材木は中国ジャンクの帆柱材《ほばしらざい》には欠くべからざるものとなっている。

波止場《はとば》には、それを積み込む船がいつも六、七艘は碇泊《ていはく》している。従《したが》って中国や欧州の船がよくこの河を上下する。このカンポットは現在ではカンボジアの唯一の海港であるが、将来ともバンコク港ほど栄えることはあるまい。というのは、この町の戸数《こすう》はせいぜい三百くらい、人口はようやくチャンタブリーくらいしかないからである。しかもここから積み出すわずかばかりの商品は、ほとんどすべてがコーチシナから——コーチシナの諸港は欧州人に対しては閉ざされているので——供給《きょうきゅう》されるものばかりである。従ってこの港の船は、ひそかに船によって下コーチシナのイタチエンヌ Itatienne——地図にはカンカオ Cancao と出ている島——あるいはその付近の小港から積み出されるいわば密輸品《みつゆひん》の米を積み出しているに過ぎない。その他には幾トンかの雌黄《しおう》と少量の象牙《ぞうげ》、ベトナム人の漁になる太湖《トンレサップ》の魚類、唐木細工《からきざいく》用ならびに建築用の材木、綿くらいで、この外には何もカンボジアは産しない。そこで私は、いつかベトナムの諸港が欧州人に向けて開かれる時が来れば、カンポットの中国商人はきっとこの町を見捨てるようなことになろうと思っている。しかし巧《たく》みにこの国を治めるならば、後述《こうじゅつ》するような産物を豊富にこの国は商品として提供することもできよう。私はこの不幸な国に課せられた問題は、早晩どこかの強国の支配下に属することではないかと考える。では、どこの国にであろうか。この国にフランスは前から眼をつけている。そこでいつかこの国は、コーチシナと同じように、フランスの勢力下に置かれることになるのではなかろうか。*

＊訳註——ムオの死後二十三年の西紀一八八四年の六月十七日に、時のカンボジア王ノロドム王とフランスのコーチシナ総督トムソンとの間に保護国条約が成立した。ムオは常にフランスの国運を想うていた。

タイに比べるとカンボジア人の租税《そぜい》は軽いので、私はこの国の住民は物資に恵ま

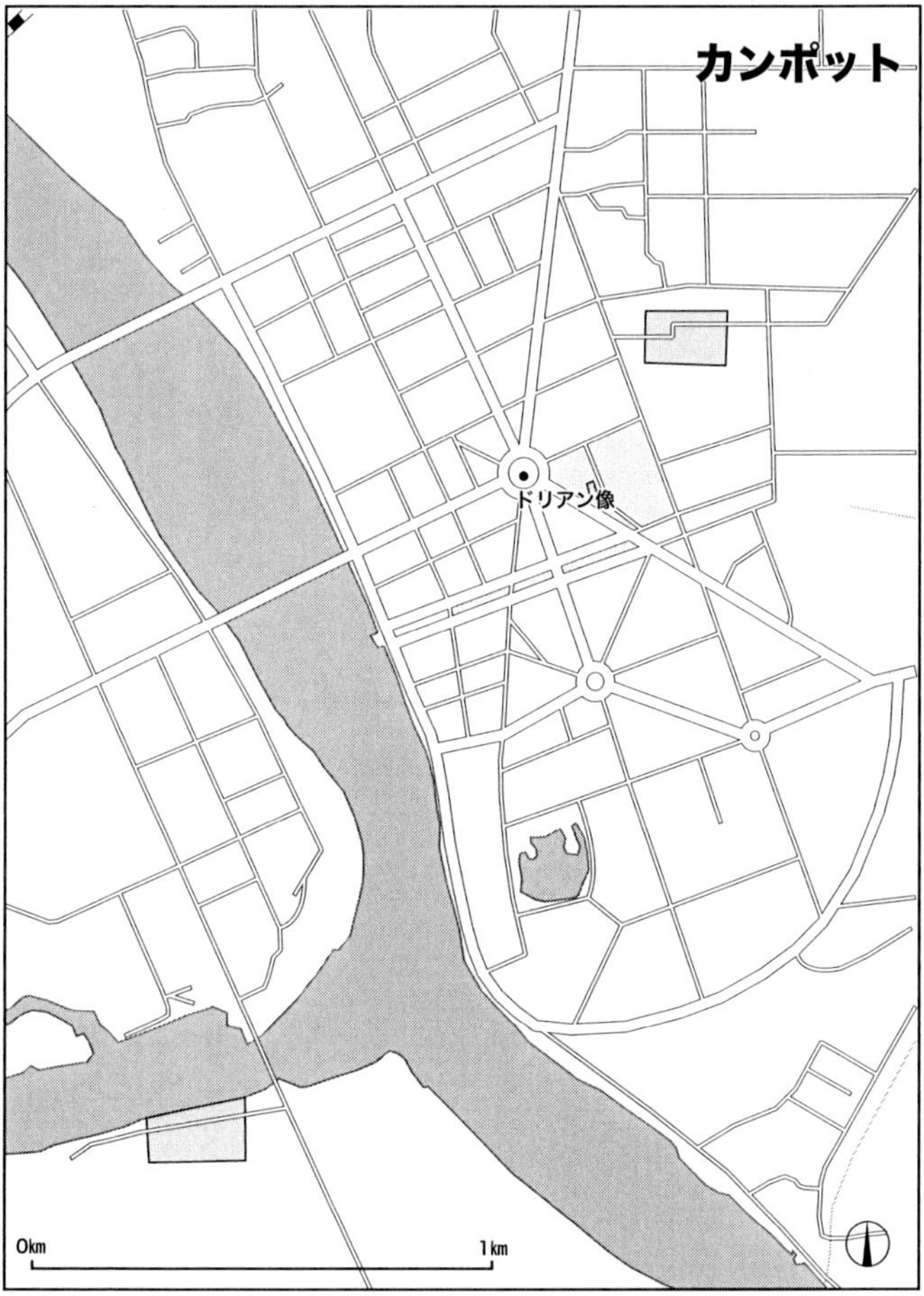
カンポット
ドリアン像
0km
1km

れた仕合わせな暮らしをしているのではないかと思っていた。ところがあに計《はか》らんや、この国はあらゆる悪徳《あくとく》に充《み》ちていて、隣国で見て来たような長所などはただの一つも見られなかった。貧困《ひんこん》、高慢《こうまん》、狡猾《こうかつ》、怯懦《きょうだ》、奴隷根性《どれいこんじょう》、驚くべき怠惰《たいだ》などがこの国民を蝕《むしば》んでいるのである。

よく人は旅したくらいの程度で、その国を批評するのは間違いである。その土地に久しく住《す》まって初めてそれはできることだという。私もあわただしい滞在ではまま誤謬《ごびゅう》を犯《おか》すものであることは認める。しかし私は、繰り返しいうが、見たままを述べ、感じたままの印象を述べるに過ぎない。従《したが》ってもし私の判断なり印象なりに誤りがあれば、他の、私以上の経験に富む旅行者によって訂正《ていせい》を願いたいと思っている。なお、第一印象というものは、とかく消え難いものであること、私自身、私の批評は常に正確だなどとは思っていないこと、また私は他の人の経験を参酌《さんしゃく》することに決してやぶさかならざるものであるということを付け加えておこう。

欧州、アメリカ、おそらくはその他の国々の旅行者の中にも、税関の代表者というものは、その義務を行う際にすこぶる人を馬鹿にしたような、時にはそれ以上の態度にさえ出るものであることを不愉快に思っていられる方が多かろうと思う。これら実直《じっちょく》に過ぎる人間たちは、欧州では、そうして男女の旅人にできるだけ迷惑をかけ、相手にそれを堪《た》え忍ばせることによって毎日のパンを得ている。ところがここではまさにその逆で、彼らはパンを物乞《ものご》いによって得ているのである。「乾魚《ひもの》と酒とキンマを少々ご馳走《ちそう》してやってくれませんか、旦那」などと彼らは言う。それに対して、多く与えれば与えるほど調べは簡単にすむ。

　美しい河を遡《さかのぼ》って、われわれは一マイルの上流にあるはずの目的地に向かった。やがて草を葺《ふ》き、キリスト教のシンボル、あの心をなごやかにする十字架のついた建物を私は認めた。それは伝道会《でんどうかい》の使徒《しと》エストレ Hestret 師の住居であった。このところを読まれる読者諸君の中には、かつて遠国《えんごく》に旅行をされた方があるだろうか？　いくらか長い期間、諸君の住みなれた社会を離れた経験を持たれる方はおいでか？　それとも何か危機一髪《ききいっぱつ》の間に命をまっとうした経験を持たれる方、諸君の両親あるいは友人のもとを離れた経験を持たれる方は、心から愛する者を失われた方、苦しまれた方、そういう方々であればこそ、故国《ここく》を遠く離れた旅人にこの信仰の最高の表徴《ひょうちょう》がどのような力を持つものであるかも了解されよう。その者に対しては十字架は友であり、慰安者《いあんしゃ》であり、支持者である。この十字架を仰げば心の底から晴ればれし、その前に跪《ひざまず》き、祈り、無我《むが》の境《きょう》に入ることもできる。この時の私がちょうどその通りであった。

私はタイの数名の宣教師からエストレ師宛《あて》の紹介状をもらって来ていた。私は船を師の住居の前につながせると上陸した。ところが、九日間も窮屈《きゅうくつ》な姿勢を余儀《よぎ》なくされていたので、陸に上がった瞬間には身体の自由がきかず、歩くのにさえ困難《こんなん》を感じた。

エストレ師は私を兄弟のように迎えて、私が他に宿を見つけるまでは、その粗末《そまつ》な住居に起居《ききょ》をともにするようにといってくれた。師から最初に聞いた知らせは、フランスがオーストリアに対して宣戦布告《せんせんふこく》をしたということであった。私は両国間に確執《かくしつ》があったことさえ知らずにいた。イタリアがこの戦いの原因を作ったのであった＊！

＊訳註——西紀一八五八年のイタリア独立戦争のことをいう。

船を降りてまもなく、船の親謁《しんえつ》を終えたカンボジア王の船列《せんれつ》が戻って来たという知らせが来た。そこでエストレ師と私とは河岸《かがん》まで王を迎えに出た。王は宣教師のそばに見なれぬ外国人のいるのに眼をとめると、漕手《こぎて》に船を岸に近づけるように命じ、声の届くあたりまで来ると、師に向かってこう呼びかけた。

「そちと一緒の外国人は何者だ。」

「フランス人にございます。」

「フランス人！」と、王は激しい調子で言った。それから宣教師の言葉を疑《うたが》うように、今度は私に呼びかけた。

「その方はフランス人か。」

「陛下、フランス人に相違《そうい》ございません。」

私はタイ語で返事をした。

「パリから来たムオ氏です」とエストレ師は曖昧《あいまい》なことを言った。「しかし、最近までタイにおりました。」

「何しにやって来た。」

「特別の使命を帯びて参りました」と師は、外交官のような口調で答えた。「しかし政治には何の関係もございません。ただ御国《おくに》を拝見《はいけん》に参ったのでございます。つきましてはムオ氏は、近々に陛下《へいか》に拝謁《はいえつ》を賜《たまわ》りたいとの意志にございます。」

双方ともしばらく言葉が切れたが、やがて王は手を上げて、

「では、後刻《ごこく》」と言った。

船列は遠ざかって行った。

私は一時、師が私を実際以上につまらぬ人間のように紹介しはせぬか、その結果カンボジア領内に入ることを拒《こば》まれるようなことになりはせぬかと案じていた。というのが、フランスという名前だけで、この気の毒な王は、命を縮《ちぢ》めるほど恐怖を感じていたのだからである。王は毎日、今日は波止場《はとば》にフランス国旗が翻《ひるがえ》りはせぬかと案じていたのである。カンボジア王は六十歳に近かった。小柄《こがら》で、ひどく肥満《ひまん》

カンボジア南部、タイ湾に面したシアヌークビルの砂浜。ここはかつてコンポンソムと呼ばれ、1959 年にシアヌークビルと命名されたカンボジアを代表する港町。ムオが訪れた時代は東 75km のカンポットが主要港だったが、浅水港のカンポットからこちらへ遷った

して、髪は短く刈っていた。容貌《ようぼう》は知的で、よく整っていて、温和《おんわ》で、幾分好人物らしく見られた。* 王は欧風の船の艫《とも》におかれた大きな部厚いクッションにゆったりと倚《よ》りかかっていたが、その船にはわずかに四人の漕手《こぎて》と、十二人くらいの若い女が乗っているに過ぎなかった。その女の中に一人、顔立ちの整った美しい娘のいるのが眼についた。欧風とベトナム風とをとりまぜた装《よそお》いをして、長い黒髪をすっかり上に掻《か》き上げている。どこの国に出しても美人で通りそうな女で、王の寵妃《ちょうひ》にちがいなかった。なぜなら、この女は他の女よりも立派な衣裳《いしょう》を身にまとい、たくさん宝石をつけていたばかりでなく、王に近い最もいい場所を占めていて、老王の世話を何くれとなくしていたからである。他の女たちは肥《ふと》って、顔立《かおだち》は卑《いや》しく、火酒《かしゅ》とキンマの常用で歯を黒くした愚純《ぐじゅん》な感じのものばかりであった。王の船からずっと遅れて、秩序もなしに役人の船が幾艘《いくそう》か続いて来たが、彼らの容貌《ようぼう》態度からは賤民《せんみん》との相違点を見出すことはむずかしかった。ただ一艘、偉丈夫《いじょうふ》に指揮されながら上って来る中国人ばかり乗り込んだ船のあるのが眼についた。指揮者は上に三日月のついた鉞槍《まさかり》を高く捧げ持っている。この船は護衛《ごえい》の船の一番先を進んでいたが、この指揮者こそは有名なムン・スイ Mum-Suy すなわち海賊の首魁《しゅかい》であり、同時に王の友でもある人物であった。この男について、私は次のような話を聞いた。

＊原註――ムオ氏のカンボジア旅行後まもなくこの王は薨《こう》じ、後に出て来る第二王が王位を嗣《つ》いだ。（訳註――ここに出て来る王はアン・デュオン Ank Duon 王で、西紀一八六〇年死去。その後を嗣いだ後出《こうしゅつ》の第二王はノロドム Norodom 王となり、西紀一九〇四年まで四十四年間、王位にあった。）

どういう悪事を働いたのか詳《くわ》しいことは判明しないが、とにかく非道《ひどう》を行って、この中国人は二年前に故郷厦門《アモイ》を逃げ出し、同じ仲間の海賊を百人ほど引き連れてカンポットへやって来た。そしてしばらくこの地にひそんで住民を怖《お》じ恐れさせ、おどし文句をつらねては商人の膏血《こうけつ》を絞《しぼ》っていたが、やがて恐しい野望を抱いた。すなわち町に火を放って殺戮《さつりく》をほしいままにし、あわよくば町を占領し、失敗した暁《あかつき》は掠奪品《りゃくだつひん》を携《たずさ》えてずらかろうと考えたのである。しかしこの陰謀《いんぼう》はばれてしまった。近傍《きんぼう》のカンボジア人は駆《か》き集められ、どうにか武装をととのえてその計画の裏をかいてしまったのである。とムン・スイは、この失敗ゆえに名声の堕《お》ちるのを恐れて、部下を率《ひき》いてジャンク船に乗り込むと、今度は突如《とつじょ》イタチエンヌを襲撃《しょうげき》した。町は瞬《また》くうちに荒《あ》らされた。しかし急を聞いて駆けつけたコーチシナ人は、彼らのうち数名を殺し、残りを海上に追いやった。カンポットに戻ったムン・スイは、州政庁、ついで王を訪ねて見事な贈り物をした。以来、彼はおおっぴらに海賊行為《かいぞくこうい》を働くようになり、その名はあたり一円《いちえん》を慄《ふる》い上がらせることになった。そのために近国《きんごく》からはだいぶ苦情《くじょう》が出たが、王は海賊を恐れてか、それとも海賊を味方につけておいて万一《まんいち》、ベトナム人と事をかまえた場合には、その援助を仰ごうと思ったのか、かえってこれに沿海守備軍《えんかいしゅびぐん》という名を与えた。海賊団はここにおいて公認の肩書《かたが》きを持つ悪党と化した。殺害、掠奪《りゃくだつ》はいよいよ激しくなって、ついにタイ王は戦艇隊《せんていたい》をカンボジアに派《は》して、この首魁《しゅかい》とその一党の征伐《せいばつ》に乗り出した。しかし悪徒《あくと》のうち、わずかに二人が捕えられて殺されたに過ぎなかった。当のムン・スイはといえば、伝えるところでは、その間、王宮内にかくまれていたというのである。

着いて数日の後、私は、時たまカンポットを訪ねる外国商人のために王の内帑金《ないどきん》によって建てられたという建物に移り、エストレ師の案内で町を見物した。町はほとんど中国人によって占められていて、竹と草葺《くさぶ》きの屋根とからなる粗末《そまつ》な小屋が並んでいた。商品にはガラス製品、中国の陶磁器《とうじき》、斧《おの》、刃物、中国傘《ちゅうごくがさ》、その他、この国や欧州の製品などが見られた。露天の魚商人や八百屋、さては中国人の食物屋などが、大道では大声に叫び合っていた。豚や飢えた犬、すっ裸《ぱだか》で泥や埃《ほこり》にまみれたいろんな年恰好《としかっこう》の男女の子供、醜《みにく》い不潔な原住民の女、それから、アヘン吸飲所《きゅういんしょ》、床屋《とこや》、賭博場《とばくじょう》など、中国人には欠《か》くことのできない三つのどこかに、ぎょろりとした力のない眼をして、足を引きずりながら通う痩《や》せ細った中国人。通りはそれらの人間で雑踏《ざっとう》していた。

商業は華橋の独占で、原住民の商人は中国人の十人に対して、一人の割しかいない。

エストレ師の紹介で私は華橋の家を数軒訪ねたが、どこでも丁重《ていちょう》にもてなされた。王は私の訪ねて行くのを待ちかねているらしかった。数度使者をよこして、本当に私がカンボジアの情報収集をたくらむフランス士官でないかを確めに来たからである。そこで私はエストレ師に同行を求めて、河を一マイル半ほど遡《さかのぼ》ったコムポンCompong湾と呼ばれる町の一画を訪ねた。ここに州政庁があって、カンポット巡遊に見えた王と、その従者《じゅうしゃ》の宿があった。王は竹製赤瓦《あかがわら》のかなり美しい建物でわれわれを引見した。しかし内部は王の宿所というよりは、むしろ田舎の芝居小屋といいたいような構えだった。入口には門番も役人もいないので、われわれは勝手に中へ入って行った。王は欧風の古椅子《ふるいす》に掛けていた。両側には各一人の役人が平伏《へいふく》していて、火をつけた巻煙草《まきたばこ》をすすめたり、火酒《かしゅ》や、いつも「一噛《ひとか》み分」用意してあるキンマを捧げたりしていた。数歩離れたところに数人の護衛《ごえい》がいて、うち幾人かが先に白毛《しろげ》のふさのついた槍を持ち、他の幾人かが鞘《さや》に入った剣を両手で棒げ持っていた。王から数段低いところに閣臣《かくしん》と大官《たいかん》とが「キンマ係」と同じ姿勢で平伏《へいふく》していた。われわれは王の合図をまって近く進み、小姓が運んで来た王と同じ古椅子に腰をおろした。王は家来と同じように、平常は下帯《したおび》だけしかつけていない。それは黄色い絹で、宝石をちりばめた金属板の太い腰帯《こしおび》でしっかり身体につけられている。

タイと同じように、カンボジアでも、王あるいは大官のご機嫌を取り結ぼうとするものは、何か贈り物をしなくてはならない。それで私はイギリス製の見事な仕込み銃を携《たずさ》えて行った。王はすぐにそれに眼をとめて、

「その杖《つえ》を見せてはくれぬか」とカンボジア語で言った。

私は銃を差し出した。

王はそれが銃だとわかると、

「弾《たま》が入っておるのか」と訊ねた。

「入っておりません、陸下。」

すると王は銃をかまえて、私から弾を受け取って試射《ししゃ》した。ついで王は螺旋《ねじ》をはずして銃身《じゅうしん》に見入った。

私はエストレ師に言った。

「お気に召《め》したようなら、喜んで差し上げます。」

師は私の言葉を通訳した。

王はすると、

「いくらだ？」と訊ねた。

エストレ師は私の返事をまって、そこはいい具合に答えたが、王は、今度は私の時計を見たがった。重ねて時計を贈ると、じっとそれに見入っていたが、今度も値段を訊《たず》ねた。エストレ師はそれに返答してから、私がカンボジアの首都ウドンUdong*に行きたがっていること、それからこの国を見物したい意志を持っていることなどを伝えてくれた。

＊訳註――現在の首都はプノンペンである。

「よいとも、ウドンへ参るがよい、承知した、承知した。」

王は笑顔でそう答えた。

王は私の名前を訊《たず》ねると書き留めようとしたので、私は折り鞄《かばん》を引き寄せて名刺を出した。と王は、今度はその鞄が見たいと言い出した。私は、鞄も王に贈った。

「陛下」とエストレ師はいった。「ムオ氏がウドンへ参りますにつきましては、何卒《なにとぞ》よろしくご配慮のほどを願い上げとう存じます。」

「承知した、して、どれくらい車は入《い》り用かな。」

十輛《りょう》といっても、王は承知してくれるに違いないと思ったが、

「三輛で結構でございます」と私は答えた。

「して、いつ発《た》つ。」

「明後日の朝には、出発致《いた》したいと存じております。」

「書き留めて、その由《よし》、申しつけよ。」

王は秘書にそう言って立ち上がった。われわれは握手をして退出した。

王の前を退《さが》ると、われわれはホテルへ戻った。ホテルと私は言ったが、それは、ここだけが外国人の宿泊を許しているところで、ド・モンティニイ氏が全権大使《ぜんけんたいし》としてカンポットを訪ねたときも同じところに泊まったのださうである。しかしその由を人から聞かなければ、私は、彼の従者《じゅうしゃ》の船乗りが壁の上に大きな文字で次のよ

うに書いていたのを、何のことかわからずに過ごしてしまったかも知れない。

「王および大使のホテル。——徒歩《とほ》のものも、騎乗《きじょう》のものも、象のものもGratis Pro Deo（無料）にて宿泊を許さる。——心地よき寝台、ソファ、食卓……板の上にあり。——海水の風呂……河の中。よき料理……安価なり。——よき酒……シンガポールへ……従者《じゅうしゃ》には何も……。」

The Discovery of Angkor Wat

第12章

首都ウドン

外カンボジア――現在の首都ウドン――第二王との謁見等々

外カンボジア——現在の首都ウドン
——第二王との謁見等々

出発当日の朝、用意万端《よういばんたん》整ったところへエストレ師が、何もないが食事をともにしたいと誘いに来てくれた。それから一緒に船で、車が待っているはずのコムポン湾へ向かった。

ところがさて行ってみると、車などはどこにも見えない。役人頭《やくにんがしら》に会うとキンマをかみながら黒い歯を見せて、ただ馬鹿みたいに笑っている。私は権力にのみ屈従《くつじゅう》し、欧州人の名を聞けば嫌悪しか感じず、いかなる場合、いかなる場所でも平気で嘘をかまえる人間の玩具《おもちゃ》にされているのを知った。いろんな役人と種々、掛け合った末、ようやくのことで三台の車を都合させはしたが、おお！　それはオランダの犬に曳《ひ》かせる車にもなお劣る代物《しろもの》であった。そこで私は、カンボジア王から与えられた三台の手押《てお》し一輪車は厚く礼を述べて返して、自腹《じばら》を切って車を雇った。

現在のカンボジアの首都ウドンは、カンポットの東北、太湖《トンレサップ》から流れ出るメコン河の一支流を隔《へだ》たる二里半、ここからは直線距離にして百三十五マイルの先にある。

その間に八つの宿場《しゅくば》があって、牛あるいは水牛で八日の行程となっている。しかし象なら一日に二つの宿場を行くことができ、従《したが》って日数を半減し得る。しかし象はこの国では、王か役人か、少数の金持ち以外には飼《か》えないことになっている。さて、われわれが手に入れた車は、荷物だけでいっぱいになった。そこで私と従者《じゅうしゃ》とは徒歩で行くより仕方がなかった。

われわれは泥深い平野を横切って進んだ。ここでありふれた水禽《すいきん》を数羽撃ち落とした。やがて道は森に入ったが、この森は蜿蜒《えんえん》ウドンの門前まで続くのである。私は沼地を歩くのにはよかろうというので猟用の靴を穿《は》いてきたが、それはしばらく穿《は》かずにいたものなので、革《かわ》が硬《こわ》ばってしまっていた。それで、火のような太陽の下を二時間も歩くと、足はマメだらけになってしまった。私は靴を脱いで裸足《はだし》で歩くより仕方なかった。幸《さいわ》い道は乾いていたし、カンポットと首都の間は、車の往来が頻繁《ひんぱん》なので、道は平坦《へいたん》で、またよくもあった。しかし暑さは厳しく、車の進みはたとえようもなくのろかった。やっとのことで宿場に着くと、われわれは大きな東屋《あずまや》＊に入って休んだ。それは茅葺《かやぶ》きで、王とその従者《じゅうしゃ》のために最近、建てられたものであった。夜になると、様々な危険や盗賊にそなえるために、土地の役人が番人を門口に立たせてくれた。王の親翰《しんかん》のお蔭《かげ》で、ここでは大事にもてなされた。翌日は次の宿場まで象を借りることができた。しかし、それにはフランスの金で一フランを要した。

＊訳註――Sala である。

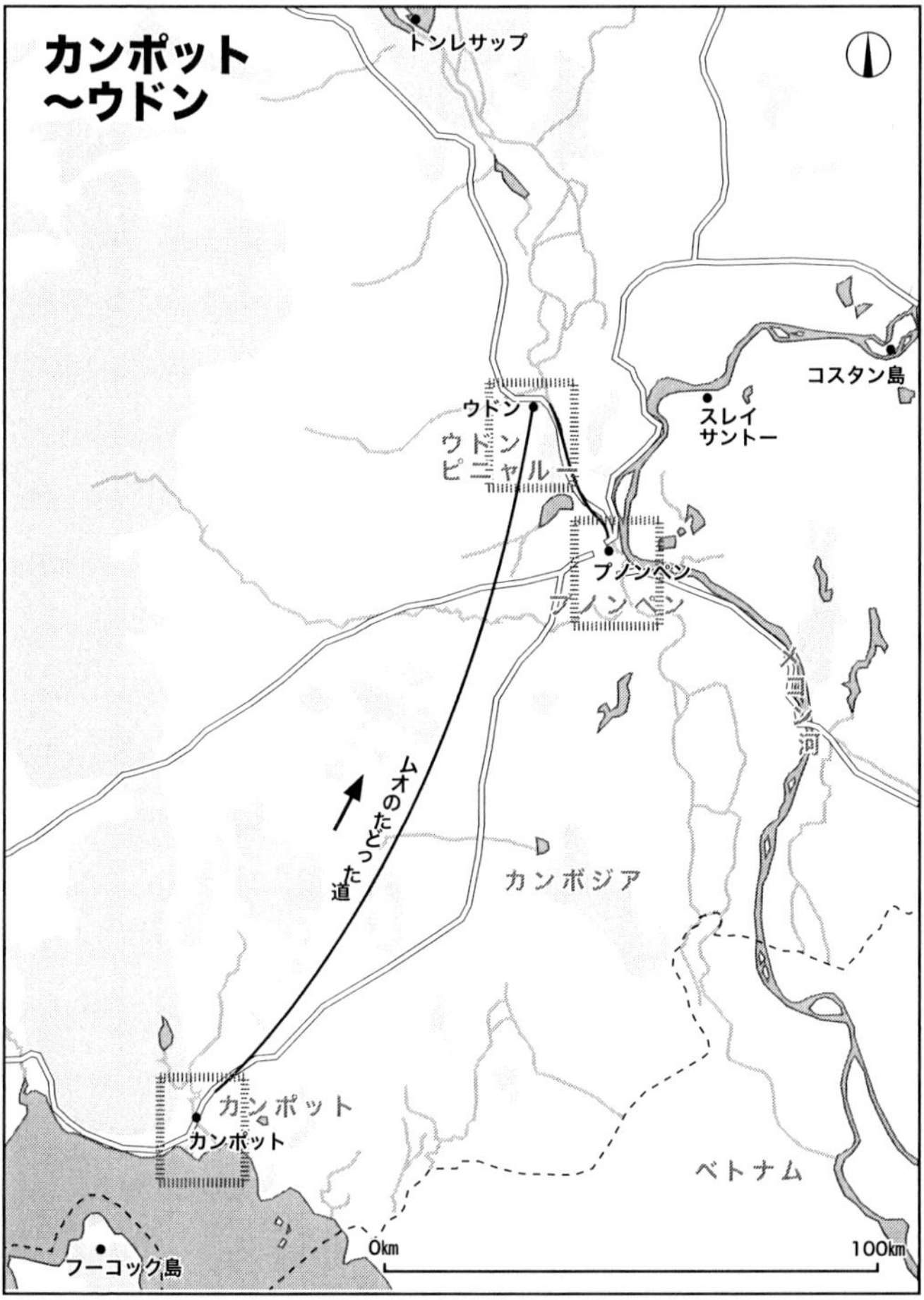
カンポット
〜ウドン
トンレサップ
コスタン島
ウドン
スレイ
サントー
ウドン
ピニャルー
プノンペン
プノンペン
メコン河
ムオのたどった道
カンボジア
カンポット
カンポット
ベトナム
フーコック島
0km
100km

その次の日は、再び裸足で歩いた。われわれは熱帯の太陽の下の想像を絶した暑さの中を難渋《なんじゅう》しながら進んだのである。太陽はちょうど真上にあって、ものみなを灼《や》く強烈な光線は砂地に反射して、もう朝の十時になると堪《た》え難いまでになった。厚い足裏を持つ原住民でさえ土の上には足がおろせず、草地を拾って歩くのである。牛までが始終《しじゅう》足踏みをして、針で突こうと藤の鞭《むち》で殴ろうと、はかばかしくは進まない。沼の水はといえば温かい程度を越して沸《わ》いている。大気は、気息奄々《きそくえんえん》たる生き物ばかりか、萎《な》えしぼんだ自然をも焼きつくそうとしているかのように思われた。正午から三時まで、われわれは休息した。この全行程を通じて、われわれは飲用水はただの一滴《いってき》も見出せなかった。それどころか、われわれ以上に渇いている動物の咽喉《のど》すらうるおす水もなかった。米を炊《た》いたり茶を淹《い》れるにも、蝉《せみ》のやかましく鳴く木の下の溜《たま》り水か、泥穴の水しか得られなかったのである。翌日はまた象が借りられた。しかしそれが最後で、その後の四日間は大半を歩いて、一部を車の隅に乗って進んだ。しかし水の不自由と、道から舞い上がる埃《ほこり》くらいがこの道を旅するものの忍ばなければならない苦痛といってよいだろう。乾期《かんき》には地面は砂っぽ

カンボジアの田園地帯。カンボジアでは、1529 年にロンヴェックに王都がおかれ、その後、アユタヤ朝に侵略されたこともあって、1620 年、その南方 7km の地ウドンが建設された。その後、1866 年からクメール朝の都はプノンペンに遷された

くはあるが、道路の真ん中は車両や象の往来によって固く押しかためられているし、幅二十五メートルないし三十メートルはある道路の、その他の部分には芝草《しばくさ》や丈《たけ》の高い雑草が生い繁《しげ》り、そのすぐ先には森が迫《せま》って、油椰子《あぶらやし》の疎林《そりん》がすくすくと空にそびえて、梢《こずえ》にはひとふさ深緑《しんりょく》の大きな葉をつけている。大規模の街路樹を見るようで、眺めも決して悪くない。

宿場は大体同じ間隔《かんかく》、すなわち十二マイルくらいの間を隔《へだ》ててある。各宿場には旅人をはじめ、五日ずつ強制労働される労役者《ろうえきしゃ》のための昔ながらの隊商宿があり、その他に王のために建てられたそれよりは広い、もっと立派な建物があった。宿場と宿場との間には、ところによってはいくつかの休息所が設けられていて、日盛《ひざか》りにはそこで休めるようになっていたが、これはなかなか気のきいた有意義《ゆういぎ》な施設だと思われた。

カンポットから二十五マイルの間は、右手にあまり高くない山脈が眺められた。タイ湾と大トンレサップ湖の谷間を隔てる大山脈の支脈のはずれである。しかしカンポットからウドンまでのその他の行程は、すべて砂っぽい地面ばかりで、ただ一

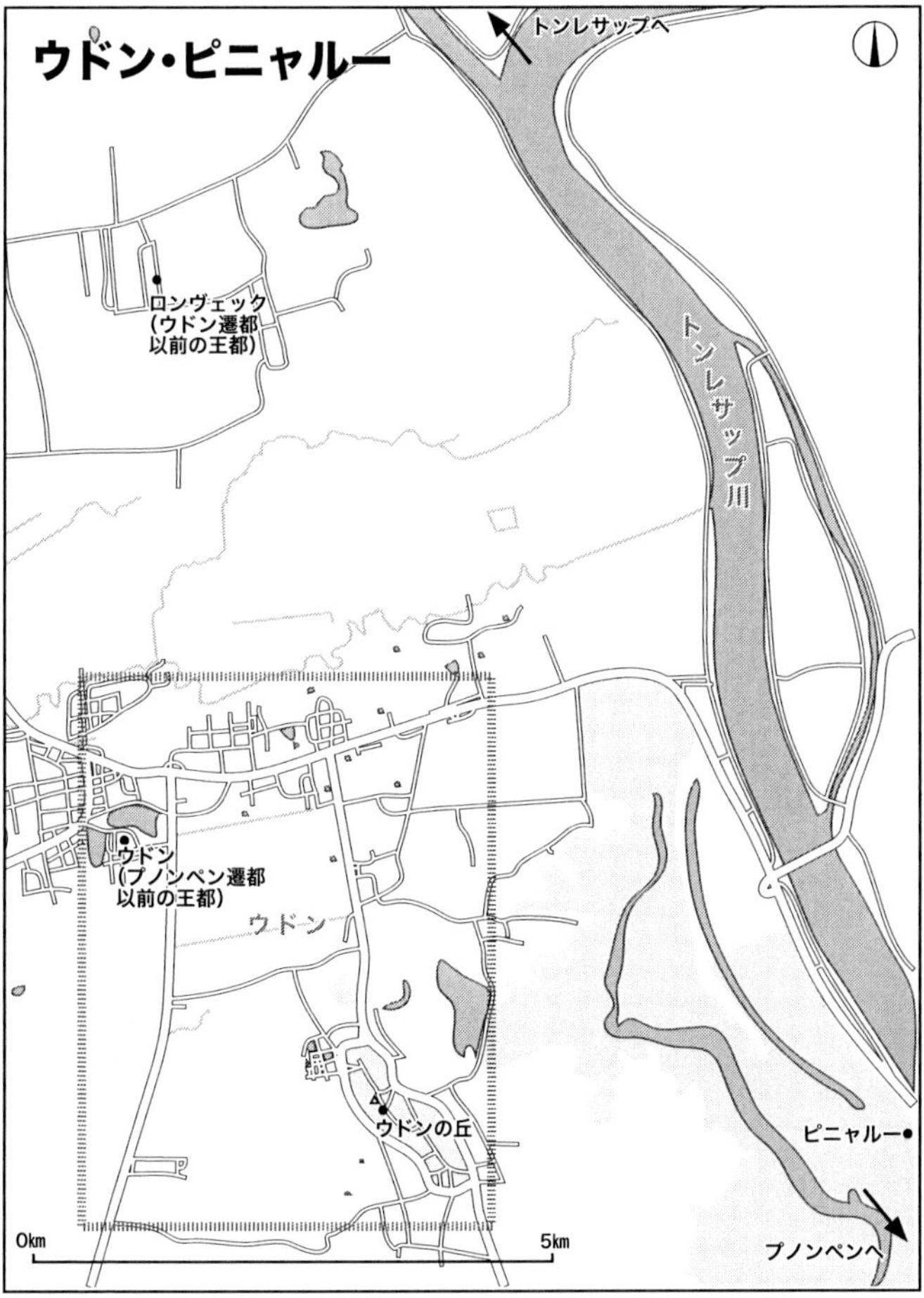
ウドン・ピニャルー
トンレサップへ
ロンヴェック
(ウドン遷都
以前の王都)
トンレサップ川
ウドン
(プノンペン遷都
以前の王都)
ウドン
ウドンの丘
ピニャルー
プノンペンへ
0km
5km

か所、鉄分を含む礫道《こいしみち》に出会ったに過ぎない。またその間には村と呼ばれるものはただ一つしか見なかった。そしてようやくその付近に畑地《はたち》を見出したのである。その他には森の奥に人の住むらしい小径《こみち》ひとつ、気配ひとつなかった。首都の近くへ来て初めて、稲田《いなだ》や果樹園《かじゅえん》に囲まれた小さな家をそここに見出した。それらはカンボジアの王族の上屋敷《かみやしき》で、彼らは毎夜そこへ帰って、宮廷や市中よりは清々《すがすが》しい大気を吸うのである。

ウドンの門に着いてみると、その前には大きな濠《ほり》があり、その上には胸墻《きょうしょう》が設けられ、高さ三メートルの矢来《やらい》が張りめぐらされていて、まるで戦備を整えた町へでも入って行くような気持ちがした。時はあたかもわが同胞がコーチシナ人に欧風教練《きょうれん》を教えているときである。私は銃剣をつけた役人から、「止まれ！」の一喝《いっかつ》を喰らうのではないかと思った。しかし、そんなものはいなかった。私は銃底《じゅうしょう》で戸を叩《たた》いて市中に入った。私の入ったところは、第二王の宮殿の外囲《そとがこ》いの中だった。手前の小屋は哨舎《しょうしゃ》とも鳩小屋《はとごや》ともつかない形をして、四方に明窓《めいそう》がついていた。戦時にはそこから近づく敵を見張り、敵が攻め入る前に逃げる合図《あいず》を与えるところに

カンボジア国ノロドム王
（在位西紀1860 − 1904年）

なっている。周囲に城壁をめぐらした広い地域に出た。ここには二つ門があって、一つは街に、いま一つは町の外に通じている。この城壁の中の片側には第二王の宮殿があって、いま片側には第二王の弟の若い王子の住居と、パゴダと、それに付属する僧院とがある。いずれも芽葺《かやぶ》きの建物である。

ここでも私は、カンポットのような「王と大使のホテル」を見つけようとしたが、そんな「看板」は見当たらなかった。そこで大勢、人が出入りしているところへ近づいて行った。それは法廷《ほうてい》で、まさに裁判が開かれているところだった。私は従者《じゅうしゃ》のニウを「使節」として、遺《のこ》して旅人に宿の世話をしてくれぬかと頼ませた。返事はまつまでもなく、すぐあった。裁判官と訴訟人《そしょうにん》とが一緒になってやって来て、私を法廷へ案内してくれたのである。私は外国人を見ようとし、また「外国人の売りに来たもの」を見ようとして集まって来た群集の中で、早速、輿《こし》を据《す》える用意にかかった。

私の到着はまもなく王宮に伝わり、二人の小姓《こしょう》が早速、王*に謁《えつ》を賜《たま》わりに来るようにと伝えて来た。しかし、私の荷物はまだ着いていなかった。まさか旅装《りょそう》のまま

では拝謁《はいえつ》に伺《うかが》えないと答えると、

「おお！　そんなことは何でもありません。王様は着物を召していらっしゃいません。お会いになればお喜びになりましょう。」

と、いう。

荷物の車が着いたところへ、今度は侍従《じじゅう》が、小姓を一人従《したが》えて駆《か》けつけて来て、王様はお待ちかねですと伝えた。私は王宮へ出かけた。王宮の前庭には十三門ばかりの大砲が砲架《ほうか》の上に据えられていて、砲口《ほうこう》には雀《すずめ》が巣食《すく》っていた。前庭の向こうでは王をはじめ、宮廷の人々の食い残しにいっぱい禿鷹《はげたか》がたかっていた。王の御殿《ごてん》につづく謁見《えっけん》の間に、私は招《しょう》じ入れられた。床は大きな中国瓦で敷きつめられ、壁は白亜《はくあ》で塗られていた。小姓が大勢現れて、東洋風に坐《すわ》って王の出御《しゅつぎょ》を待った。いずれもタイの美青年で、年齢は二十五から三十くらいまで、皆、赤い絹の下帯《したおび》をつけていた。しばらく待つうちに王が現れた。皆は、いっせいに床に頭をすりつけた。

私は立ち上がった。王は上機嫌《じょうきげん》で、いかにも鷹揚《おうよう》な、立派な、堂々たる態度で私に近づいて来た。

＊訳註――ムオは以下、第二王《オッペラーク》をただ「王」と書いている。

「第一王にはカンポットで拝謁《はいえつ》を賜《たまわ》り、親翰《しんかん》を得てウドンへ参りました。」

　と、私は言った。

　王はしげしげと私を見ながら、

「その方はイギリス人か、それともフランス人か。」

　と、訊《たず》ねた。

「フランス人にございます。」

「商人ではないと申すが、何用あってカンボジアへ参《まい》られた。」

「見物と猟《りょう》に参りました。」

「なるほど。してその方はタイにいたと申すが、私も前にバンコクにいたことがある。今夜にもまた参殿《さんでん》するであろうな。」

「陸下の御召《おめし》のあり次第、いつでも喜んで参上いたします。」

しばらく話があって後、王は私の手を握った。私は礼を述べて退出した。

私が戻るとまもなく数名の兵士がやって来て、

「王様は大変あなたがお気に召して、たびたび会いたいと仰《おお》せにございます。」

と、報告した。

翌日、私は町を見物に出かけた。人家は竹作りで、中には板で造られたものもある。市場は中国人によって占められていたが、その不潔さは、前に述べた町と少しも変わりがない。一番長い街——街といえばその通り一つであるが——は一マイルほどの長さがあった。その近くには百姓や労役者《ろうえきしゃ》、大官《たいかん》や政府の御用《ごよう》をつとめる者が住んでいた。町の人口は、約一万二千である。

市外や田舎に住む多数のカンボジア人、中にも商業、その他の用向《ようむ》きでやって来る指導者階級《しどうしゃかいきゅう》によってこの都は活気づけられている。駕籠《かご》あるいは網《あみ》に乗った役人が、各々、手に何かを携《たずさ》えた奴隷を多数従《したが》えた行列に私はよく出会った。奴隷のうちのあるものは、派手《はで》な色、あるいは黄色の日傘《ひがさ》を差しかけている。その大小は、そのまま役人の階級身分を示すのである。また他のものは檳榔子《びんろうじ》、キンマの入った箱等々を持っていた。また贅沢《ぜいたく》な馬飾《うまかざ》りをつけ、鈴《すず》をつけた威勢のいい身軽な小馬にまたがって、見事な跑足《だく》で進んで来る騎士にも出会った。その後からは一群の奴隷が、汗と挨《ほこり》にまみれながら遅れまいとして、息せききって無言の獣《けもの》のようについて来る。三頭の小柄な牛に曳《ひ》かせた二輪車が、騒々《そうぞう》しい音を立てて速足《はやあし》で駆け抜けて行くのにも出会った。珍しく立派な象が、耳や鼻を揺り動かしながら物々しく進んで来て、騒《さわ》がしい音楽の聞こえてくるパゴダへ向かう無数の行列の前で立ち停《ど》まるのも見た。その向こうでは、黄色い衣をまとい、聖なる鍋《なべ》を肩にした僧侶が、一列に並んで布施《ふせ》を待っている。

ウドンに着いた三日目に、朝の八時から法廷では騒々《そうぞう》しい裁判が開かれた。午後の五時になっても、まだ裁判官や弁護人の叫び声は止《や》もうともしなかったが、そこへ不意に王宮の小姓《こしょう》が二人駆けつけて来て、「王様の御入来《ごにゅうらい》!」と呼ばはった。弾《たま》が落ちても、それほどの効果は上がらなかったろう。皆はその声にいっせいに散ったのである。裁判官や被告も、物見高《ものみだか》い見物人も、押しあいへしあいその場を散っ

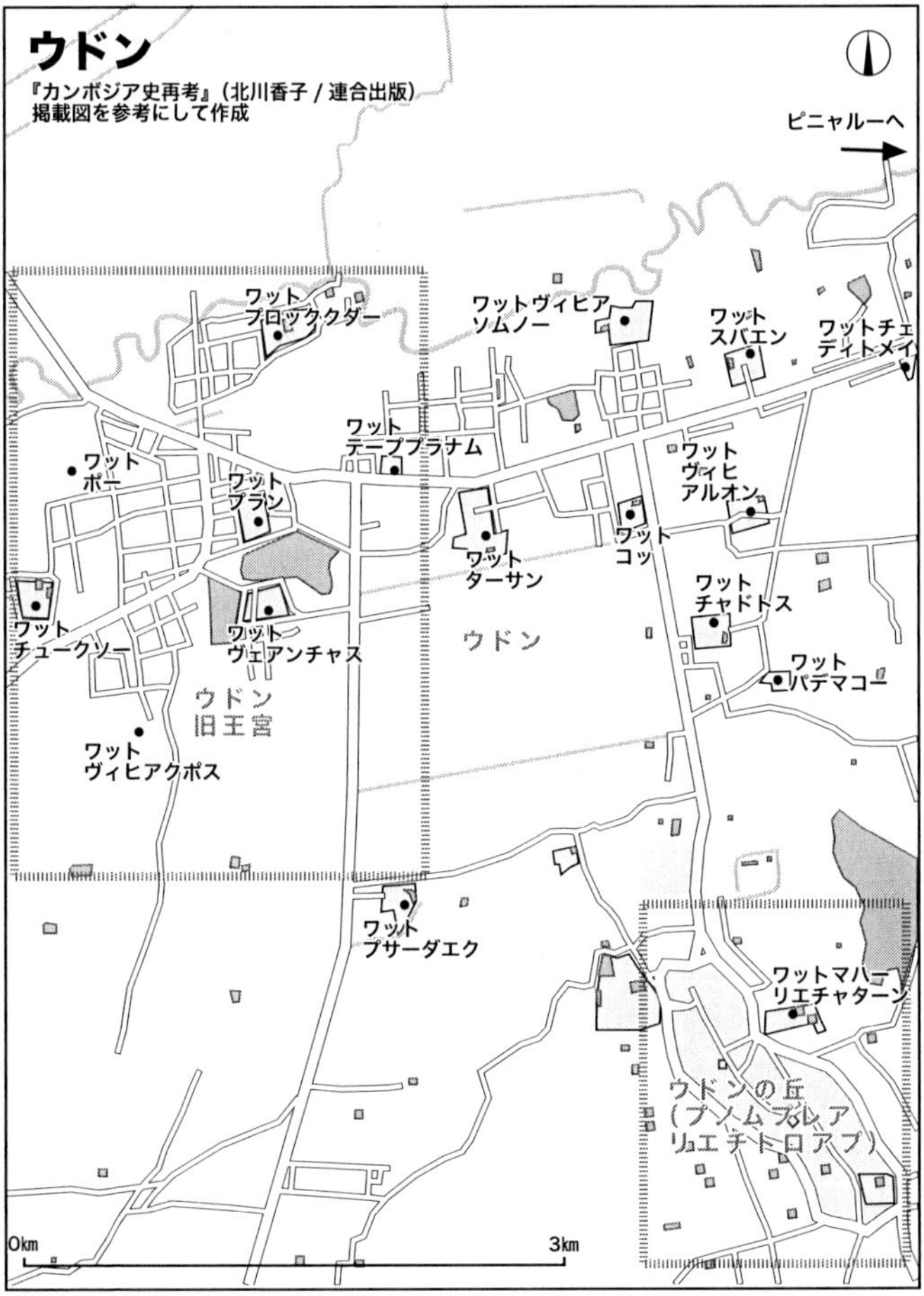
ウドン
『カンボジア史再考』(北川香子 / 連合出版)
掲載図を参考にして作成
ピニャルーへ
ワット
プロッククダー
ワットヴィヒア
ソムノー
ワット
スバエン
ワットチェ
ディトメイ
ワット
テーププラナム
ワット
ポー
ワット
プラン
ワット
ヴィヒ
アルオン
ワット
コッ
ワット
ターサン
ワット
チャドトス
ワット
チュークソー
ワット
ヴェアンチャス
ウドン
ワット
パデマコー
ウドン
旧王宮
ワット
ヴィヒアクポス
ワット
プサーダエク
ワットマハー
リエチャターン
ウドンの丘
(プノムプレア
リエチトロアプ)
0km
3km

て、喪心《そうしん》したように隅《すみ》の方にうずくまると、ひたと地上にひれふした。いまだに私は下帯一つの裁判官や弁護人、長髪《ちょうはつ》をぶら下げた中国人たちが、王の入来と聞くや否《いな》や、我先《われさき》にと転《ころ》びながら散ったその時のことを思い出すと失笑《しっしょう》を禁《きん》じ得ない。王は小姓を従《したが》えて徒歩で閾《いき》の上に姿を現した。私を見つけると手で合図をして、私を側《そば》に招かれた。やがて二人の小姓が椅子を運んで来て、芝生の上に向かい合わせにおいた。王はその一つを私にすすめ、速成《そくせい》の客間《きゃくま》で話は始められた。その間、護衛《ごえい》も通行人も、すべてが平伏《へいふく》していたのである。王の眼の届く限り、一人として立っているものはない。

「わしの市《まち》をどう思う。」

と王は、この市《まち》という語を、その付属物や堡塁《ほうるい》を持つ王宮の意味でいった。

「立派で、他ではいまだ見たことがないほどでございます。」

「ここの庭にある宮殿もパゴダもみな、わしがタイから戻ってこの一年間に建てたものです。いま一年もすればみなでき上がって、全部がレンガ造りになるはずです。以前、カンボジア領はもっと広かったが、ベトナム人に大分、土地を奪われた。」

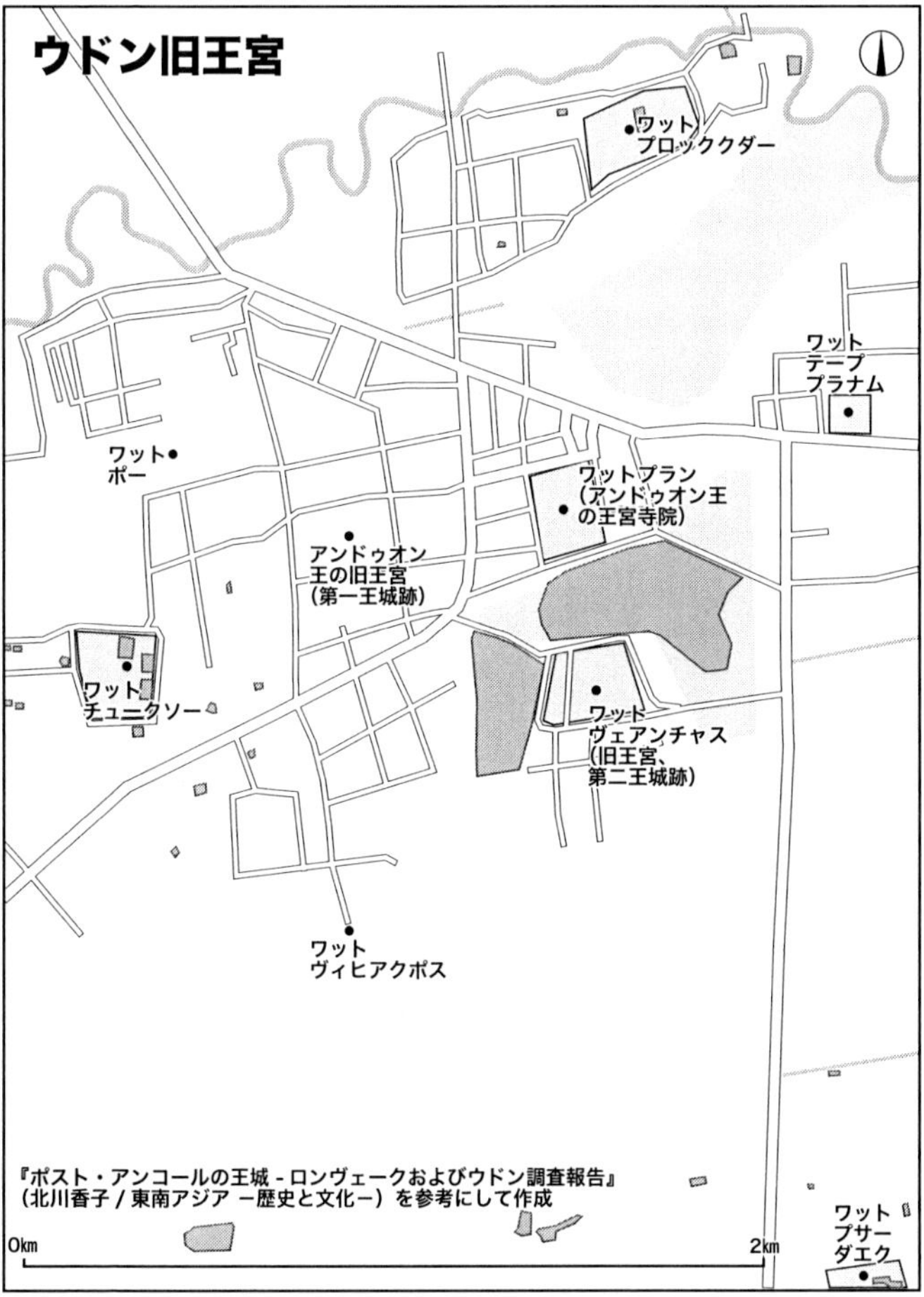
ウドン旧王宮
ワット
プロッククダー
ワット
テープ
プラナム
ワット
ポー
ワットプラン
(アンドゥオン王
の王宮寺院)
アンドゥオン
王の旧王宮
(第一王城跡)
ワット
チュニクソー
ワット
ヴェアンチャス
(旧王宮、
第二王城跡)
ワット
ヴィヒアクポス
『ポスト・アンコールの王城 - ロンヴェークおよびウドン調査報告』
(北川香子 / 東南アジア ―歴史と文化―) を参考にして作成
0km
2km
ワット
プサー
ダエク

「今にそれらをお取り返しになられる時が必ず参りましょう。フランスは陛下の敵を一方から攻めております。陛下の軍は他の側からお攻めになってはいかがです。」

王の返事はなかった。王は私の年を訊《たず》ねながら巻煙草《まきたばこ》をすすめた。

私はその朝、王の武官が調べに来た小形の見事なミニエの騎兵銃《きへいじゅう》を携えていた。それを私は王に贈って、納めていただければ幸いだと述べた。王は弾込《たまご》めをして見せよ、といった。遊底《ゆうてい》をあけて弾を込めて、

「さあ、入りました。」

と、私は言った。

「それをどうするのだ。わしにはわからん。撃《う》ってみせてもらおう。」

王は大分遠いところにある壺《つぼ》を的《まと》に選んで撃ってみよ、と言った。私は撃った。王と小姓《こしょう》は、ただちに的にかけつけて命中を確かめた。

「いつ、その方はウドンを発《た》つ。」

「明後日《あさって》にまずピニャルー Pinhalu へ向かい、それから奥地を訪ねたいと存じております。」

「もう一日延《の》ばせるようなら、よいものを見せてやるが。明日はわしのところで食事をして、次の日は第一王の市《まち》を案内し、夕方には喜劇《きげき》を見せよう。」

喜劇！　それは面白いに違いない。私は喜劇を見物するために、いま一日出発を延ばすことにした。王の親切に対して厚く礼を述べてから、握手を交わして退下《たいげ》した。たしかに私は大分、王の気に入ったようである。翌朝、王のもとから小姓が来て、見物用の馬を届けてよこした。しかし、暑さは厳しかった。四時頃に王のお召しがあって、また馬が届けられた。私はズボンを穿《は》き、純白の布チョッキをつけ、インドのイギリス人の真似をして、ローマ風のヘルメットに白モスリンを垂《た》らしたものをかぶり、*かような面白い扮装《ふんそう》で王のお召しを待ちうけていたところであった。侍従《じじゅう》の案内で、私は王の私室へ通された。それはひどく可愛い広間で、欧風の家具がそなえつけられていた。王はご馳走《ちそう》ののった卓《たく》のそばでブーリを吹かしながら待っていた。私が入って行くと王は立ち上がって、微笑《びしょう》しながら手を差しのべ、早速着席して食事を始めるようにと言った。この国の習慣から、王は客と一緒に食事はとらずに、ただその側《そば》に坐《すわ》っているだけなのである。王弟《おうてい》の十四歳くらいになる若い王子が、いかにもひとなつっこそうに私に挨拶《あいさつ》して、王のそばで平伏した。

＊原註――これは非常に軽くてしかも涼《すず》しい気持ちのよい帽子で、頭も顔も日にさらされないですむ。この国の旅行者にはあえてすすめたいものである。

王は、私にこう言った。

「この鶏《とり》とアヒルはヨーロッパ風に焼かせたのだが、うまかったらそう言って下さい。」

実際、何から何までよくできていた。中でも魚がうまかった。

「いいブランデーだ。」

と、王はコニャックの瓶《びん》を差し出しながら、王の知る唯一の英語でそう言った。

「さあ飲むがよい。」

ジェリーや、甘い果物を漬けたもの、カンボジアのバナナや素敵なマンゴー、茶などが出た。王は私にマニラ葉巻《はまき》をすすめながら、茶だけは一緒に飲んだ。ついで王は蓄音器《ちくおんき》を卓上《たくじょう》に運ばせた。

　最初の曲は、まさかに私がカンボジア王宮で耳にしようとは夢にも思わぬものであった。『マルセイエーズ』であったからだ。王は私の様子、私の驚きをまじえた微笑を感動のせいと思ったらしかった。こう言った。

「この歌をご存知《ぞんじ》かね。」

「少々《しょうしょう》ばかり。」

　ついで他の曲が掛けられた。それも私のよく知るジロンド党の歌『み国のために命を捧げん！』云々《うんぬん》であった。

「これも知っておられるか。」

　私は、曲に合わせて歌った。

「ところで陛下は、この歌をお好みでございますか。」

「前の歌ほどにには！　ヨーロッパの王は時々この二つの歌をやられるかね。」

「ヨーロッパの王は、儀式の時か、大きな出来事のある時に奏《そう》するために、大事にとっておいでになります。」

私の従者《じゅうしゃ》のベトナム人は、私の側《そば》に控えて、完全に通訳をして王を喜ばせた。若い王子はここで、もう退《さが》ってもよいかと王に訊ねた。それから兄王に平伏し、合掌《がっしょう》した手を頭上《ずじょう》に上げた。王は、明日は私を案内して第一王の宮殿へ行くのだから、忘れず参るようにと王子に言った。王子は中庭へ出ると、小姓《こしょう》に肩車《かたぐるま》されて帰って行った。その後で、王は私に欧風の家具を披露《ひろう》した。磁器の壺《つぼ》や、ガラスのグローブに入れた花、その他、悪趣味《あくしゅみ》の装飾品がたくさんのったマホガニーの卓など。特に王は金の框《かまち》に入った二枚の古びた鏡、長椅子《ながいす》、そんなものを誇らしげに示した。

「まだようやく集めかけたばかりだが、五、六年もすれば、わしの王宮も立派になろう。」

ついで王は庭園を案内してくれたが、珍しい不思議な木々の間には人造の岩がそびえていた。広間へ帰る途中、王は後宮《こうきゅう》の女たち（少なくもそれは百人はいた）のいるところを案内してくれたが、彼女等はもの珍しそうに私を眺めた。

「外国人でここへ入ったのは、そなたが初めてだ。」

と、王は言った。

「カンボジアでは、タイでもそうだが、国王だけにしか用のないこの建物に入ることは、ここに勤《つと》めているものの外には許されていない。」

私は王の特別の厚意《こうい》に対して厚く礼を述べ、改めて王に、今後の旅にはぜひ必要なので、王の領土内の各州知事宛《あて》の親翰《しんかん》と一、二頭の象のお世話を願いたいと申し出た。王は私の願いを聴き容《い》れてくれた。この第二王の称号を持つ若い王は、将来、王位に即く人である。

この王の父王は王位をタイ王から与えられたもので、その父王自身、久しい間、タイに対して忠誠《ちゅうせい》の意を示すために人質の生活を送ったが、王位に即いてからもその子を常に一人か二人、タイに人質として送っていた。それでこの若い王も数年をバンコクで暮らして来たわけなのである。そしてそこで政治を学び、もう帰国させても謀叛《むほん》を企《たくら》む心配がないと見究《みきわ》めがついてから、ようやくカンボジアへ返されたのである。

王の幼弟《ようてい》は、夜中にこっそり私を訪ねて来た。私から欲しいものがあったのである。年よりも子どもっぽい王子は、眼につくものは何でも欲しがった。しかしおとなしくて、可愛くて、教養もあり、おのずとそなわる気品《きひん》があった。

翌朝十時に、王は私を召《め》された。王は謁見《えっけん》の間の長椅子《ながいす》に腰をおろして、小姓等《こしょう》にこれから出かけるについて、種々手配を命じていた。それから王は、柄《がら》のついた可愛い椅子に腰をおろした。それは綺麗《きれい》に彩色《さいしょく》され、彫刻が施され、腕木《うでぎ》の先には象牙《ぞうげ》の被《かぶ》せがはめられていた。王はいかにも屈託《くったく》なさそうにその椅子に掛けて、片方の足は立て、いま片方は下に垂らし、ひじはモロッコ革の凭《もたれ》の上にのせた。帽子はかぶらず、素足《すあし》で、頭髪はタイ風に刈《か》っている。身体には見事な黄色の絹の下帯《したおび》と、いま少し色の浅い共色《ともいろ》の絹の腹巻《はらまき》をしているばかりである。行列は出発した。四人の小姓《こしょう》が轎《きょう》を担《かつ》いだ。いま一人の小姓がその上からひどく大きな日傘《ひがさ》を差しかけた。傘の直径は四メートルもあった。幼第《ようてい》は王の剣を捧げて、その側《そば》を轎《きょう》と並んで進んだ。私はその反対側に従《したが》った。王はたびたび私の方を振り返っては眼くばせをして、路上の珍しいものを私に示したり、王のお通りが民衆に与える効果をどう私が感じているか、それを私の表情から読もうとした。行列が近づくと、住民はすべて、王を拝《おが》みに駆けつけて来ては土下座《どげざ》をした。行列の先頭には、三人の先駆警吏《せんくけいり》が進んだ。うち一人が先頭を行って、他の二人はそれより数歩おくれ、いずれも両手に権力の表象《ひょうしょう》である藤の儀仗鉞《ぎじょうえつ》を持っていた。轎《きょう》の後ろには、二人ずつ並んで侍従《じじゅう》と小姓が総勢三十人ほど従っていた。いずれも赤の下帯《したおび》をつけ、肩には槍や剣、袋に入った銃などを荷《にな》っている。こうしてわれわれは、第一王の宮殿の外廓《がいかく》の門に着いた。王はここで轎《きょう》から降りた。行列は今まで通りの順序で、幅約半マイル、木柵《もくさく》で囲まれた若木《わかぎ》の植わった美しい並木道を進んだ。

この並木道を中心に地面は傾斜《けいしゃ》していて、芝生や庭園が作られていた。その向こうには、草葺《くさぶ》きに白亜《はくあ》の壁の小さな山小屋風の建物が、百軒近く並んでいた。

「これらの家に父の夫人が住んでいます。男は一人もおりません。」

若い王は、そう説明した。

遥か向こうに緑につつまれた大きな池があって、清々《すがすが》しい明るい感じを与えていた。この小さな湖の片側に、湖畔の緑樹に包まれ、水に影を落としながら王宮が建っている。そのあるものは白亜建てで、あるものは竹製だった。

われわれは哀《あわ》れなベトナムの女が絹を繰《く》ったり織ったりしている部屋、というよりは仕事場をいくつか通り抜けた。ついで王の宝庫《ほうこ》、倉庫などの前を通り、中二階建ての広い広間の前に出た。これがいわゆる王宮であった。内部は、外部ほどには立派でなかった。広間はさながらバザーのように、広口瓶《ひろくちびん》、グローブを被《かぶ》せた壺にさした造花《ぞうか》、様々な色や大きさのクッションなどが雑然《ざつぜん》としておかれていた。また卓《たく》、棚、床等には箱や中国製の額縁《がくぶち》、スリッパ、ヨーロッパ製の様々な品物や器具、古長椅子《ふるながいす》、鏡、洗鉢《せんばつ》等々がおかれていた。再び庭へ出て、あまねく庭を見物し終わると、王は、日中は宮中に用があるので、侍従《じじゅう》の一人に私の案内を任せて帰って行った。

日が入るとまもなく、民衆は、王の帰りを待って七時から始められる芝居見物《しばいけんぶつ》に続々、押しかけて来た。その人数は大変なもので、文字通り立錐《りっすい》の余地さえなく、壁の上まで鈴《すず》なりになった。この娯楽《ごらく》の場合だけは例外で、民衆は平常の習慣から解放されて平伏しなくてもよいことになっているらしかった。というのが、民衆はすべて、王宮内であるにかかわらず、王宮外と同じように東洋風に坐っていたから

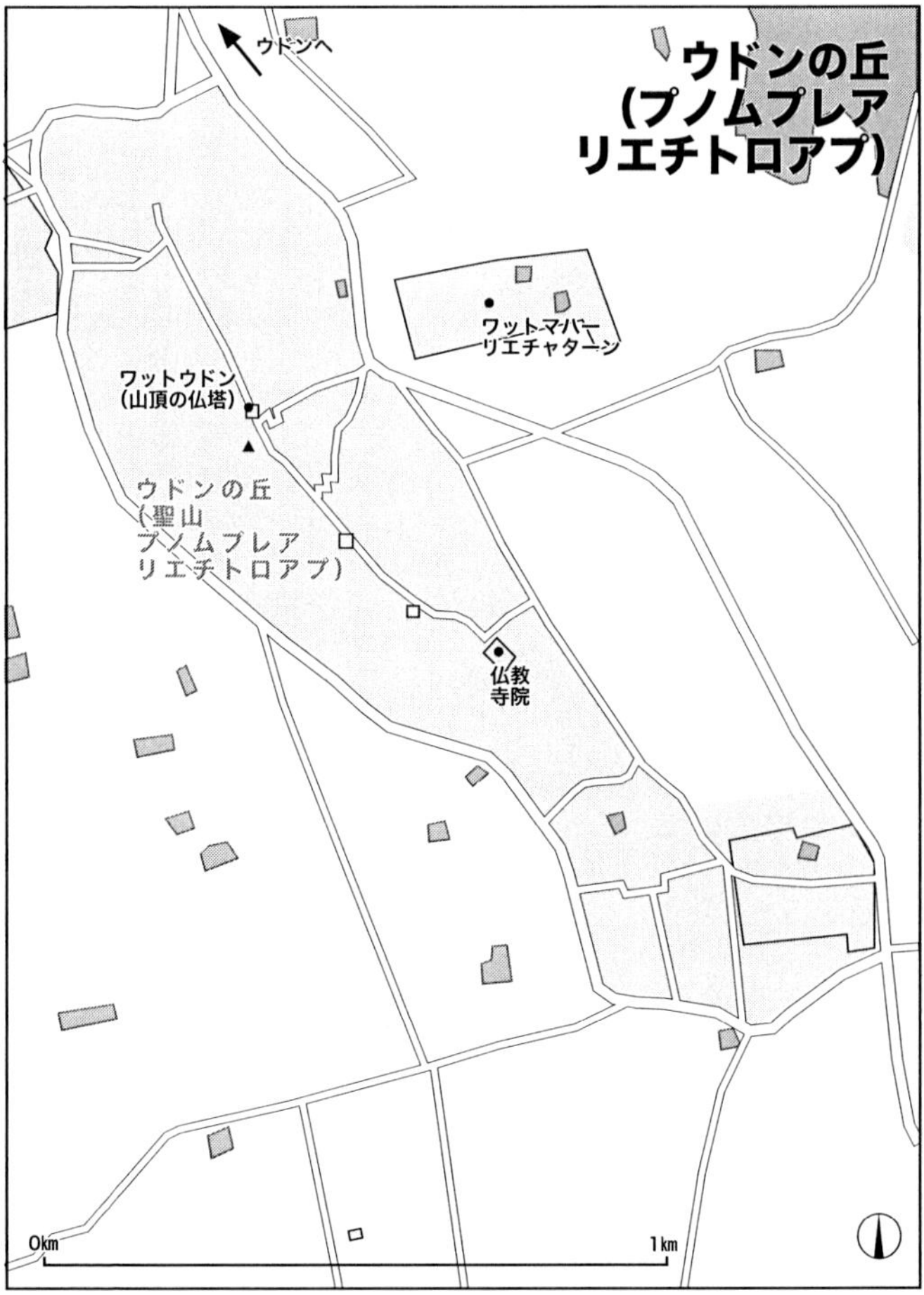
ウドンへ
ウドンの丘
(プノムプレア
リエチトロアプ)
ワットマハー
リエチャターン
ワットウドン
(山頂の仏塔)
ウドンの丘
(聖山
プノムプレア
リエチトロアプ)
仏教
寺院
0km
1km

である。芝居は非常に簡単で、相当巧《たく》みに演じられたが、内容は架空な風刺劇《ふうしげき》めいたもので、それに、旋律《せんりつ》というよりはいたずらに騒々《そうぞう》しい音楽が伴《ともな》った。それでも民衆の好奇心《こうきしん》は、十分満《み》たされたらしい。これを要するに、外題《げだい》も演出も、バンコクで見た同種のものよりは、はなはだ劣《おと》ったものであった。

The Discovery of Angkor Wat

第13章 宣教師の美学

ウドン出発——象隊の行進——ビニャルー——宣教師の美学——カンボジアの太湖——メコン河

ウドン出発――象隊の行進――ピニャルー――宣教師の美学――カンボジアの太湖――メコン河

七月十二日。朝食にいつもの米飯を食すると、いよいよ出発の時が来た。もう王が約束してくれた象と車を待つばかりだった。まもなくその両方とも届けられた。そこでわれわれは、われわれを見物しようと町中から集まって来た群集の中を行進し始めた。象に乗って、その後に荷物と、われわれをピニャルー街道まで送るよう王命を受けて来た、数人の小姓《こしょう》を従《したが》えているのを見ると、群集は皆、平伏《へいふく》した。おそらく彼らは前日、私が王と一緒に町を歩いていたところを見たからなのであろう。

われわれはこうして威風堂々《いふうどうどう》と一時間一里の速さで進んだ。道は立派な舗装路《ほそうろ》で、ある箇所などは平野の上、十ピエあたりを走っていた。木の繁《しげ》った平野は泥ぶかいが、この道路が遥か遠くトンレサップとメコン河との合流点の大運河まで続くのである。

時々、木や石の立派な橋を渡ったが、それらは、カンボジアがタイよりは遥かに土木に対して高く優れた理想を持っていることを証明する。けだし、タイでは首都バンコクにおいてでさえ、河や運河には狭い板片《いたきれ》か、簡単に丸太《まるた》が渡してあるだけで、それも住民が勝手に渡したものであって、役人のあずかり知らぬところなのである。

ウドンから約二千メートルのところに旋廻階段《せんかいかいだん》のような形の土塁《どるい》が立っていて、町の一部を囲《かこ》っていた。これはベトナム軍の侵略にそなえて築かれたもので、いまだに雨期になると、毎年、この町はその恐怖にさらされる。

おそらくは町から買い出しに来たのであろう、町へ向かうもの、町から郊外へ向かうものなど、多数の歩行者に行き会った。また道路の両側には、杭上《こうじょう》に建てられた竹の粗末《そまつ》な小屋が並んでいた。まるで鳥小屋のような建物であるが、それらには反抗を試みた罰として、メコン河の東部平野から移された哀《あわ》れなチャム Thiam 族が住んでいる。

その日のうちに相当広い河の右岸にある村、ピニャルーに到着した。この村にはポルトガル人や亡命ベトナム人の子孫が幾人か住まっている。

ピニャルーはフランスの司教《しきょう》で、カンボジアならびにラオスを受け持つ教皇代理《きょうこうだいり》ミーシュ Miche 師の駐箚地《ちゅうさつち》である。

折《おり》からミーシュ司教は留守中であったが、布教所《ふきょうしょ》には三人の親切な立派な宣教師《せんきょうし》がいて、旅の者にも優しくするその持ち前から、ことには同国人に対する懐《なつ》かしさもあって、司教の帰りを待つようにと親切に真心《まごころ》から私を引き止めてくれた。三人のうち一番年長のフォンテーヌ師 Fontaine は――といってもまだ若かったが――すでに二十年布教につとめていられる。前にはコーチシナを受け持っていられたとか。この人はカンボジアに移る前にしばらくバンコクにいられたことがあって、その時分《じぶん》にすでに一度、私は会ったことがある。その時は身体を害《がい》して弱っていられ

ピニャルーの天主公教教会堂

たが、この時はすっかり元気になっていられた。私はこの人の立派な人柄《ひとがら》に対しては、心から敬服《けいふく》をしている。この人のような宣教師は、容易に得られるものではない。
いま一人のアルヌー Arnoux 師は、私と同国人というばかりでなく、同県人でもあった。師はリュッセイ Russey の生まれで、私はモンベリアル Montbéliard（ドーブ Doube 郡）の生まれだからである。そこで私は、この人には二重の親しみを感じた。師はコーチシナの布教所に属していて、未開人スティエン Stieng 族のいる地方から食料の買い出しに出て来たが、旅の疲労から赤痢《せきり》を患《わずら》い、仲間と一緒に教区へ戻れずに後に残っていたのである。これらの勇敢な、信仰に篤《あつ》い教会の勇士たちが、過去および現在の苦闘談《くとうだん》をしているところを聞いていると、感動を通り越して、私はつい面白さに釣《つ》り込まれることがよくあった。それほど皆は、さも楽しそうに見えたのである。これらの人々こそは勇敢《ゆうかん》なるわが国民で、口に微笑を浮かべながら、苦しむことも死ぬことも知っているのである。これら優しい聖職者と、楽しく起伏《きふく》しているうちに早くも四日が過ぎた。皆が無理矢理、私を司教に会わせようとしたからというよりは、私にぜひ司教に会ってみたいという気持ちが涌《わ》いて来たからであった。私は司教をあらゆる点に非凡《ひぼん》な人のように想像した。ところがまもなく会ったこの伝道会の英雄は、その教理のように、またその性格の強さのように、素朴で敬虔《けいけん》そのものの人であった。しかし、その痩《や》せた身体の中には、稀《まれ》に見る生活力と精力とを包蔵《ほうぞう》している。カンボジアの布教史は、まだしばらく前まではコーチシナの布教史に含まれていたのであるが、その美しい頁《ページ》は、このキリストの光栄ある戦士たちの行動によって飾られているのである。

ミーシュ司教は、まだ一介の宣教師《せんきょうし》であった頃、同志とともに捕《とら》えられて獄《ごく》に繋《つな》がれ、鞭《むち》打たれ、そのたびに血はほとばしり、肉は裂《さ》けるという恐しい苦難を経験されたことがある。刑罰が終わると、再び土牢《つちろう》に投《とう》ぜられる。疵《きず》が癒着《ゆちゃく》し始めると、またぞろ引き出されて笞刑《ちけい》を受ける。

「苦しくてなりません。」

と、ある宣教師はミーシュ師に訴えた。

「もうこの上の辛抱《しんぼう》できそうにありません。」

するとミーシュ師はこう答えられた。

「静かになさい。私があなたの分も打たれてあげましょう。」

ミーシュ師は、その約束を守られた！

ここでは敬虔な宣教師は、哀《あわ》れな信者の心の医者であるばかりでなく、肉体の医者でもあり、裁判官でもあり、その他様々な勤めを果たしていられる。毎日、数時間をさいて、信者の間の争いを聞き、それを丸くおさめることに費《つい》やしている。時に地方で、債権者《さいけんしゃ》に金が払えないために、債務者《さいむしゃ》とその家族とが債権者の奴隷《どれい》になろうとしているというようなことが起こると、早速、出かけて円満《えんまん》な解決を与えるよう尽力《じんりょく》もする。

「お前はわしの奴隷だ」と、路傍《ろぼう》で行き会った男がいきなり娘に言ったことがある。

「なぜです、わたしはあなたを存じません。」

「お前の親父は、わしに借金をして返さないからだ。」

「わたしの父をご存じのはずはありません。父はわたしが生まれるとすぐ死にました。」

「ではお前は、わしを訴《うった》えようというのか。その気ならわしの方でも訴えてやる。」

東南アジア最大の河川であるメコン河。中国からミャンマー、ラオス、タイをへてカンボジアにいたり、その後、ベトナム南部で南シナ海へそそぐ。タイ北東部とラオス南西部の国境にもなっている

男は数人の役人に、あらかじめ内意《ないい》を含めて袖《そで》の下《した》を握《にぎ》らせておく。役人はすべてを呑《の》み込む。結果は言わずと知れた男の勝ちで、孤立無援《こりつむえん》の哀《あわ》れな娘は、迫害者《はくがいしゃ》の奴隷《どれい》になるより仕方がない。古《いにしえ》のアッピウスとウィルギニアの物語*が、現になおカンボジアでしばしば行われている。ただウィルギニウスのような人間だけが欠けているのである。

＊訳註――Claudius Appius はローマの執政官《しっせいかん》で、十人会の一人であったが、貴族と平民とを差別する悪政を布《し》き、民衆の怨《うら》みを買った。父親 Virginius を救おうとした娘 Virginia はアッピウスの暴行に遭う。父親ウィルギニウスは短剣をもって娘を刺し、ついに民衆を率いて起ち、暴漢《ぼうかん》なるアッピウスは殺される。一説には獄《ごく》で自殺して果てたとも言われる（西紀前四四六年）。

この国に入って以来、私の従者《じゅうしゃ》はいずれも恐怖にとりつかれた。その恐怖は、私が河向こうの未開人スティエン族を訪ねたいとの意向をもらすと、いよいよ高まった。カンボジアは、たしかにタイ人からひどく恐れられている。スティエン族の棲《す》む山、なかでも森は不衛生《ふえいせい》の故《ゆえ》に――カンボジア人やベトナム人に比較しての話であるが、――われわれがケイエン＊に対すると同じ評判が立っているのである。

＊訳註――Cayenneはフランス領ギアナの首都。一方、フランス語の「ケイエンヌ」には場末《ばすえ》の陋巷《ろうこう》という意あり。語呂《ごろ》合わせのつもりか。

しかし彼らの恐怖も、私の決心を翻《ひるがえ》すことはできなかった。カンボジア王が約束してくれた親書《しんしょ》を受け取ると、私は二人の遭手《こぎて》をのせた小船でメコン河に向かった。メコン河の支流――河幅は約千二百メートルある――を下《くだ》って驚いたことは、その河が注ぐはずのメコン河の方へは流れず、逆に南から北へ向かって流れていることである。

一年のうち約五か月間は、カンボジアの太湖《たいこ》トンレサップははなはだしく膨張《ぼうちょう》する。しかし、その後はさして広さは変わらないが、深さを減る。というのが、雨期になると、メコン河は西部の山に源を発する河水を集めて水量を増し、この湖から流出する水を堰《せ》き止めるばかりか、余《あま》った水の一部を、逆に湖に注ぎ込むからである。

The Discovery of Angkor Wat

第14章

プノンペン

ピニャルー出発——カンボジアの大市——プノンペン——メコン河——コ・スタン島——パンプチエラン——カンボジアの国境——ブレルムおよび未開人スティエン族の国への旅

ピニャルー出発――カンボジアの大市（おおいち）――プノンペン――メコン河――コ・スタン島――パンプチエラン――カンボジアの国境――ブレルムおよび未開人スティエン族の国への旅

十一時にピニャルーを発《た》って、夕方にカンボジア最大の商業都市プノンペンに到着した。この間の行程十八マイル強。しかし、ここで買うものはほとんどなかった。ミーシュ司教とアルヌー師とが船いっぱいに米や干魚《ほしうお》を積み込んでいてくれたので、船旅の間はもちろん、スティエン族のいる地方を旅する間も、食料には不自由はしないほどあったからである。

町にまる一日滞在《たいざい》した。町の見物と、未開人との物々交換《ぶつぶつこうかん》に必要なガラス器や真《しん》ちゅう線、木綿製品《もめんせいひん》などを買うためであった。

プノンペンは二つの大河の合流点に位《くらい》し、人口は一万二千ある。* 大部分は中国人だが、この数字には、おそらくはその倍に達すると思われる水上生活者《すいじょうせいかつしゃ》が加算されていない。この水上生活者はカンボジア人およびコーチシナ人であるが、中にも後者が多く、彼らは持ち船の中で生活している。折《おり》から多数の漁師が太湖《トンレサップ》から引き上げて来て、帰国の途次《とじ》プノンペンに立ち寄り、漁獲の大部分を売りさばいている時であった。また多数の小商人が、雨期の前に収穫される綿の買い入れにやって来ていた。私は細長い不潔な街を見物してから丘に登った。頂上には美しくもなければ何の特徴もないパゴダが建っていたが、そこからは広い眺望《ちょうぼう》を楽しむことができた。

＊訳註――Penom-Penh は現在のカンボジアの首都で、人口は最近の調査によると八三、〇〇〇人となっている。

一方には二本の長い幅広《はばひろ》のリボンのように、メコン河とその支流とが流れていて、その間には木の繁《しげ》った広い平野がひろがっていた。いま一方も同じく平野と森であったが、南と北西部とは小山脈で限られていた。

プノンペンにはたびたび宣教師《せんきょうし》がやって来ているにかかわらず、私の姿は皆の好奇心《こうきしん》をそそらずにはいなかった。時あたかもコーチシナの戦いが、この町の唯一の話題と関心の的となっていた時であったからである。太湖《トンレサップ》から引き上げて来た多数の不幸なキリスト教徒の漁師たちは、故郷《くに》に帰ろうともせずに、ここでまごまごしていた。彼らは関所《せきしょ》を通ろうとすれば、その都度《つど》、否応《いやおう》なしに十字架を踏まされることを知っていたからである。それで、コーチシナの戦いも近々に終わるだろうとの噂を頼りに、平和の知らせの届くのを彼らは待ちかねていたのである。そこへ、サイゴン占領を見て来た中国人、ベトナム人が、フランス人の自尊心を傷つけるような噂を吹聴《ふいちょう》して廻《まわ》った。私は提督《ていとく》の立派な布告をまだ見ていたかった。従《したが》って、敵から逆にわれわれが野蛮人《やばんじん》ででもあるかのようなことを言われたり、戦争の責任の一部をわれわれに転嫁《てんか》したり——もちろんこれらのことは、戦時には付きもので

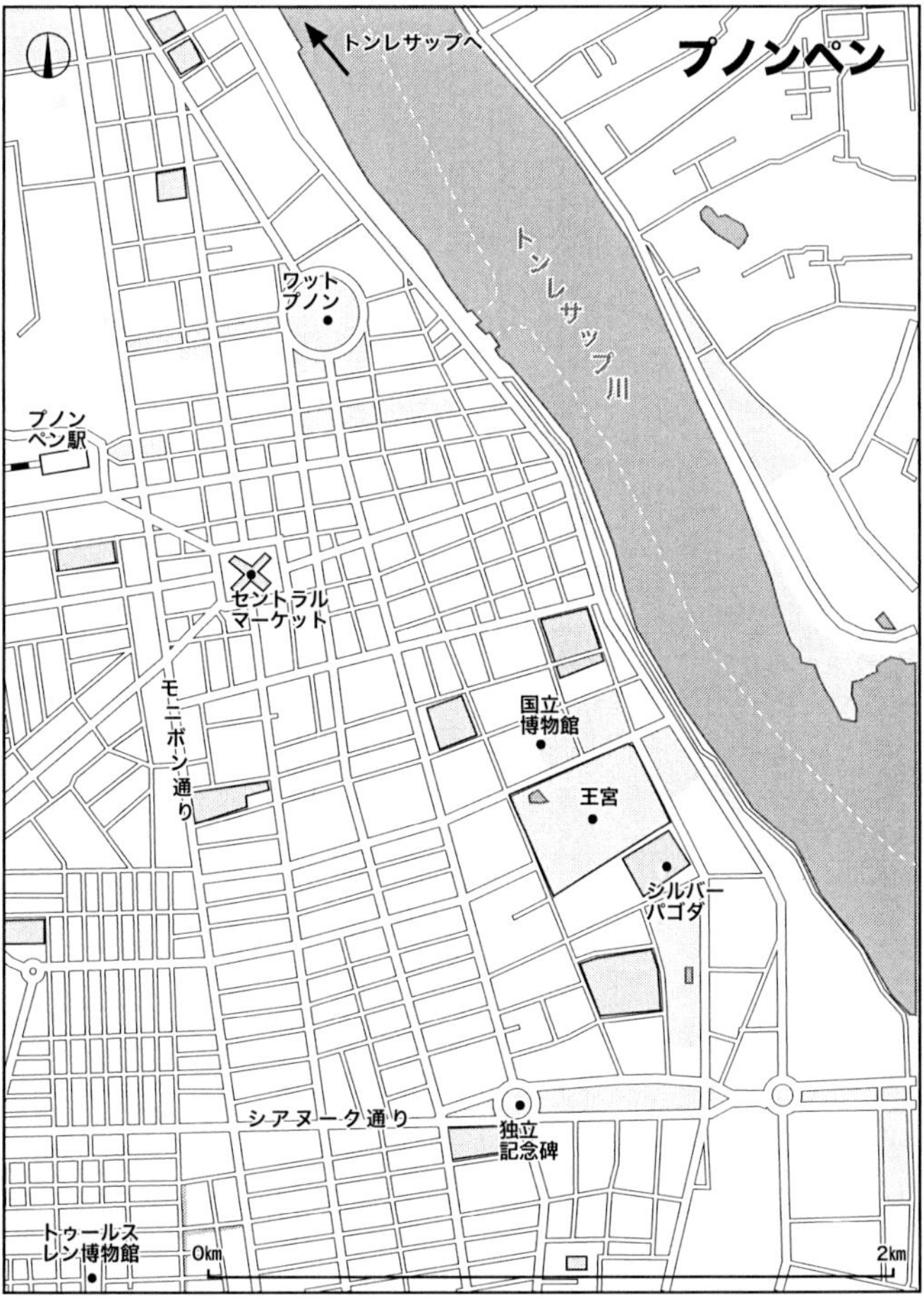
プノンペン
トンレサップへ
トンレサップ川
ワット
プノン
プノン
ペン駅
セントラル
マーケット
モニボン通り
国立
博物館
王宮
シルバー
パゴダ
シアヌーク通り
独立
記念碑
トゥールスレン博物館
0km
2km

あろうが――されているのを耳にするのは堪《た》え難かった。中にも気候、その他、食料品の欠乏《けつぼう》等により兵士たちが苦戦している国に対して、彼ら、東洋でもおそらくは最も萎靡《いび》していると思われる人間たちによって、知能的にも肉体的にも優れているわれわれが、人道的にもまた優れているという事実を否定するかのごとき言辞《げんじ》を聞いて、私の腹が煮えくりかえった。

翌日、河を町の外れまで下《くだ》って、そこにもう一つの河上の町らしいもののあるのを見た。それは五百艘《そう》ほどのほとんど全部が相当、大きな船からなるものであった。それらは大商人の仮倉庫《かりそうこ》あるいは住居で、彼らは用心深く持ち金のほとんど全部と商品の大部分をその中に納めて、万一《まんいち》の場合にはただちに遠く逃げのびられるよう用意を整えているのである。

やがてわれわれは、ようやく水量を増し始めたメコン河を遡行《そこう》し始めた。この国の乾期《かんき》は、もう二か月も過ぎていた。

「諸川《しょせん》の母《はは》」という意味を持つこの川は、種々の点でバンコクの北数里あたりのチャオプラヤー河を思い出させた。しかし、非常に大きな早瀬《はやせ》のような速さで流れるこ

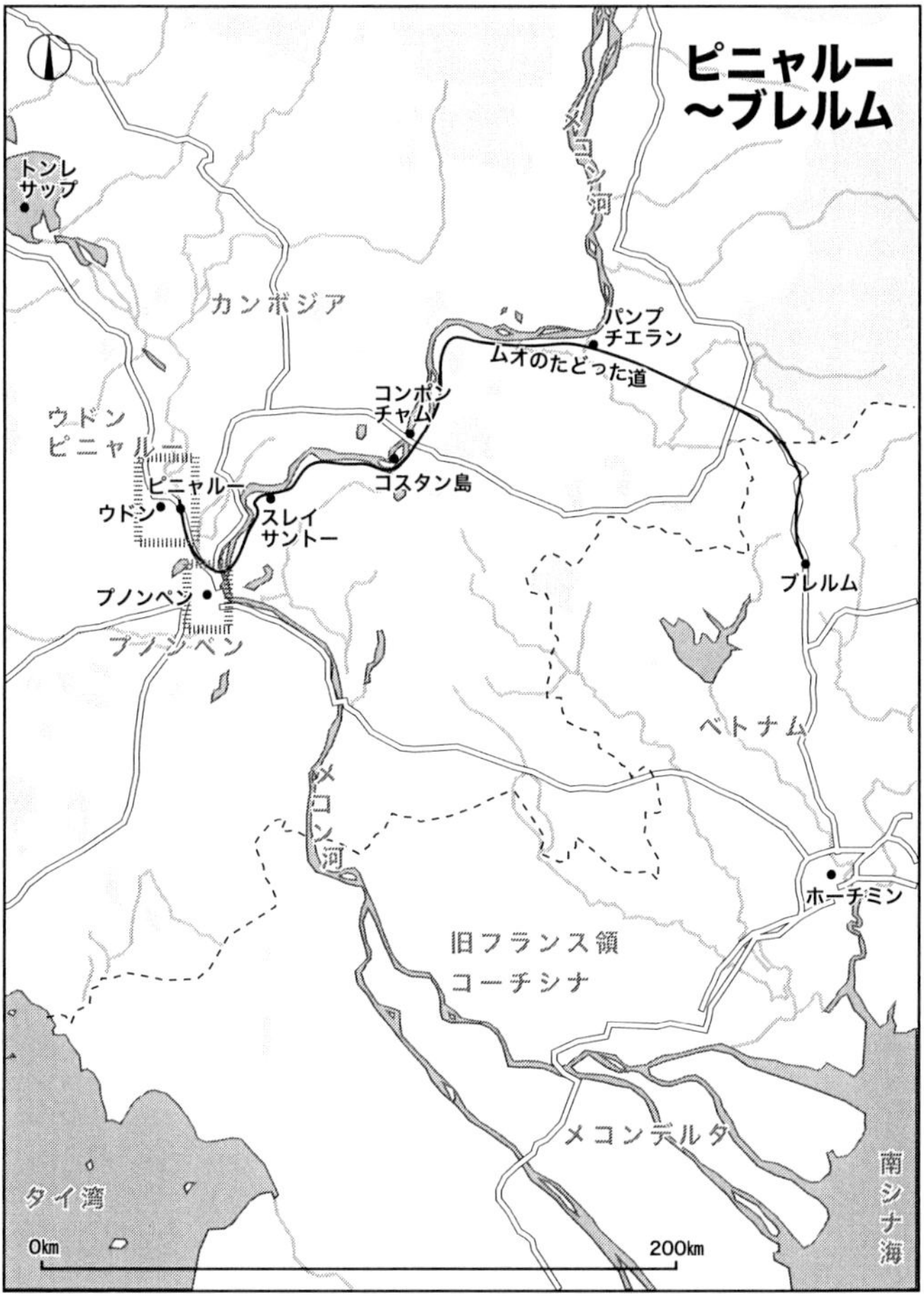
ピニャルー
～ブレルム
トンレ
サップ
メコン河
カンボジア
パンプ
チエラン
ムオのたどった道
コンポン
チャム
ウドン
ピニャル
ピニャルー
コスタン島
ウドン
スレイ
サントー
ブレルム
プノンペン
プノンペン
ベトナム
メコン河
ホーチミン
旧フランス領
コーチシナ
メコンデルタ
南
シナ
海
タイ湾
0km
200km

の河には、堂々たる風貌《ふうぼう》はあっても、チャオプラヤー河ほどの明るさは見られなかった。どちらの岸を眺めても、たまにしか船影《せんえい》を認めず、それも岸伝《きしづた》いに苦しそうに遡《さかのぼ》っている。河の両岸は、平時は高さ六、七メートルあるが、ほとんど草木《くさき》は生えておらず、森はようやく一マイルの彼方《かなた》に眺められるだけである。

タイの河岸では、竹や棕櫚《しゅろ》の見事な枝葉《えだは》が美しくくっきりと碧空《へきくう》に浮かび出していて、鳥はこちらの岸から向こうの岸へと鳴き交わしていた。ところがここでは、イルカの群れが水面をかすめたり、鼻を突き出して泳いだり、ペリカンが深い流れの上を羽ばたいたり、鵠《くぐい》や鷺《さぎ》が人影を見て音もなく、葦《あし》の間に逃げ込んだりするのがわずかに船乗りの眼を楽ませるものであった。

われわれはコ・スタン Ko-Stin という大きな島の前を通った。プノンペンから四十マイルの上流にあるが、われわれはそこまで遡るのに、五日間の苦しい骨の折れる旅をした。流れは非常に早いので、河の隈《くま》にさしかかると櫂《かい》に二倍の力を入れて、河岸のジャンクの艫《とも》にぶつからないよう用心をしなければならなかった。

北へ進めば進むほど、流れは速さを増した。増水期になるとせいぜい一日に一マイルか二マイルしか遡れないで、夕方になると朝、米を炊《た》いたところを歩いて探しに戻るということもあるそうであるが、そんな時期ももうすぐ眼の前に迫って来ている。

コ・スタン島から二十五里か三十里の北部、ラオスとの国境からは早瀬《はやせ》と滝が始まる。そこまで上れば、船を捨てて丸木舟《まるきぶね》に乗りかえなければならないが、その丸木舟さえ、そして荷物も、時には背中にかつがなければならないことがあるという。私はコ・スタン島には数時間しかとどまらなかった。すなわち文明国の先駆者《せんくしゃ》コルディエ Cordier 師と握手を交わすためにだけにである。師はカンボジア伝道会の司教で非常な功績《こうせき》があり、この島を住み家と定めている人である。

師自身の手になる粗末《そまつ》な礼拝堂の中に入って、哀《あわ》れにも乏《とぼ》しいあたりの様子を眺めては、私はこの尊敬すべき人に対して、ある種の同情を感じないではいられなかった。もう三年、この気の毒な宣教師《せんきょうし》は、慢性《まんせい》の赤痢《せきり》になやまされているのである。しかし師はその病気も、食物の欠乏《けつぼう》も、意に介してはいられなかった。師の唯一の悩みの種は、洗礼を受けるものの少ないということであった。なぜなら、カンボジア人は彼らの偶像《ぐうぞう》に心から帰依《きえ》しているからである。

「どこへ行らっしゃるのです」と師は私に言った。

「そんなところへおいでになるのを、よくピニャルーで承知したものです。何なら一度カンボジア人にスティエン族の森をどう思うかとお訊《たず》ねになるがよろしい。そして誰か一緒に行く者はないかと訊ねてごらんなさい。一人だってそれに応じるものはありませんよ。それに雨期がもう始まっています。あなたはきっと死ぬような目にお遭《あ》いになりますよ。さもなければ熱病《ねつびょう》にかかって、この先、幾年《いくねん》も苦しまなければならないようなことになります。私もそのジャングル熱に犯《おか》されていますが、これはまったく恐しい。爪の先まで熱を感じるのです。地獄の苦しみとでも形容するより、形容の仕方がないものです。と、その後で、今度は氷のような寒さがやって来て、どうしても暖まらない。しかも、この熱病はよく慢性《まんせい》になります。これにかかった同志の名前なら、私にはいくらでも挙げられます。」

この言葉は、いくらか私に不安を与えた。しかし、私は旅程《りょてい》を変更しなかった。私はその危険な地方に他では見られない陸棲《りくせい》および河棲の貝類のいることを知っていたからである。* なお、またこの世にほとんど知られていないここの未開族は、私に不思議な、興味のある研究を与えてくれようと思ったからである。どうしても行かなければならない。私は慈悲深い《じひぶか》天帝《てんてい》の加護《かご》を頼りに、コルディエ師の次のような親切な言葉に送られて出発した。

「主よ、この哀《あわ》れなる旅人をお護《まも》り下さい！」

＊原註——そこで美しい「ブリムス・カンボジエンシス Bulimus Cambogiensis」「エリックス・カンボジエンシス Hélix Cambogiensis」「エリックス・ムオティ Hélix Mouhoti」等が初めて採集《さいしゅう》され、世に紹介された。

十二マイル上流で船を捨てて、陸地を歩かなければならなくなった。午後二時に発《た》って、その日のうちには王から親書をもらって来た役人のいる村パンプチエラン Pemptiélan に着く予定でいたが、そこへ到着したのはようやく翌朝の十一時であった。われわれは炬火《たきび》をして、樹の蔭《かげ》で一夜を明かしたのである。

私は早速、この辺一帯を治めている役人を訪ねた。私の贈り物は大して高価なものではなかったが、非常に手厚くもてなされた。役人は早速、車の用意を命じ、煙草や檳榔子《びんろうじ》やキンマをすすめてくれた。彼はカンボジア人としては親切な、物腰《ものごし》の相当洗練《せんれん》された男であった。私にコーチシナの戦争の話をきいたり、欧州の情勢をたずねたり、いつ頃、欧州がこの地方に勢力を扶植《ふしょく》するようになるだろうかなどと訊《たず》ねたりした。

パンプチエランを離れると、たまにしか途切れることのない深い森に入り込んだ。出発後まもなく泥濘《ぬかるみ》に出遭ったが、その中に車が車軸《しゃじく》まではまり込んで、牛もわれわれ人間の助けを借りないと車を引き出すことができなかった。しかし、行程の後半は気持ちがよかった。登るに従《したが》って道路は乾いて平坦《へいたん》になり、しかも自然の風物は非常な変化を示して来た。

五日かかって二十里しか進まなかった。ブレルム Brelum まではまだ三十里ある。その間で最も私を悩ましたのは、牛を借りる際に村の者が示した狡猾《こうかつ》さと、その牛

人々の信仰を物語る、クメール建築にほどこされたレリーフ。『マハーバーラタ』や『ラーマーヤナ』といった神話に登場する神々が描かれている

ののろさとであった。夜になっても宿のない場合は、雨や湿気にひどく悩まされた。われわれの着物は、始終《しじゅう》濡れそぼって身体にまとわりついた。加うるに二人の従者《じゅうしゃ》が間歇熱《かんけつねつ》に冒された。中にもベトナム人は三日目ごとに出る熱病に冒されて、癒《なお》るまでに十日を要した。

プムプ・カ・デイ Pump ka-Daye に到着した。国境に近いスロク Srok すなわち村落で、二十人近いスティエン族がここには住んでいたが、彼らは酋長《しゅうちょう》に隷属《れいぞく》することを嫌って、カンボジアに近いこの地に移住して来たものである。われわれの車は、吹きさらしの小さな隊商宿の前で停まった。ところがここで、荷を降ろすとまもなく、案内人たちが逃亡してしまった。

スロクの酋長は、自分の部下数人を連れて早速やって来た。その相貌《そうぼう》は粗野《そや》で、性質はカンボジア的であった。私は酋長に親書《しんしょ》を示したが、文字は読めぬといって、つっ返した。

それで私はこう言った。

「この手紙には、こうある。これは王から私の行く先々の酋長宛《あて》に認《したた》められたもので、私の旅に必要な車を貸し与えよと書かれている。行先はブレルムだ。」

「車なんかない。」

それが酋長《しゅうちょう》の答えのすべてであった。

つまりわれわれは夜明けを待つために、そこに泊まっただけの結果になった。翌日、改めて酋長に掛け合ったが、結局、何の援助も得られなかった。仕方がないので私は、ニウに二人のカンボジア人をつけてブレルムのギーユー Guilloux 師のもとに手紙を届けさせ、その返事を待つことにした。ニウは四日目の夕方に戻って来た。ギーユー師は親切のこもった文字で、私の来るのを歓迎すること、ここまでやって来た私の勇気に感じて、まだ会わない先から懐《なつ》かしさを感じ、会える時を楽しみにしていると認《したた》めてよこされた。その上にこの親切な神父は、伝道所《でんどうしょ》の車を三台と、無事に神父のもとに着くようにと、数人のベトナム人と二人のスティエン人までつけてよこしてくれた。

この手紙は、もしかしたら私の突然の訪問が貧しい隠者《いんじゃ》を驚かせ、不都合をもたらしはせぬかと案じていた私の不安を除いてくれた。

安心と喜びを感じて、私は出発した。そしてまる二日を費やしてようやくブレルムへ到着した。その二日のうち、第一夜は急流のそばにござを敷いて、森に多数棲《す》む恐しい客人の襲来《しゅうらい》を防ぐために火を焚《た》いて過ごした。第二夜はブレルムから数マイル手前の空き小屋で過ごした。そしてようやく八月十六日の朝九時に、二百五十メートルに三百メートルほどの矩形《くけい》の空き地に到達した。その空き地は二つの丘の間にあって、丘の裾《すそ》は深い沼池になっていた。正面の高台には竹を組み、藁《わら》を葺《ふ》いた二棟の長い建物が眺められた。そしてそれに隣《とな》る竹やぶの上に、空に向かって、二人の尊いフランス人が、この恐しい寂寥《せきりょう》のまっただ中に二年前にかかげた謙譲《けんじょう》の十字架がかかっているのが眺められた。それがブレルムの伝道所だった。

われわれの到着はいっせい射撃《しゃげき》で迎えられた。われわれもそれに応じた。銃声は森にこだまして拡がり、付近に棲む怪物《かいぶつ》どもを巣の奥深くへひそませた。と、この騒ぎのまっただ中に、ギーユー師は熱情にかられて行った巡回《じゅんかい》の結果であり、そのためにもう六か月以上も臥床《がしょう》しているという化膿《かのう》した足を引きずりながら駆け出して来て、私を迎えるために沼に渡された丸木橋《まるきばし》を渡って来られた。

われわれの愛する美しい国が生んだ崇高《けだか》くもまた貴い神の御子《みこ》たる師に、私は心からの敬意を捧げたい！　宗教と文化をもたらして未開人に幸福を与えるためには、食料の欠乏《けつぼう》も、疲労も、苦痛も、死をさえもいとわぬ勇敢《ゆうかん》にして貧しい師！神よ、師の崇高《すうこう》にして困難《こんなん》なる仕事にお恵みあらんことを！　何故なれば、人間はその務めを果たすにはあまりに無力であり、しかも師はこの世の報いを何も求めてはおられないのであるから！

乾草《かんそう》を葺《ふ》き、蓋《ふた》を壁とし、土塀《どへい》に囲まれたこのブレルムの謙譲《けんじょう》な主任司祭《しゅにんしさい》の家に比べると、アパイト小父《おじ》の小屋の方がまだしも立派であった。私はそこに友人として招《しょう》じ入れられた。

The Discovery of Angkor Wat

第15章

スティエン族

未開人スティエン族の間の三か月——本族の風習——産物——動物——ベトナム人の風習

未開人スティエン族の間の三か月——本族の風習——産物——動物——ベトナム人の風習

　もう三か月、私は森とあらゆる種類の動物のまっただ中で、未開人種スティエン族と生活をともにしている。謂《い》わば、われわれは敵の包囲のまっただ中で暮らしているのである。われわれは始終《しじゅう》、敵の襲撃を恐れて暮らした。しかも彼らの多くは、草の下を這《は》って部落に忍び込み、屋根の下にさえ入り込んで来る。森には象、水牛、サイ、虎、猪《いのしし》等が多数生棲《せいせい》している。沼のあたりの地上は、彼らの足跡でうずまっている。従《したが》って森に一歩でも踏み込めば、絶えず耳をそばだてていなくてはならない。しかし大体において、彼らは人間の近づくのを見ると逃げて行く。従って彼らを撃とうとすれば、彼らが始終、水を飲みにやって来るあたりの樹上《じゅじょう》にひそんでいるか、木の葉を葺《ふ》いた小屋で待ち伏《ぶ》せなくてはならない。サソリ、ムカデ、中にも蛇《へび》はわれわれにとっては最も恐るべき敵であって、要心《ようじん》の上にも要心を要する。その他、蚊《か》に水蛭《みずびる》等というまことにうるさく、しかも恐しい曲者《くせもの》がいる。特に雨期には十分の注意を要する。寝る時、あるいは起きる時に、足や手を最も恐しい毒蛇《どくへび》にかまれる危険がある。私はこの毒蛇を数度、家の中で見つけて、銃、時には斧で殺したことがある。こうして文字を書いている間も、私はあたりに眼を配ることを忘れない。今夕《こんせき》、うっかり踏みつけた蛇が――幸いにして、その時は咬《か》まれずにすんだが――再び現れるかも知れないからである。また時々、私は耳を澄《す》まして、板囲《いたがこ》いの中の豚《ぶた》をとろうとして、虎が住居の周囲に近づいて来て吠《ほ》えはせぬか、庭を囲む茨《いばら》を荒らしに竹やぶを倒しながら、サイが近づいて来はせぬかと注意をしている。

この地方に住む未開のスティエン族は、おそらくタイとカンボジアをベトナムから隔《へだ》てている山脈や高地、すなわち北緯《ほくい》十一度から十六度、東経《とうけい》百四度から百十六度二十分の間に棲《す》む人種と同系統《どうけいとう》に属するものではないかと思う。彼らは村ごとに教団を形づくっていて、一見、その周囲のあらゆる住民とはまったく異なった人種のように見られるが、私一個の考えからすれば、彼らはこの国の原住民すなわち昔からの住民のように思われるのである。それが、ラオス、タイ、カンボジア等に拡《ひろ》がったチベット族の侵略を繰り返し受けた結果、ついに今日、彼らの居住する山地に追い込まれてしまったのではあるまいかと。とにかく、私はこの考えを覆《くつがえ》すに足る証拠は、まだ一つも発見してはいない。*

＊訳註——その後の研究は、ムオのこの説の正しいことを証明している。スティエン族は、かつてはこの半島に栄えていたインドネシア系のモイ族に属している。それが文明種族の侵略にあって、漸次《ぜんじ》、現在の山や藪林《そうりん》中に追い込まれて、古来の原始生活を守りつづけている。

この未開人は、彼らの棲む山や森に心から愛着を感じ、それらから離れることに死にも等しい苦痛を感じる。従《したが》って、隣国で奴隷《どれい》生活をしているものはこの地を懐《なつ》かしみ、あらゆる方法を講《こう》じて逃げ帰ろうとし、またしばしばそれに成功してもいる。

スティエン族は、近隣から非常に怖《おそ》れられている。しかし、その恐怖は彼らの弩《いしゆみ》を射ることの巧《たく》みさ、その生棲《せいせい》する地方の森林に蔓《はびこ》るマラリヤ等が誇大《こだい》にカンボジアおよびベトナムに吹聴《ふいちょう》されているためである。事実、この地方には熱病は猖獗《しょうけつ》をきわめている。ベトナム人やカンボジア人で、この地で死んだものは多数にのぼる。現在までにこの地に入った外国人で多少ともそれに冒《おか》されないものは、私が初めてだとのことである。

スティエン族は藪蔭《やぶかげ》を愛し、森の奥を好む。請《い》わば野獣とともに生活している人種である。彼らは決して道をつけない。しかも木や枝を伐《き》り開かずに最も近い、最も容易な道を見出すことを心得ている。そうして彼らは、彼らの呼ぶ「高い国」に執着《しゅうちゃく》するが、生まれた土地というものには全然、愛着を感じていない。隣と何か不快なことが起きたり、家族の誰かが死んだりすると、小屋を捨てて、ひょうたんや子供を容れた負籠《おいかご》を背に、さっさと他所《よそ》へ移ってしまう。土地には不自由をしない。どこへ行っても森は同じである。

この人種は、たしかに独立不羈《どくりつふき》な性実《しょうじつ》を持っている。しかし一方にはカンボジアが控《ひか》え、他方にはラオスやベトナムが控えている。そしていずれも三年に一度、納める蜜蝋《みつろう》と米の租税《そぜい》を横取りするか、せめてその上前《うわまえ》をはねようと窺《うかが》っている。中にもカンボジア王は、チャム族に対して行った通りのことをこのスティエン族にも試みて、人口の稀薄《きはく》な地方に彼らを移植《いしょく》しようと企《くわだ》てている。

西紀一八四八年にフランスの社会組織に成文《せいぶん》となって現れた三年に一度の納税法《のうぜいほう》は、ここでは隷属関係《れいぞくかんけい》ではあるが、スティエン族によって考え出されて実行されている。われわれはそれを成文化したが、同じものをここでは実行しているのである。ある者が食料を豊富に持っていると、村中がその分け前にあずかる。しかし飢饉《ききん》が起こったとなると——これはしばしばあるのだが——ある家にないものは、また他の家にもないことになる。

彼らは鉄器を巧みに作り、象牙細工《ぞうげざいく》にも秀《ひい》でている。北部のある種族などは剣や斧の製作に巧《たく》みで、その評判はベトナムにまで拡がっている。食事に用いる鉢《はち》も、粗末《そまつ》ではあるが、やはり手製である。妻は夫の肩衣《かたぎぬ》をすべて自ら織って染めている。

米の他にトウモロコシ、煙草、カボチャ、スイカ等の野菜の栽培も行っている。バナナ、マンゴー、オレンジ等の果樹にも恵まれている。奴隷《どれい》はとにかく、いずれも畑を村から相当離れたところに持っていて大事にしている。雨期にはこの畑に小さな杭上家屋《こうじょうかおく》を建てて、その中でなすこともなく過ごす。気候も悪いが、水蛭《みずびる》が多くて――タイの森のようにここでもそれは、その時期には非常に繁殖《はんしょく》をする――そのために山猟も河漁もできなくなってしまうからである。

彼らが稲を作る方法は、フランスの農夫が麦やソバの畑を作るのとは大いに異なる。雨期になって雨が降りだすと、未開人は彼らに必要なだけの広さの米作に適した土地をまず選ぶ。そして、その開墾《かいこん》を始める。これは欧州人には大きな問題であるが、彼らは一向に前から用意にかかる様子も見せない。そして、さてとなると、数日のうちに、竹の柄《え》のついた斧《おの》で百ないし百五十平方メートルの竹やぶを伐《き》り拓《ひら》く。その際、伐り倒すのに骨の折れる大木は、そのままに残しておく。数日して伐った竹がいくらか乾くと火をつける。あたりは拓《ひら》けているので一時に燃え上がる。根などは意に介しないし、その土地を耕すなどということも考えない。これでもう、この処女地《しょじょち》に種さえ蒔《ま》けばよいのである。それには、まず二本の長い竹を紐《ひも》代わりに畑におく。そして両手に棒を持って、紐代わりの竹にそって左右の土に深さ一プースないし一・五プースくらいの穴を一定の間隔《かんかく》をおいてあけてゆく。これで男の仕事は終わって、後は女の仕事になる。女は中腰《ちゅうごし》になって、右脇に持った籠《かご》から一握《ひとにぎ》りの籾《もみ》——一握り少なくも六十粒くらいはある——をつかんでは、さっさと少しの渋滞《じゅうたい》もなしに夫があけた穴の中に籾を落としてゆく。馴《な》れたもので、穴の外にこぼれるものはほとんどない。

数時間でこの仕事は終わる。というのが耙《まぐわ》や鋤《すき》を彼らは用いないからである。よき母である自然はまもなく激しい雨を注いで、大地を洗って籾に土をかけてくれるからである。すると畑の主は小屋に籠《こ》もって、高いその小屋の中である種の木の葉を巻いて作った煙草をくゆらせたり、猪やサルやジャコウジカを矢で射たり、面白《おもしろ》半分に藤の綱を引いて、畑の中または小屋の上に立てた竿《さお》の先にぶら下がった二つの竹片《たけぎれ》を鳴らして、籾を食いに来る鳩《はと》やオウムを追い払ったりする。刈《か》り入《い》れは十月末である。

普通、刈り入れ時の二か月も前になると、食料は欠乏《けつぼう》して彼らの生活は哀《あわ》れさを加える。彼らは手もとになにかあると大盤振舞《おおばんぶるま》いをやったり、売ったり、分けたりして明日のことなど考えない。その代わり、飢饉《ききん》になると蛇やヒキガエル、コウモリ（これは古い竹の穴にいくらでもいる）等まで食べる。トウモロコシやタケノコ、森の根茎《こんけい》、その他、自然に生えている様々なものまで食する。

近くの国々で飼っている家畜や家禽《かきん》、例えば牛、豚、ニワトリ、アヒル等はスティエン族も飼っているが、数は少ない。飼い象はここではほとんど見られないが、聞くところでは、もっと北のブヌム Benum 族の村ではどこでも幾頭か飼っているとのことである。

刈り入れが終わると、祭が始まる。その頃になると、稲は畑のまん中の細長い臼《うす》の中に積み上げられて、そこから毎朝一日分ずつ引き抜いてくる。

その時分になると、一村が他村を招くということをやる。村の豊かさにもよるが、その時には一時《いっとき》に牛が十頭も屠《ほふ》られるということも珍しくない。そしてそれだけ全部がなくならないうちは客は帰らない。昼夜ぶっ通しで飲み食いが行われて、中国のタムタムや太鼓、歌などが終日聞こえる。長い間の不自由の後のこの過食《かしょく》は様々の病気を誘発《ゆうはつ》する。最も普通なのは皮癬《ひぜん》、その他、恥ずべき皮膚病《ひふびょう》である。ある病は塩の欠乏からも起こる。彼らは、塩には常に恵まれていないからである。

この未開人は、様々な至極《しごく》簡単な治療法を心得ている。傷には決して包帯を巻かない。深傷《ふかで》でも太陽にあてるだけだが、それで結構、大抵のものは癒《なお》ってしまう。中国人にはよく見かけるらい病は、この種族には見られない。また彼らはなかなかの清潔家《せいけつや》で、年中沐浴《もくよく》をし、一日に三度も水につかることも珍しくない。

スティエン族の目鼻立ちは、ベトナム人やカンボジア人とはまるで違う。しかし髪はベトナム人のように長く伸ばして、藁束《わらたば》のように後頭部で巻いて、竹の櫛《くし》で止めている。これにキジの冠毛《かんもう》のついた真《しん》ちゅう線の一片をつけているのもよく見受ける。体躯《たいく》は高い方である。たくましいという感じはしないが、よく均整《きんせい》がとれていて強健《きょうけん》という印象を受ける。目鼻立ちは大体整っている。眉《まゆ》は濃く、髭《ひげ》は生える

スティエン族

がきわめて薄い。頬の毛を抜かずに蓄《たくわ》えているものは、重々しく幾分陰鬱《いんうつ》な表情に見える。

額は大体に秀《ひい》でていて、知能的であることを示している。事実、カンボジア人より知能は優れている。世話好きなところがあって、見知らぬものでも厚遇《こうぐう》して大いにもてなす。そんな場合には豚を一頭殺すか、「鳥鍋《とりなべ》」を作るかして「一献《いっこん》」すすめる。しかし、酒は盃《はい》や鉢《はち》で飲まずに、大きな瓶《びん》からじかに竹筒《たけづつ》からやる。酒は米を原料としてそれを発酵《はっこう》させるが、蒸溜《じょうりゅう》することは滅多《めった》にない。竹筒を渡されてそれを拒《こば》むのは非常な失礼だとされていて、中には短刀で非礼をただす場合もある。同じ礼儀は、諸君の前に出されたご馳走《ちそう》にも適用される。

彼らの唯一の衣服は長い肩衣《かたぎぬ》であるが、身体につけている時には幅二プースくらいにしか見えない。私は時々、彼らが小屋で裸でいるのを見かけたことがあるが、私に気づくと、それで身体をすぐに被《おお》ってしまう。

彼らは、奴隷《どれい》には非常に寛大《かんだい》である。また決して他人に対して肉体的な苦痛をなめさせるということをしない。盗みに対しても豚一頭か牛一頭に酒瓶《さけびん》数個の罰を与えるだけである。それを村中、寄《よ》ってたかって飲み食いする。しかし泥棒《どろぼう》がこの刑罰に服さない場合は、その負債《ふさい》は急速に増える。しばらくのうちに、牛は十五頭ないし二十頭になる。かくなる時は奴隷《どれい》に売られてしまう。

スチエン族には聖職者もいなければ、寺もない。しかし彼らも至高《しこう》の存在は認めていて、幸福につけ不幸につけ、その存在を忘れない。その神を彼らはブラー Brâ と呼んでいるが、これをあらゆる場合に招く。結婚は酋長《しゅうちょう》の前で行われ、これにはお祭り騒ぎが常に伴《ともな》う。

葬式は荘重《そうちょう》に行われる。村中がこれには列《つら》なる。時に故人《こじん》の近親者だけが家に居残ることもある。葬式に列なったものは悲しかろうとなかろうと、とにかく悲しそうに泣き叫ぶ義務がある。死体は彼らの住居の近くに土葬《どそう》にして、墓の上には木の葉で葺《ふ》いた小さな屋根を組む。その前に水をいっぱい容《い》れたひょうたんと、矢、時には小さな弓等を供《そな》える。家族の誰かが、毎日墓前へ幾粒かの米を撒《ま》きに行く。人が生前《せいぜん》通りにそれを食って暮らしてくれるようにとの意に他《ほか》ならない。この点、中国人の習慣と似ている。また彼らは食事の度に、祖先の糧《かて》にと、わざと地上に幾粒かの米を落とす。祖先が生前によく通った小径《こみち》や畑にも同じ供物《くもつ》をする。その場合には地上に長い竿《さお》を立てて、その先に葦《あし》の総《ふさ》を掛け、その下に水と酒の入った小さな竹片をつける。地上には、少し地面から離して小さな竹網を渡し、これに少し土を盛り、その上に一本矢を立て、幾粒かの飯粒《めしつぶ》と骨を一つ、煙草を少々、葉を一枚、これだけをのせる。

彼らの信仰によれば、獣類《じゅうるい》もまた魂を持っていて、それは死後さまようものであると考えられている。そこで獣を殺すと、魂が仇《あだ》をするのを怖れて、罪ほろぼしの意味で殺した獣の獰猛《どうもう》さ、大きさに応じて供物をする。象に対する儀式は最も盛大で、この時には象の頭を飾る冠《かんむり》が編《あ》まれる。タムタムや太鼓、歌声は七日間連続する。ラッパの音に村中が駆けつけて、この儀式に列席するが、各自その肉の一片《いっぺん》にありつく。

スティエン族は獣肉を長い間、蓄《たくわ》えようとする時はくん製にする。しかし大抵の場合、殺したものあるいは捕えたものは、その場で二、三日中に食ってしまう。皮を剥《は》がずに丸ごと少し焦《こ》げるぐらいに焼いて、後でそれを細かに切って青竹《あおだけ》の筒に入れ、あるいは、直接、炭火《すみび》にのせて焼く。

大抵の者は手に弩《いしゆみ》を携え、肩には肉切包丁《にくぎりぼうちょう》をさげ、背中には小さな負籠《おいかご》を背負っている。この負籠は獲物入れの革袋《かわぶくろ》の用もすれば、箙《えびら》の用もする。

畑仕事のない時は山の猟か、河の漁をして過ごす。彼らはいくら駆けまわっても疲れず、非常に深い森の繁《しげ》みも鹿のような速さで通りぬける。敏捷《びんしょう》で、身軽《みがる》で、疲労《ひろう》を知らない。女もまた男のように身軽で、強健《きょうけん》らしく見受けられる。スティエン族の弩は非常に強い。それを彼らは巧《たく》みに操るが、五十歩以上隔《へだ》てて矢を放つということは滅多《めった》にない。巨獣《きょじゅう》の猟をする時に矢に塗る毒は、新しい場合は驚くべき効き目をあらわす。象、サイ、あるいは虎等を槍《やり》で刺した場合、傷は浅くとも、毒はたちまち血液中に混じて、大抵の場合、刺した場所から数百メートルの地点で死体が発見される。

虎猟は、このスティエン族と隣のベトナム人のやり方では大いに異なる。ベトナムでは虎が誰かをさらったというようなことが起こると、その付近の男という男はタムタムを叩《たた》いて駆《か》け集まり、猟の名人の指揮を仰《あお》いで虎の駆り出しを行う。

虎という奴は普通、獲物《えもの》の食い残りのある付近にひそんでいるものである。従《したが》ってこの食べ残りがあれば、必ずその近くに「旦那《だんな》」がいる。この名称は「祖父《じじ》」とともに、聴覚《ちょうかく》が鋭《するど》くて人畜《じんちく》に危害《きがい》を与える肉食獣《にくしょくじゅう》に、ここで与えられている名前である。

そうして虎の居場所《いばしょ》がわかると、猟師は集まって人数に応じた大きな輪をつくる。隣との間隔《かんかく》はお互いの行動に差しつかえのない範囲《はんい》にとる。用意ができると一団中《いちだんじゅう》の大将株《たいしょうかぶ》の連中は、獲物が逃げ出せないかどうかを確かめる。ついで槍を構えた全員の見張りのうちに、勇敢《ゆうかん》なのが数人、藪《やぶ》を伐《き》り開きながら輪の中に進み出る。

周囲を包囲された虎は、臆病《おくびょう》に後退してほかの藪の繁《しげ》みに逃げ隠れる。そしていつでも襲いかかれるよう、血走《ちばし》った眼をあたりに配りながら、痙攣《けいれん》的に脚を舐《な》める。と、恐しい咆哮《ほうこう》とともにいきなり虎は飛びかかってくる。時を移さず、鉞《まさかり》のついた槍が突き出される。虎は槍の幾突《いくつ》きかを受けて地上に落ちて、その場で仕留《しと》められる。しかし時には失敗して、猟師の方に幾人かの犠牲者を出す場合もある。しかしこの国では火器《かき》の使用が禁ぜられているので、そんな場合には仕方なしにスティエン族の応援を求める。というのが、虎はその後はしばしば囲いを破って家畜を襲ったり、路上あるいは人家の戸口《とぐち》、ついには家の中にまで入り込んで人間をあやめるようになって、安閑《あんかん》としてはおれなくなるからである。

スティエン族は、非常に装身具《そうしんぐ》を愛する。中にも光の強いまがい真珠《しんじゅ》を愛して好んで、これで腕環《うでわ》をつくる。ガラス器と真《しん》ちゅう線は、彼らにとっては通貨である。水牛一頭、あるいは牛一頭は太い真ちゅう線ひと抱《かか》えにあたり、豚一頭の値もほとんどそれと同じくらいする。しかし細い真ちゅう線一ピエ七プースあるいは真珠の首飾りでキジなら一羽、トウモロコシなら百は買える。普通、男は肘《ひじ》の上、あるいは手首に腕環をはめているだけであるが、女は両の腕や両の脚にまで環をはめている。

男女ともに耳に穴をあけているが、この穴に長さ三プースの骨、あるいは象牙《ぞうげ》の梓を入れて、年々、その大きさを増して行く。

スティエン族では一夫多妻《いっぷたさい》が認められているが、実際に一人で数人の妻を持つというような贅沢《ぜいたく》がゆるされているのは、相当生活の楽な酋長《しゅうちょう》あたりだけである。

私がここにいる間に太陽の皆既食《かいきしょく》に出遭《であ》ったが――おそらくこれは欧州でも眺められたことと思う――カンボジア人同様、彼らもこの現象を、太陽あるいは月を呑《の》む何者かがいるためだと信じている。* そこで危険に瀕《ひん》した星《ほし》を救うために大騒ぎをやる。私の見た日蝕《にっしょく》の場合には、太陽が再び現れるまで、彼らはタムタムを叩き、大声にわめきながら空に向かって矢を放った。

*訳註――カンボジアでは、日蝕、月蝕《げっしょく》は太陽および月の兄弟で意地の悪いラウ Rahu という星が、太陽なり月なりを呑むために起こる現象だと考えている。しかし呑むとすぐに後悔して吐き出す。そのために妊婦《にんぷ》はこの星に安産を祈る。

彼らが好んでやる遊びの一つに凧《たこ》あげがある。これに弓によく似た唸《うな》りをつける。夜中に天空高く上がったこの凧が、風のまにまに快《こころよ》い音を立てると、彼らは喜んで耳を澄《す》ます。

記憶力は貧弱《ひんじゃく》で、また計算力は劣《おと》っている。トウモロコシを百くらい売るのにも十ずつ分けたりして、相当時間をかけないと正確な数字が出ない。

戦争はよくやるが、激しい戦いをやるようなことはなく、隣村同志で復讐《ふくしゅう》を繰り返す程度である。不意《ふい》に村を襲ったり、路上を要したり、捕虜《ほりょ》を得て引き上げたりする。捕虜には首かせをはめ、奴隷《どれい》としてラオス人やカンボジア人に売る。概《がい》して彼らの性質はおとなしく、臆病《おくびょう》だともいえる。何かちょっとした事が起こると、驚いて森深く逃げ込み、小径には短剣のように鋭く削《そ》いだ竹槍《たけやり》を植える。追跡者《ついせきしゃ》はしばしばそれで足を刺される。

ブレルムの未開人の習慣と他村のそれとの間には、相当顕著《けんちょ》な相違《そうい》が認められるが、それは十字架、善良にして勇敢《ゆうかん》なる宣教師《せんきょうし》に負っているのは言うまでもない。これら聖職者たちは、言葉の不自由を忍《しの》びながらも――これは彼らの最もつらく思っているところであるが――始終、彼ら未開人とともにいて、その立派な振る舞いと助言とにより、原住民の風俗を改善し、知能を啓発《けいはつ》し、一言にして言うならば不幸な人間どもを文化の恩典《おんてん》に浴《よく》せしめることを唯一の慰《なぐさ》めとして暮らしているのである。

この地方の動物は、大体タイと同じである。従《したが》って幾種かの美しい陸棲貝《りくせいがい》と昆虫――そのうちのあるものは新種であったが――およびきわめて少数の珍《めずら》しい鳥類の他には、この地の興味ある人間の風俗《ふうぞく》研究しか、私は旅の土産を得ることはできなかった。しかし、早急《さっきゅう》の間に正確を期《き》したいために認《したた》められたこの旅の覚書《おぼえがき》も、果たして神の加護を得て無事、祖国に私が帰り着き、その上で発表し得るかどうかははなはだ心もとない。あるいは不幸にして途中で熱病にたおれるか、飢えた虎の餌食《えじき》になるかして、しばしば蚊軍《ぶんぐん》に悩まされながら、木の根方《ねかた》で炬火《たいまつ》の光をたよりに書きなぐられたこの幾葉《いくよう》かの整理は、親切などなたかのお世話にならなくてはならなくなるかも知れない。

私はブレルムに三か月滞在《たいざい》して、親切な師の住居を中心に、ある時は猟に夢中になり、ある時は研究心に駆《か》られて方々へ旅をした。後の目的のために、私は北のメコン河の谷間にあるバサック Bassac の手前までも出かけた。このバサックというところは鉄の産地で、欧州人の開発を待っているところである。前の狩猟《しゅりょう》のために

スティエン族の農耕

は、私はよく西南部の森林地帯へ出かけたが、その辺はメコン河流域の種族とベトナム帝国との間に、絶えず人種的な怨恨《えんこん》による争いの繰り返されたところで、人は棲《す》まず、虎の跳梁《ちょうりょう》するがままにゆだねられている。

この三か月の間、哀《あわ》れな私の従者《じゅうしゃ》たちは、いずれも絶えず熱病《ねつびょう》を病《や》んでいた。それにつけても、これまで何の異状《いじょう》もなしに過ごして来た自分をはなはだ幸運だと思っている。私はこの森に入っても、ただの一度も熱病《ねつびょう》には冒されなかった。雨期には、空気は湿気《しっけ》て非常にうっとうしさを感ずる。深い森の日のささないところなどは、まるで温室の暑さで、少しでも激しく身体を動かそうものなら、汗びっしょりになってしまう。九月と十月とは激しい雨が昼夜《ちゅうや》のけじめなしに降り続いた。しかし七月と八月の間には数回、二、三日、雷が鳴り通すという激しい嵐が見舞っただけであった。十一月の初めになると風が変わって、寒暖計《かんだんけい》は摂氏《せっし》で十二度も降るという涼しい夜を数夜か迎えた。日中の三時になっても、寒暖計はあまり上がらなかった。すなわち同じ寒暖計で、三十度から三十三度までの間にあったのである。

The Discovery of Angkor Wat

第16章

太湖トンレサップ

ピニャルーへ――九頭の象に遭う――被圧迫民――カンボジアの蘇生について――太湖トンレサップ

ピニャルーへ――九頭の象に遭う――被圧迫民――カンボジアの蘇生について――太湖トンレサップ

二十九日。親愛《しんあい》なる同胞《どうほう》にして、かつ友であるアルヌウ師と私とはお互いに――とあえて言う――別れを惜《お》しんだ。そしてピニャルーへ所用《しょよう》のあるギユウ師とともに出発した。二人の聖職者《せいしょくしゃ》たちは、コーチシナが開放されて旅ができるようになるまで、当地にとどまるようにと引き止めてくれたが、戦いが近く終わるという見通しがあればともかく、今のところではそれは何時《いつ》のことやら見当《けんとう》もつかなかった。

ブレルムを発《た》って最初の村、前に出たパムプ・カ・デイまではアルヌウ師とスティエン族の老酋長《ろうしゅうちょう》が見送ってくれた。この老酋長は、私のために三台の車を提供してくれたのである。プライとギユウ師の従者《じゅうしゃ》のベトナム人とは、車にのせたのでは動揺《どうよう》で壊れるにきまっている昆虫箱《こんちゅうばこ》を持ってくれた。

雨はもう三週間前からあがっていた。従《したが》って沿道《えんどう》の風景は、八月に通った時よりは明るく、道も乾《かわ》いて、意外な快適さを味わった。泥深《どろぶか》い沼や雨の夜を怖《おそ》れることはもうなかった。

その夜の泊まりと定められた場所に着いて、従者たちが米を焚《た》くため、いま一つには野獣を除《よ》けるための火を起こしていると、牛や犬、サルどもがそわそわは何かを怖《お》じ恐れる様子を示した。とほとんど同時に、私は獅子の咆哮《ほうこう》とも思える声を耳にした。反射的にわれわれは弾《たま》込《ご》めのしてある銃をとった。同じ咆哮は数度、間近《まじか》に聞こえて、動物の恐怖はいよいよつのって来た。われわれとても不安を感じないではいられなくなった。私は、そこでいっそこちらから敵に迫《せま》って行こうと言い出した。皆は承知《しょうち》した。そこで各自、銃か槍《やり》をひっさげて森の中に入り込んだ。やがてわれわれは、われわれの憩《いこ》いをおびやかした獣の足跡《あしあと》を発見した。まもなく、森の中の小さな空き地の雨水をたたえた泥地《でいち》のふちに、巨大な雄《おす》の老象《ろうぞう》を先頭に、九頭の象群がこちらに頭を向けているのを見出した。

われわれを見ると、先頭の象は前よりもいっそう恐しい叫《さけ》びを上げて、皆でわれわれに迫って来た。われわれは身体をかがめて木の幹《みき》や草の後ろにかくれた。油の木は登るにしては太すぎた。私は銃をかまえると、先頭の雄象《おすぞう》の唯一の急所《きゅうしょ》、こめかみに狙いを定めた。その時、昔、猟師をしていたという側《そば》のベトナム人が、撃《う》つのはやめてくれ、と頼みながら私の銃をとった。

「と、申しますのが」とベトナム人は言ったのである。

「象のうち一頭を負傷《ておい》にしたり殺したりしようものなら、私たちは大変なことになってしまうからです。たとえ私らの身体は助かっても、私らの牛や車、それから中味もなにもかも、荒れ狂う象に粉々《こなごな》にされてしまいます。相手が二、三頭ならこんなことは申しません。こういう私自身、もう引き金を引いておりましょう。皆で象を残らず退治《たいじ》することもできましょう。しかし今は九頭で、しかもうち五頭は巨象です。何とかして遠ざける方がよかろうと思います。」

その時、足に自信のないギユウ師が、相手を脅《おど》すために空に向かって引き金をひいた。この方法は、見事奏功《そうこう》した。九頭の巨象はびっくりしたらしく、いっせいに立ち止まったと思うまもなく、急に右に半回転して、森の中に姿をかくしてしまった。

パンプチエランに着くと、われわれはカンボジアのこの辺《あた》りでは、最も勢力のある役人を訪ねたが、この国の風習にもない好遇《こうぐう》を受けて、役人の家に泊めてもらった。落ち着くとまもなく、役人が現れて私の最上等《さいじょうとう》の銃を所望《しょもう》した。それをどうしても私が手放《てばな》しそうにないと知ると、では代わりに何かもらいたい、こういう場合には贈り物をするのは義務であると、はっきり言った。それで私は洋服を一揃《ひとそろ》いに、火薬箱《かやくばこ》、狩猟用小刀《しゅりょうようこがたな》、火薬、その他、細々《こまごま》としたものを贈った。役人はその返礼《へいれい》として、象の御者《ぎょしゃ》が用いる象牙《ぞうげ》のラッパに、旅に必要な象を二頭贈ってくれた上、その地方の酋長《しゅうちょう》に宛《あ》てた丁重《ていちょう》な手紙をしたためて、われわれの従者《じゅうしゃ》に届けさせてくれた。

翌日、再びわれわれは旅を続けた。一頭の象の上では、聖職者が静かに聖務《せいむ》日祷書《にっとうしょ》を読み、もう一頭の上では私があたりの風景の美しさに見惚《みほ》れている。かくてわれわれは以前に通った時には、哀《あわ》れなチャム族が住んでいた美しい平原を横切った。ところが再びそこを通って驚いたのは、豊かな稔《みの》りは見られずに、あたりは草ぼうぼうの荒野《こうや》と化していたことである。村には人影はなく、住居も、築地《ついじ》も荒れはてていた。事の真相《しんそう》はこうであった。パンプチエランの役人はカンボジア王の命によって——というよりは命令以上に苛酷《かこく》にそれを実行して——哀れな住民を奴隷《どれい》のように虐待《ぎゃくたい》し、圧迫《あっぱく》があまりに激しくなったので、住民はついに首《くび》かせから逃れようとするに至った。彼らは漁具《ぎょぐ》や農具《のうぐ》を取り上げられ、金はなし、食料は尽《つ》き、極度の困窮《こんきゅう》に陥《おちい》って飢《う》え死《じに》するものも多数に上った。

これら不幸な人間はその数、数千に達し、大酋長《だいしゅうちょう》は捕えられた。しかし、大酋長はひそかに逃れてベトナムの方から戻って来ると、部下の全員に蜂起《ほうき》を促《うなが》した。プノンペン付近のものはウドンまで遡《さかのぼ》って、その同志の逃走《とうそう》を助けた。そして全員が合《がっ》するとメコンを下ってコーチシナに入《はい》り込んだ。カンボジア王は命を発《はっ》してチャム族の逃走を阻止《そし》しようとしたが、カンボジア人はみな、その上に立つ役人ま

トンレサップ湖の水上集落。トンレサップ湖は乾期と雨期とで面積が 3 倍以上異なる。プノンペン、シェムリアップ、バッタンバンといった街同士は河川交通で通じている

でが、一揆《いっき》起こるの報に接すると、いち早く森の中にかくれてしまっていたのである。

これら哀《あわ》れな人間たちは、困窮のはてにこの挙《きょ》に出たのだということ以外に、全カンボジア人環視《かんし》のうちを逃れたのだが、ウドン、ピニャルー、プノンペンも何とも手の施《ほどこ》しようもなかったほど、その逃走はまことに堂々としたものであった点が注目に値《あたい》する。

彼らは逃走の途上《とじょう》、このような声明を行《おこな》った。

「我々は諸君に、自由に我々を通過させて下さらんことを要求する。その代わり諸君の財産には一指《いっし》も触れぬことを誓約《せいやく》する。しかし、もし我々の通過を阻《はば》むものがあれば、我々はあえて殺戮《さつりく》も辞《じ》さぬ覚悟である。」

事実、彼らは町の近くに見張りもなしに繋《つな》がれていた大船《おおぶね》にさえ、一指《いっし》も触れなかった。そして彼らは、小さな丸木舟《まるきぶね》で河を下《くだ》って行ったのである。

コ・スタン島に達すると、われわれはコルディエ師を見舞《みま》った。このお気の毒な宣教師《せんきょうし》は悲しむべき状態にあった。病は悪化して、寝台《しんだい》から椅子に移るのさえもう意のままにはならなかった。それにもかかわらず師は、この島にたった一人で踏みとどまって、食料といえば米と干魚《ほしうお》だけで暮らしていられたのである。われわれは、われわれとともにピニャルーへ戻るようにとすすめたが、師はそれに従おうともされなかった。

「私が遺憾《いかん》に思うのは」と師は言った。

「もう両親には会えまいということだけです。私は死の訪れを、静かに、悦《よろこ》びをもって待っております。」

師を伴《ともな》って行こうとするあらゆる努力は、水泡《すいほう》に帰《き》した。師のために何もすることができず、この気がかりな状態のままに師を残して去るのは忍《しの》びなかったが、致《いた》し方なかった。

十二月二十一日に、われわれはようやくピニャルーに帰り着いた。

プノンペンはパリ標準東経《とうけい》百三度三分五十秒、北緯《ほくい》十一度三十七分三十秒に位《くらい》して、コーチシナとの国境へはわずかに二、三里しかない。メコン河の分流点《ぶんりゅうてん》にあって、ここからメコン河は初めは北東に上り、ついで北西に向かって中国領に入り、水源地《すいげんち》チベットに達している。いま一つの支流の方には名がないが、はっきりさせるために、私はそれには、その北西部にあるトンレサップの名をとってメ・サップMé-Sapと呼んではどうかと思う。この太湖《トンレサップ》は北緯十二度二十五分のあたりから始まって十三度十三分におよび、その形はヴァイオリンに似ている。この湖とメコン河との間はほとんど起伏《きふく》のない平原であるが、反対側には、プルサットPoursatの高峻《こうしゅん》な山脈およびその支脈がそびえている。

このカンボジアの太湖《トンレサップ》の入口は、美しくもまた雄大である。海峡《かいきょう》ともいいたいほどの広さがあって、岸は低く、なかば水につかった深い森林に被《おお》われている。その上方には無限に山脈がつづいていて、遠くの山の頂は青味《あおみ》をおびて紺碧《こんぺき》の空に溶《と》け込み、はては雲の中に紛《まぎ》れ込んでしまっている。湖に入るに従《したが》って、大海にでも出たように水面は渺茫《びょうぼう》とし、日中は強烈な水面の反射に眼もあけられないくらいである。あまりにも大きな自然の景観を前にしては、私はただ驚嘆《きょうたん》するばかりであった。

この内海《ないかい》ともいいたい湖水《こすい》のまん中に大きな棒杭《ぼうぐい》が立っていて、それがタイとカンボジアの国境を示している。が、この国境を越えてタイ領に入る前にカンボジア

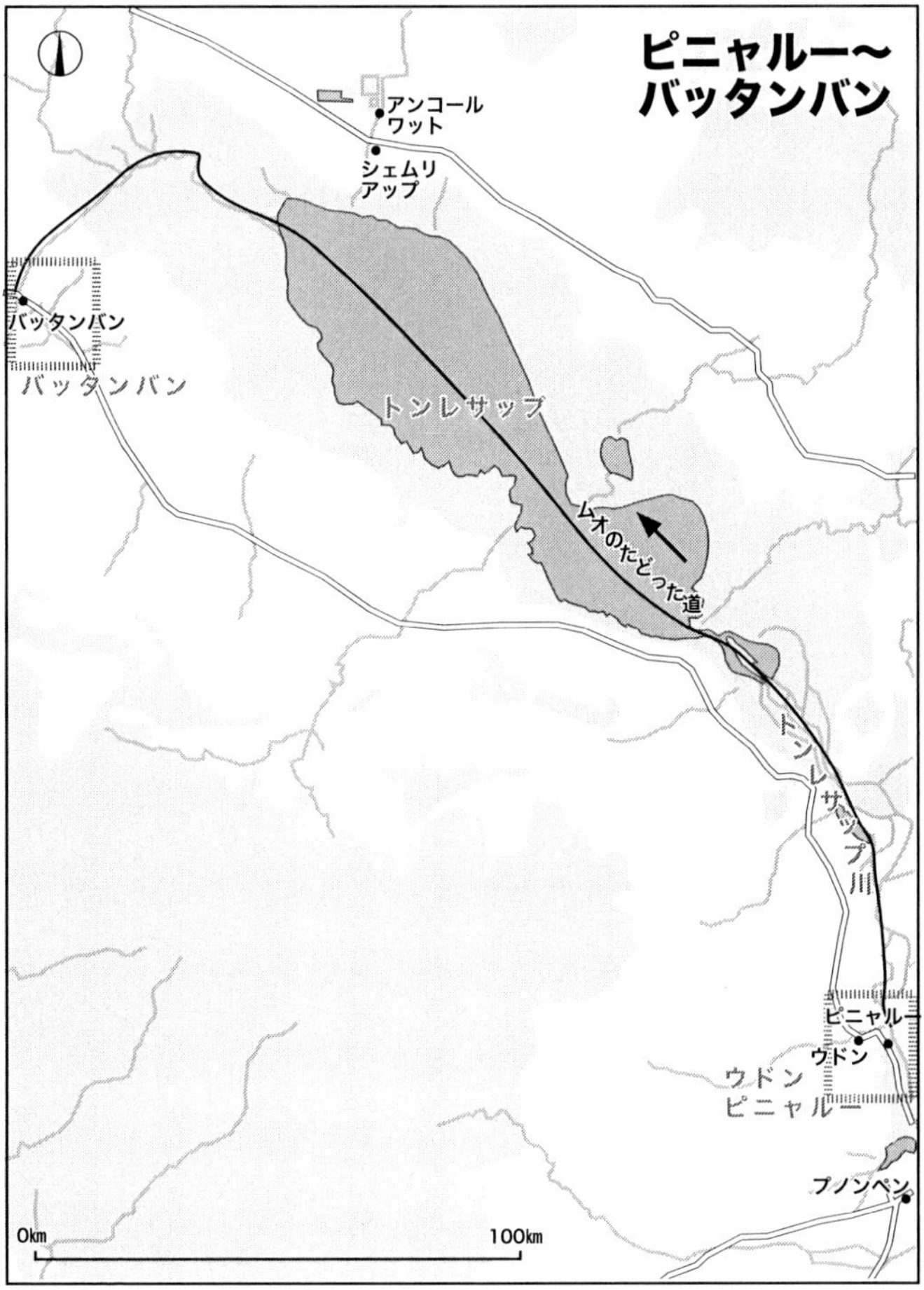
ピニャルー～
バッタンバン
アンコール
ワット
シェムリ
アップ
バッタンバン
バッタンバン
トンレサップ
ムオのたどった道
トンレサップ川
ピニャルー
ウドン
ウドン
ピニャルー
プノンペン
0km
100km

について言い残したことを付け加えておきたい。

カンボジアの現状《げんじょう》は悲しむべきもので、その将来は嵐《あらし》を含《ふく》んでいる。

しかし、われわれがこれから訪ねようとしているバッタンバンやアンコール(一)の諸州に見られる素晴らしい廃墟《はいきょ》によってもよく知られるように、かつてはこの国は強大な、人口に恵まれた王国をなしていた。ところが、この国と隣国《りんごく》との間に絶えず繰り返された戦闘はついにその人口を減らし、今日では昔日《せきじつ》のおもかげをとどめぬまでになってしまった。私自身の観察《かんさつ》や統計によれば、現在の総人口はおそらくは百万を超えるまい(二)。この国の統計によれば、労役《ろうえき》に服《ふく》するもの、自由なもの、武器を携行《けいこう》し得るものの数は、三万人と計上されている。カンボジアではタイ同様、奴隷《どれい》は租税《そぜい》ならびに労役の対象とされていないので、その数は計上されていない。

(一) 訳註――オンコール Ongkor は、普通にはアンコール Angkor と言われている。

(二) 訳註――最近の調査では、おおよそ三百万人で、その内訳は左の通り。

メコン河およびトンレサップの氾濫

カンボジア人およびそれに属するもの	二、六〇〇、〇〇〇
ベトナム人	二五〇、〇〇〇
中国人	一〇五、〇〇〇
回教徒《かいきょうと》（マレー人とチャム人）	七三、〇〇〇
フランス人	一、八〇〇

相当数《そうとうすう》に上る中国人の他に、幾世紀《いくせいき》も前からこの国に移住しているチャム人、マレー人等がいる。また二、三千と計算されるベトナム人の水上生活者《すいじょうせいかつしゃ》がいる。人口の減少は、労役者の数にのみ現れるので、王も役人もその正確な数字を上げることはできない。

欧州人がこの国を統治して奴隷制度を廃止し、*この国の国民を保護するような賢明《けんめい》な法政《ほうせい》を布《し》き、この国の繁栄をこいねがう経験と誠意《せいい》に富む施政者《しせいしゃ》を得て、初めてこの国はコーチシナ——そこではフランスがまさに政権を握《にぎ》ろうとしているが、早晩《そうばん》実現するのは明らかなところである——の隣接国《りんせつこく》としての蘇生《そせい》は期待し得られる。かくしてこそカンボジアは再生《さいせい》し、コーチシナ同様に富み、かつ豊かな穀倉《こくそう》ともなり得よう。

＊訳註――西紀一八八四年の条約で、フランスの保護国となると同時に、奴隷制度は廃止された。

この国は煙草、コショウ、ショウガ、サツマイモ、コーヒー、綿《めん》、絹等を多量に産する。このうち、私は特に綿について触れたいが、これはフランスばかりでなく、欧州、否《いな》、地球上のあらゆる国々の製布原料《せいふげんりょう》の四分の三を占《し》めるきわめて重要なものである。ところが、神の御裁《おさば》きにより、現在、アメリカは内乱の渦中《かちゅう》＊にあって、その結果はもとより、終局《しゅうきょく》の時期も予測《よそく》し得ない状態にある。従《したが》って、今後、長期間にわたってアメリカからこの貴重な原料を仰《あお》ぐことは、まず不可能と思わなくてはなるまい。従って綿は全部とまではゆかなくも、一部不足を告げることになり、この方面の工業にたずさわる労働者《ろうどうしゃ》幾百万人の生活の問題も生じて来よう。それを思うにつけても、活動と労働と資本《しほん》の三つがそろいさえすれば、ここには何という豊穣無限《ほうじょうむげん》の畑がひらけていることであろう！

＊訳註——南北戦争を指す。

移民にたけたイギリスなら、下コーチシナおよびこの国をたちまちにして、広茫《こうぼう》たる綿畑《めんばたけ》にしてしまうことだろう。またイギリスがもしこの国を手に入れるようなことになれば、しばらくのうちにオーストラリア、インド、ジャマイカ、ニュージーランド等の植民地と併《あわ》せてこの貴重な原料を独占し、やがてアメリカにとって代わる存在となるのは必定《ひつじょう》である。結果は、現在フランスもイギリスも他から求めているものを、フランスはイギリスから求めることになるだろう。しからば、どうしてわがフランスは自給自足の途《みち》を早く講《こう》じようとしないのだろうか。コ・スタン島一つでさえ――メコン河の島はすべて名義上《めいぎじょう》、王室の所有物《しょゆうぶつ》ということになっている――綿の栽培者たちは一ヘクタールにつき重さ一リーヴルの銀で借地《しゃくち》して、千二百フランの収入を納めている。また台地の森林は、名実《めいじつ》ともにそなわる見事な建築用材を提供するし、市場で需要《じゅよう》の多いゴムの樹や樹脂《じゅし》等をも産する。その他、伽羅《きゃら》をはじめ、染料《せんりょう》用の樹木も数種《すうしゅ》産している。山地には金をはじめ、銀、鉛鉱《えんこう》、亜鉛《あえん》、銅、鉄等を産する。鉄は中にも有名である。

それにつけても、あまりにこの国の産業の貧弱《ひんじゃく》なのには驚く。これほど豊穣《ほうじょう》なこの国に一つとして工業らしいものは見当らないのである。しかしそれには王なり役人なりがその懐《ふところ》を肥《こ》やすことばかりを考えて、剥奪《はくだつ》ないしは涜職《とくしょく》を行い、この職権濫用《しょっけんらんよう》が事業を破滅《はめつ》に導き、勢《いきお》い発展を阻《はば》んでいる事実は見逃せない。そこで賢明《けんめい》に慎重《しんちょう》に施政《しせい》をほどこし、住民に臨《のぞ》むに誠実《せいじつ》と保護とをもってするならば、すべてはたちまちにして一変《いっぺん》するに違いないと思う。

あらゆる租税《そぜい》が生産者ないしは開拓者《かいたくしゃ》の上にかかるので、多く生産すればするほど多くを仕払《しはら》わなくてはならない。そこで、気候のためにただささえ怠惰《たいだ》にできている人間が、いよいよ悪徳《あくとく》に染《そ》まる。少しく生産すれば、少ししか仕払わないですむ。そこで彼らはいよいよ働かなくなってしまう。人口の大部分、それも大事な部分が奴隷《どれい》であるばかりでなく、あらゆる強奪《ごうだつ》、涜職がこの国の知事や閣僚《かくりょう》など高官によって行われている。王族および王自身までが率先《そっせん》して、その範《はん》を垂《た》れているのが現状である。

The Discovery of Angkor Wat

第17章

バッタンバン居住民と廃墟

トンレサップ湖の横断――バッタンバン河および町と州――居住民と廃墟――アンコールの廃墟へ――廃墟の描写

トンレサップ湖の横断——バッタンバン河および町と州——居住民と廃墟——アンコールの廃墟へ——廃墟の描写

静かな水をたたえたこのカンボジアの小地中海《しょうちちゅうかい》の、最も幅《はば》のひろいところを渡るのには三日を要する。まさにこの湖は動物の楽園であって、その中には無数の魚類が棲息《せいそく》するし、その水面にはあらゆる色彩の水禽《すいきん》が繁殖《はんしょく》している。湖の北端には、幾千羽のペリカンが密集《みっしゅう》してあらゆる方向に遊弋《ゆうよく》している。あるものは岸に向かい、またあるものは首を伸ばして餌《えさ》を漁《あさ》っている。無数の鵜《う》が水面上、数ピエのあたりを飛び交っている。その黒い外套《がいとう》は、ペリカンの中にまじっても、その明るい色とはっきり見分けられるのである。中にもまっ白い鶏冠《とさか》が目立つが、この鵜が湖畔《こはん》の枝に群れているところは、さながら大きな雪綿《ゆきわた》のようにも見える。

クン・ボレーイ Kun-Boréye 河に入っても――この河は幾筋《いくすじ》かの流れからなっていて、うち一つがバッタンバン河と呼ばれている――眺めは狭《せば》まりこそすれ、以上の景観には変わりがない。いたるところに鳥類は飛び交い、魚を漁っている。

そこでわれわれも彼らにならって、船中の時間を有用《ゆうよう》に使うことにした。日はもう沈みかけていた。早く鳥や獣《けもの》の料理をしないと暑さのために腐《くさ》ってしまう。それでわれわれが代わって櫂《かい》を握って、従者《じゅうしゃ》たちは米を炊《た》くための火を起こしにかかった。やがてわれわれは流れに揺《ゆ》られながら、うまいプーリを吹かして、小柄《こがら》な中国人プライのフランス語と中国語とタイ語のちゃんぽんの話に耳を傾けていた。

夜が明けて最初の日がさし、涼《すず》しい微風《そよかぜ》が吹きそめて、仇敵蚊軍《きゅうてきぶんぐん》を追い払うと、再び船を進めた。落合《おちあい》に出ると、東南から来る流れの方へ船を入れた。その河は蛇《へび》のように曲がりくねって流れはひどく早かった。バッタンバンはこの流れの上《かみ》にあるが、河幅《かわはば》は時に十二メートルから十五メートルくらいに狭《せば》まった。木の枝は舟にかぶさり、大サルが遊びを忘れて枝にぶら下がったまま、われわれの船に見惚《みほ》れていることもあった。ワニが櫂《かい》の音、漕手《こぎて》の歌に眠りを覚まして、湿地《しっち》から流れの中に踊り込んで水底《みなそこ》深く姿を没《ぼっ》するのも時々見かけた。

ようやくわれわれは、土塀《どべい》に囲まれた村に着いたが、ここではこの土塀を仰々《ぎょうぎょう》しくも堡塁《ほうるい》と呼んでいる。われわれはバッタンバンに到着したのである。どこへ行ってもそうであったが、ここでも私はフランスの聖職者《せいしょくしゃ》の世話になった。ここで私はシルヴェストル Sylvestre 師に、師の心からなる歓待《かんたい》と、博物学者、考古学者としての私の研究に一方ならぬ援助を賜《たまわ》った厚意《こうい》とに対して、厚く礼を申し述べたい。

バッタンバン州がタイに属してからもう一世紀になる。爾来《じらい》、数度この州はその覊絆《きはん》を脱せんと計り、二十年前にも当時カンボジアを席捲《せっけん》していたベトナム軍に頼ろうとしたことがあるが、ベトナム軍はかえってタイ軍のためにプノンペンの彼方《かなた》まで撃退《げきたい》されてしまった。その後、カンボジアはわずかにコーチシナと事《こと》をかまえ

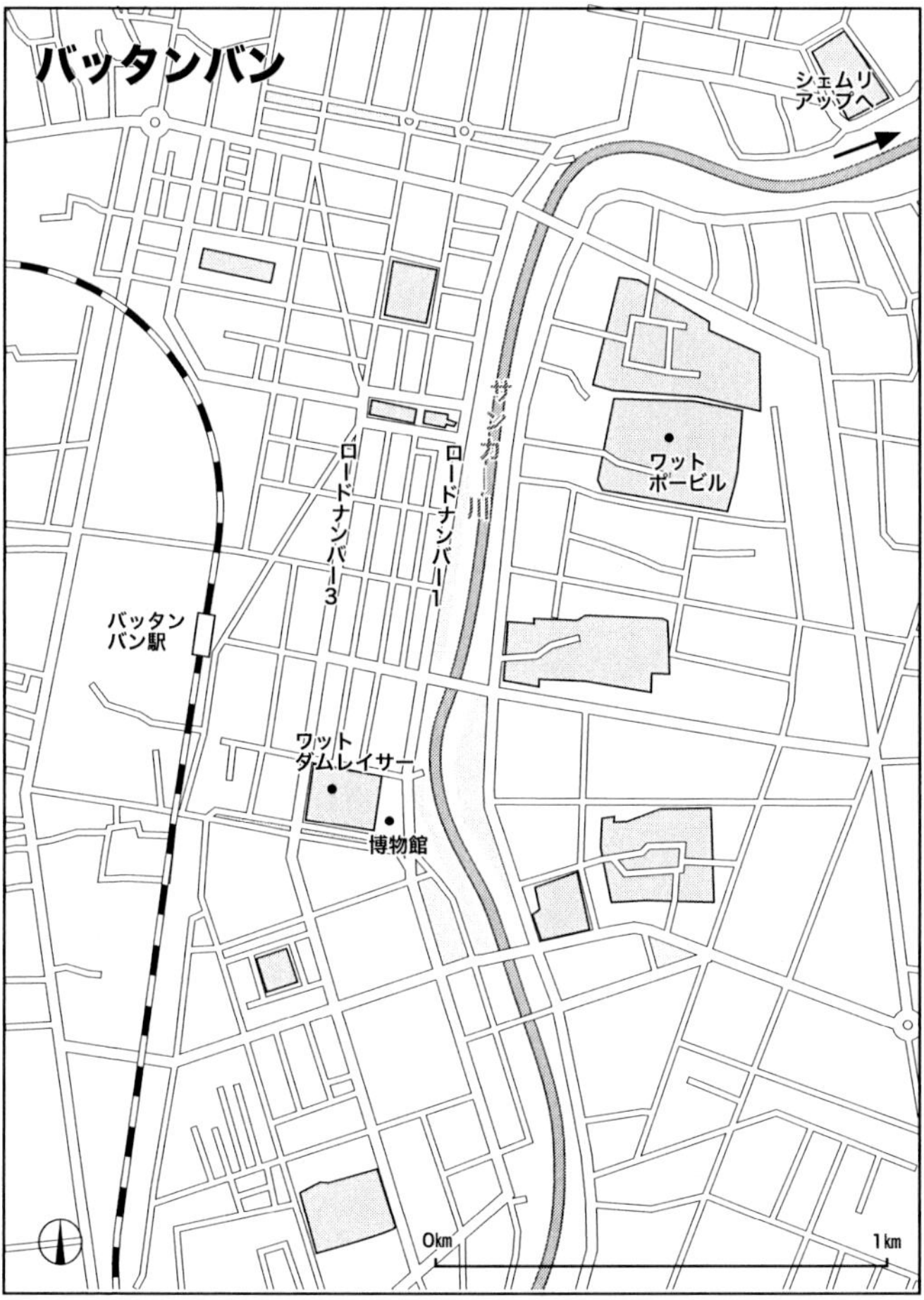
バッタンバン
シェムリアップへ
サンカー
ロードナンバー3
ロードナンバー1
ワットポービル
バッタンバン駅
ワットダムレイサー
博物館
0km
1km

るのみで、タイの朝貢国《ちょうこうこく》となり下がってしまった。

フランスは二年前からベトナム帝国と戦っているが、この戦いがなかったならば、おそらくはこの一小王国《いちしょうおうこく》には今ごろは弔鐘《ちょうしょう》が鳴りわたっていたことと思われる。その運命は傾き、隣国に併呑《へいどん》される運命に立ちいたったのは疑いを容《い》れない。

人家はすべてこの小河に沿って建っているが、それらはバナナの美しい植林《しょくりん》にかこまれて、そのリボンのような葉や美しいマンゴーの濃緑《こみどり》の中に埋《う》もれている。

バッタンバンの住民の大部分は、カンボジア人である。百姓は住居の裏に稲田《いなだ》を持っている。そしてもう一世紀にわたって他の国に従属《じゅうぞく》していながら、故国《ここく》の風俗習慣を今なお守り続けている。また現在の政府は巧《たく》みな政策を用いて、彼らをカンボジア人同様に取り扱って、絶対の自由をゆるし、他州を亡ぼした租税《そぜい》をここには採用していない。この恩恵《おんけい》は比較的バッタンバンを栄えさせ、誰の眼にもすぐにそれとわかる程度に、住民は相当裕福《ゆうふく》に暮らしている。またここの物価は非常に安い。

現在の町はタイに占領《せんりょう》されて後に興《おこ》ったもので、昔の町は東へ三里の河沿いにあった。その河を堰《せ》いて、流れを現在の向きに変えたのである。

カンボジア人の住家

昔の住民はその頃にタイやラオスに移り、その後に新しくプノンペン、ウドン、その他、カンボジアの諸地方から集められた人間が移植《いしょく》された。

その源はとにかくとして、バッタンバン人は賭博《とばく》を好み、子供らしい遊びを楽しむことにおいては、真のタイ人であると言えよう。ことに毎年開催される競馬には熱狂《ねっきょう》して、その賭《か》け金は十一ネン（約千百フラン）という、この国としては相当多額《たがく》に達することもしばしばある。この地方には非常に速い小馬《こうま》がいて、これは鹿や水牛の猟用《りょうよう》として珍重《ちんちょう》されている。平原のまっただ中にあるので、最も速い野獣《やじゅう》にも追いついて、槍《やり》で殺す必要があるからである。闘鶏《とうけい》や亀の喧嘩《けんか》にも相当額の賭け金が集まる。この後ろのものはまことに興味のあるもので、二匹の亀がわずかの間隔《かんかく》をおいて並べられた短い二枚の板の間におかれる。いま一つの穴のあいた板がその間に渡されて、二匹の亀が同時に唯一のこの穴から出ようとすると、勢い相手を倒さなければならないように作られている。一方、亀の甲《こう》には粘土《ねんど》で小さな炉《ろ》のようなものが作られ、一定量《いっていりょう》の炭を過不足《かふそく》なしに二分《にぶん》して火をつけ、これを亀の甲の上において扇《おうぎ》であおぐ。火熱が肉を焼き始めると、哀《あわ》れな動物は何とかして熱《あつ》さから逃れようとして、あがいて穴に迫《せま》り、二匹のうち弱い方が力つきて倒されるということになる。

バッタンバン州には年代不詳《ねんだいふしょう》の古跡《こせき》が処々に散在《さんざい》する。すべて太湖《トンレサップ》の北端にあって、その区城は大きな半円形をなしている。すなわちバッタンバンの小河の源から始まって東へ延《の》び、トンレサップとメコン河間の万古不斧《ばんこふふ》の森林中に入って没《ぼっ》する。この間の地域では、旅人は一歩ごとといってよいほど、至るところに崩壊《ほうかい》し去った帝国、今は亡びた文化を忍ぶ廃墟《はいきょ》に行き会う。

バッタンバンの近傍《きんぼう》だけでも、バセット Bassette やバノン Banone、ワット・エ Wat-Eh 等の廃墟を挙げることができる。

われわれはアンコールへ往復の途次《とじ》、二度バセットを訪ねた。しかしここでわれわれの得たものは、レンガ造りの塔の門の上にある長さ一・五メートルの砂岩《さがん》に彫られて、いまだに完全に原形をとどめている薄肉彫《うすにくぼ》りの写しだけであった。

廃墟はすべて時の流れにはなはだしく傷《いた》められていて、その有様は嫉妬《しっと》深い敵によって根こそぎ掻《か》き廻《まわ》されたようにも見られる。猛獣の棲息《せいそく》するおそろしく繁《しげ》った樹木がこの破壊をすべて行ったのであるが、どう見てもそれには人手《ひとで》が加わり、地震までが手伝っているようにしか思えない。

行廊《ぎょうろう》がいくつも地下に埋没《まいぼつ》している。そして今では、その腰石《こしいし》の破片《はへん》だけしか見られない。そうかと思うと、現在二メートルの高さに持ち上げられて門の上框《うわがまち》のように見えているものが、その実、今なお立っている遺物《いぶつ》の一部であったりする。

多少とも原形をとどめているのは、長さ二十五メートル、幅六メートル、内壁《ないへき》で二つの部分に分《わ》かたれた外観が塔の形をしたものだけである。

これは全部砂岩《さがん》の切り石でできていて、表の破風《はふ》や龕《がん》には最も古いアンコールの遺跡《いせき》と、おそらくは同じ様式と思われる美しい彫刻が施《ほどこ》されている。しかし内部の壁面には、何の装飾も見られない。石はすべてツルハシや槌《つち》の痕《あと》をとどめている。

窓には湾曲《わんきょく》した格子《こうし》がはまっているが、今では一、二本しか遺《のこ》っていない。

他の塔の門の上框《うわがまち》やその他、崩壊《ほうかい》した建物等に描かれている図柄《ずがら》には、長い髭《ひげ》を生やした人物が最も多く認められる。いずれも坐像《ざぞう》で、円《えん》すい形《けい》の丈《たけ》の高い帽子をかぶり、片手を剣の柄《え》にのせ、いま片手をその上に重ねている。その他には四つの

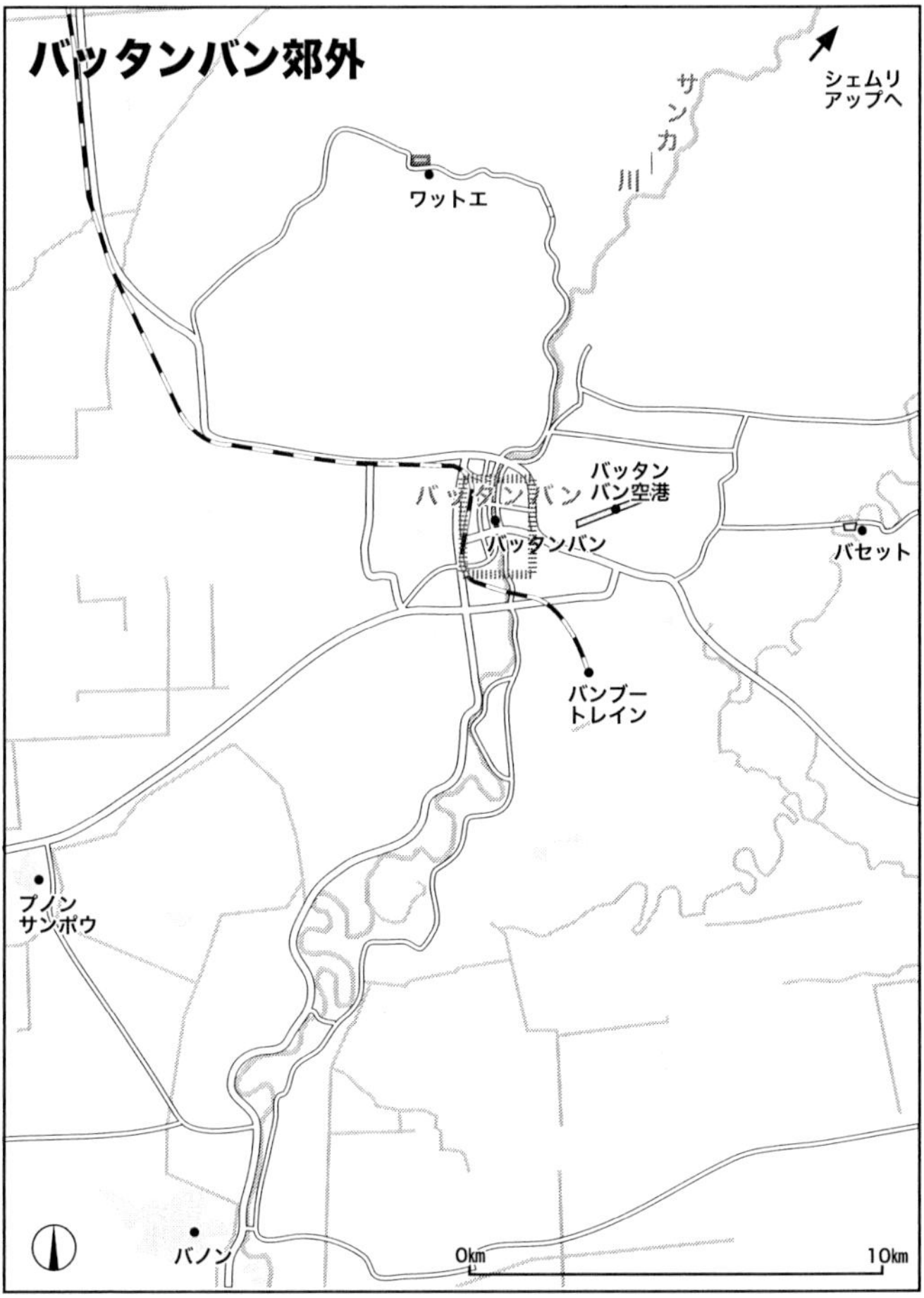
バッタンバン郊外
サンカー川
シェムリアップへ
ワットエ
バッタンバン
バッタンバン空港
バッタンバン
バセット
バンブートレイン
プノンサンポウ
バノン
0km
10km

頭を持つ象や、空想の人物等がいくつか描かれている。

その少し先に、非常に大きな柱の立ったところがある。今なお幾本かは立ったままで残っているが、傾いたり倒れたりしたものが多い。頂だけが地上に出た門もいくつかある。そこここに切り石の破片《はへん》が飛んですっかり崩壊《ほうかい》し尽くした塔、行廊《ぎょうろう》の壁石《かべいし》なども見られる。また、水の枯《か》れた美しい池がある。十八メートル四方あって、深さは今なお二メートルあるが、四方は錆鉄色《さびてついろ》の凝結物《ぎょうけつぶつ》の階段でとりまかれている。

伝説によれば、このバセットは、この国の大官《たいかん》が時々出かけた遊楽地《ゆうらくち》であったということになっている。

バッタンバン市の起源《きげん》は相当新しい。このバセットの廃墟の近くに再び多数のカンボジア人が蝟集《いしゅう》したのは、まだようやく一世紀前のことである。その以前のカンボジア人は、カンボジアと隣国タイとの間に絶えず繰り返された闘争を避けて他に移住してしまった。

この地方の住民は勝利者によって、捕虜《ほりょ》として連れてこられたものであって、同じ方法をタイは他の人口稀薄《じんこうきはく》な地方にも採用している。

一州から住民を拉《らっ》し来《き》たって、他州に移植《いしょく》するというこの方法は、近世東洋では経済政策の根元《こんげん》をなしたものである。そして柔弱《じゅうじゃく》と怠惰《たいだ》に愚鈍化《ぐじゅんか》した彼らカンボジア人は、古代東洋の遺跡《いせき》——今後は西洋諸国の子弟にのみに雄弁《ゆうべん》に語り、学問の対象を提供しようとしているこの廃墟《はいきょ》の上に、他愛《たあい》もなく眠っている。

バッタンバン河を十二、三里遡《さかのぼ》って南へ行くと、プルサトの大山脈から分岐《ぶんき》する支脈に属する山に達する。その麓《ふもと》には最近の建築になる貧弱《ひんじゃく》なパゴダがあり、その付近には数軒《すうけん》、茅屋《かやや》が散在《さんざい》している。この山の平《たい》らな頂《いただき》にバノンの廃墟がある。八つの塔が行廊で結ばれていて、中央の直径八メートル、高さ二十メートルの塔へは土盛《つちも》りをした廊下によって、二方から通ずるようになっている。

建物はすべて同一平面上に砂岩によって建てられていて、年代はバセットと同時代に属するものと思われる。これといって特徴《とくちょう》はないが、いまだにそびえている塔や行廊には壮大なところがなくはない。全体の調和もよくとれていて、建築様式はまた優れ、細部には芸術的な香気《こうき》さえ感じられる。この記念物は、アンコール州のあらゆる建物と同じく、建築用材が用材だけに、タイ建築あるいは中国芸術の華奢《きゃしゃ》な幼稚《ようち》な記念物とはまるで違った印象を与える。

バノンは寺院であったものに違いない。いまだに中央の庭、それから一本の廊下によって繋《つな》がれた相対《あいたい》する二つの塔などには、多数の仏像が見られるからである。おそらくそれらは建物と年代を同じくするものであろうが、それらはこれもまた同時代の作と覚える小仏像《しょうぶつぞう》によって囲まれている。

これに隣《とな》る山の麓には、天井の高い、暗い、石灰岩《せっかいがん》の深い洞穴《どうけつ》があって、中には美しい鐘乳石《しょうにゅうせき》が下《さ》がっている。洞穴には数メートル、岩をよじ登って達する。カンボジア人は鍾乳石を伝わり落ちる水を神聖視《しんせいし》して、これに様々な神性を与えているが、中にもそれは過去、現在、未来をさながら鏡のように歴然《れきぜん》と映し出す力を持つものと信じている。それでいまだにここには巡礼《じゅんれい》が絶えず、彼らは彼らの健康、彼らのあるいは国の運勢《うんせい》のよからんことを祈って供物《くもつ》を捧げ、岩の凹所《おうしょ》という凹所あるいは土の上に置かれた仏像を礼拝《れいはい》する。

ワット・エ寺はバノン寺の反対側、バッタンバンから二里のところにある。相当原形をとどめているが、おそらくはバノン寺と同年代に属するものであろう。

クメール建築に使われた石材。クメール王朝は802年、ジャヤヴァルマン2世によって樹立され、その高度な文明は東南アジア一帯に知られた

第18章

The Discovery of Angkor Wat

アンコール・ワット

アンコール州――前言――アンコール――町、寺、宮殿および橋

アンコール州——前言——アンコール
——町、寺、宮殿および橋

以上の古跡《こせき》を訪ねた後、一月二十日の早朝、私はシルヴェストル師と同道《どうどう》で、太湖《トンレサップ》の北東にあるアンコール見物に出かけた。* 二十二日にわれわれはとある小河の河口に到着したが、雨期にはこの河をアンコールの新市《シェムリアップ》まで遡《さかのぼ》り得る。

＊訳注——ムオのこの一文によって、アンコール・ワットは世界に初めて喧伝《けんでん》されるに至った。

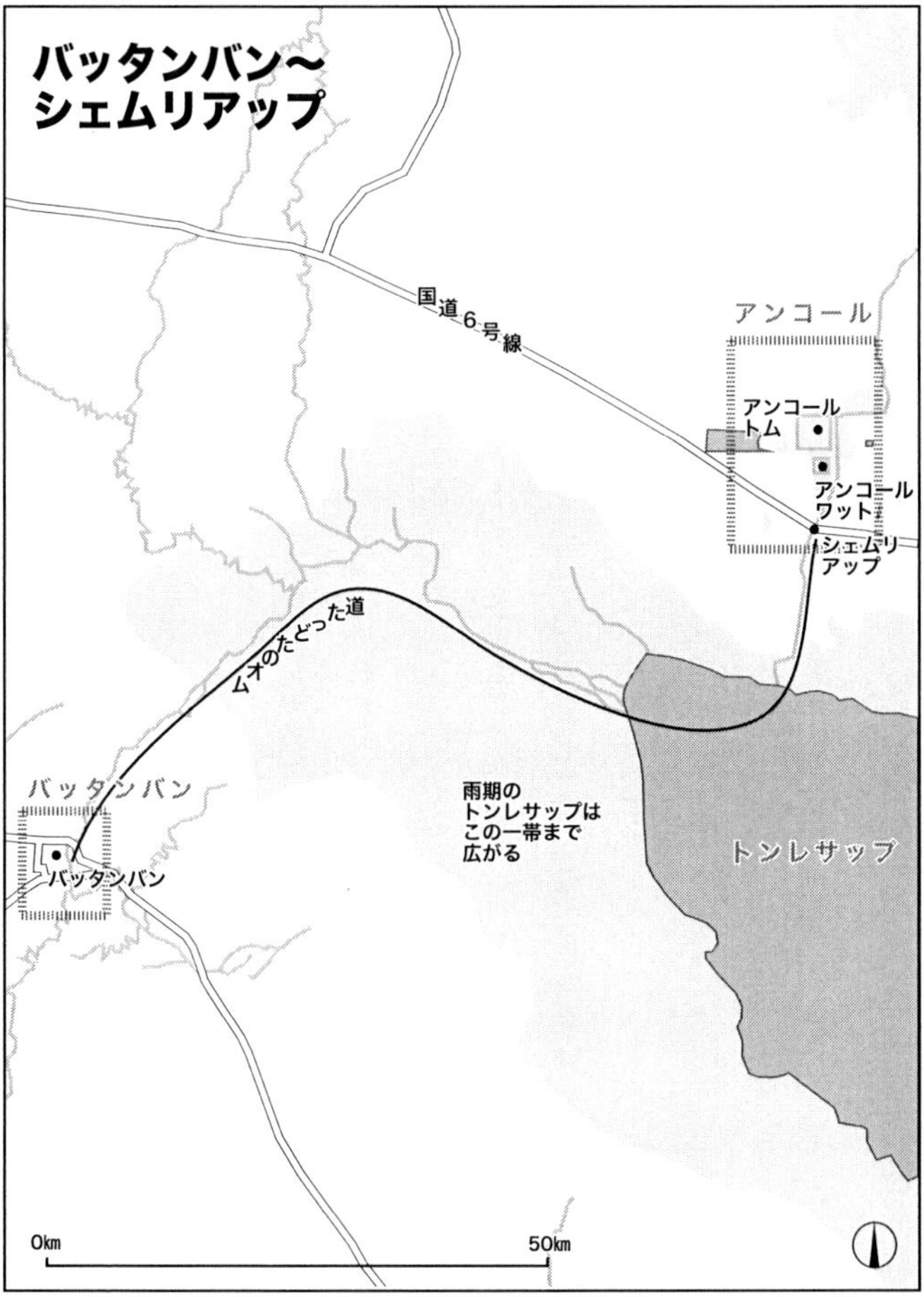
バッタンバン～
シェムリアップ
国道6号線
アンコール
アンコール
トム
アンコール
ワット
シェムリ
アップ
ムオのたどった道
バッタンバン
バッタンバン
雨期の
トンレサップは
この一帯まで
広がる
トンレサップ
0km
50km

河口から二マイルの上流で船を捨てると、丈《たけ》の高い雑草の生いしげる砂っぽい平原を横切る道を、小一時間《こいちじかん》進んだ。この道は太古《たいこ》に作られて、今なお使用されているものである。

この平原は南方をコラート山脈の一支脈ソムレ Somrais 山脈に限られて、西の方には小丘《しょうきゅう》クローム Chrôme がそびえている。その付近には石の高塔が遠くからも望まれるが、これは道路とともにこの地方の古代文化を物語るもののうち、まず最初に旅人の眼を惹《ひ》くものである。

アンコールに到着すると小さな隊商宿《たいしょうやど》に入って休息したが、それは各方面から来るあらゆる種類の旅人によってなかば破壊されていた。彼らは米を炊《た》くための薪になるものを何でも片っ端から剥《は》ぎとってしまっているのである。カンボジア人は大体において人の面倒をみることを好まず、旅の者に宿をかすなどということはまずない。よしあってもきわめて短時間に限られているので、この点、隣国《りんごく》の風俗とは大いに異なる。

ノコール Nokor あるいはアンコールは、昔のカンボジアすなわちクメール族の首都である。当時、この王国の名はインドシナの大国中にも響きわたっていたので、もっぱらこの国で語られている伝説によれば、この国に朝貢《ちょうこう》した国王の数は百二十、軍隊は五百万、王の宝庫《ほうこ》だけで数里の長さに亘《わた》った、とある。

太湖《たいこ》トンレサップの東に位《くらい》する北緯《ほくい》十五度、東経《とうけい》（パリ標準）百二度におよぶ同名の州には、当時の宏壮《こうそう》な遺跡《いせき》がいくつか遺《のこ》っているが、それら見事な遺跡に接したものはいずれも驚異《きょうい》の眼をみはり、かくも素晴らしい建築物を遺すほどの文化と天稟《てんぴん》とをそなえた強国は、その後、一体どうなったのだろうとの疑問に躊躇《ちゅうちょ》する。

中にもその一つは、よく欧州の壮麗《そうれい》な大寺院とも比肩《ひけん》し得るものであって、その豪壮さに至ってはギリシャ、ローマの芸術をも遥かに凌《しの》ぐものがある。それを見るにつけても、この建築物の建設者である偉大な民族の後裔《こうえい》が、現在堕《お》ちている野蛮なあわれな状態には、驚きかつは傷《いた》ましい思いを感ぜずにはいられない。

不幸にして何物をも尊重《そんちょう》しない「時《とき》の力《ちから》」、水平線上のあらゆる方角から押し寄せる蛮人《ばんじん》の侵入、最も新しいところではタイ人の侵略、それにおそらくは地震も手伝ったのであろうが、この豪華な記念物の大部分が崩壊《ほうかい》しつくしている。この破壊作用は、現在、ようやく崩壊をのがれて四囲《しい》を睥睨《へいげい》しているものに対しても働きかけている。この壮麗《そうれい》なマハー・ノコール・クメール Maha-Nokor-Khmer（一）の王位に即《つ》いた代々の王については、今のところ分かっていない。ただこの大寺院を建設したのは、らい病の王だという伝説が伝わっているだけである。その他はすべてが忘却《ぼうきゃく》の深い淵《ふち》に没《ぼっ》し去ってしまっている。壁面の処々に文字の刻まれているのを見るが、それらはこの国の学者にも解読し得ない。原住民にアンコール・ワットの建設者のことを訊くと、きまって次の四つの答えの一つに出会う。すなわち「天使の王プラ・エン Pra-Enn（二）がお建てになったものです。」「巨人が建てたのです。」「この建物は有名ならい王がお建てになったのです。」あるいは「自然に建ったものです。」

（一）訳註――Maha はサンスクリット語で「大」、Nokor は「首都」の意である。
（二）訳註――ヴェーダの神インドラのこと。

アンコール朝のスーリヤヴァルマン２世（在位1113～50年）時代に築かれたアンコール・ワット。ヒンドゥー教ヴィシュヌ派の寺院で、1992年に世界遺産に登録された

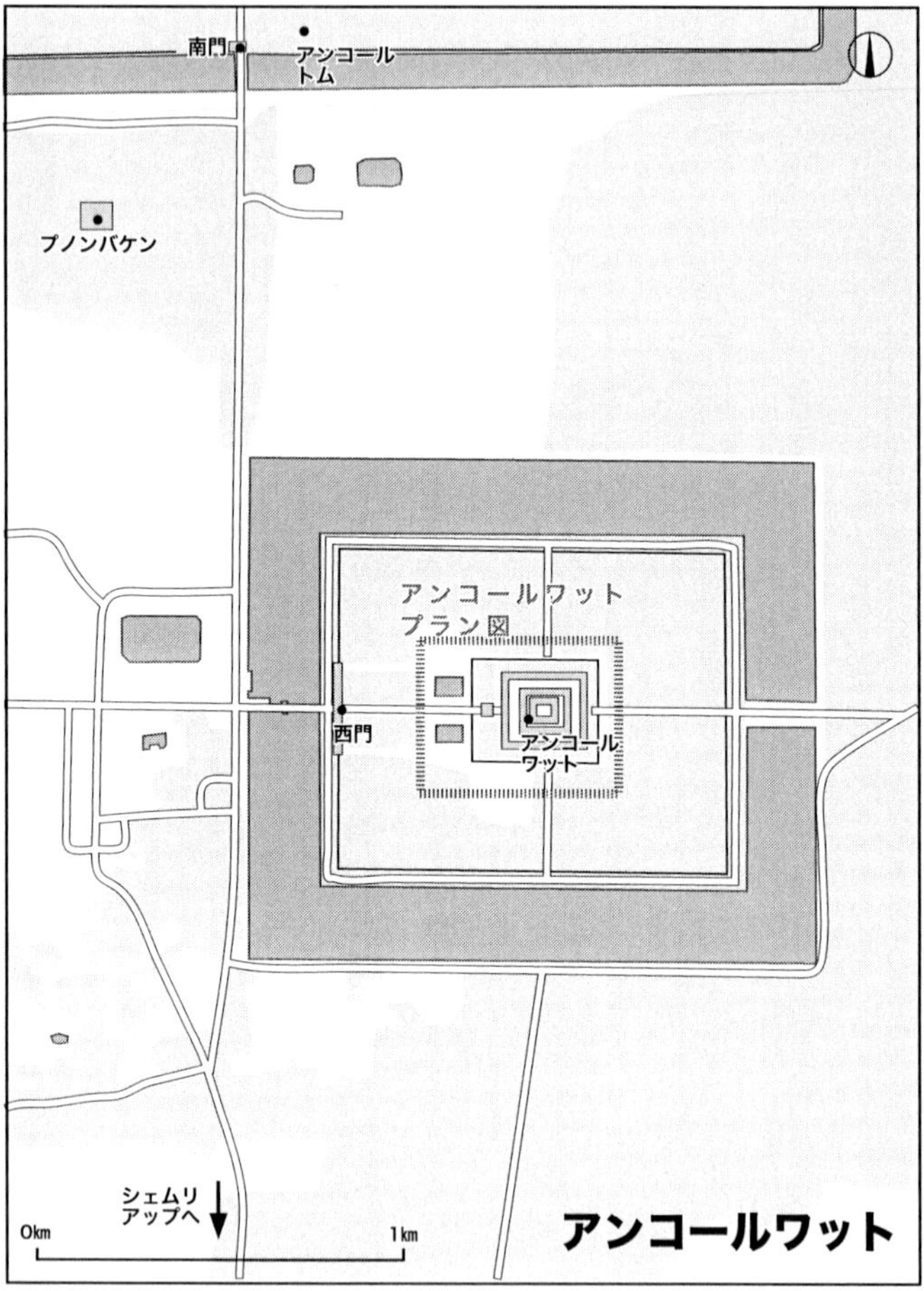
南門
アンコール
トム
プノンバケン
アンコールワット
プラン図
西門
アンコール
ワット
シェムリ
アップへ
0km
1km
アンコールワット

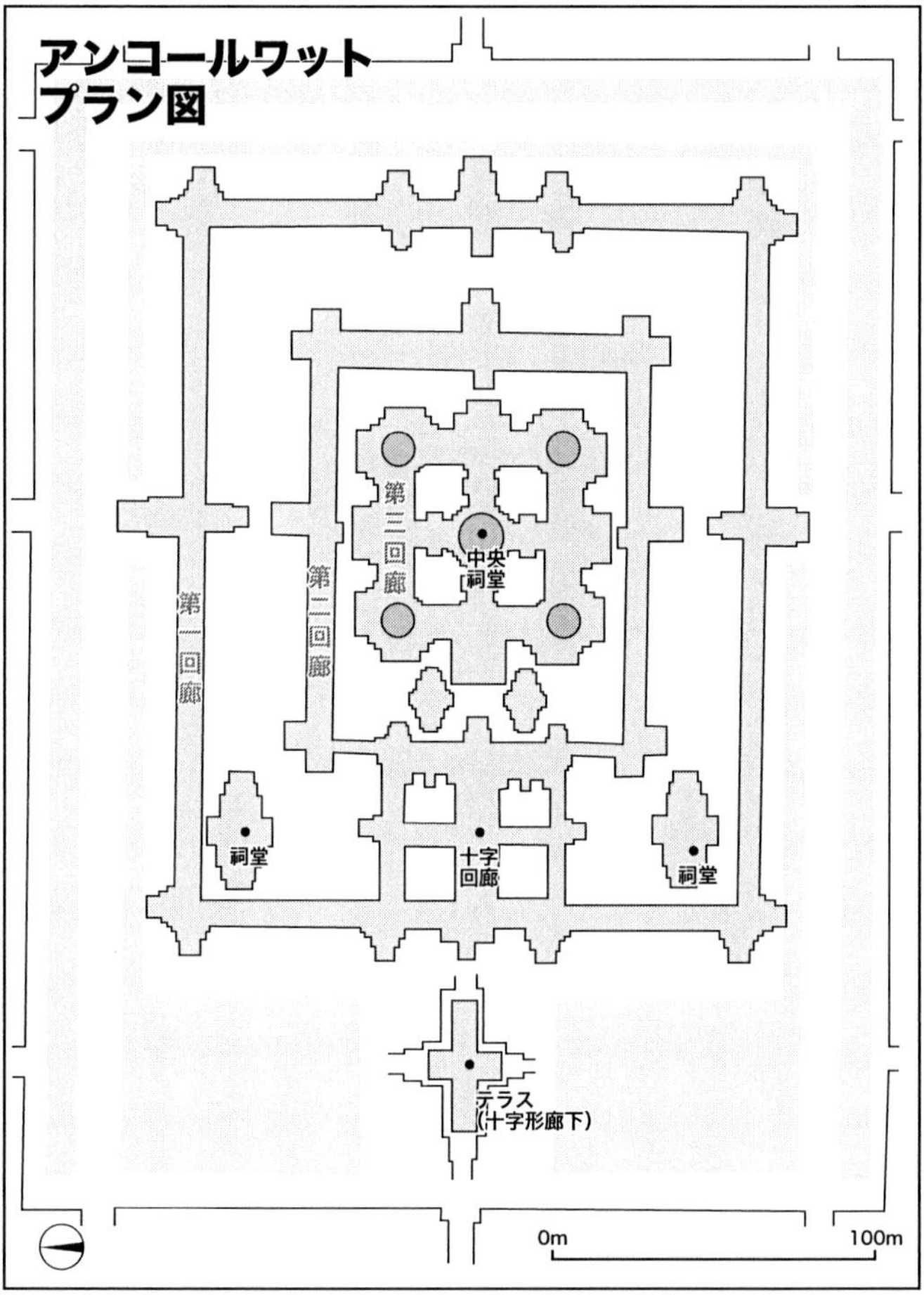
アンコールワット
プラン図
第三回廊
第二回廊
第一回廊
中央
祠堂
祠堂
十字回廊
祠堂
テラス
(十字形廊下)
0m
100m

巨人が建てた！　遠くから望んで初めて正しい観念《かんねん》を把握《はあく》し得るこの巨大な建物を比喩的《ひゆてき》にそう言ったのだとすれば、まさにその形容はあたっている。この建物は見るものの想像力を絶するもので、建設者は、その力量を後世《こうせい》に示さんがために、人間の持ち得る以上の忍耐力《にんたいりょく》、精力《せいりょく》、智嚢《ちのう》をこの建物に注《そそ》ぎ込んでいるように思われる。

しかし不思議なのは、この記念物のどれ一つとして居住の目的で建てられていないことである。そのすべては仏教思想の特徴を見せ、伽藍《がらん》の中に見る像、薄肉彫《うすにくぼ》りのすべてが、文事《ぶんじ》あるいは宗教上の題材を取り扱っている。例えば、頭にも身体にも腕環《うでわ》や首環《くびわ》等の装身具《そうしんぐ》をつけ、細い腰衣《こしごろも》だけをつけた後宮《こうきゅう》にまもられた王の行列というがごときものである。

またあらゆるところに陶器や磁器《じき》の破片《はへん》、多数の装飾品《そうしょくひん》、鉄器、銀の地金《じがね》等を発見するが、最後のものはコーチシナで現在流通しているネンNainと称する銀貨に似ているが、それより少しばかり大ぶりである。ネンは現在三百七十八グラムである。*

アンコール・ワットの南正面

＊訳註――この説明は十両銀を指す。両の量目《りょうめ》は三七・七五グラムであった。

この地が、あらゆる点でここよりも便利な土地をさしおいて都に選ばれた理由は、おそらくはこの地が当時の王国のちょうど中央に位《くらい》していたためではないかと思う。というのは、この付近からは金を含んだ石英《せきえい》を産しはするが、これが奠都《てんと》の理由であったとは考えられない。否、そんなことは全然考慮《こうりょ》に入れられなかったことと思う。

太湖《トンレサップ》から十五マイル、大部分は不毛の砂地からなる平野のまん中にあるこの大帝国の首都は、その頃と現在とあまり地勢が変わっていないとすれば、大河の岸にでもあった方が物資に富み、また交通の便にも恵まれていたにちがいない。

建築術とか考古学的考証《こうしょう》などという点には触れず、見たまま、感じたままのアンコールを、およばずながら次に紹介して科学に新分野を提供し、特に東洋の研究を志す学者諸賢《がくしゃしょけん》の眼をこの新しい世界に惹《ひ》きつけたいと思う。

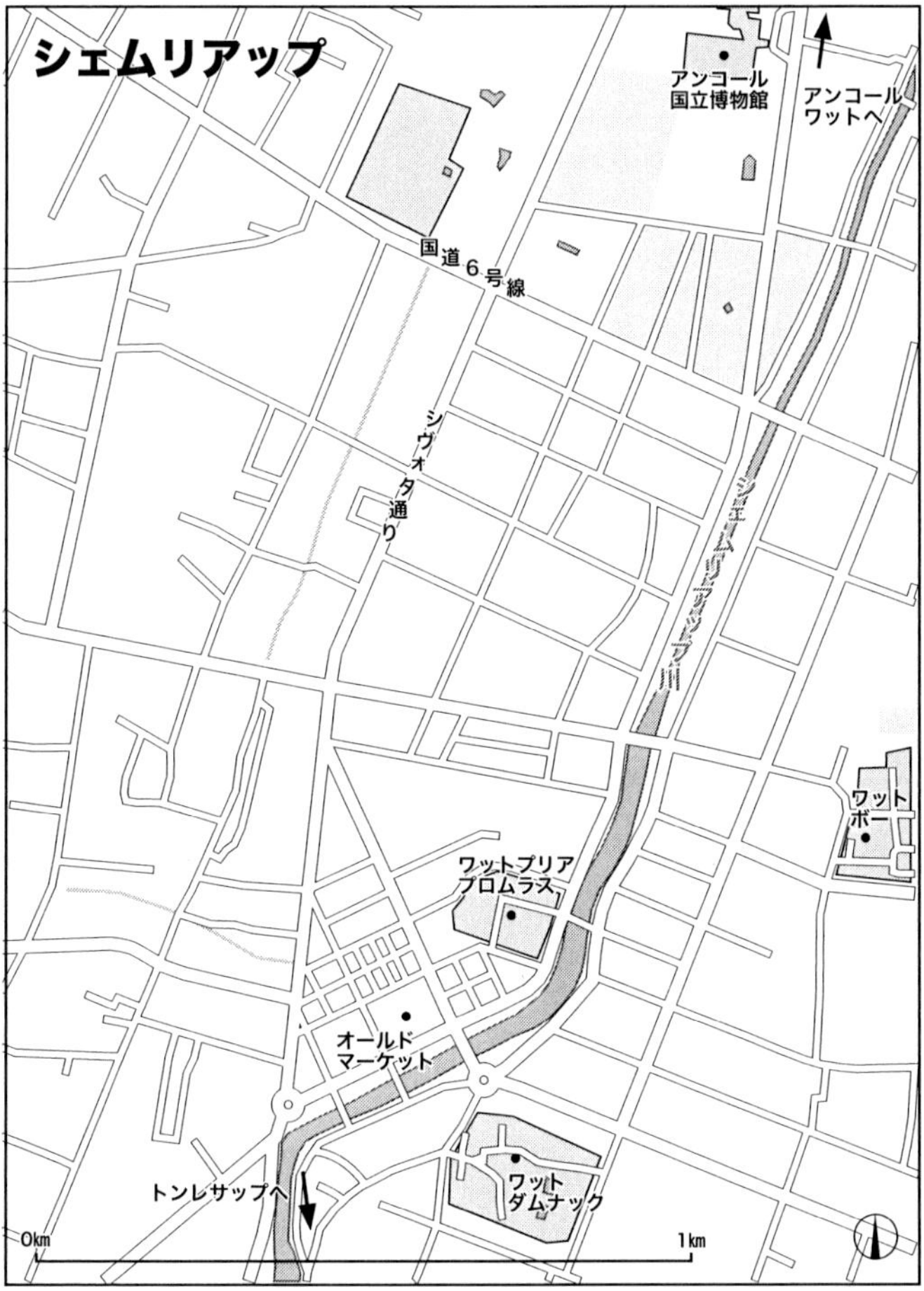
シェムリアップ
アンコール
国立博物館
アンコール
ワットへ
国道6号線
シヴォタ通り
シェムリアップ川
ワット
ボー
ワットプリア
プロムラス
オールド
マーケット
トンレサップへ
ワット
ダムナック
0km
1km

われわれの研究をまずあらゆる記念物の中で最も美しく、また最もよく保存されているアンコール寺院から始めよう。それはアンコールを訪ねた旅人の眼を最も楽しませ、旅の疲れを忘れさせ、ただただ驚嘆《きょうたん》し、沙漠の中に、世にも麗《うるわ》しい緑地《りょくち》を見出した時以上の喜びを感じさせるのである。われわれはたちまちにして、それもあたかも妖術《ようじゅつ》にでもかかったように、野蛮《やばん》から文明へ、暗黒から光明《こうみょう》へと導かれるような感じを与えられる。

ところで、話をそこへ持って行く前に、われわれはここで、バッタンバンの秀《すぐ》れた伝道師《でんどうし》シルヴェストル師にまずお礼を言わなければならない。師は心からの喜びと、疲れを知らぬ熱心さをもって、われわれをその住居から遥かに遠く、この古跡《こせき》のある深い森のまん中まで案内して下《くだ》すった。おかげでわれわれは、相当短期間《たんきかん》内に思いがけない数々の収穫を得ることができた。

バッタンバンからアンコールへ行くには太湖《トンレサップ》を横切ってのち河に入り、乾期《かんき》にはそれを二マイルの上流まで遡《さかのぼ》る。するといくらか河が広まって、自然の小池を作ったところに出る。ここが船の碇《かが》り場になっている。ここから陸路をとるが、この道

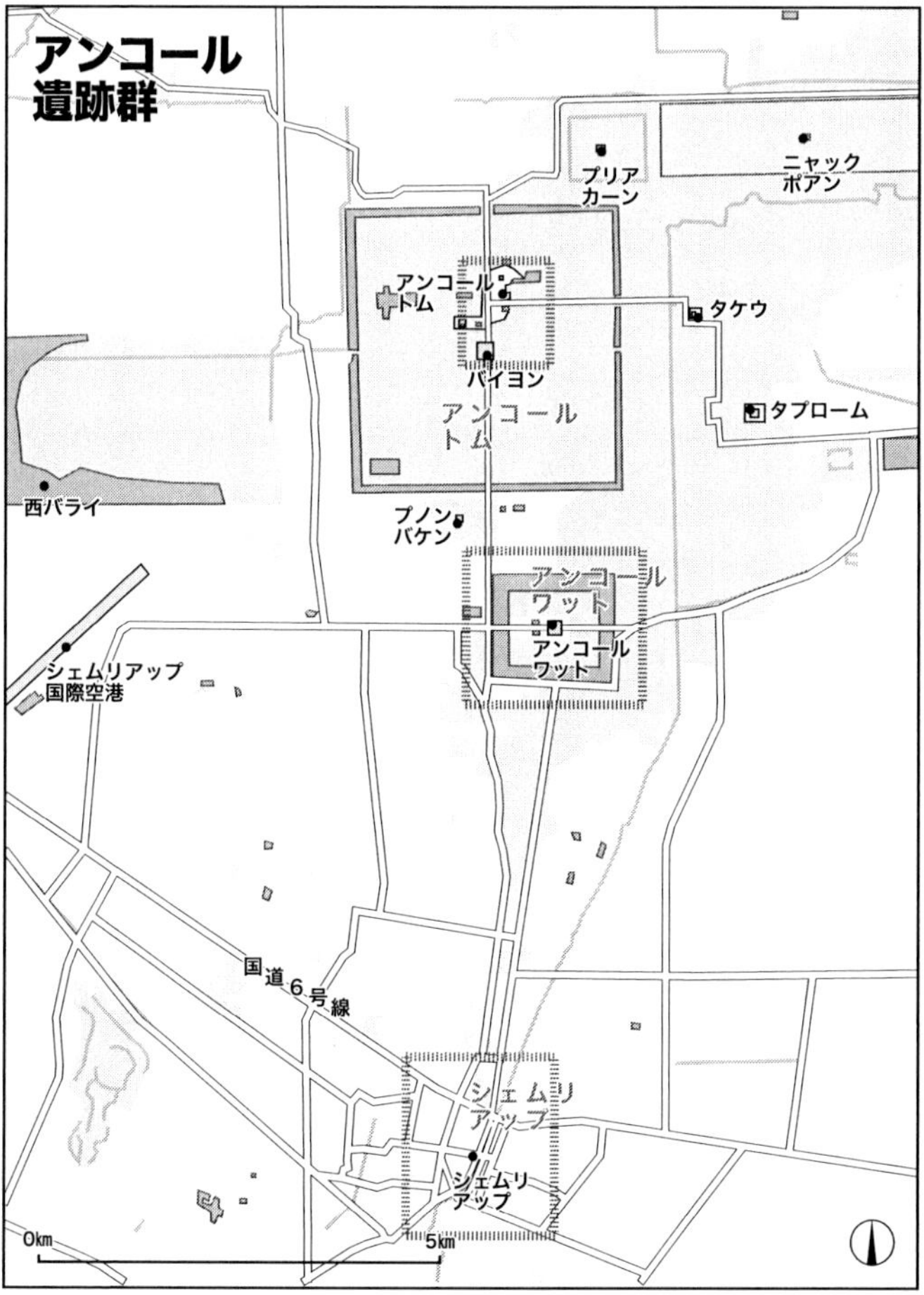
アンコール
遺跡群
プリア
カーン
ニャック
ポアン
アンコール
トム
タケウ
バイヨン
タプローム
アンコール
トム
西バライ
プノン
バケン
アンコール
ワット
アンコール
ワット
シェムリアップ
国際空港
国
道
6
号
線
シェムリ
アップ
シェムリ
アップ
0km
5km

は相当の高さに地盛《じも》りのされた昔の道で、現在もなお使用されているのであるが、この道は毎年、洪水期《こうずいき》に水が来る範囲《はんい》にだけつけられている。つまりアンコールの新市《シェムリアップ》まで、三マイルの間続いている。新市は平凡な町で、現在の州の首邑《しゅゆう》であり、東のかた十五マイルの地点にある。

ちょうどわれわれがここを訪ねた時には、バッタンバンの総督がやって来ていた。彼はタイ王の命を受けて、アンコールの記念物のうち最小で、しかも最も立派なものを選んで、バンコクへ送るべき命を受けていたのである。

アンコールの知事は、バッタンバンの知事よりは、はるかに愛想がよく教養もあった。私が贈り物として一片の石鹸《せっけん》を贈り、シルヴェストル師が、フランスの陸軍軍人を描いた石版画《リトグラフ》を二枚贈ると非常に喜んでくれた。

知事は私に近づいて、いかにも感服《かんぷく》したように私の髭《ひげ》をさわりながら、こんなことを言った。

「こんな髭を私も生やしたいと思っておりますが、どうすれば生えましょうかな。この通りのものを私は生やしたいのです。こういう風に生やすのには何かよい方法

アンコール・ワットの中央祠堂

はありませんかなあ。」

知事はアンコール・ワットへわれわれの荷物を運ぶ車を一台都合《つごう》してくれる約束をした上、その地方の役人に紹介状を認《したた》めて、われわれのために種々便宜《べんぎ》をはかるようにと命じてくれた。翌日、再び旅を続けた。まずわれわれは、現在の首都を横切った。それは人口千に満たない町であった。住民のすべては農民である。町の外《はず》れに一マイル四方もある堡塁《ほうるい》があった。銃眼をつけた城壁を周囲にめぐらしていたが、それは廃墟《はいきょ》から持って来た錆鉄色《さびてついろ》の美しい岩石によって築かれていた。われわれは深い森に入って、細《こま》か泥と砂とが深くつもった小径《こみち》を三時間ばかり進んだ。そしていきなり、巨岩を一つ一つ繋《つな》ぎ合わせて作った広い壇《だん》の前へ出た。これには四方に壇の広さいっぱいに立派な階段がついていて、四隅《よすみ》には、花崗岩《かこうがん》の高麗獅子《こまじし》が二匹ずつ据《す》えられてあった。

四つの広い階段を登って壇上《だんじょう》に達する。

正面入口に面する西の階段から、正門までの間には長さ二百三十メートル、幅九メートルの巨大な砂岩を被《かぶ》せ、あるいは敷いた驚くべき部厚《ぶあつ》な壁によって支えられ

アンコール・ワットがつくられた当初、サンスクリット語系で「都市」を意味する「ノコール」と、カンボジア語で「寺」を意味する「ワット」をあわせて呼ばれていた（ノコール・ワット）。中央祠堂の最頂部は、高さ65メートルになる

た道がついている。

この道はこの建物を囲む大きな濠《ほり》を横切るが、その被《かぶ》せ石は幅一メートル、高さ三メートルもあり、これまた錆鉄色《さびてついろ》の凝固物《ぎょうこぶつ》からなっている。ただ最後の列だけが砂岩からなっていて、各石の厚みは壁の高さだけある。

暑さと、足もとで崩れる砂地をしばらく進んだための疲労《ひろう》から、われわれは壇上《だんじょう》に蔭《かげ》を落としている大樹の下で一服しようとしたが、何気なく東の方に眼をやって、思わず驚嘆《きょうたん》の眼をみはってしまった。

森の途切れた彼方の広大な地域には、円屋根や五つの塔をつけた巨大な柱廊《ちゅうろう》がそびえているのである。最も大きな塔は正門の上にあって、他の四つは建物の四隅にあった。いずれも下部はえぐられて凱旋門《がいせんもん》のような形をしている。紺碧《こんぺき》の空の下、静寂《せいじゃく》の背景をなす森の真緑《まみどり》の上に、美しくもまた荘重《そうちょう》なこの建物の力強い線を見出したとき、私は、その巨大な輪郭《りんかく》に一種族全体の墓を見出したように感じた！

バッタンバンの廃墟も素晴らしいに相違《そうい》ないが、このような印象はおろか、それに近い感情すら抱《いだ》くことはできなかった。

かくも美しい建築芸術《けんちくげいじゅつ》が森の奥深く、しかもこの世の片隅に、人知れず、訪ねるものといっては野獣《やじゅう》しかなく、聞こえるものといっては虎の咆哮《ほうこう》か、象のしゃがれた叫び声、鹿の鳴き声しかないような辺りに存在しようとは、誰に想像できたであろう。

われわれはまる一日をここの見物に費《つい》やしたが、進むにつれていよいよ素晴らしく、ますます酔《よ》わされてしまった。

ああ！　私にシャトーブリアン、ラマルチーヌにも匹敵《ひってき》する筆力《ひつりょく》、あるいはクロード・ロレンのような画才《がさい》が恵まれていて、このおそらくは天下に比類《ひるい》を見ないと思われる、美しくもまた壮大な廃墟《はいきょ》の姿がどのようなものであるかを知人の芸術家たちに示すことができたなら。それは今はすでに亡《ほろ》びた一民族《いちみんぞく》の唯一の遺跡《いせき》なのであるが、その名さえ、この民族の名を高からしめた偉人、芸術家、政治家の名とともに、塵埃《じんあい》と廃墟の下に深く永久に埋もれてしまおうとしている。

私はすでに大きな濠《ほり》を渡って、柱廊《ちゅうろう》に達する非常に部厚《ぶあつ》い壁の支えを持つ道のことは述べたが、それはただの入口にしか過ぎなかったのである。しかしそれはまことにこの大寺院にふさわしい入口であった。近づいて見た建物の細部の美しさ、仕上げの壮麗《そうれい》さなどはまた、遠くから眺《なが》めた見事な絵画的効果、あるいは荘重《そうちょう》な線の効果に優るとも決して劣《おと》るものではなかった。

幻滅《げんめつ》を感じるどころか、近づくにつれて心からの讃嘆《さんたん》と歓喜《かんき》とを感ずる。まず一板石《いたいし》で造られた四角の美しき高壮《こうそう》な柱に、ついで回廊《かいろう》に、柱の頭部の大斗《だいと》に、穹窿《きゅうりゅう》の円屋根にそれを感ずる。すべては見事に磨《みが》かれ、切られ、彫刻された大石塊《だいせっかい》からなっている。

この寺を見ていると魂はつぶれ、想像力は絶《ぜっ》する。ただ眺め、讃嘆し、頭の下がるのを覚えるのみで、言葉さえ口に出ない。この空前絶後《くうぜんぜつご》と思える建築物を前にしては、在来《ざいらい》の言葉ではどうにも賞《ほ》めようがないからである。

金《きん》、その他、およそ色彩と称するものは、この建築物には全然見られない。石だけが遺《のこ》っているのであるが、それらの石が何と雄弁に物語っていることであろう！この建物は「クメール人」すなわち昔のカンボジア人の天稟《てんぴん》、力量、忍耐力《にんたいりょく》、知能、富力《ふりょく》および権力がいかに優れたものであるかを如実《にょじつ》に物語っているのである！

誰か私にこのような仕事を考え、そのあらゆる部分に芸術の粋《すい》をこらし、台座《だいざ》から頂上までの全工事を監督し、全体の偉大な効果に、細部の無限の変化を調和《ちょうわ》させ、それでいまだ飽《あ》き足らずに、その上にもなおこの建物に栄光を添え、後人《こうじん》の理解力を絶《ぜっ》しようとして、進んで難事《なんじ》を求めたこの東洋のミケランジェロの名を教えてくれるものはないであろうか！

どのような機構《きこう》をもってこの無数の巨岩を遠隔《えんかく》の山から切り出し、磨きをかけ、彫刻をした上で、この建物のずっと高所にまで持ち上げたものであろうか。

夕陽ようやく沈む頃、私と私の友人は、回廊《かいろう》と寺とを結ぶ見事な道を漫歩《まんぽ》したり、偉大な記念物を前にしゃがみ込んだりして飽かず建物を眺めながら、鬼才《きさい》といわれるほどの人間、あるいはその作品に対して感ずるあの心からなる尊敬の念をいだきながら、この輝かしい文化の遺物《いぶつ》について論じあったのであった。

一方に現在のカンボジア人のはなはだしい無智《むち》を思い、一方に彼らの祖先の進んだ文化の所産《しょさん》である遺物を眺めていると、現在のカンボジア人はヴァンダル*の子孫だとしか考えられない。その怒りは始祖《しそ》の仕事の上にのみ落ちて、その子孫には下らなかったという。

＊訳注――初めゲルマニアの東北部オーデル河地方に占住していたゲルマニア人。のち地中海西部に覇を称えて各地を掠奪《りゃくだつ》して古代芸術を破潰《はかい》し、西紀四五五年にはローマ市もその被害を蒙《こうむ》った。

もしこの地下に眠る霊魂を呼び起こして、その後にはおそらくは、久しく不幸のつづいたと思われる太平《たいへい》の代《よ》の物語を聞き得たら！　今にしてそれが知られなければ、すべては永久に忘却《ぼうきゃく》の淵《ふち》に没し去ってしまうであろうに！

この廃墟《はいきょ》は――見取り図を併《あわ》せてご覧になれば術語《じゅつご》を用いて細々《こまごま》と述べるよりもよく了解されよう――二重の四角の回廊《かいろう》からなっていて、これに直角に交わる幾本かの通路によって、中央の祠堂《しどう》に達するようになっている。この堂宇《どうう》はこの建築物の冠頂《かんちょう》、すなわち聖なるもののうちにも聖なるものとなっていて、ここに宗教建築

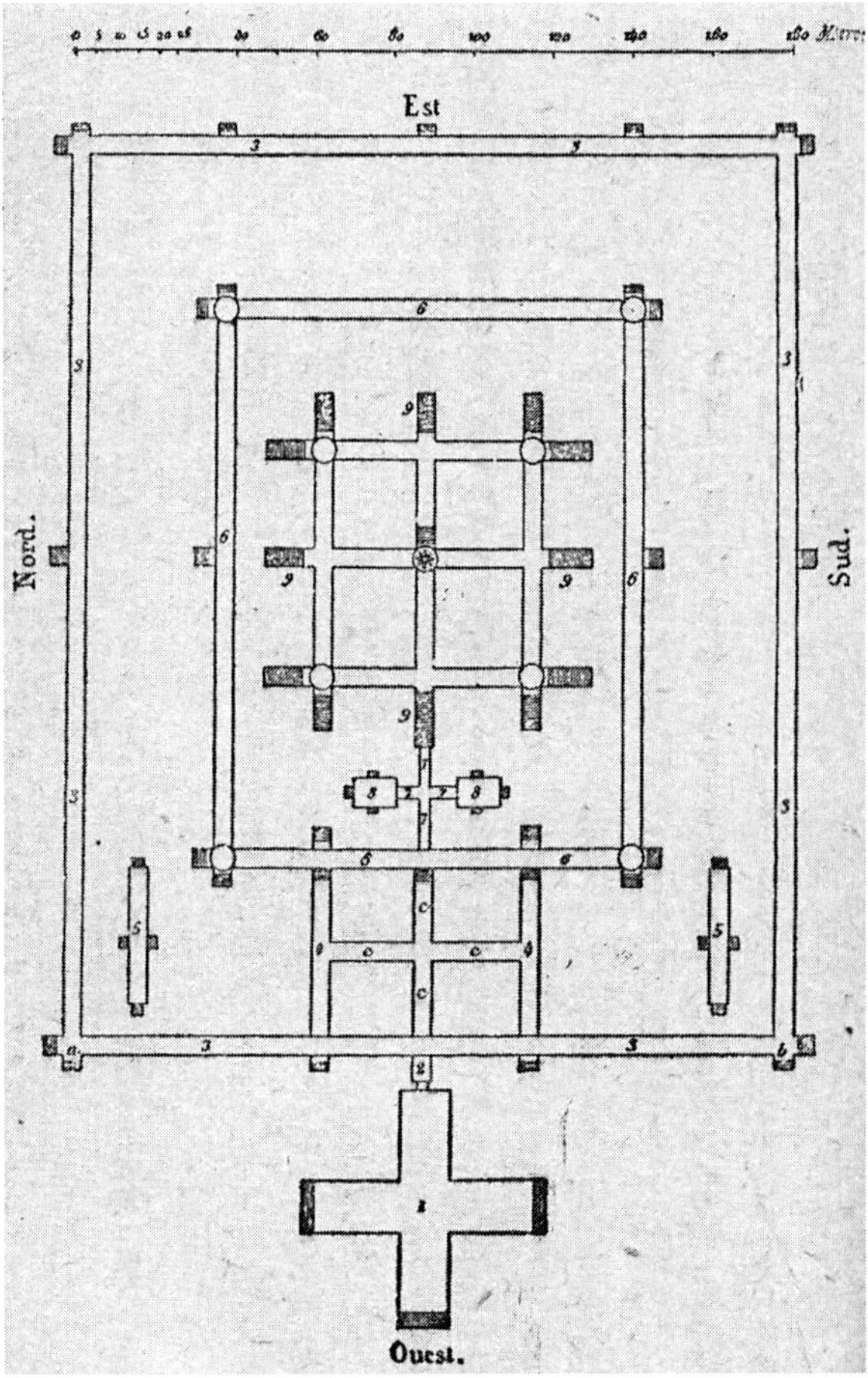

——アンコール・ワットの平面図——

1、入口に通ずる十字形廊下　2、3、外廊
4、c、二つの内廊間の柱廊　5、祠堂　6、内廊下　9、中央祠堂

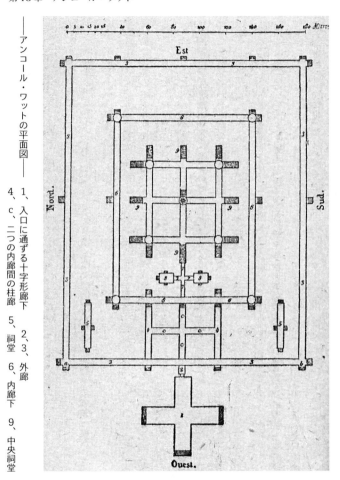

家はその精魂《せいこん》を傾けつくしたかに見受けられる。この祠堂《しどう》には今は現タイ王から贈られた仏像が一基《いっき》安置され、付近の森のあちこちに住む貧しい僧侶によって祀《まつ》られている。また遠くから、これに参詣《さんけい》に来る巡礼《じゅんれい》もある。しかしかつての荘厳《そうごん》さに比べれば、このような信仰はものの数にも入るものではない。当時は東亜《とうあ》の王や、王族みずからが強力な帝国の守護神《しゅごしん》に参詣にやって来た。そして幾千の僧侶はその列で段をおおい、この巨寺の露台《ろだい》を埋めつくした。二十四を数える円屋根の上からは鐘《かね》の音が、近隣《きんりん》の無数のパゴダへ響きわたった。そして周囲十四キロメートルにおよぶこの「大アンコール」の囲壁《いへき》内には、古代および近代の東洋を通じて最も人口稠密《じんこうちゅうみつ》な一大都市が現出《げんしゅつ》していた！

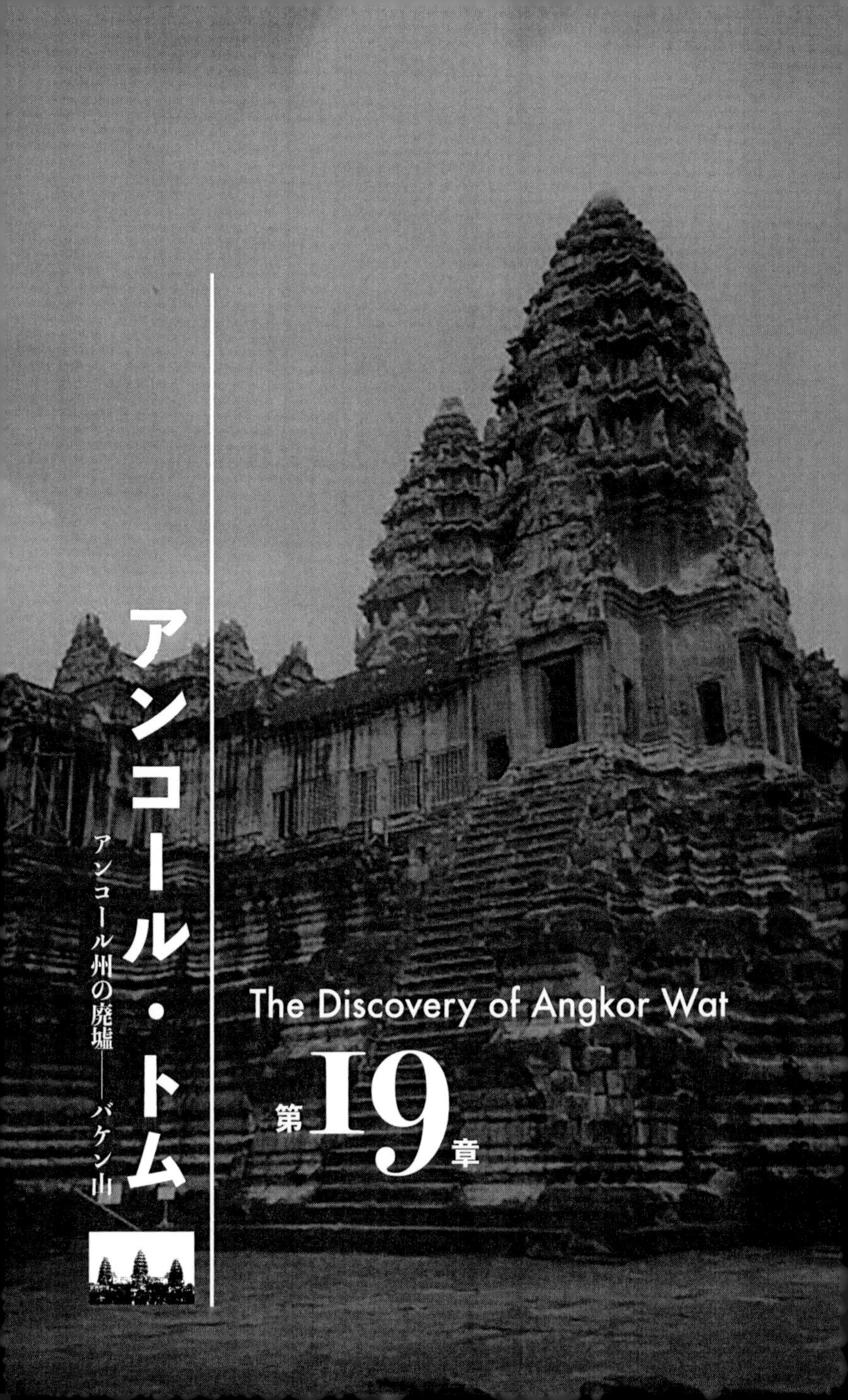

第19章

The Discovery of Angkor Wat

アンコール・トム

アンコール州の廃墟——バケン山

アンコール州の廃墟――バケン山

町へ続く同じ道をアンコール・ワットから北へ二マイル半も行くと、昔、山頂に寺のあった高さ百メートルあまりのバケン Ba-Kheng 山に達する。

山麓《さんろく》の樹間《じゅかん》には、各々高さ二・二メートルの二基の大きな高麗獅子《こまじし》があり、いずれも台座《だいざ》まで一つ石でできている。

一部崩壊《ほうかい》した階段を登って山頂に達すると、広々した美しい眺望《ちょうぼう》をほしいままにすることができるが、それもかの想像を絶《ぜっ》した壮麗《そうれい》な建築物に、あれまでの技巧《ぎこう》を尽《つ》くしたと同じ人間によって建てられた山頂の素晴らしい記念物とは比較すべくもない。
一方を眺めやると、木の生い繁《しげ》った平原があり、その向こうにアンコールのピラミッドのような大伽藍《だいがらん》、見事な柱廊《ちゅうろう》、それをめぐる椰子《やし》や棕櫚《しゅろ》が眺められ、遥か彼方には太湖《トンレサップ》が望まれる。また一方には帯のような森が連なり、その向こうには新しいアンコール《シェムリアップ》の町、その先にクローム Crôme と呼ばれる小さな禿山《はげやま》があって、いずれも心を惹《ひ》かれないものはない。

その反対側には長い山脈が連なっている。聞くところによると、そこからは見事な砂岩《さがん》を産する由《よし》である。ついでもう少しく西方のやはり深い森の中に、少しばかり森が切れて、小さな湖がさながら緑の敷物《しきもの》の上にひろげた紺碧《こんぺき》のリボンのように眺められる。

この美しい自然は、かつては生き生きと躍動《やくどう》していたのであろうが、今ではしんとして、ひとはすべて忘れ去っている。野獣《やじゅう》の叫びと少数の鳥の声だけが深い静寂《しじま》を破《やぶ》るばかり。

人間の営みの儚《はかな》さ！　幾世紀《いくせいき》、幾世代《いくせだい》がここでは流れ去ったのであろうが、一つとしてわれわれにその当時を物語ってくれるものはない。豊かな芸術、その見事な所産《しょさん》も、今は永遠に廃墟《はいきょ》の下に埋まり果てている。子孫に当然、伝えられるべき芸術家、王者、戦士など、名のあるひとの名前すらも、彼らの墓をおおうず高い埃《ほこり》の下から現れる時は永久に来ないであろう。

　この山頂は石灰層《せっかいそう》でおおわれているが、それが切り開かれて広い平地をなしている。そして一定の間隔《かんかく》をおいて、碁盤目《ごばんめ》に四列に相当深い方形の穴があいている。そのうちいくつかには、今なお四角な同形の柱が幾本《いくほん》か立っているが、かつてはそれらは屋根を支えて、階段から本堂へと通ずる廊下を造っていたものと思われる。本堂からは十字型に交差した廊下《ろうか》が出て、崩壊《ほうかい》に瀕《ひん》した四つの塔を結びつけている。塔は一部はレンガ、一部は砂岩《さがん》からなっていて、細部の様式、ことに内部の処々が指を触《ふ》れても砂になって崩れるほどに、石材が風化している点などから見て、この建築物は他の記念物よりはよほど古い原始的《げんしてき》なもののように思われた。芸術は科学同様、当時はまだ幼稚《ようち》だった。困難《こんなん》は克服《こくふく》されたが、それにはよほどの労力と知嚢《ちのう》を要したものと考えられる。好みはすでに壮大《そうだい》で美しくはあるが、天稟《てんぴん》とか意欲、

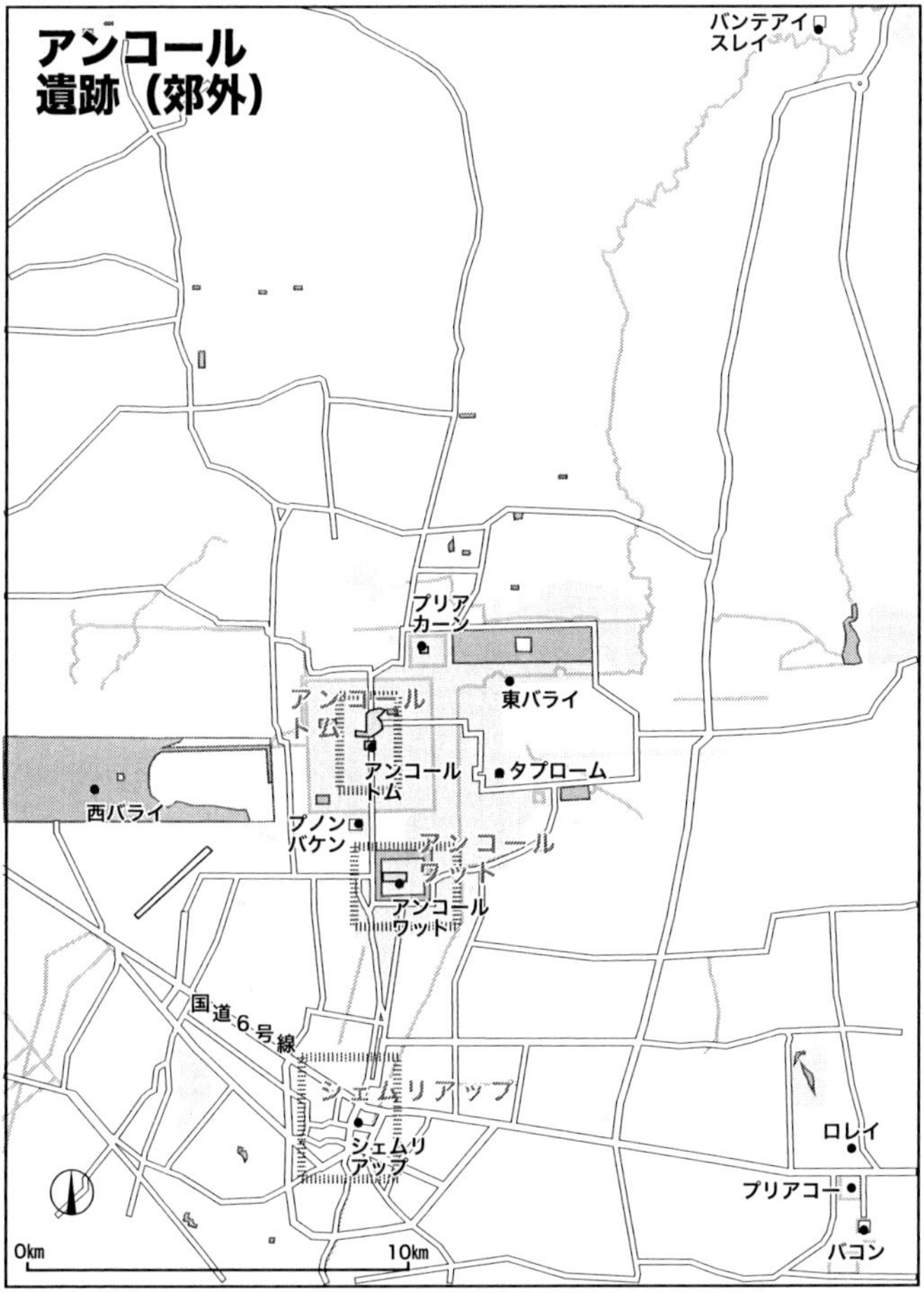
アンコール
遺跡（郊外）
バンテアイ
スレイ
プリア
カーン
アンコール
トム
東バライ
アンコール
トム
タプローム
西バライ
プノン
バケン
アンコール
ワット
アンコール
ワット
国道6号線
シェムリアップ
シェムリ
アップ
ロレイ
プリアコー
バコン
0km
10km

力量などになると、まだ完璧《かんぺき》とは称《しょう》し得ないものが感じられる。つまり、バケン山の寺はアンコール・ワットが後世《こうせい》に至って完成した、今はなき文化の前奏曲《ぜんそうきょく》の一部をつとめたものらしく思われる。*

＊訳註――普通、これはプノンバケン Phnom Bákhéng と呼ばれているが、まさにムオのいう通りで、アンコール風の神殿建築様式の先駆《せんく》をなすもので、ヤソヴァルマン Jaçovarman 一世（西紀八八九年即位、九一〇年死）の建設である。この王はアンコールのあるヤソダラプラ Yaçodharapura 市の建設者で、この王の時代にクメール帝国は東はベトナム、チャンパに接し、南は海におよんだ。

その後、ラージェンドラヴァルマン Rājendravarman 王、ついでジャヤヴァルマン Jayavarman 五世（西紀九六八―一〇〇一年間登極《とうきょく》）、スーリヤヴァルマン Sūryavarman（西紀一〇〇二―一〇四九年間登極）等の好戦的な諸王を経て、いよいよクメール帝国は栄え、領土は東はメコンの谷から西はチャオプラヤー河の谷にまでおよんだ。ついでアンコール・ワットの建設者として有名なスーリヤヴァルマン二世（西紀一一一二―一一六二年）が即位し、王は自身の廟《びょう》として生前にこの壮麗《そうれい》な大記念物の建設にかかった。次に出るアンコール・トムはジャヤヴァルマン七世（西紀一一八二―一二〇一年間登極）時代になったものである。

この寺の北西六、七キロメートルに、昔の首都アンコール・トム Onkor-Thôm の廃墟《はいきょ》がある。道路のはては崩れて、砂や泥の厚い層中にかくれているが、石塊岩《せっかいがん》、柱、獅子や象の石像等によってふちどられた大きな濠《ほり》を越えると市門《しもん》に達する。形といい、釣り合いといい、それは凱旋門《がいせんもん》を彷彿《ほうふつ》させる。

この古跡《こせき》は相当よく原形をとどめていて、中央に高さ十七メートルにおよぶ塔がある。この塔は四つの小塔《しょうとう》に囲まれ、また壁廊《へきろう》によって二つの塔に結ばれている。その頂にはエジプト風の四つの巨大な人頭《じんとう》が刻まれている。

残部はすべて彫刻《ちょうこく》で被《おお》われている。大きな塔の下部は穹窿形《きゅうりゅうけい》に剔《く》れていて、車が通行できるようになっている。その両側の壁には各二つの門があって、一つは正門へ、いま一つは壁内の塔と外壁の階段に通ずるようになっている。建物はすべて砂岩《さがん》からなり、外壁は門の左右にのび、これは錆鉄色《さびてついろ》の凝結物《ぎょうけつぶつ》からなっている。

この外壁は延長約二十四マイルにおよび、幅は三メートル八十を数える。高さ七メートル、緩傾斜《かんけいしゃ》をなして下部が拡《ひろ》がり、基部《きぶ》に至ると幅十五メートルにおよんでいる。

四方に向かって同じ門があり、東側だけには二つある。

この広大な外壁内は、今日では至るところに、ほとんど足を踏み込むこともできないような森林を現出《げんしゅつ》しているが、一歩ごとに多少とも崩壊《ほうかい》した廃墟《はいきょ》に出会う。しかも、そのいずれもが昔の都市の壮麗《そうれい》さを物語っている。

雨に崩れたのか、それとも廃墟に宝物を探し求めて掘り返した者の仕業《しわざ》か、厚い腐触土《ふしょくど》の下にはすべて陶器と磁器《じき》ばかりからなる厚さ一メートルにおよぶ層が処々にある。

各々離れた三つの内壁が、それぞれ濠《ほり》をめぐらして昔の王宮を囲んでいる。最初の壁内には廊下《ろうか》をもって繋《つな》がれた二基の塔があり、いずれも四角形で凱旋門の形をしている。壁は銹鉄色《さびてついろ》の凝結物《ぎょうけつぶつ》からなり、各巨塊《かくきょかい》は壁いっぱいの長さを持っている。塔と廊下は前のものと同じ砂岩からなっている。

壁の北側の角から百メートルばかりの辺に、凹角の二つの高い露台《ろだい》を持った面白い建築物がある。これは他の壁により外壁につながれ、すべてなかば崩壊している。最近、掘り返された洞窟内には、彫刻を施《ほどこ》した巨岩《きょがん》がいっぱいつまっているが、

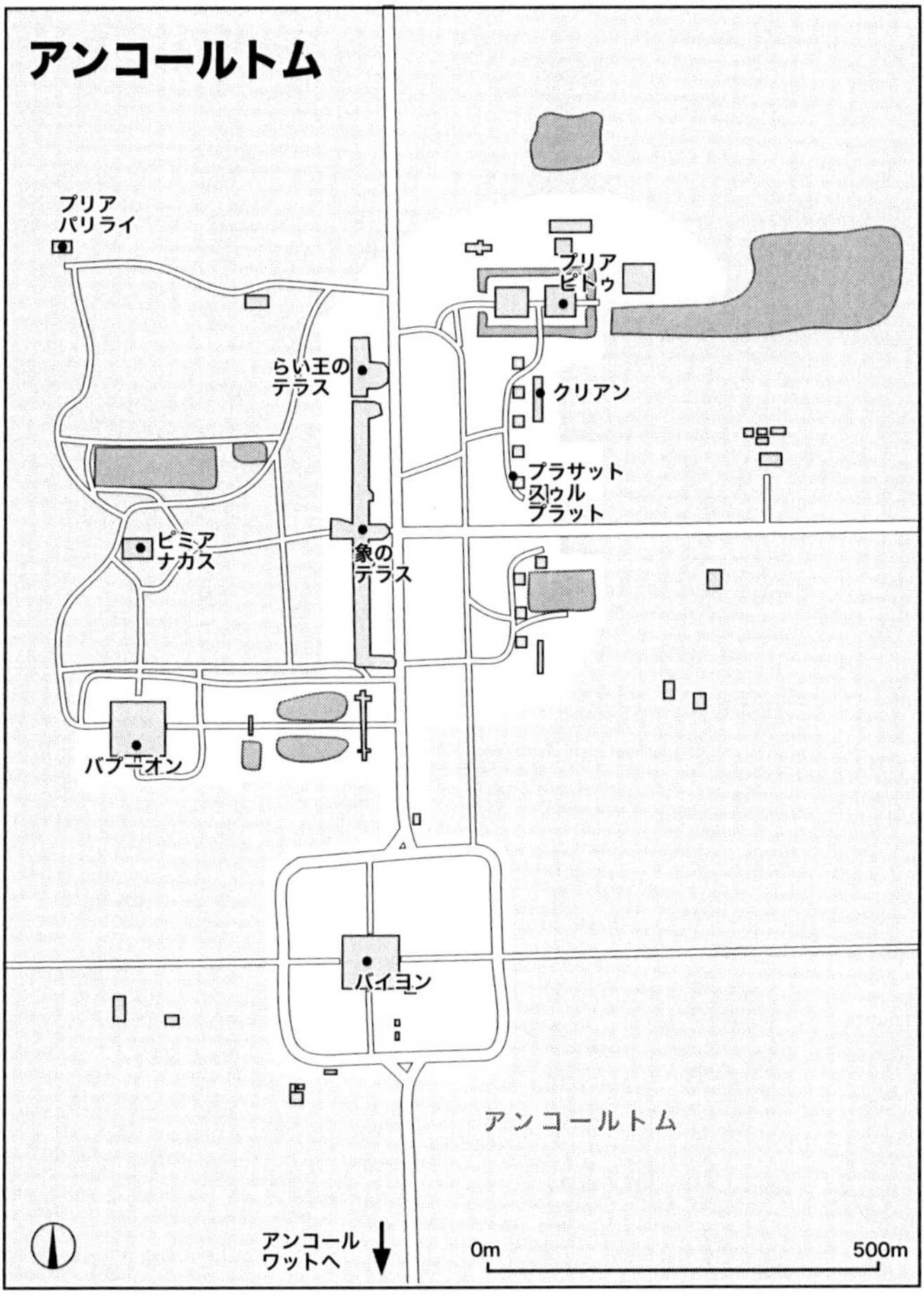
アンコールトム
プリア
パリライ
プリア
ピトゥ
らい王の
テラス
クリアン
プラサット
スウル
プラット
ピミア
ナカス
象の
テラス
バプーオン
バイヨン
アンコールトム
アンコール
ワットへ
0m
500m

これは壁の上部から転落したものであろう。

壁は今なお昔のおもかげをとどめていて、壁面はすべて薄肉彫《うすにくぼ》りで埋められている。これは四段になっていて、各段にはすべて東洋風に坐《ざ》した王が手を剣の柄《え》にのせ、その傍《かたわ》らに宮女《きゅうじょ》の待っているところが表されている。人物はみな装身具《そうしんぐ》――すなわちひどく長い耳飾り、首飾り、腕環《うでわ》等をつけている。衣裳《いしょう》はいずれも簡単な下帯《したおび》だけで、先が尖《とが》って、宝石、真珠、金銀の装飾品等をちりばめた冠を頭にかぶっている。他の側の薄肉彫りは、戦闘の場面を表している。その中に長い髪を髷《まげ》に結《ゆ》って、東方の未開人と同じ細い下帯をつけた子供のいるのが眼にとまる。

しかし、これらすべての人物も、「らい王」と称せられる人物像の美しさにはおよばない。この像の頭部はまことに崇高《けだか》く、均斉《きんせい》がとれ、顔面は美しく、感じはやわらかく、しかも傲然《ごうぜん》たるおもかげがある。この作品は当時、多数いた名工中《めいこう》での名工と称せられるもののノミになったものに相違《そうい》ない。口の上には見事な髭《ひげ》をたくわえ、長い巻《ま》き毛は肩の上に垂《た》れている。しかしこれは裸像《らぞう》で、装身具は何ひとつつけていない。

らい王の像

この像の片手と片足は壊れている。

この像の形式はたしかにインド・アーリア系に属する。この推定に、アンコール宮殿あるいは寺院の薄肉彫りのある部分に見られる特徴、すなわち『ラーマーヤナ*』中に歌われている神話や闘争を主題としたものらしく思われるものとを併《あわ》せ考えるならば、十世紀にわたるバラモン教と仏教との相克《そうこく》、信仰の対立以前の高度のインド文化の影響を受けているのが知られる。

＊訳註――古代インドの一大叙事詩《じょじし》。

この市《まち》の近傍《きんぼう》に、近世インドシナの建築師中、最も優れたものの手になるもので、これらの寺院や宮殿にも劣《おと》らぬ作品がいま一つある。それは古い昔の橋で、今ではすっかり崩壊《ほうかい》しつくした欄干《らんかん》と橋板《はしいた》の一部を除くと、他は相当よく原形をとどめている。橋を形づくる橋脚《きょうきゃく》、橋弧《きょうこ》、穹窿《きゅうりゅう》等は円屋根と同じ形式をなすもので、いまだに昔のまま遺《のこ》っている。橋脚は砂岩《さがん》からなり、あるものは長く、あるものは四角で、一定の間隔《かんかく》をおいて立っている。中には彫刻を施《ほどこ》したものもあるが、これは他の建築物から取って来たものでなければ、何か気に入らぬ点があって、放り出されていたものを持って来て、間に合わせたものに相違《そうい》ないと思われる。というのは、彫刻のうちには逆様《さかさま》になっているものをよく見受けるからである。

十四の短い橋弧からなるこの橋は、長さ四十二ないし四十三メートル、幅五メートルある。

河は、今はこの橋の下を流れずに、その傍《かたわ》らを通っているが、これは河が運んで来た砂が橋脚や崩《くず》れ落ちた石のあたりに沈殿《ちんでい》して、橋が作られた当時の河床《かしょう》をなかば埋めつくしたためである。

しかし、現在、橋の下には砂がほとんど見られない。

この橋は、三十マイルにわたってこの州を東西に両分して南走する舗道《ほどう》とともに、大アンコール市の交通路をなしていたものである。

これら雑然《ざつぜん》と地上に立つ廃墟《はいきょ》のほとんどすべてには、様々な文字が刻まれているが、中にも一つの書体《しょたい》が目立つ。カンボジアで最も広く用いられているのはパーリ語であるが、タイ人の中にもカンボジア人の中にも、これらはっきりした文字を解読《かいどく》し得るものがない。原住民のなかには、この文字を解読するために鍵《かぎ》を発見する必要があると言っているものもあるが、いまだそれが見つからないのである。彼らはまた、海まで続いているという石を見せてくれた。波が高い時にはその石が動くと言うのであるが、彼らのあまりにも貧弱《ひんじゃく》な地理学上の知識《ちしき》では、その説明はできなかった。また、原住民の話によれば、アンコールから三日の行程で達するあたりに、一つの壮大な聖堂《せいどう》を囲んで三つの市《まち》の廃墟があり、その周囲にはいたるところに、かつてはそれらの市が最も人口稠密《じんこうちゅうみつ》な繁栄《はんえい》した土地であったことを証《しょう》するに足《た》る建築物の遺跡《いせき》が見られるとのことである。それにつけても考えられるのは、最高度まで達した過去の偉大《いだい》さと、現在の無知蒙昧《むちもうまい》な人間との間にこれほどの隔《へだ》たりのある国はカンボジアをおいてどこにあろうかということである。どこの国にこの国ほど歴史に関しての記憶、口伝、文献《ぶんけん》等に恵まれない国があるであろうか。中国の史家の筆になる架空《かくう》の物語、さては迷信深いこの国の人間の魂を支配している僧侶たちによって作られ、子々孫々《ししそんそん》伝えられてきた伝説を除いて、この国のものは、かくも強力なかつての国と、かくも堕落《だらく》した現在の国とのつながりを何一つ持っていない。

　カンボジアの現王は、アンコールの歴史がキリスト紀元前のある時期にあたることを立証《りっしょう》するに足る文献を発見したと言い出した。そして数年前に、それまで行われていた球形の貨幣《かへい》を平たい貨幣に改鋳《かいちゅう》したのをよい機会にして、この偉大なアンコール・ワットを記念し、その表面にこの大建造物の外観を印刻《いんこく》させた。タイの現王は、即位前の数年を一寺の管長《かんちょう》として過ごしたことがあり、この問題にも非常に興味を寄せているが、以前の職業から来る観念連合《かんねんれんごう》からか、それともその王朝の始祖《しそ》がカンボジア出《で》であるためか*、とにかくガンジス河の彼方《かなた》の遠く四千年に遡《さかのぼ》るそのインド歴史というものは法を乱し、滑稽《こっけい》なおとぎ話に充《み》ちたものでしかないと喝破《かっぱ》した。その仏典のある巻《かん》には、カンボジアはこの世の七つの強国の第七番目に挙げられていて、この国には貴族も世襲奴隷《せしゅうどれい》もなく、はなはだ自由思想に富む国だと書かれている。また同じ文献《ぶんけん》は、アンコール・ワットの創健者は、キリスト紀元前三世紀に生存し、名をブア・シヴィシチウォン Bua-Siviisthiwong といい、セイロン島から仏教僧を初めてカンボジアに招いた王で、以来、この招聘《しょうへい》はしばしば繰り返されたともある。そしてこれらの使者により教典がカンボジアにもたらされたので、カンボジア王はそれを保管する必要から大急ぎで石の記念物を建てたので、いまだにそのどこかにその教典はそっくりそのまま遺《のこ》っているはずだという。またこの教典は当時よくもちいられた材料、すなわち棕櫚《しゅろ》の葉に書かれたともある。

＊訳註――タイ平野にはもとモン・クメール族が占居《せんきょ》していたが、そこへ北方からタイ族が南下して来て、混血の行われたことをいう。

「して、いまだその教典はあると思うか。」

右の報告に接した時、タイの現王が口にしたのはこの言葉であった。それにはもしやという一縷《いちる》の希望が繋《つな》がれていた。そしてそれは、決定的な報告がもたらされるまでは、この問題に関する限り、最後の科学的関連《かんれん》を持つ言葉となっていたものであった。次に伝説を述べる。

ブア・シヴィシチウォンはらい王だったということが幸いにして分かっている。この王は健康を得たいとの念願《ねんがん》から寺院を建立した。ところがさて建ててはみたものの、病は癒《なお》らない。仏への信仰をうしなった王は、今度は治療《ちりょう》によろうとした。そこで、王の病を癒すものには莫大《ばくだい》な礼金《れいきん》を取らせるとの布令《ふれい》を出した。当時、病気は各自勝手な療法《りょうほう》で治していたのであるが、現在同様、当時のタイ人なりカンボジア人に、この病を癒すもののなかったのは不思議でも何でもない。ところが、ここにただ一人バラモンの高名のディグイ Digoui すなわち托鉢僧《たくはつそう》がいて、王の病《やまい》を癒して進ぜようと申し出した。この托鉢僧は水療法《イドロパティ》を信じ、水の代わりに煮《に》え湯を用い、それに硝酸《しょうさん》を加えて、相当《そうとう》肌にしみる熱湯中《ねっとうちゅう》につかることを王にすすめた。もちろん、王はこの治療法にはたじろいだ。そしてまず他の者が代わってやって見せるようにと所望《しょもう》した。しかし、誰一人それに従《したが》うものもない。そこで托鉢僧はまず罪人《ざいにん》に試みることを申し出た。内心、バラモン僧の超自然力を嫉《ねた》んでいた王は、僧侶自身やって見せろと言い出した。

「やってみましょう」と托鉢僧は答えた。

「しかし王様には必ず、王様にお託し申すこの粉薬《こなぐすり》を愚僧《ぐそう》の頭上からお振りかけ下さることをお約束願います。」

王は承知《しょうち》した。そこで、人を信じやすいこの不幸な医者は、煮えたぎる鍋《なべ》に入った。するとらい王は、その鍋ごと托鉢僧を河の中に投げ込ませた。

その裏切《うらぎ》り行為が――と、皆はいう――この市《まち》を滅亡に導き、廃墟《はいきょ》と化さしめたのである、と。*

＊訳註――実際には、アンコール・トムの建設者スーリヤヴァルマン王の死後まもなくクメールの勢力は衰《おとろ》え、加うるに隣国タイの侵入《しんにゅう》が繰り返されたためである。この侵入は西紀一三四九年にアユタヤ王朝が興《おこ》るにおよんでいよいよ激しくなり、ついに西紀一四三四年には、カンボジア王ポネア・エアト Ponhea Yeat は当時ロヴェーク Lovêk と呼ばれていたプノンペンに遷都《せんと》の止《や》むなきに至り、かくして見捨てられた都は、厳しい環境の中で驚くべき速度で崩壊した。

アンコール・ワットの北側に位置するアンコール・トム（「大きい町」）。一辺3kmの城濠の中央にはバイヨンが位置する。バイヨンは古代インドの須弥山を具現化したという。ジャヤヴァルマン7世（1125ころ～1218年ころ）によって造営された

同じような他の伝説は物語っている。現在、トンレサップ湖のあるあたりは以前は豊穣《ほうじょう》な平野であって、そのまん中には立派な町が栄えていた。ところがここに楽しみに小さな蠅《はえ》を飼う王と、若い王子や姫たちの先生すなわちグル Gourou で蜘蛛《くも》を飼うものとが住んでいた。ある日、蜘蛛が王の蠅をとって食ったので、王は烈火《れっか》のごとくに怒って先生《グル》を殺してしまった。すると先生《グル》は、王と町とを呪《のろ》いながら虚空《こくう》に翔《か》け上った。すると不思議や、平野はたちまち沈《しず》んで湖となった。また一説には、バンコク王宮内の寺にある有名な碧玉《へきぎょく》の仏像は、蓮《はす》にかこまれ、ヤクすなわちチベット牛の背中にのって、この湖面《こめん》を漂《ただよ》っていたものであるとしている。それをラオスの北部の町チュウグ・ライ Chieug-Rai のタイ人が拾い上げて、パゴダを作って安置《あんち》した。その周囲に後年、現在のタイの首都ができたのだとする。

以上が、ニネヴェ[一]やペルセポリス[二]の古跡《こせき》よりもなお壮大な景観《けいかん》によって、インドシナのクリオ[三]が思いついた物語なのである！

（一）訳註——Ninive は古代アッシリア王国の首都。

（二）訳註――Persépolis は古代ペルシャの市《まち》。
（三）訳註――Clio はギリシャ神話中、文芸美術を司《つかさど》る九女神《ミューズ》の一人で、叙事詩《じょじし》の神。

人間の偉大《いだい》さも結局は無に帰するのだというこのほろ苦い感慨《かんがい》、この皮肉な証拠を前にして幾度、私は、アンコールの伽藍《がらん》や宮殿の中にまで繋《つな》がり合い、押し合って、入り込んで来ている深い森の木の枝に圧倒されそうな気持ちを感じたことであろう。調査を行ったり沈思《ちんし》したりしているさ中《なか》に、ふと陽も西に舂《うすず》きかけているのに気がついた時、この地を前に訪ねて来たある人のように、私もまたこんな比較をしてみずにはいられなかった。

「夜の訪れが風景から色調を消してしまうように、民族に光栄と希望とが失われた時こそ、魅力も色彩《いろどり》も消え失せてしまうものだ。」

The Discovery of Angkor Wat

第20章

往時のカンボジア人

アンコールの廃墟ならびに往時のカンボジア人に関する意見

アンコールの廃墟ならびに往時のカンボジア人に関する意見

サンスクリット語とパーリ語を解《かい》した上に、いくらかヒンドゥスターニー語とインドシナの言語に通じ、その上でアンコールの薄肉彫《うすにくぼ》りの文字を数多いインドの古代英雄詩《こだいえいゆうし》と比較研究してみることが、進んだ文化の所産《しょさん》たる上述《じょうじゅつ》の見事な遺跡《いせき》を生んだカンボジア人の祖先、ならびにそれに続くなんら偉大な記念物は遺《のこ》さないが、四隣《しりん》に武威《ぶい》を輝かせた後世《こうせい》のカンボジア人の起源を知る唯一の方法ではないかと思う。

それで賢明《けんめい》な考古学者がこの遺跡の研究に着手するまでは、矛盾した種々な学説が相《あい》ついで現れて、前説を後説が覆《くつがえ》すというようなことの起こるのも致《いた》し方あるまい。

従《したが》って現在のところでは、まだ仮説《かせつ》の域を脱《だっ》しないのであるが、あえて卑見《ひけん》を述べてみようと思うが、もとより自信などありようはない。

アンコールは富み、かつ強力な、文化の進んだ国の中心、すなわち首都であったということには、私の不完全な粗描《そびょう》で、この偉大な記念物を知られた方のひとしく認められるところであろう。

さて強力で富裕な国家というものはすべて、必然的に比較的産物に恵まれ、広く交易を行うものである。では、それらが実際にかつてのカンボジアには起こり得たことであろうか。

この疑問に対して私は確信をもって、然り！　と答える。またそれらは現在でも、この国が公正な法律によって治められ、国民が労働と農業とに精励《せいれい》し、それらが尊重《そんちょう》されて現在のように軽蔑《けいべつ》されたり、国民を搾取《さくしゅ》の対象と考えたりすることがなくなり、施政者《しせいしゃ》が専制政治《せんせいせいじ》を慎《つつ》しむようになるならば、なお達し得るものであると私は信ずる。中にもこの豊穣《ほうじょう》な土地からあらゆる進歩を阻《はば》み、人間を獣《けもの》の水準にまでおとしめ、多く作ればつくるほど税が重くなるために、自身に必要なものだけしか作らないという忌《いま》わしい奴隷制度《どれいせいど》の廃止《はいし》はぜひとも必要である。*

*原註——このことはタイ同様、このカンボジアにも言える。なぜならカンボジアはタイの付庸国《ふようこく》であるからである。

昔の諸州、そして現在の各州の大部分は、非常に地味が肥《こ》えている。バッタンバン州の米は、下コーチシナのものよりも優良である。森林からはまた貴重なゴムをはじめ、雌黄《しおう》、セラック、カルダモン、その他、有用な樹脂《じゅし》を産する。また同じ森林からは、無比《むひ》の唐木細工《からきざいく》用および建築用の木材を産する。果実および野菜はあらゆる種類を豊富に産し、獣類はこれまた無尽蔵《むじんぞう》である。最後に太湖《トンレサップ》からは、この国全体を賄《まかな》うに足る漁獲《ぎょかく》が得られる。魚類のまことに豊富なのは、減水期《げんすいき》には船底《ふなぞこ》で魚が押しつぶされ、そのために船遊びも困難になることがしばしばある。毎年、コーチシナから無数の漁師が集まって来るが、文字通り彼らは奇跡《きせき》に等しい漁獲を得ている。

バッタンバン河でもほとんど同じで、私が目撃《もくげき》したところでは、二マイルの上流にいたるまでは、糸を垂れるとすぐに様々な魚が掛かる。

また一国《いっこく》を富ますに足りる農業、すなわちこの国に将来、特に有望な農業と思えるものが種々あることも忘れてはならない。中にも耕作の点からみても、投資の観点に立っても最も有望だと考えられるものは、上に述べた綿《めん》である。次にコーヒー、桑、ナツメグ、クローブ、藍《あい》、ショウガ、煙草等が挙げられよう。これらの植物は、「怨《ゆるが》せにされた土地」ですらすでに良質のものを多量に産している。綿のごときは、現在でも下コーチシナの全需要《ぜんじゅよう》を満たして、なおかつ中国にまで輸出している。メコン河の中にある小さなコ・スタン島の収穫、それもカンボジア王の小作人の作る綿だけで、百艘《ひゃくそう》の船腹《せんぷく》を満たすに足りる。かりにこの国がイギリスのような国に属した場合を考えてみるがよい。この大国がその場合、この国に対してとるに相違ないと考えられる政策を、我が国がとってどうして悪いはずがあろう。

バッタンバンとコラートは、原色の様々な絹の下帯《したおび》の産地として名が高い。その染料《せんりょう》はこれらの地方から産する木から採られ、絹もまたこの地方で産して織《お》られる。一目《ひとめ》、カンボジアの地図を見れば、この国の交易は海とは多数のメコン河の河口および、かつてのこの国の領土であった下《した》コーチシナの無数の運河を経て自由につながり、またラオスや中国とは大河メコンによって通じているのが知れよう。*

＊原註――西紀一八六三年九月のサイゴン《ホーチミン》の新聞に出た次の記事は、故アンリ・ムオ氏の観察ならびにその予言の一部、その希望の正しかったことをよく裏書きしている。

「……コーチシナの行政権を得て以来、あらゆる方面に活発に働きかけているラ・グランディエール提督《ていとく》は、ついにカンボジア王に近づくことに成功した。ベトナム王嗣徳帝《しとくてい》の敵であるこの王とは、我々はこれまでにもいくらかの交渉を持って来たが、この王は嗣徳帝に我々が与えた打撃を快く思いながらも、我々に対しては好感以上に恐怖を感じていたかに見受けられていた。ここにおいてラ・グランディエールは王の不信を解こうとして、我々は暴力を行使して威圧《いあつ》するために東洋へ来たものではない、この遠隔《えんかく》の地と西洋との間に相互に有利な関係を取り結びに来たものに他ならない由《よし》を了解させようとした。

　提督の旅の結果は大成功であった。カンボジア王国を保護国とする条約が締結されたのである。この条約のお蔭《かげ》で我が国は爾後《じご》、この広大にして豊穣《ほうじょう》な国における経済上の権益《けんえき》を得ることになった。我が国政府は無料で、我が国商人はわずかばかりの賦課金で、いずれも無尽蔵《むじんぞう》なこの国の森林を開発し得る権利を得たのである。ウドンにはフランスの理事官が駐箚《ちゅうさつ》することになった。そしてこの職には、この国の習慣に通暁《つうぎょう》する海軍軍医が任ぜられた。氏は医学と外交術との両方面から必ずや見事な成果をもたらしてくれるに相違《そうい》ないと信ずる。我々がこの国に対して抱く好感は、カンボジアのみは東亜においてキリスト教徒に迫害を加えなかった唯一の国であるという点にある。この広い司教管区の司教たるミーシュ猊下《げいか》は、この国の大官大守の態度にはいささかも咎《とが》むべきところはなかったと保証している。

　嗣徳帝に比べて、フランス代表に対して大した隔意《かくい》を持たぬこの国の王は、数度、提督を招いて、隣国ではかつて見ぬほどの誠実さをもってたびたび懇談《こんだん》を行った。

　この王は黒人の大酋長《だいしゅうちょう》そのままの生活を行っている。年は二十五か六くらい、黄色人種の型ではなはだ賢明そうな顔をしている。

　その居住する屋敷の集まりは、およそ王宮という感じからは遠いもので、カンボジアの一般風習に従って杭上《こうじょう》に建てられている。屋根は藁葺《わらぶ》きで、付属の建物のうちには王宮らしい贅沢《ぜいたく》さを見せて石盤瓦を葺《ふ》いたものもある。この独裁王は、年の数以上の夫人を持っている。その数は四十八を越えるが、子供は非常に少ない。一夫多妻は王のみに限られていない。これが許されている主な原因の一つは、広大でしかも自然に恵まれた土地の割に人口の少ないことにある。

一艘《いっそう》のフランス軍艦が、カンボジアの首都と国とを看視《かんし》している。ラ・グランディエール提督は最大の興味をもってアンコール州の鉱山の調査にとりかかっている。それら鉱山は欧州にも比を見ぬほど豊かなもので、太湖トンレサップから十五マイル、森林のまっただ中にある。その森林はまた木の高いこと、その幹《みき》が驚くべき調和のとれていることで有名である。発掘中の鉱床《こうしょう》、——といっても連続的に行われてはいないが、周囲九里におよぶこの鉱山は、フランスの下コーチシナ占領以来、隣国となったタイ王国に属するものである。（訳註——ここに言う鉱山はシソポーン北方五〇キロメートルのバルにある金山である。）

さて然《しか》らば、この国の原住民はどこから来たのであろうか。文化の揺籃《ようらん》の地であるインドからか、それとも中国からであろうか。現在のカンボジア語は、かつてのカンボジア、すなわちクメール王国、つまり現在、山の麓あるいは高原に隠棲《いんせい》する種族がそうだとされているが、その言語と変わっていない。それに反《はん》して中国とは大いに異なっているので、中国から来たものとは考えられない。

また中国に入った移住民の同じ波が、ここにも押し寄せたのだとも考えられない。それはとにかく、この国の原住民が西部から海岸伝いにやって来て大河を遡《さかのぼ》ったものであろうと、北部から大河を下ってやって来たものであろうと、いずれにしても、それはわれわれの紀元《きげん》に先立つよほど古い時代に属《ぞく》するもので、しかもそれが幾度か繰り返し行われたものに相違《そうい》なく、その中には広大なクメール王国に仏教をもたらして、大いにその文化を高めたものも混じっていたに相違《そうい》ない。ついで、新しいまた別な未開民族《みかいみんぞく》が流入して来て、彼らはやがて先住民族《せんじゅうみんぞく》の中に混入《こんにゅう》し、先住民族の遺《のこ》した多くの記念物を中心に蝟集《いしゅう》した。

いずれにしろ、大アンコールの最古の建築物は、誇張《こちょう》なしに二千年以上、最も新しいもので二千年近い昔に属するものと信ぜられる。*

*訳注――アンコール・ワットは西紀一一〇〇年頃、スーリヤヴァルマン二世によって建

てられたものであることは前述した。ムオは、この廃墟《はいきょ》を取り囲む森林がいかに破壊力に富むものであるか、ここに攻め入ったタイ人がこの聖地をどんなに荒らしたかは承知の上で、なおかつその年代についてこれほどの大きな誤算《ごさん》をやっている。いかに修復前のアンコールが荒廃していたかが想像されるであろう。

そのうち最も崩壊のはなはだしいものを見たひとは――そのほとんど全部が寺のように見えるが、実際にはそうでないらしい――おそらくそれらは西紀前《せいきぜん》数世紀に行われたインドの大宗教の分裂《ぶんれつ》、そのために幾千人、多分は幾百万の人間が追放《ついほう》の憂《う》き目にあった直後あたり、あるいはもっと古い時代と見当《けんとう》をつけることであろう。

現在、カンボジアの平原に住んでいる住民すなわち農民についていうならば、彼らは今なお装飾用《そうしょくよう》の彫刻術《ちょうこくじゅつ》に相当《そうとう》優れた腕《うで》を示し、金持ちや権力者の船の装飾などをやっているが、肉体的あるいは精神的にはこれといって取り立てるほどの特徴《とくちょう》は持たず、ただ無闇《むやみ》と威張《いば》りたがる。

しかし、カンボジア人から今なお兄と呼ばれている東部の未開人《みかいじん》になるとそうではない。われわれは彼らの間で約四か月を暮らしたが、そこからカンボジアに出て感じたことは、これまでいた地方の方が比較的《ひかくてき》文化が高かったという印象であった。性質は非常に温和で、慇懃《いんぎん》なところがあり、礼儀《れいぎ》をわきまえ、社会性すら持っている。つまり、今は亡びた文化を偲《しの》ばせる素因《そいん》とも見るべきものをすべて持っているのであって、この哀《あわ》れな自然の子《こ》等がすでに永《なが》く幾世紀来《いくせいきらい》、深い森林中にひそんで、その森林をあたかも世界の大部分でもあるかのように信じて執着《しゅうちゃく》し、離れようともせずにいるのを見ては、心を打たれずにはいられない。

アンコールの廃墟《はいきょ》を訪ねて建物に遺《のこ》された薄肉彫《うすにくぼ》りを見ると、当時のカンボジア人の型と、この未開人との型とがいかにも似ているのを発見して驚《おどろ》く。容貌《ようぼう》の整っていること、長い髭《ひげ》を生やしているところ、狭い下帯《したおび》、中にも特徴のあるのはよく似た武器および楽器である。

非常に繊細《デリケート》な耳を持ち、旋律《メロディ》を心から好むこの山の種族は、古風なタムタムを作り出しているが、これは近隣《きんりん》でもはなはだ愛好されて盛んに用いられている。彼らはその形を様々に変化させて数種の音を出し、これに大きな箱形《はこがた》の楽器を加えて相当調和のとれた音楽を奏《そう》している。

死人を土葬《どそう》にして火葬《かそう》にしないという習慣がまたこの種族にはある。といえば、われわれがアンコール・トムで見たあの大きな市《まち》を囲繞《いじょう》する城壁内のパゴダのような形をした広場の石を思い出す。

彼ら未開人は文字を知らず、半遊牧民的《はんゆうぼくみんてき》な日常生活を送っていて、昔からの言い伝えなどは、すでに久しい以前に忘れてしまっている。われわれがスティエン族の古老から引き出し得た唯一の知識は、彼らの国を北から南に貫《つらぬ》いている山脈の向こうにもまた「高地《こうち》の人間《にんげん》」(彼らが非常に尊敬している未開人をこう呼んでいる)がいて、その中には彼らの親類《しんるい》が大勢《おおぜい》いるのだといって、現在ではベトナム人の侵入者《しんにゅうしゃ》により占められている州にまでおよぶ町あるいは村の名を挙げた。未開人スティエン族の間を巡ってピニャルーへ戻って、以前、コーチシナの伝道師《でんどうし》をしていたフォンテーヌ師に会った。師《し》は伝道生活二十年の間にたびたび未開人種を訪ねたことのある人であったが、私は師から、コーチシナと南カンボジア間、トンキンおよび北ラオス等、メコン河流域に住む多数民族の方言につき、次のようなことを教

アンコール王朝は 802 年に、ジャヤヴァルマン 2 世によって樹立され、シェムリアップ近くに王都がおかれた。やがてアユタヤの圧迫から、メコン河流域に遷都する 15 世紀までアンコール時代が続いた

えられた。その話をそっくりそのまま次に掲《かか》げる。

「その方言の大部分、中にもジライ族 Giraies、ルデ族 Redais、カンディオー族 Candiaux、およびプノン族 Penongs 等の方言は非常によく似ていて、これらは同一祖先の出であるとしか考えられません。

私はこれらの種族の間で数年を送りましたが、健康を害してシンガポールへ出て、ここでマレー語を少々ばかり勉強してみて驚きましたのは、そのマレー語の中に多数のジライ族の言葉を発見したことです。その他、お互いに非常によく似た言葉、例えば数詞《すうし》などがそうですが、そういうものを多数発見しました。

文法上からまったく同じこの二つの言葉をもっと深く研究してみましたら、おそらくはまだまだ多数の類似点を発見するに違いないと私は信じて疑いません。

最後に、昔のチャムパすなわち現在のベトナムのある州に住むチャム族あるいはチャーム族と呼ばれておりますものの言語と、北部種族の言語との類似《るいじ》について、最近、私が研究しましたところでは、これら種々の種族もまた同一祖先《どういつそせん》に属するものに相違ありません。*」

＊訳註――マスペロ氏は言語の方から区分して、ここに出ているすべての種族をマレー・ポリネシア語系に属させている。

スティエン族から私が得た知識とフォンテーヌ師のこの言葉とは完全に一致する。すなわちスティエン人は私にこんなことを語ったことがある。

「チャム族はよくジライ語を解《かい》します。わたしらの言葉はチャム族の言葉とはあまり似ていないように思いますが、大河の上流に住むクーイ Kouïs 族のものとそっくりそのままです。[*]」

同じ意見をコーチシナの宣教師《せんきょうし》で、長年北部の未開人の間に住み、現在はスティエン族の中で暮らしているアルヌー師も抱いている。

＊訳註――スティエン族、クーイ族等はモン・クメール語族に属する。

この博学《はくがく》の聖職者《せいしょくしゃ》のお蔭《かげ》で、われわれは地図作製にあたって数か所正確な経度《けいど》を教えられた以外に、コーチシナ、その他、未開地に関する地図学上での有用《ゆうよう》な教えを多々《たた》受けたのであるが、師はまたこういうことも述べられた。すなわちタイ、ラオス、カンボジアの各語はそれぞれ同一語族に属するものであって、それらの語のうち四分の一、中にも知的な方面を表現する言葉は共通していると。ついでながら述べるが——しかしこれは興味のあることである——ラオ Lao という語は「昔」とか「祖先」とかいう意味を持つものなのである。

西紀一六七〇年代にはチャンパはまだカンボジアに属していたが、かつてのカンボジア領で現在はフランス領コーチシナたる下コーチシナは、ベトナム人の侵略によりベトナムに併合され、すでに一世紀も前からまったくカンボジアの手を離れてしまっている。従《したが》ってカンボジア語も、昔のその住民も今ではすっかりこの地方から姿を消してしまって、現在では両国は国境を隔《へだ》てて、各々独立した王を持っている。しかしカンボジアは、タイには多少とも従属関係《じゅうぞくかんけい》を持っている。しかしベトナムにはそうした関係は全然持たない。にもかかわらず、現在まではとにかくも、現在に至ってもなお（西紀一八六〇年）、フランスの数種の新聞をはじめ、遠征軍《えんせいぐん》の士官《しかん》の中にすら、この両国を混同して考えているもののあるのは了解《りょうかい》に苦しむ。それでこの点を、私はここではっきりさせておきたいと思う。

アンコールをあまり隔《へだ》たらない北部にドムレ Domrée 山脈というのがあり、ここにはクメール族が住んでいる。平野に住む彼らの兄弟からは未開人のように考えられているが、非常にこの種族は柔順《じゅうじゅん》で、怒りということを知らない。

この未開民族はソムレ族 Somrais と呼ばれているが、言語は平原に住むカンボジア人と同一で、ただ発音にわずかな相違《そうい》をみるに過ぎない。* そしてこの種族を中心に昔のカンボジア領であって現在はタイのスレーヌ Sourène、サムル・カオ Samrou-Kao、クウ・カン Cou-Khan、アンコール・エイト Onkor-Eith、コラート等の諸州になっている地域があり、これらの州ではいまだに、王が太湖《トンレサップ》を渡ると、その年のうちに死ぬという迷信が行われている。

＊訳註――いずれも言語上からモン・クメール語族に属する。

現《げん》カンボジア王がまだ王太子の頃にアンコールを訪ねて、ソムレ族を見たがって山から招いたことがある。その時、王太子は彼らを見て、「彼らこそは真のわが臣民であり、わが王家発祥《はっしょう》の種族《しゅぞく》である」と言ったという。なるほど現在のカンボジア王朝は、この種族の末であると言えないことはなかろう。しかし本当の意味で、この種族から出たものは彼らの祖先なのである。

現在のカンボジア人は、仏教がどうしてこの国に伝わったかについては、こう考えている。

阿羅漢《サモナコドム》がセイロン島からチベットに行って、そこで非常な歓迎《かんげい》を受けた。ついでチベットから未開人の国へ行ったが、そこでは好遇《こうぐう》されなかった。それでカンボジアに渡って、ここでは厚く遇《ぐう》せられたと言っている。

特筆《とくひつ》すべきことは、ローマという名がほとんどすべてのカンボジア人に知られていることである。彼らはルウマ Rouma と発音し、地の西の果てにあるところとしている。

ジライ族には二人の有名無実《ゆうめいむじつ》の、それとも単なる形式上のというか、とにかく酋長《しゅうちょう》がいて、それをベトナム人はホア・サ Hoa-Sa、ツウイ・サ Thoui-Sa と呼んでいる。「火の王」と「水の王」の意味である。

カンボジア王およびコーチシナの王は、代々《だいだい》四年、あるいは五年に一度、「火の王」にわずかばかりの贈り物をする。これはおそらくは尊敬の意味から行われるのであって、昔、恩恵《おんけい》をこうむった強国の後裔《こうえい》への貢物《こうぶつ》というほどの意味は含《ふく》まれていなかろうと思う。

二人の酋長のうち、「火の王」の方が勢力があり、未開人は彼をエニ Eni すなわち「祖父」と呼び、彼の住む村も同じ名で呼んでいる。

この「祖父」が死ぬと代わりの「祖父」が立つが、その場合には子供が嗣《つ》ぐこともあり、全然、別人が継《つ》ぐこともある。この位は世襲《せしゅう》ではないからである。選ばれたものはエニと呼ばれて皆から尊敬される。

フォンテーヌ師の語るところによれば、このエニの至上権《しじょうけん》はブールダオ Beurdao と呼ばれる神器《じんぎ》、すなわちひどいボロ布で包んだ、裸の錆《さ》びた古い剣を継ぐことによって与えられるのだそうである。この剣は、未開人の語るところでは、古い昔から代々伝わるもので、刀身《とうしん》には恐しい通力《つうりき》を持つ有名なジアン Giang（精霊《せいれい》、神の意）が宿り、この精霊は遠い国々から遥々《はるばる》、運ばれて来た豚《ぶた》、ニワトリ、その他あらゆる供物《くもつ》を食する大食漢《たいしょくかん》であるといわれている。

剣は別棟《べつむね》の小屋に納められていて、エニ以外のものがこれを見ようとすると、立ちどころに生命を失う。エニだけが何の支障《ししょう》もなしにこの剣を見《み》、それに触れることもできる。村中の者が交替《こうたい》に小屋の張り番に立つ。*

＊訳註――西紀一九〇四年にフランスの考古学者オダンダル氏はエニのもとに到って、この剣の謎を解こうとして殺された事件がある。この剣については様々な伝説があって、東隣のバナル族に伝わるものによると、その製作にあたって一奴隷《いちどれい》が身を犠牲に供し、その魂がその剣の中に宿っていると言われている。まだジライ族自身に伝わる伝説によると、これは天からメコン河に落ちた神剣で、チャム族が拾ったのをブッダが奪ってジライにもたらしたもので、その鞘《さや》はカンボジア人が持ち去ったので、以来、ジライとカンボジアとは同盟国となったと説明している。いま一つその南方プノン族の間に伝わる話によると、イヤンという主人公が龍に捧げられた中国の王女を救うため、鬼の王様に自分の持っている玉をもって神剣を造ってもらい、首尾よく龍を退治して王女の婿になる。その後、主人

公は中国から逃げ帰って、刀身だけがジライにもたらされたとする。なおこの剣は右に空中を切れば火と水が全人類を破壊してしまい、左に切ればこの世は闇《やみ》となり、流れを切れば水流が止まってしまう。一握りの胡麻《ごま》を空に投げると、いずれも剣に化して敵を殺してしまうと信じられている。エニが病気になって危篤《きとく》に陥ると、家族が集合して絶息《ぜっそく》する前に槍《やり》で腹を突いて殺してしまう。

なお「水の王」にも神器《じんぎ》があって、それは宝玉《ほうぎょく》を飾った木の笏《しゃく》であると言われる。

エニは誰にも争いを仕掛けず、また仕掛けられることもない。というのが大河の谷間に住む種族、すなわちスティエン族の住む森から中国国境に至るまでのすべての種族がこの「火の王」を崇《うやま》い敬《けい》しているからである。そこで「火の玉」の家来は、武器一つ帯びずにあたりの村々を廻《まわ》って貢物《こうぶつ》を集める。その貢物というのは小形のツルハシ、蠟《ろう》、ナタ、下帯《したおび》などで、徴収者《ちょうしゅうしゃ》はそれらすべてを嘉納《かのう》する。

感情的というよりは知的なこの王のおもかげにこそ、アンコールの建設者、昔のクメールの諸王の後裔《こうえい》らしさが見られはしないだろうか！……

遠くまで猟に出かけて戻って来てから、炬火《たいまつ》のほの暗い光のもとで、大急ぎでこのカンボジアの項《こう》をしたためた。あたりには剥《は》いだばかりのサルの皮や、荷造《にづく》りをするばかりになった昆虫の分類箱《ぶんるいばこ》などが散らかっている。私は私のござ、すなわち虎の皮の上に坐して、蚊《か》に刺され、水蛭《みずびる》の脅威《きょうい》にさらされながら、この一文を認《したた》めた理由は、ただあれこれと愚論《ぐろん》を開陳《かいちん》することにはなくて、ただただ世にも見事な記念物、おそらくはこの世に比肩《ひけん》すべきものもあるまいと思われる古代芸術のありのままの姿を紹介するために、少々ばかり崩壊物《ほうかいぶつ》を取りのけ、この地や近所の小国《しょうこく》で集め得た断編的《だんぺんてき》な言い伝えを記載《きさい》して、今後の探検家の道しるべともし、それらの人々の豊かな才能と、彼らの政府ならびにタイ当局の援助を得て、私には紹介するだけの能《のう》しかないものから、豊かな収穫を得て欲しいとの希望からに他ならない。

それにわれわれの主な目的は自然科学《しぜんかがく》を究《きわ》めることにあり、従《したが》って、おのずからわれわれの研究がその方面に傾《かたむ》きがちであったのも致し方ない。露営《ろえい》の炬火のもとで走り書きしたこの考古学的な小論文を、私はあえて戯《ざ》れ言《ごと》と呼ぼう。これは精神の疲労《ひろう》の後に来る肉体の憩《いこ》いであると。従ってこの一文《いちぶん》が幸いにして日の目を見て、書斎《しょさい》の奥で、あるいは家族とともに過ごされる夜のつれづれに、彼は哀《あわ》れな一旅行者《いちりょこうしゃ》のこの一小論文《いちしょうろんぶん》を読んで下さる方もあれば幸せである。わずか一匹の昆虫、一本の植物、あるいは未知の一頭の獣《けもの》を発見したり、遠隔《えんかく》の地のある一点の経度《けいど》を確かめたりすることが同胞《どうほう》にとり有用なことと考えるが故《ゆえ》に、家族から遠く離れ、慰安《いあん》を忘れ、健康、時には生命さえも軽《かる》しとして海の彼方《かなた》に旅しているのである。

それはとにかく、「生物《せいぶつ》および事物《じぶつ》のよき母《はは》」たる熱心な探究者《たんきゅうしゃ》にとっては、ここまで来たことは決して無駄《むだ》ではなかった。その仕事も疲労《ひろう》も、危険も、彼自身にとってはとにかく、必ずや他の人々にもたらすところがあったと考え得られるということはまことに幸福である。土地の研究というものは、それを楽しむことを知る者にのみ許された喜びを持つものである。ところでわれわれは、この美しくもまた壮大《そうだい》な熱帯のまっただ中で、かつて味わい得なかった大きな幸福を味わうことができたということを、何の誇張《こちょう》もなしに言い得るのである。森の中に入り込めば、自然の静寂《せいじゃく》を破るものといっては野獣《やじゅう》の咆哮《ほうこう》と鳥のさえずりだけしかない。ああ！この孤独の中で、もし一生を送り得るものであれば、あの文明人《ぶんめいじん》の住む社会のサロンのあらゆる楽しみ、あらゆる喜びも、私は喜んで捨てるだろう。

物を考え、物を感じるものにとっては、かえって幾度《いくど》か孤独を感じさせるその世界を捨てよう。

The Discovery of Angkor Wat

第21章 バッタンバンからバンコクへ

カオ・サムルーすなわちペッチャブリー州を横断してバッタンバンからバンコクへ

カオ・サムルーすなわちペッチャブリー州を横断してバッタンバンからバンコクへ

写生《しゃせい》をしたり見取り図を作ったりするために、アンコール・ワットの壁の中で三週間を過ごした後、われわれはバッタンバンへ引き返した。

ここで私はバンコクへ帰る準備にとりかかったが、総督《そうとく》の力添《ちからぞ》えにもかかわらず、様々な原因や情実《じょうじつ》のために、発《た》つまでに荏苒《じんぜん》二か月を過ごしてしまった。ようやく三月五日に、それぞれ二頭のたくましい水牛をつけた牛車《ぎっしゃ》を二台伴《ともな》って出発した。この水牛は野生のものをならしたもので、この困難《こんなん》な季節の旅にも十分堪《た》え得るほど頑丈《がんじょう》なものであった。

私は収集《しゅうしゅう》した動物をいろいろ伴《ともな》った。それら捕虜《ほりょ》の中にはまだ若いおとなしいチンパンジーがまじっていた。少しばかり傷を負《お》わせただけで生け捕ったものであるが、これはなかなか愛嬌《あいきょう》のある動物だった。

私はこのチンパンジーを部屋の中で飼《か》っていたが、それを見ようとしてやって来る子供の群れや物見高《ものみだか》い見物人を、彼は面白そうに眺めているばかりで、実におとなしかった。ところが、いよいよ出発となって車の後ろにいわえつけると、恐怖に襲《おそ》われてたちまち本性《ほんしょう》をあらわした。なんとかして鎖《くさり》を切って逃げようとして、身体をぶつけたり、泣いたり、鋭《するど》い叫びを上げたりし始めたのである。しかし追々《おいおい》鎖にも馴《な》れ、やがて以前のようにおとなしくなった。

銃《じゅう》を肩に、私と若い中国人のプライとは猟《りょう》をしながら車の前後の従《したが》った。いま一人の従者《じゅうしゃ》は、不幸にしてピニャルーにつくとまもなく風土病《ふうどびょう》に犯されて、来たときと同じ道からバンコクに戻りたいと言い出した。無理にそれを引き止める訳にもゆかなかったので、旅の無事を祈り、帰りの路銀《ろぎん》を与えて発たせた。

一マイルも行くか行かないかに、牛車《ぎっしゃ》の挽《ひ》き子たちは食事をしたいからしばらく休憩させて欲しいと言い出した。われわれはまるで彼らにとって大切なその食事をするために夜、旅に出たような恰好《かっこう》になったが、カンボジア人の習慣を重んじて聴き容《い》れた。彼らは遠くへ旅立つときには、いつも彼らの村の近くに車を停めて、いま一度家へ帰って涙を流し、別れの盃《さかずき》をして来る習慣になっていたのである。

まだ牛が軛《くびき》から離れるか離れないかに、どっと挽き子の家族たちが駆けつけて来て、てんで私に向かってぺちゃくちゃと、身内のものの世話をよろしく頼みますとか、泥棒《どろぼう》から守ってやって下さいとか、頭痛《ずつう》には注意をして、もし頭痛が起こったら忘れず手当《てあて》をしてやって下さいとか言い出した。それから一同揃《いちどうそろ》って夕食をとり、私が与えた火酒《かしゅ》を幾杯《いくはい》か傾《かたむ》けた。それからやっと皎々《こうこう》たる月光のもとに本気になって出発した。道は埃《ほこり》が深く、牛や車の周囲には濃い砂ぼこりがたてこめた。

夜のひと刻《とき》を、われわれは沼のほとりの税関《ぜいかん》のそばで露営《ろえい》した。気の毒な税関吏《ぜいかんり》は、そこに四日目交替《こうたい》で詰《つ》めていたが、彼らは太湖《トンレサップ》や付近の州からバッタンバン近傍《きんぼう》へ忍《しの》んで来ては、象や水牛を盗んでゆく泥棒《どろぼう》の見張り役まで仰《おお》せつかっていた。

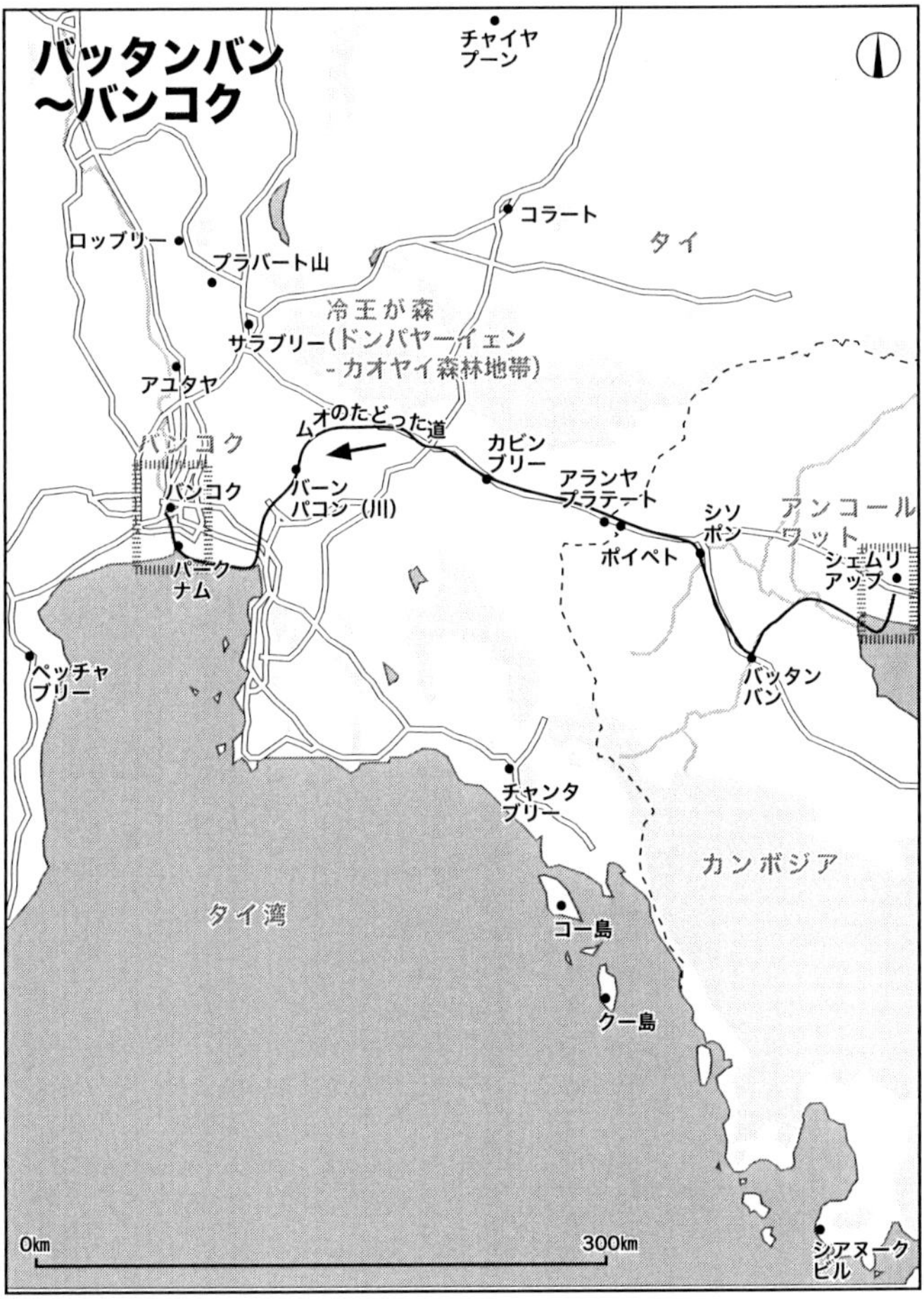
バッタンバン
～バンコク
チャイヤプーン
コラート
タイ
ロッブリー
プラバート山
冷王が森（ドンパヤーイェン
-カオヤイ森林地帯）
サラブリー
アユタヤ
バンコク
ムオのたどった道
カビンブリー
アランヤプラテート
ポイペト
シソポン
アンコールワット
シェムリアップ
バーンパコン（川）
バンコク
パークナム
バッタンバン
ペッチャブリー
チャンタブリー
カンボジア
タイ湾
コー島
クー島
シアヌークビル
0km
300km

私は彼らが罠《わな》を用いてキジバトを捕えるところを見かけたが、はたしてその通りに悪人たちがうまく捕《つか》まるかどうかははなはだ心もとなかった。

三日間、北へ旅をつづけてようやくアンコール・ボレジュ Onkor-Borége に到着した。同名の州の首邑《しゅゆう》であるが、そのすぐ手前でひどい嵐にあった上に、日はとっぷりと暮れてしまった。もう人家のあるところまで一息《ひといき》というところで、われわれは夜営《やえい》をしなければならなくなった。ござを持つものはそれを地上に敷《し》いて夜を明かしたが、ござを持たないものは草や木の葉で「寝床《ねどこ》を作って」横になった。

翌日、村はずれで、われわれと同じ目的地ムアン・カビーン Muang-Kabine へ米を運ぶ二十三両の牛車からなる隊商《たいしょう》と落ち合った。われわれのカンボジア人はすぐに隊商のカンボジア人と親しくなった。彼らは一緒に食事をして、まる二時間をそのために割《さ》いた後、ようやくわれわれの一行が先になって出発した。

このあたりから東北にかけては広漠《こうばく》とした平原、というよりは沙漠がひろがっている。象に乗って横断《おうだん》しても結構《けっこう》六日はかかろう。牛車《ぎっしゃ》だと、季節のよい時でたっぷり十二日は見なければなるまい。

三月二十日にようやくわれわれはムアン・カビーンのすぐ近くに到達した。が、ああ、何という艱苦《かんく》と倦怠《けんたい》！　何という暑さと蚊《か》だったろう！　しかもこの行程《こうてい》には、飲料水がほとんどなかった。加うるに車輪が壊れる、車軸《しゃじく》が折れる、その他様々な出来事が毎日のように相《あい》ついで起こった。最後の行程などはひどい泥濘《ぬかるみ》で、私はようやく足を引きずるようにして、水牛の遅いが規則正しい足並《あしな》みについて歩いた。目的地に着く数日前にちょっとした河を渡った。バン・チャンBang-Changといって小川《おがわ》程度の河であるが、飲むにたえる水が少し流れていた。ここまでは飲み水といっては、隊商《たいしょう》の水牛が水浴びしたり、飲んだりする泥沼《どろぬま》の不潔《ふけつ》極まる水しかなかったのである。私はそんな水を飲む場合、あるいはそれで米を炊《た》いたり、茶を沸《わ》かしたりする場合には、少量のミョウバンを加えて清める方法を用いて来た。このミョウバンの使用は、土地のものが使っているろ過器《かき》よりも効果があった。その水は、とてもろ過器などでは綺麗《きれい》に漉《こ》せる程度の水ではなかったからである。

数年前にこのムアン・カビーンの近傍《きんぼう》で金鉱《きんこう》が発見されたので、ラオス人や中国人、タイ人などが多数流れ込んで来て、この町は大変な賑《にぎ》わいを呈《てい》している。バッタンバンの金鉱も、ここほど豊富でないからでもあろうが、これまでの活気は呈していなかった。私は駆け足で鉱床《こうしょう》を見物してからパークナムへ向かって、ここでバンコク行きの船を雇った。

船旅の第一日は難航《なんこう》だった。河水が少なくて河底の砂が現れていたからである。しかし二日目には斜桁《しゃこう》を捨てて櫂《かい》を用いることができた。そうして河のある隈《くま》までは楽に船をやることができた。ここから流れは急に南へ向かってピェトラン Petrin の少し北で湾に注ぐが、その付近は砂糖の産地でバンコクへ積み出されるこの地方の砂糖だけでほとんどタイの全需要《ぜんじゅよう》を充《み》たしているといわれる。この隅からバーン・チャン河——このあたりではバーン・パコン Bang-Pakong と呼ばれている——とバンコクとを結ぶ運河が開かれている。この運河はなかなかよくできていて、長さは約六十マイル、タイのさる将軍によって開鑿《かいさく》されたものだそうである。二十年程前にこの将軍は、バッタンバンをコーチシナから奪い返したが、彼はこの運河の他に、パークナムからアンコール・ボレジュ間に氾濫期《はんらんき》にも水に浸《ひた》らさない地点を選んで立派な道路をつけている。私は帰路《きろ》にどうしてその道を選ばなかったかと後悔《こうかい》したが、しかしこの道を選んでいたら、あるいはこの季節には牛車隊《ぎっしゃたい》に必要な水も草も得られなかったかも知れない。

バン・パコン河の岸には、昔、バッタンバンの暴徒《ぼうと》を捕虜《ほりょ》として移植《いしょく》したといわれるカンボジア人の村がいくつかあった。また運河の両岸にはマレー半島から来た多数のマレー人、メコン河上流のコラートの北東にあたる昔の町ヴィエンチャンVien-Chanから連れて来られたラオス人等が住んでいた。このヴィエンチャンという町は、内乱と戦争が相《あい》ついだために今ではすっかり亡びている。

清潔《せいけつ》ないかにも住み心地《ごこち》のよさそうなその住居《じゅうきょ》や、さも気楽そうな村の様子、生産工場、その上に首都バンコクに近いことなどを考え併《あわ》せると、租税《そぜい》の重荷《おもに》はともかく、相当《そうとう》彼らは裕福《ゆうふく》な暮らしをしているらしく見受けられた。ことに白人が首都《しゅと》に住むようになって、商業が活気を呈して以来というものはこれまで以上に楽になったようである。

この運河の水面には雑草が生い繁っていて、そのためにわれわれは船をやるのに非常な苦労をさせられた。おかげで運河を抜けるのに三日間もかかったが、二月から五月にかけてでないとパークナムからバンコクへ出ることはできないのである。

四月四日にようやく、十五か月にわたる旅を終えてバンコクに帰り着いた。その間のほとんど大部分というものは、眠るに寝台はなく、飲むに不潔《ふけつ》な水しかなく、食物といっては米に干魚《ほしうお》、せいぜい趣《おもむき》を変えて干魚に米しかないという毎日を送って来た。にもかかわらず、少しも健康を害《がい》さなかったのには我ながら驚く。ことに森の奥深く分け入って、骨の随《ずい》まで濡《ぬ》れそぼつような目にたびたびあい、変えるにシャツもなく、しかも幾夜《いくや》も木の下のかがり火の前で夜営《やえい》をしたりしながら、熱病《ねつびょう》ひとつ患《わずら》わないでいつも冷静に快活《かいかつ》に、特に何か新しい発見でもしたときには大きな喜びをさえ感じて暮らして来た。それどころか、新発見の介殻《かいがら》、新種の昆虫などは、私を有頂天《うちょうてん》にさせさえした。また私は、市《まち》の騒音《そうおん》や世間の煩《わずら》わしさから遠く離れて、力強くも壮大《そうだい》かつ偉大な大自然のまっただ中の自由な生活を楽しみ、かえってその絶対の孤独の生活に、いまだかつて経験したこともないほどの喜びさえ見出してきた。

繰り返して言うが、私はそこで人生の最も清く、最も愉《たの》しい喜びに浸《ひた》ることがで

1860年、アンリ・ムオによって「発見」されたアンコール・ワット。フランス植民地時代から調査研究が進められ、現在では多くの観光客が訪れている

きたのである。この気持ちは、熱心な情熱的な自然科学者にして初めて了解《りょうかい》し得るものではなかろうか。私と同じように、彼らはその愛する科学のためとあれば、疲労《ひろう》も、森林の夜営《やえい》も、あらゆる不自由もいとうまい。しかも私は壮麗《そうれい》な、おそらくはこの世に比類《ひるい》を見ないと思われる古跡《こせき》までも見て来たのである。私は考古学、昆虫学、介殻学《かいかくがく》等、科学にとっても芸術にとっても確かに有用《ゆうよう》な発見をもたらして、私を後援していてくれるイギリスの科学者の声援と、支持《しじ》とに対していくらかでも応え、同時にまた、進んで私のために種々の便宜《べんぎ》をはかってくれた母国《ぼこく》に対しても、何らかの収穫《しゅうかく》をもたらすことができはしなかったろうか。

十五か月にわたる旅の間、欧州の消息《しょうそく》には何一つ接《せっ》し得なかった私にとって、バンコクへ帰り着いて一束《いっそく》の手紙を受け取り、遠く離れた家族や故国の心を動かす便《たよ》りに接し得たことも、また大きな喜びであった。長い月日の間、孤独《こどく》にいて何一つ知らせに接し得なかった私にとっては、心から愛する老父や妻、兄弟の手によって綴《つづ》られた便りを繰り返し読むということは、どんなに嬉しいことであったろう！この喜びをも、私はこの世で最も愉《たの》しく清《きよ》いものだといいたい。

私は市《まち》の中央の運河の入口に宿をとった。ここからはチャオプラヤー河でも、最も商業の殷賑《いんしん》な一角《いっかく》が望まれる。もう夜も迫《せま》っている。静寂《せいじゃく》はまもなく私を包んでしまうだろう。しかし日の出とともに起き出でて、まだ船は錨《いかり》を降ろしたまま眠り、王宮やパゴダの屋根に、生活と河上《かじょう》の活気とを象徴《しょうちょう》する太陽の最初の光の輝くのを眺めたときの美しさ、これほど美しいバンコクの姿はないだろう。

絶え間なく大きさも形もちがう幾千艘《いくせんそう》の船がこの河を航行《こうこう》する。バンコク港はたしかに世界中でも最も美しくまた最も大きな——幾千艘の船を完全に入り得る名実ともにそなわるニューヨーク港を除くならば——港の一つなのである。

バンコク市の人口は増し、日ごとにその広さを加えている。従《したが》ってフランスがベトナムを手中におさめ得た暁《あかつき》には、バンコクは最も重要な都市となるだろう。その時こそはこの両国間の通商《つうしょう》は、活気を呈《てい》するに違いないからである。この市は建設されてまだようやく一世紀にしかならないが、人口約五十万を擁《よう》し、多数のキリスト教徒が住んでいる。コーチシナに翻《ひるがえ》るフランスの三色旗《さんしょくき》は、必ずやいまに付近の国々に宗教をひろめることになるであろう。そしてこれまで以上、急速《きゅうそく》に、キリスト教徒は増加するに違いないと私は信ずる。

　私はこの国の北部すなわちラオスまでドン・プラヤー・ファイ（冷王《れいおう》が森《もり》）を横断《おうだん》して行き、コーチシナの国境にあるイエン・ナイ Hieng-Naie まで遡《さかのぼ》り、トンキンとの国境に達し、そこからメコン河をカンボジアまで下り、もしフランスがその時までにコーチシナを占領《せんりょう》していたならば、そちらへ廻《まわ》って戻りたいという計画を立てた。

　ところがその内に雨期がやって来て、この国は到るところ水浸《みずびた》しになり、森を通ることも不可能になり、この計画を実現するためには、四か月の間、待たなければならないことになった。そこで私は、急いで通信文《つうしんぶん》をまとめ、採集品《さいしゅうひん》を送り出し、数週間をバンコクで過ごした後、マレー半島の北部、北緯《ほくい》十三度にあるペッチャブリー州を訪ねようと思っている。

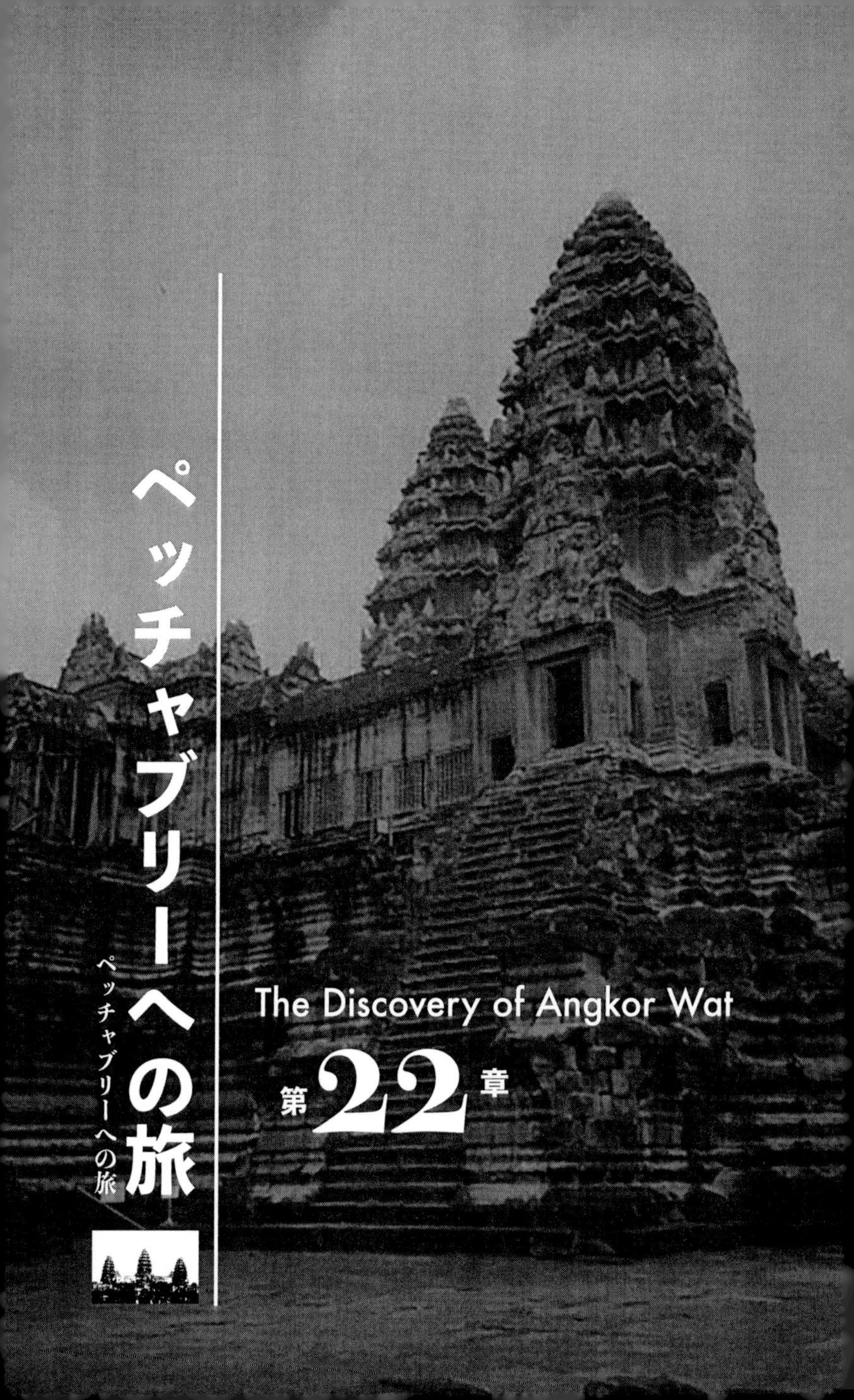

第22章

ペッチャブリーへの旅

ペッチャブリーへの旅

The Discovery of Angkor Wat

ペッチャブリーへの旅

五月八日の夕六時に私はバンコクを、王弟の一人の「クロム・ルアン」の所有《しょゆう》にかかる彫刻を施《ほどこ》した金泥《きんでい》塗りの大船に乗り込んで出発した。王弟《おうてい》は進んでその船をバンコクの一欧州人《いちおうしゅうじん》に貸し与えていたのであるが、その人が私にあり来たりの友情以上のものを示してくれたわけである。その友人というのは――別にその名を秘《ひ》さなければならないような理由はない。それどころか私はここでその友人の親切に対して、心からなる礼を述べたいと思っている――名をマレルブ Malherbes というフランス商人であるが、わざわざ私を旅の途中まで送ってくれた。おかげで数日間、私はその友と起居《ききょ》をともにし、遠い故国に思いを馳《は》せることもできたのである。

流れの具合《ぐあい》はよかった。十五人の漕手《こぎて》を乗せた船は、相当の速度で川を遡《さかのぼ》った。船にはあらゆる装飾、すなわち孔雀《くじゃく》の尾羽根《おばね》や船尾《せんび》に赤い長旗《ちょうき》等々……がついていて、それらは河岸《かがん》に住む欧州人の眼をひかずにはいなかった。彼らは屋根付きのバルコニー（ヴェランダ）からわれわれに声やら身振《みぶ》りで挨拶《あいさつ》を送った。バンコクを発《た》って三日目に、われわれはペッチャブリーに到着した。

同じ日に、町の近くにある山上に建てられた離宮《りきゅう》を、王が訪ねることになっていた。それでクロム・ルアンとカラホーニ Kalahoni すなわち首相、それから大勢の大官《たいかん》たちが先発《せんぱつ》してこの町にやって来ていた。われわれが着くとまもなく、この町に瀟洒《しょうしゃ》な屋敷を持つクロム・ルアンに招かれた。われわれは旅装《りょそう》として携《たずさ》えて来た粗末《そまつ》な服のうち、最上等《さいじょうとう》のものを着て王弟を訪ね、昼食頃まで歓談《かんだん》した。王弟はまことによくできた人で、この国の貴顕《きけん》を通じて欧州人に対して最も儀式張《ぎしきば》らない腰の低い人のように思われた。知的《ちてき》にはこの王弟と兄王と、すなわち二人の至上権者《しじょうけんしゃ》が最も進んでいるかに見受けられた。ことに久しくこの国が未開状態にあったのだという点を考え併《あわ》せるならば、この感は深い。しかしその挙措《きょそ》は、いわゆる「賤民《せんみん》」とさして変わるところはなかった。

王弟の屋敷で、私は優《すぐ》れたタイの学者クム・モート Kum-Mote 氏と知り合いになった。氏は博学《はくがく》から来る精神の孤高《ここう》さ、および性格の立派さにおいてこの国で最も優れた人物といえよう。

われわれは、まず町に最も近い山を訪ねた。その山頂に離宮《りきゅう》がある。遠くから眺めたその欧風の建物は美しく、またそれは山頂の景勝《けいしょう》の地位を占めて建てられていた。河から山へは広い道路がついていて、建物にいたる羊腸《ようちょう》の道は、昔の噴火口《ふんかこう》を被《おお》う玄武岩《げんぶがん》や軽石《かるいし》等からなる火山岩の間を縫《ぬ》って巧《たく》みにつけられていた。

この山のわずか二十五マイルの先を、南から北へかけてデン Deng と呼ぶ山脈が走っている。この山脈には帰順《きじゅん》せぬ野蛮人《やばんじん》カレン族 Karens が住んでいるが、彼らはずっと高い山頂にまで分布《ぶんぷ》している。この山脈の麓には森や多数の棕櫚樹《しゅろじゅ》、米田等をちりばめた平野がひろがっていて、その中にぽつんぽつんと絵のように美しい山が、いくらか感じに暗いところがなくはないが、様々な豊かな色調《しきちょう》を見せて立っ

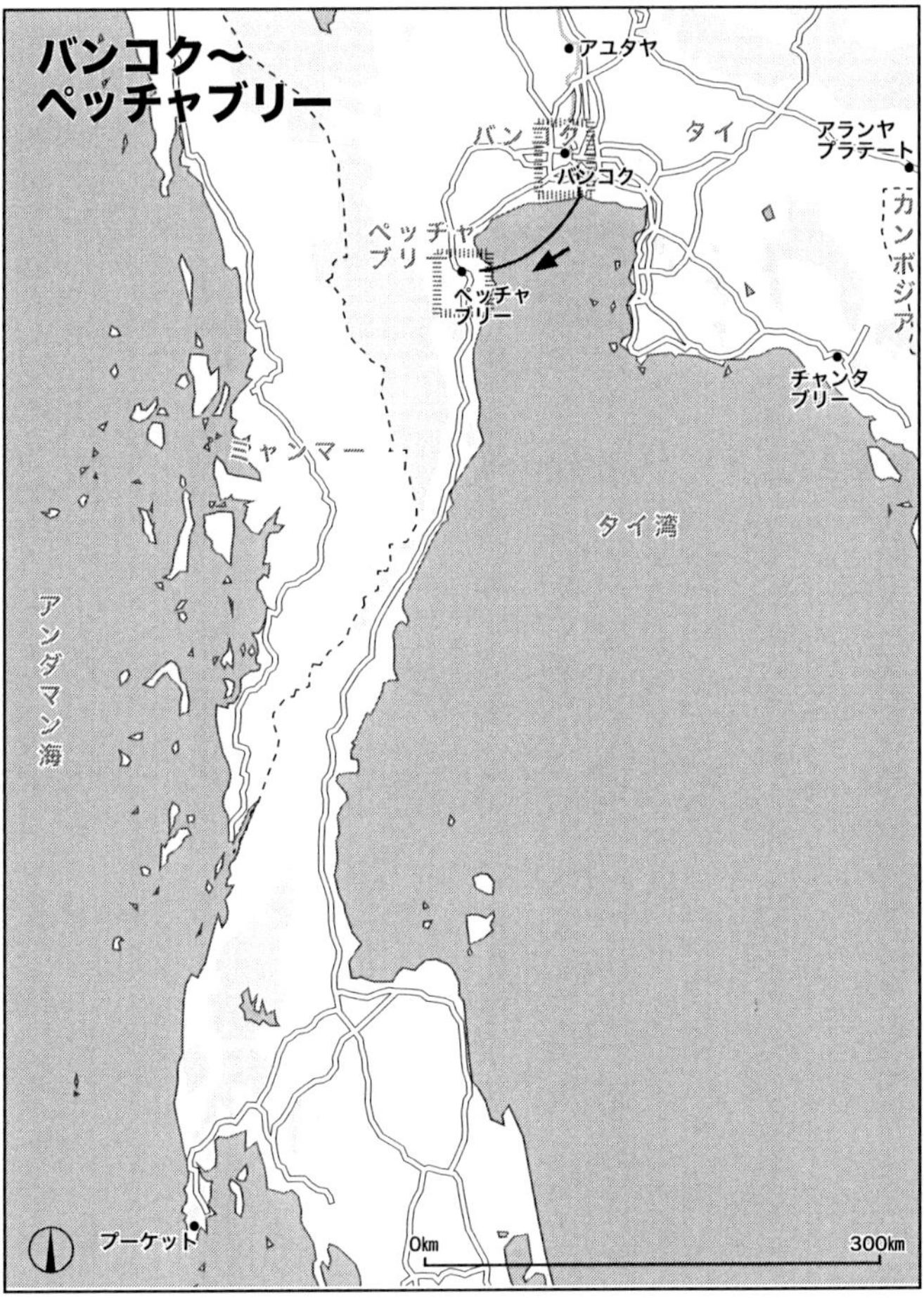
バンコク～
ペッチャブリー
アユタヤ
バンコク
バンコク
タイ
アランヤ
プラテート
カンボジア
ペッチャ
ブリー
ペッチャ
ブリー
チャンタ
ブリー
ミャンマー
タイ湾
アンダマン海
プーケット
0km
300km

ている。東と南にはまた他の平野がひろがっていて、その向こうはタイ湾に連なり、靄《もや》のたてこめた湾の水は水平線にとけ込んで、船がいくつかその上を走っているのがかすかに眺められた。

それは忘れることのできない美しい眺めだった。王がこの地を選んで離宮を建てたということは、王にもまだ趣味を解《かい》する力があることを証明する。というのは、大体において彼らの心は炎《や》くがような太陽の光にも、無感覚《むかんかく》なように思われるからである。しかし、さすがにこの国の優れた自然は、彼らを全然の無感覚にしてしまってはいないらしい。それは彼らが最も恵まれた、最も眺めの美しいところを選んで離宮なり、パゴダなりを建てていることによっても知られる。

山頂《さんちょう》を降りると三マイル先の洞窟《どうくつ》を訪ねた。これもはやり死火山《しかざん》で、噴火口《ふんかこう》の隆起《りゅうき》によってできたものであった。ここには四つあるいは五つの洞窟があって、うち二つは驚くべき広さと深さを持っていて、また特に美しい。自然の作りなしたこれらの洞窟内の美しい飾りつけを一目《ひとめ》見たものは、それらは豊かな人間の想像力になったもので、まさかに自然のままで、これほど美しいものがこの世にあろうとは

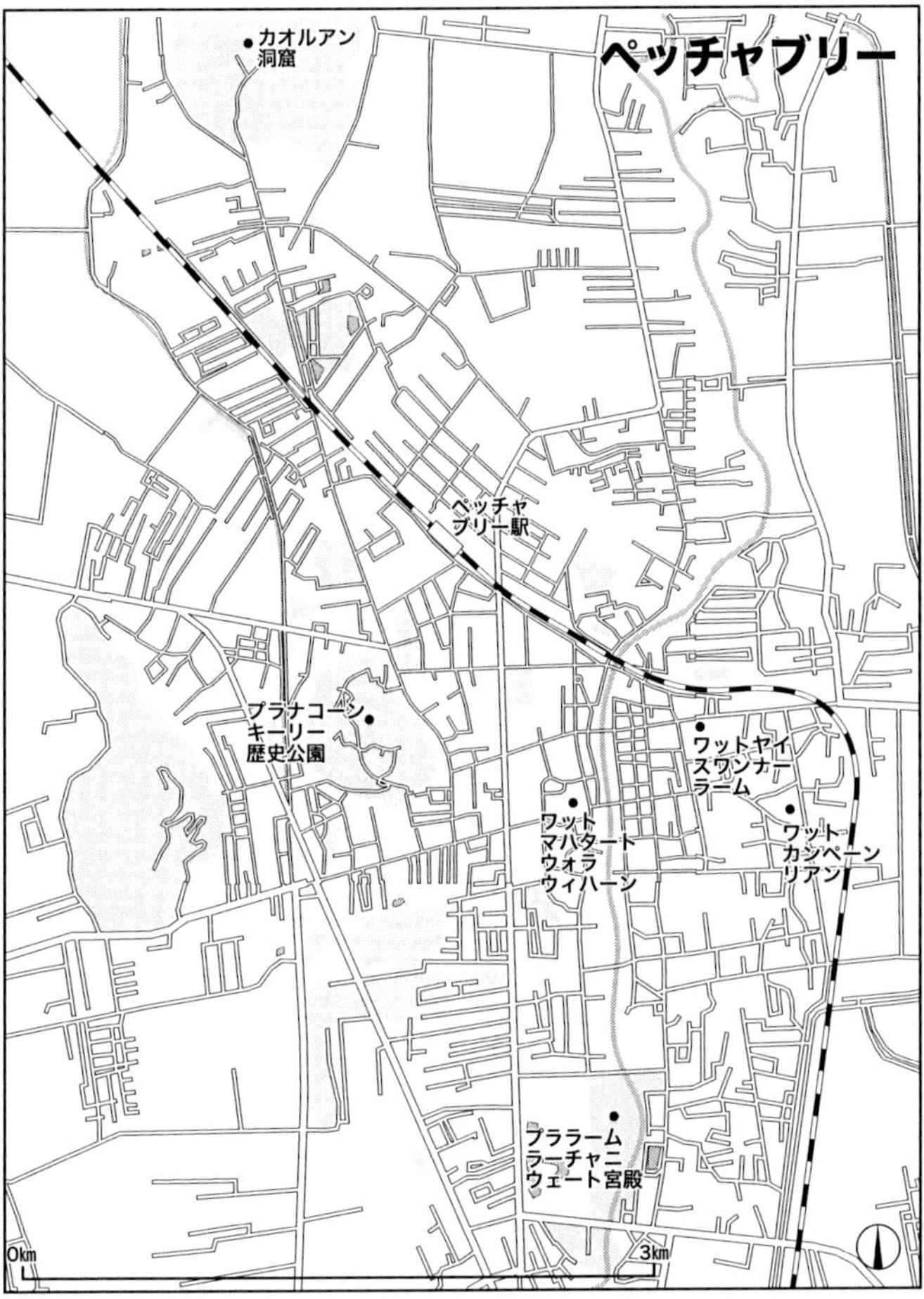
ペッチャブリー
カオルアン洞窟
ペッチャブリー駅
プラナコーンキーリー歴史公園
ワットヤイスワンナーラーム
ワットマハタートウォラウィハーン
ワットカンペーンリアン
プララームラーチャニウェート宮殿
0km
3km

思わないに違いない。久しい間、溶融状態《ようゆうじょうたい》にあった岩石が冷却《れいきゃく》して、玄武岩《げんぶがん》や軽石《かるいし》特有の奇妙《きみょう》な形を作り上げたのである。その頃にはまだ海中にあったが、あたりの山が隆起《りゅうき》したため、この洞窟《どうくつ》もやがて海中からせり上がった。そして地下水が絶えまなしに滲《にじ》み出て、これらの岩を豊かな、調和に富んだ色彩でいろどるようになったのである。しかも岩からは見事な美しい鍾乳石《しょうにゅうせき》までぶら下がって、その高く白い柱は、あたかもこの地下の穹窿《きゅうりゅう》を支えているかに見え、さながらロンドン、パリの劇場などでしか見られないあの美しい桃源境《とうげんきょう》を現出《げんしゅつ》しているのである。

町の離宮《りきゅう》の建築家は、離宮の内部の仕上げに失敗しているが、ここでは幸い、自然のもつ美しさをよく生かして、何一つそこねていない。槌《つち》ですこしでも触れようものなら、岩はすぐに崩れてしまう。そこで建築家は、床を平坦《へいたん》にしたり、美しい階段を洞窟の奥まで伸ばして、心ゆくまでその美しさを楽しめるようにする程度で、人工を加えることは止めているからである。

二つの洞窟の中でも、広くて美しい方は寺になっていて、いたるところに仏像が祀《まつ》られているが、そのうち最大のものは全身を黄金色に塗ったブッダの寝像である。

ペッチャブリーの洞窟
（カオ・ルアン洞窟）

われわれが山を下《くだ》った時、ちょうど王が町に着いて、これから山に登ろうとしているところだった。王はわずか二日を山の離宮に過ごしにやって来たのであるが、多数の小箱《こばこ》や箱、籠《かご》などを携《たずさ》えた幾百人の奴隷《どれい》が、王の行列に先立って山を登って行くのを見た。王の行列自身は、想像を絶したまことに珍妙《ちんみょう》な服装の王をまん中に、秩序もなしにつき従《したが》う一群《いちぐん》の兵士からなっていて、その有様にはおそらくはスールーク皇帝*でさえ噴《ふ》き出したに違いないと思われた。なぜなら、スールーク皇帝の老護衛兵《ろうごえいへい》たちといえども、おそらくは東インドの仲間よりはもっと堂々たるものがあったろうと思われるからである。まさにそれはボロの組み合わせとも形容したい一群で、心あるものの眼にはサヴォア人のオルガンにあわせて踊る服を着たサルさながらとも映ろう。いつも大き過ぎるか小さ過ぎるか、さもなければ長すぎるか短かすぎるかすする服を着たイギリス人を真似《まね》て、彼らは布切《ぬのき》れのような上衣《うわぎ》を着《き》、白の軍帽《ぐんぼう》をかぶり、色様々なズボンを穿《は》いていて、靴はといえば、決して擦《す》り切れない親ゆずりの裸足《はだし》である。王の従者《じゅうしゃ》がこれでは、物乞《ものご》いとかわるところがない。

＊訳註――Soulouque はハイチ島の黒人の酋長《しゅうちょう》であるが、ナポレオン一世に私淑《ししゅく》して自らフォスタン Faustin 一世と名乗り、「遠征」を試みて凱旋《がいせん》するや、金紙製《きんがみせい》の王冠で戴冠式《たいかんしき》を行い、部下の者に爵位《しゃくい》を授けるなど、なかなか愛嬌《あいきょう》たっぷりの男であった。

兵卒《へいそつ》と似たりよったりの服装の隊長が、幾人か馬に乗ってこの一団の戦士たちの先頭を進んだ。王は小馬をつけた小さな馬車に乗っていたが、その馬車は二足《にそく》の奴隷《どれい》によってかつがれていた。

数里先の大山脈カオ・デンとは孤立した山々をいくつか私は訪ねたが、この旅は大雨の中に決行された。あいにくと、ここへ着いてからは私は毎日のように降られたのである。しかも私はその雨にもまして激しく、またいまわしい敵と常に闘わなければならなかった。ここほどひどくこの仇敵《きゅうてき》に悩まされたことはまだなかった。扇で打とうと、拳で殴ろうと、銃を放とうと、この仇敵には何の手応えもないのである。こいつにあくまで対抗しようとすれば、自殺するくらいの勇気がいるだろう。

仇敵《きゅうてき》とは蚊《か》である。この残酷《ざんこく》な蚊は幾千匹となくたかって来て、昼といわず夜といわず私の血を吸おうとする。私の顔や手は、そのために傷だらけで水腫《すいしゅ》になってしまった。

森の野獣を相手にする方が、この蚊よりはどれだけ楽か知れなかった。時々、私は苦痛と憤怒《ふんぬ》に耐えかねて思わず叫んだことさえある。ダンテが地獄の一員に数えることを忘れたこの恐しい悪魔《あくま》が、どんなに耐え難い重荷《おもに》になるかはちょっと想像がつかないだろう。この蚊のために私はほとんど水浴《すいよく》もできなかった。桶一杯《おけいっぱい》の水を使い終わらないうちに、もう身体は蚊で埋まってしまう。博物学者中の哲学者は、この小吸血鬼《しょうきゅうけつき》を人間に用心と父性愛《ふせいあい》を教えるために、自然が生んだもののように言っているが、御当人《ごとうにん》はおそらくはこの愛すべき言葉を書いた当時までには、まだ私のように身体中をこいつに刺《さ》されて血が流れ、眼さえ見えなくなるような経験はしていなかったに相違《そうい》ない。そこで私は、この興味ある存在に対して、昔ながらの父性愛を持ちつづけることはまっぴら御免《ごめん》を蒙《こうむ》りたい。

ペッチャブリーの近く、約十マイルほどの間に、私はラオス人の住む村をいくつか見出した。彼らは太湖サップの北東やメコン河流域から移って来たもので、すでに二、三代も前*からそこに定住《ていじゅう》している。

*訳註――同族は約一世紀前に捕虜《ほりょ》として拉致されたもので、ラオ・ソーン Lao Song と呼ばれる。

彼らはコーチシナ人のように長いシャツを着、黒のズボンをはいている。髪の結《ゆ》い方も――少なくも女の髪はこれまたコーチシナと変わらない。しかし男はタイ風に、頭の頂に髪を少し残している。彼らの歌や、米、その他の植物を発酵《はっこう》させて造った酒を飲むときに、大きな瓶《びん》から竹筒《たけづつ》で綴《つづ》る様《さま》は、未開人スティエン族を思い出させた。また私は、彼らの家に同じ未開人の使用していたものとよく似た様々な小道具類《こどうぐるい》を発見した。

若い娘はタイ人に比較して肌は白く、非常に愛くるしい顔をしている。しかし彼女らも、やがてその愛らしさを失って醜《みにく》くなってしまうのである。彼らの村だけで生活しているこれらラオス人は、彼らの言葉や習慣をいまだに守っていて、タイ人と交わることをしない。

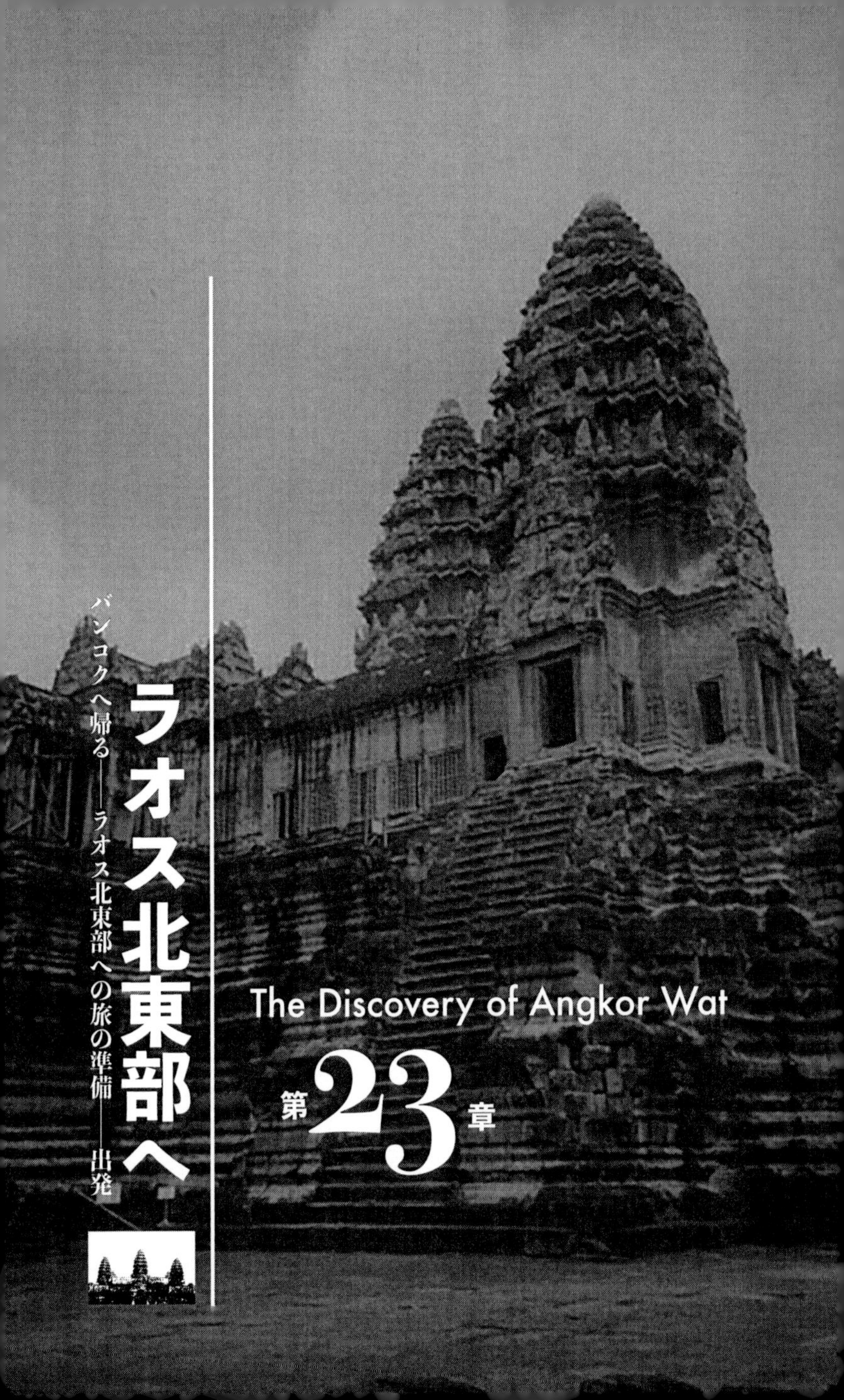

The Discovery of Angkor Wat

第23章

ラオス北東部へ

バンコクへ帰る――ラオス北東部への旅の準備――出発

バンコクへ帰る——
ラオス北東部への旅の準備——出発

ペッチャブリー州の山の中で四か月を過ごして——その中にはナーク・カオNakhou-Khao、パノム・クオトPanom-Kuot、カオ・イアムーンKhao-Iamoune、カオ・サムルーンKhao-Samrounなどという標高《ひょうこう》千七百ピエないし千九百ピエにおよぶ山々があった——バンコクへ戻ったが、その第一の目的は、もう久しく計画している新しい旅の支度を整えることにあった。私はバンコクからメコン河の谷へ出て、中国との国境まで遡《さかのぼ》る予定を立てていたのである。それからいま一つの目的は、あえて私はいうのであるが、ペッチャブリーでかかった皮癬《ひぜん》を癒《なお》すことにあった。どうして私はそんなものにかかったのだろうか。それは私自身にも分からない。毎日、私は二、三度は水浴《すいよく》をしていたのである。しかしこれは、硫黄剤《いおうざい》を幾日《いくにち》か塗布《とふ》して綺麗《きれい》な湯にでも入れればすぐ癒るだろう。こんなことは、旅にはつきものの小さな故障《こしょう》にしか過ぎない。ことにはその後に知った不幸《ふこう》に比べれば。つまり、私の採集物一切《さいしゅうぶついっさい》を託《たく》したシンガポールのグレイ・ハミルトン商会の船が、シンガポール港のすぐ出口で沈没《ちんぼつ》してしまったのである。そして私があれほど大事にしていた幾月がかりの収穫物である昆虫類は、すっかり海の藻屑《もくず》と化してしまった……！その中には、二度とは手には入るまいと思われる貴重なものも、いくつか入っておったのに、ああ！

この国の探検にやって来た当初、すなわち二年前の時も同じ頃には、私が今いるところと場所も同じバンコクの北数里、チャオプラヤー河に臨むあたりにちょうどいた。浮屋の商人も、ほとんど華橋《かきょう》からなる住民も、ようやく数少なくなろうというあたりで、河の低い両岸には処々にいくつかの粗末《そまつ》な民家、あるいは景勝《けいしょう》の地を占めて建つパゴダの白壁、それをとりまく質素な僧庵《そうあん》などがバナナの葉越《はご》しに、あるいは檳榔樹《びんろうじゅ》や椰子《やし》の生えた草地の中に隠顕《おんけん》してようという、いくらか単調な眺めを見せたあたりである。

時はあたかもお祭の時期にあたっていて、河には大勢の人間をのせた、金泥《きんでい》を塗《ぬ》り、彫刻をした、いかにも東洋らしい色彩を見せた大きな丸木舟《まるきぶね》が往来している。そしてそれらは米や百姓、あるいは檳榔子《びんろうじ》やバナナを売る貧しい女を乗せた大きな船と行き交う。この時期の他には、一度か二度しか、王をはじめ、王族、大官《たいかん》等が彼らの富と権力とをあまねく天下に示す時はない。王はこの時期に全宮廷人《ぜんきゅうていじん》を前後に従《したが》え、彼らに守られながらパゴダへ供物《くもつ》を納めに出かける。大官連《たいかんれん》は派手《はで》な布をつけた漕手《こぎて》を乗せた立派な丸木舟の中におさまりかえって、赤い服装の兵士をのせた多数の船がこれに続く。王の船は先の尖《とが》った小さな塔のついた玉座《ぎょくざ》と、金泥《きんでい》や彫刻がふんだんに施《ほどこ》されているのとで、誰の眼にもすぐに他の船と区別される。側《そば》に若い王族や王子を従えた王は、欧州人に出会うと手で挨拶《あいさつ》を送る。

碇《もや》っている船はすべて満船飾《まんせんしょく》をほどこし、浮屋は入口に様々な品物を供えた祭壇《さいだん》

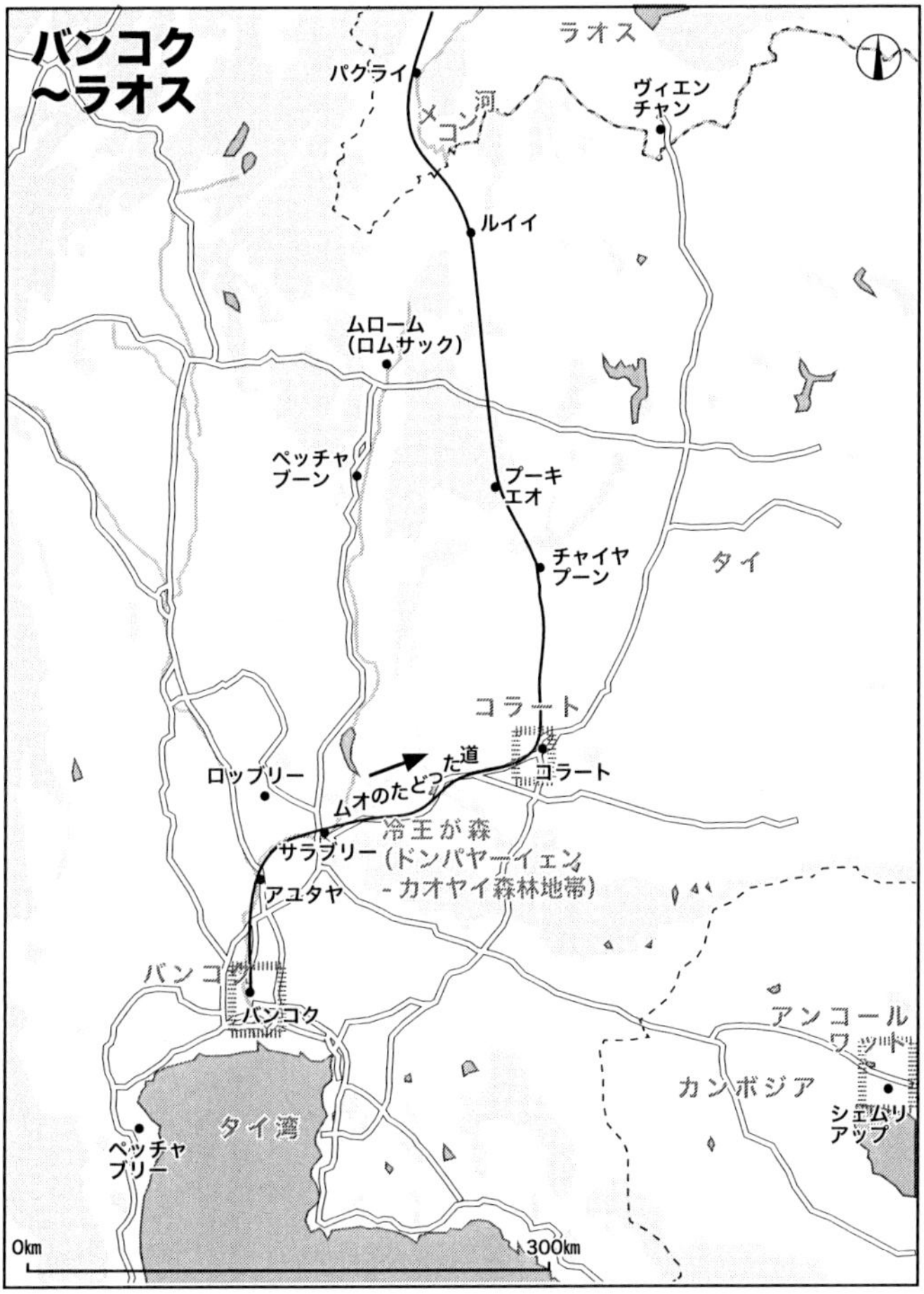
バンコク
～ラオス
ラオス
パグライ
メコン河
ヴィエン
チャン
ルイイ
ムローム
(ロムサック)
ペッチャ
ブーン
プーキ
エオ
チャイヤ
プーン
タイ
コラート
コラート
ムオのたどった道
ロップリー
冷王が森
(ドンパヤーイェン
-カオヤイ森林地帯)
サラブリー
アユタヤ
バンコク
バンコク
アンコール
ワット
カンボジア
シェムリ
アップ
タイ湾
ペッチャ
ブリー
0km
300km

をしつらえて線香《せんこう》を上げている。

美しいこれらの丸木舟《まるきぶね》の中でも王弟《おうてい》の「クロム・ルアン」――非常に知的で愛想がよく、欧州人に対しては懇切丁重《こんせつていちょう》、一言《ひとこと》でいえば完成された紳士《ジェントルマン》である――の船は、その装飾や漕手《こぎて》の仕着《しき》せの趣味がきわめて簡素《かんそ》で、また優《すぐ》れている点で、これもまたすぐにわかる。王弟の船を除く他は、ほとんどすべて暗赤色《あんせきしょく》の仕着せを着ている。

大官連は大体において肥満《ひまん》していて、大船の中央に優雅《ゆうが》にしつらえられた天蓋《てんがい》様のものの下で、刺繍《ししゅう》をした三角形のクッションにゆったりと寄りかかっている。大勢の士官や婦人、子供等が王の周囲にうずくまったり平伏《へいふく》したりしていて、御意《ぎょい》によって黄金製の痰壺《たんつぼ》や檳榔子《びんろうじ》の箱、茶碗《ちゃわん》等（これらもまたラオス人やリゴール人の手になる貴金属《ききんぞく》の傑作《けっさく》である）を捧《ささ》げる。各船には八十人ないし百人の漕手が乗っていて、いずれも帽子をかぶらず、裸足《はだし》で、腰には幅広《はばひろ》の白い布をまとっている。それが彼らの青銅色の肌や赤の下帯《したおび》と、はなはだしい対照《たいしょう》を見せている。彼らは同時に櫂《かい》を上げ、同時に水を打つ。舳《へさき》と艫《とも》はやわらかい曲線を描いて優雅《ゆうが》な反《そ》りを見せ、そのいずれにも奴隷《どれい》が一人ずつ控《ひか》えていて、艫《とも》のものは巧みに櫂《かい》で舵《かじ》をとり、舳《へさき》のものは巧みに舳を障害物《しょうがいぶつ》からはずしてゆく。

彼らは間断《かんだん》なしに「ウアー！　……ウアー！」と蛮声《ばんせい》を張り上げる。また時々、艫の男が、船全体に聞こえるような大きな声で、長く尾《お》をひく掛け声をかける。そのまた後ろからは楽師《がくし》や漕手《こぎて》、婦人、乳飲《ちのみ》み子《ご》をかかえた乳母《うば》までが乗った船が続く。

これらの船は全速力で通り過ぎて、やがてはかすかに叫び声と音楽だけが聞こえて来る。そして私の眼の前には、上《のぼ》り下《くだ》りの他の船が登場する。これらの船も前の船と同じように、長く、ほとんど同じ形に一本の木をえぐって造られたものである。しかし飾りは吹《ふ》き流しだけで、船足《ふなあし》はずっと軽く、お互いに早さを競い合いながら過ぎてゆく。男や娘や子供など、男女を通じてあらゆる年のものが、ここでは銘々《めいめい》船を持つ。が、何という努力、何という活動、中にも何という騒々《そうぞう》しさ！

生き生きとした色彩は、たしかにもの珍しさから来る魅力《みりょく》を持っている。また時々この騒々しくもあり、絵のように美しくもある群集《ぐんしゅう》にまじって、欧州人の船が幾艘《いくそう》か通り過ぎるのを見かける。これらの船は、彼らが地球上のどこへ行ってもかぶるあの大きなシルクハットによって見分けられるのである。

民衆のいかにも屈託《くったく》なさそうな様子は、欧州の大都会でよく見かけるあの恐しい貧困《ひんこん》にも匹敵《ひってき》する不如意《ふにょい》にすら、ああ！ 彼らが無感覚であることを物語っている。腹さえふくれていれば——それも一碗《いちわん》の飯とからしで味をつけた一片の魚さえあれば足りる——タイ人はのん気に楽しく、明日《あす》のことなど心配せずに眠ることができる。彼らもまた一種のラッザァローネ*である。

*訳註——Lazzarone はナポリの賤民《せんみん》。

今度も私は、マレルブ氏とともにバンコクを発《た》った。氏は市《まち》の上流数時間のところまでわざわざ私を見送ってくれた。そして、そこでわれわれは心から手を握《にぎ》り合って別れを惜《お》しんだ。告白するが、二人とも流れる涙をぬぐおうともせず、御縁《ごえん》があればまたここで、それともどこかでまた会いましょうと約束し合った。河を下って行く軽船の船足《ふなあし》は速く、やがて友の船は見えなくなった。再び私は、いつまでとわからぬ旅の続く限り、一人きりで過ごさなければならなくなった。私は重い心で船足の重い私の船に乗り移った。しかし、こんなことは諄々《じゅんじゅん》と述べるまい。ただ、この世で最も親しいもの、すなわち家族や故国や友人のてあつい待遇《もてなし》に別れを告げて、単身危険な、それどころか命さえもおびやかされて、一刻《いっこく》として休息を得ることもできないような地方に向かう旅人にとっては、それは苦しい一時であったということだけを述べておこう。私は、旅先には何が待っているか知っていた。宣教師《せんきょうし》や原住民からその地方の話は聞いていたのである。私の知る限りでは、欧州人ではただ一人、すなわちフランスの一宣教師が、二十五日間、ラオスのまっただ中に住《す》まっていたことがあるばかりである。ところが病《やまい》を得て戻って来て、情《じょう》に厚いパルゴア猊下《げいか》の腕に抱かれると同時に息をひきとった。私はこれから経験しようとしている悲惨《ひさん》、艱苦《かんく》、懊悩《おうのう》のすべてを覚悟していた。道路のないこと、荷物を運ぶ苦労なども私の心配の種であった。また恐しい病気、すなわち熱病にかかる怖《おそ》れも多分にあった。この恐しい気候の土地で、どこまで用心がし通せるか。厳しい環境《かんきょう》、森林中の不自由な生活、気候の不順《ふじゅん》などからどうすれば身体を守ることができるか。が、私の運命は私を駆り立てる。その運命に従《したが》って進まなくてはならない。今日まで私を護《まも》って下さった神のご加護をただこいねがうばかりである……いざ、行こう。

バンコクを発《た》つしばらく前に、私の手もとに手紙が届けられた。それは、私の待ちこがれていた家族からの懐《なつか》しい便りだった。

それは私に大きな打撃を与えた不幸を大分、慰《なぐさ》めてくれた。「サー・ジョーン・ブルック号」に託《たく》した私の大切な収集品《しゅうしゅうひん》が、シンガポールの沖合《おきあい》わずかに四十マイルのところで、海の藻屑《もくず》と化したことを私は言っているのである。その中には私の報告書以上に、皆を喜ばせたに違いのない貴重なものがたくさんあった。またその代わりを見つけるためには、大変な苦労を要するものなのである。だがしかし、家族の優しい、いつにかわらぬ愛情がその悲しみを忘れさせてくれた。それは私の出発の直前という、まことによいところへ届いてくれて、大いに私を勇気づけてくれた。ありがとう、私の愛するものたち！　今度の旅でも私は、珍しい細々《こまごま》とした出来事を綴《つづ》ってゆくことにしよう。しかし、ああ！　私は一発の弾《たま》で、象と虎とを一度にし止《と》めるといったような旅人ではないことだ。「未発見の小さな昆虫や介殻類《かいがら》を見つけることが私の仕事」なのである。が、時にとっては私だとて、森の恐しい獣類《じゅうるい》からおめおめと引き退がるようなことはしない。私のカラビン銃《じゅう》がどの距離《きょり》まで届くか、弾がどれくらいの大きさをもつか、それを知るものは幾人《いくにん》もいる。小屋の中で、ジャングルのまっただ中で、あるいは小川のほとりの木の根方《ねかた》などに吊《つ》られた蚊帳《かや》の中で、私は毎夜、あなたたちと話を交わすことにしよう。あなたたちを私の旅の友とし、あなたたちに私の旅の印象を、細大洩《さいだいも》らさず物語ることを私の楽しみとしてゆこう。

マレルブ氏と別れるとすぐに、私は船の荷物の間に、氏がこっそりと入れておいて行ってくれた箱を一つ発見した。前にもペッチャブリーで、氏は同じ箱を三つも私に贈ってくれたが、今度もまた同じ思いやりのある取り計《はか》らいをしてくれたのである。箱の中には、数打《かずう》ちのボルドーとほとんど同数のコニャック、レーム*のビスケット、サーディンの缶詰《かんづめ》、その他、異郷《いきょう》の空で親切な、よく気の行き届いた同国人の友情が、どんなにありがたく、忘れ難《がた》いものであるかを思わせるような数々の品物が入っていた。

＊訳注――Reim はフランス北東部マルヌ県の首邑で、ビスケットをはじめシャンパーニュ、その他、食料品の産地として名高い。

私は同じ懐《なつか》しくも嬉しい思い出を、いま一人の優れた友イギリス領事館付《りょうじかんづけ》海軍軍医キャンベル Campbell 氏に対しても抱いている。その他、イギリス領事のアール・ションバーグ R.Schomburg 氏（氏は心から何くれとなく私の世話を見て下さった）、それからパルゴア猊下《げいか》と副司教《ふくしきょう》、アメリカ新教《しんきょう》の宣教師の方々、外国の領事および理事官《りじかん》のほとんど全部の方々、中にもフランスの新任領事ド・イストリア de Istria 氏、最後にバンコクのキリスト教国民の施設《しせつ》、ならびにその一身上《いっしんじょう》の問題について特に意を用いてくれているタイの大官諸氏《たいかんしょし》に対しても、感謝《かんしゃ》の意を表したいと思う。

チャオプラヤー河の両岸は眼の届く限り、稲《いね》がよくみのっていた。毎年きまって起こる河の氾濫《はんらん》は、昔から有名なナイル河の氾濫同様、このあたり一帯の土壌《どじょう》をこの上もない肥沃《ひよく》なものとしているのである。私はラオス人の漕手《こぎて》を四人連れていた。うち一人は二年前にすでに一か月程、私のお伴《とも》をしたことのあるものだが、執拗《しつよう》に、きっと何かの役に立つからといって、今度の旅への同行を求めたものである。いま一人従者《じゅうしゃ》がふえるということは好都合に思われたので（その時にはまだ二人しか決まっていなかった）、いくらか躊躇《ちゅうちょ》の後、この男を雇うことにした。忠実《ちゅうじつ》な従者のプライが、ずっと私から離れずにいてくれるのは仕合《しあわ》わせである。彼の代わりを見つけるなどということは、なかなか容易なことではない。私はこの活動的な、しかも知的で、まめで、献身的《けんしんてき》な若者を愛している。その同僚のデンDengすなわち「赤」は中国人で、ペッチャブリーへの旅の「お供《とも》」をして以来のまだ新しい従者である。彼は相当よく英語を話す。それも広東訛《カントンなま》りの解《わか》りにくい英語ではなく、相当立派な英語をである。それでこの男は、私の通訳《つうやく》として役立った。ことにキンマを口いっぱいにほお張《ば》った人間と話をするときには最も重宝《ちょうほう》した。またこの中国人は料理人としても優れ、時に鹿や鳩《はと》あるいはサルなどの獲物《えもの》のあった場合には、いつものきまった皿数《さらすう》にいま一皿を加える腕を持っていた。が、この最後のサルの料理だけは、はっきり言って私はあまり感服《かんぷく》できない。ところが中国人は野犬《やけん》やネズミ同様に、このサルをなかなか珍重《ちんちょう》する。「蓼食《たでく》う虫《むし》も好《す》きずき」である。この男には小さな欠点が一つあった(しかし、この世に欠点のない人間がどこにいよう)。それは時々、盗酒《とうしゅ》をやる癖《くせ》である。私はよくこのデンが蛇《へび》をつけた瓶《びん》からアルコールを竹筒《たけづつ》で飲んだり、友人マレルブ氏が贈ってくれたコニャックを口飲みしているところを見かけたことがある。最近のこと、このデンはどうにも一杯《いっぱい》きこしめたくてたまらなくなったのだろう。私がちょっと座《せき》をはずした隙《すき》に私の箱をあけて、最初に手にふれた瓶からいきなりがぶ飲みをやった。私が戻った時には、デンはシャツの袖《そで》で口を拭《ふ》いていた。きっとあなたたちは、私がこの小悪魔《こあくま》に対して苦《にが》い顔をしたことだろうと思われるだろう。しかし、その暇《ひま》はなかった。いきなりデンは毒を飲んだと大声で叫び出したのである。見れば瓶の中味がシャツに少しこぼれているし、デンの顔はまっ黒だった。この仕様《しよう》のない中国人は、慌《あわ》ててインクを飲んだのである。こ

メーナム・チャオプラヤーの氾濫

の飲《の》み助《すけ》がこれにこりて、以後、盗酒《とうしゅ》を慎《つつ》んでくれればよいと思っている。

雇人《やといにん》の月給《げっきゅう》は十ティカルすなわち両替代《りょうがえだい》を含《ふく》めて約四十フランである。決して安くない給料だが、一日一人に一ティカルを払っても、奥地の旅にこれ以上の従者《じゅうしゃ》を得ることはむずかしかろう。

さて今一度《いまいちど》われわれは旅に出て、ロップリーとプラバートの両山脈が見えるあたりまでやって来た。大気は澄《す》んでさわやかに、気候はよく、風は涼《すず》しい。全自然がほほ笑み、私は精気《せいき》と喜びとに満《み》ち溢《あふ》れている。私にはあまり魅力《みりょく》のないバンコクは、私に息づまるような思いをさせ、意気《いき》の阻喪《そそう》するのを感じさせたが、それだけに旅に出ると、私の心はふくれ上がるのを覚えたのである。私は森や山を眺めると背丈《せたけ》が一ピエも伸びたような気がする。市《まち》では息づまるような思いをしていた私が、ここでは少なくも呼吸をし、生活をすることができるのである。一所《いっしょ》にうようよと人間が集まって、へいつくばっているのを見ていると、思想家としての私は身震《みぶる》いをし、人間としての私は卑屈《ひくつ》の感を禁じ得ない。

チャオプラヤー河のデルタをおおう洪水《こうずい》は、旅の最初の日から自由に畑や美しい稲田《いなだ》を横切らせてくれた。国中が、アユタヤから上までが、すべて水びたしになっているのである。山の裾《すそ》にいたって初めて水が切れる。そのあたりでは早くも刈《か》り入《い》れが始まり、刈《か》った稲を運んでいるのが見受けられた。ここ数週間もすれば田舎《いなか》のものはすべて、男も女も刈り入れに忙《いそが》しくなることだろう。

現在ではまだ百姓たちは、彼らに残されたわずかな「安逸《あんいつ》」の日を十分に楽しもうとしている。そしてパゴダへ、僧侶へ、贈り物を届けに行ったりする。それは主《しゅ》として果物と黄色い布であるが、この布はこれからのよい時候《じこう》にあちらこちらと旅に出かける僧侶の衣用《ころもよう》に贈られるのである。これから数か月の間は、僧侶たちは僧庵《そうあん》を出て、どこへでも好きなところへ出かける自由が与えられる。

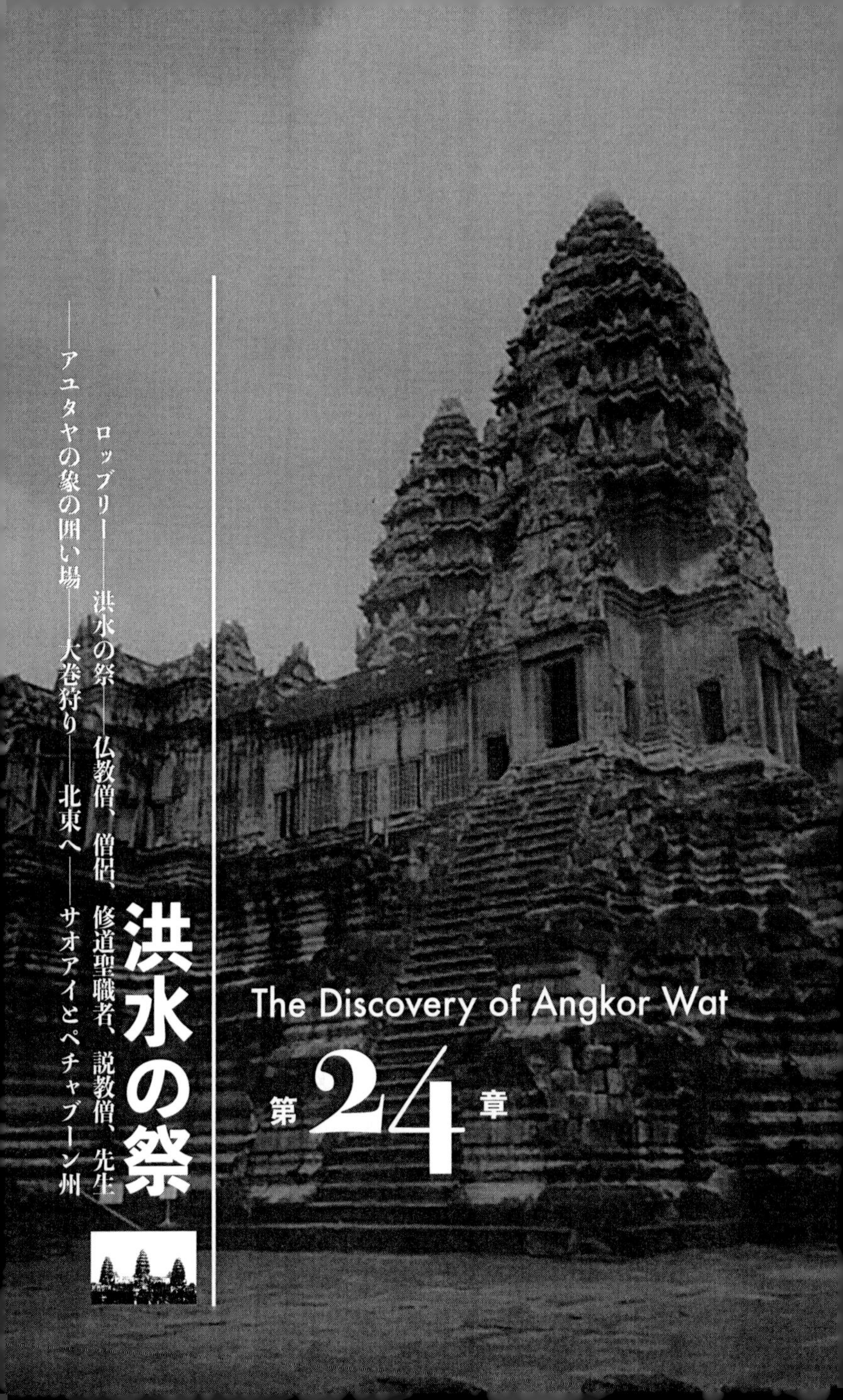

The Discovery of Angkor Wat

第24章

洪水の祭

ロッブリー――洪水の祭――仏教僧、僧侶、修道聖職者、説教僧、先生
――アユタヤの象の囲い場――大巻狩り――北東へ――サオアイとペチャブーン州

ロッブリー——洪水の祭——仏教僧（タラポアン）、僧侶、修道聖職者、説教僧、先生——アユタヤの象の囲い場——大巻狩り——北東へ——サオアイとペチャブーン州

タイ平野に永久《えいきゅう》のおさらばを告げる前に、氾濫《はんらん》のおかげで私の船くらいだと自由にどこへでも行けるのを幸い、いっそロッブリー（ノパブリー）まで出かけることにした。前世紀の文章家が、ルーヴォと呼んでいるこの地は、アユタヤ滅亡前には代々《だいだい》のタイ王の夏の離宮《りきゅう》があって、氾濫期には象狩《ぞうが》りを行うために王が出かけたところである。ちょうどチャオプラヤー河の低地と高地との境にあって、今では昔の

おもかげはとどめてはいないが、この王国中でも最も豊かな州の首邑《しゅゆう》で、おそらくはこの王国を通じて最も住みよい土地であろうと思われた。南には豊穣《ほうじょう》なデルタ地帯の稲田《いなだ》が続いて、すぐ北には刺蕃茘枝《コロソール》＊やバナナの樹の繁《しげ》った丘が迫《せま》っている。遥か彼方《かなた》には青味《あおみ》をおびた水平線上に樹木を頂く山脈が、半円形を描いて蜿蜒《えんえん》と連なっている。私がここの小さなパゴダの頂《いただき》から眺めた景観は、まずこのようなものであった。ところでこのパゴダは、かつてはカトリックの礼拝堂《れいはいどう》であったことは、その建築からも、十七世紀風の溝付円柱《みぞつきえんちゅう》に支えられた祭壇《さいだん》の天蓋《てんがい》に「人類の救主イエスス」という金文字《きんもじ》の書かれているのでも分かったのである。

＊訳注――一名サワサップ Anona muricata L, 仏語 Carassol Cachiman または Epineux、小灌木《しょうかんぼく》、その実は集合果《しゅうごうか》で刺《とげ》あり、味はマンゴスチンに似て佳良《かりょう》。

このパゴダはもとコンスタシス・フォルコンの屋敷内の礼拝堂であったのであ

る。この稀《まれ》に見る才《さい》たけた冒険家は、西洋文明をもって東洋文明を開拓しようとした最初の男で、ルイ十四世の援助を要請《ようせい》したり、フランス人にバンコクおよびメルギ Mergui の処々を払い下げたり、タイ人の頭の古い保守党《ほしゅとう》の怨嗟《えんさ》や陰謀《いんぼう》を絶滅《ぜつめつ》するなど種々の功績《こうせき》を遺《のこ》した。彼の王宮とも見まがうばかりの屋敷跡《やしきあと》は、現在では崩壊《ほうかい》しつくしてしまっているが、それでもなおゴシック風の門や壁などが、昔のままに遺《のこ》っていて、いかにその屋敷が宏壮《こうそう》なものであったかを偲《しの》ぶことができる。また崩壊物《ほうかいぶつ》の間に埋もれている無数の大理石《だいりせき》の破片《はへん》は、よく建築者の趣味《しゅみ》とその昔の壮麗《そうれい》さとを物語っている。こう述べてくるならば、敵国《てきごく》から遠く四千マイルも離れた土地で故国《ここく》の天才*の跡をたどる旅人が、どれほど深い感慨《かんがい》に打たれたかは想像に難《かた》くあるまい。

＊訳註――先に述べたようにフォルコンはギリシャ人であってフランス人ではないが、フランスのために大いに尽くし、ためにルイ十四世からフランスの伯爵《はくしゃく》を贈られた。こんなところからムオは、フォルコンを同国人のごとくに書いているのか、それとも誤って文字

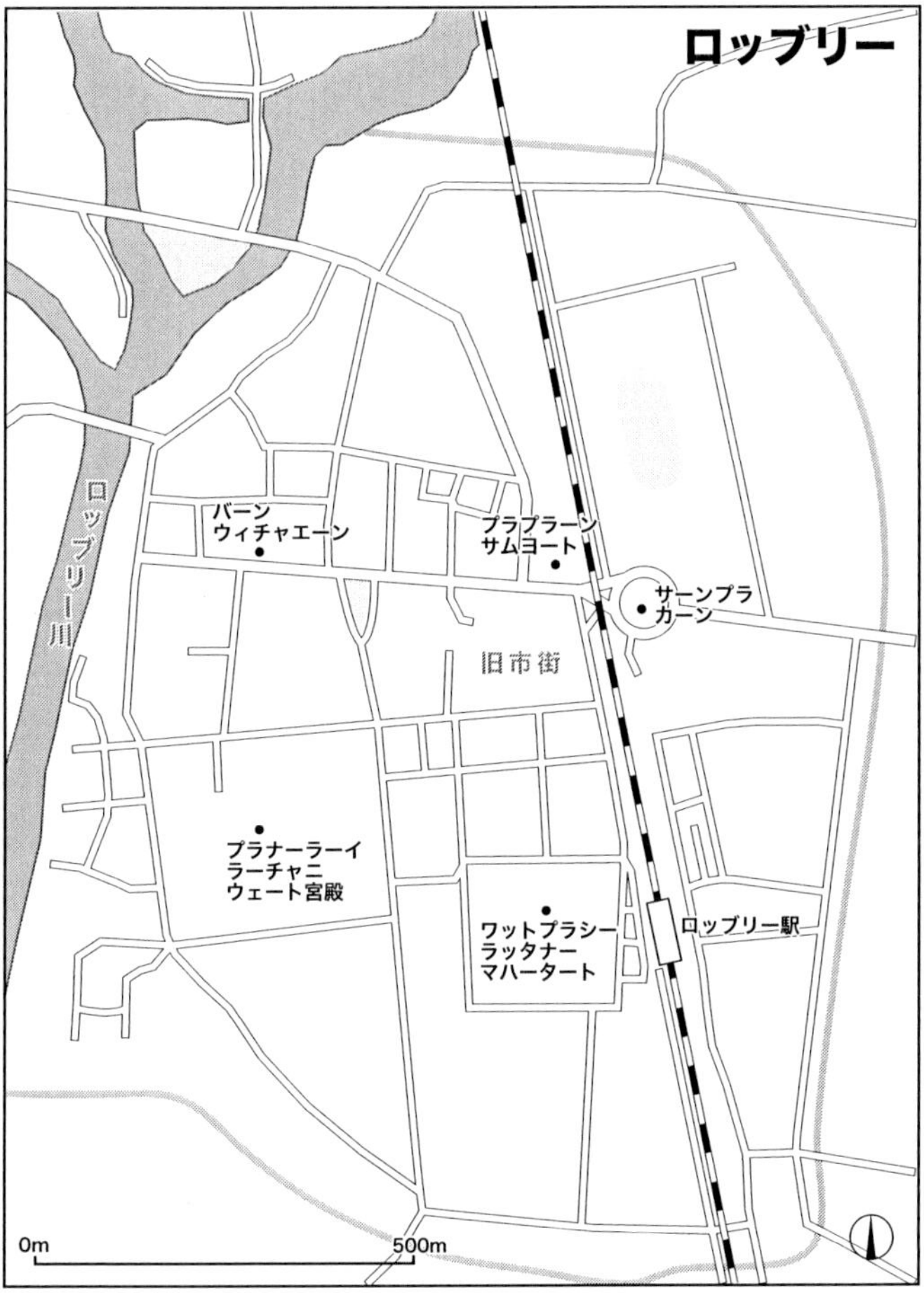
ロッブリー
ロッブリー川
バーン
ウィチャエーン
プラプラーン
サムヨート
サーンプラ
カーン
旧市街
プラナーラーイ
ラーチャニ
ウェート宮殿
ワットプラシー
ラッタナー
マハータート
ロッブリー駅
0m
500m

通りに同国人のように考えていたか、そこのところははっきりしない。

ペッチャブリーへの旅以来、水上の旅で最も多く出会ったのは僧侶だった。彼らはこの国で使用されているあらゆる形の船——単なる丸木舟《まるきぶね》からここで「風船《かぜぶね》」と呼ばれている立派な大きな屋形船《やかたぶね》まで——あらゆる船で水の祭（昔のギリシャ人ならきっとテオリ Théorie* と呼んだことであろう）の行われるアユタヤ指《さ》して河を遡《さかのぼ》って行くのである。この水の祭というのは、毎年氾濫《はんらん》がその絶頂《ぜっちょう》に達した時に、デルタの上流でまことに盛大に行われるものであって、もう水は十分でございます、どうかお退《しりぞ》き願いますとチャオプラヤー河に祈願《きがん》する祭なのである。

＊訳補——古代ギリシャにおいて、各都市の代表使節の列《つら》なった公開競技に臨席《りんせき》あるいは神の参拝をいう。

祭には僧侶の読経《どっきょう》、祓《はら》いなどが行われるが、その効果は絶対に信じられている。なぜなら、河を氾濫《はんらん》に導いた悪魔《あくま》は必ずその前後から水を減《げん》じてくれるからである。僧侶はあらゆる天災《てんさい》すなわち干《かん》ばつ、霧雨《きりさめ》、虫害《ちゅうがい》、悪疫《あくえき》等に対しても同じ法力《ほうりき》を発揮する。聞くところによれば、コレラが初めてこの国に蔓延《まんえん》した際（皆は、それはジャワから来たと信じていた）、僧侶たちは海から押し寄せて来たこの疫病《えきびょう》は、海に追い返すにしかずと考えた。そこでプラPhraたちは、バンコクから海につづく河という河の上に一列に密集《みっしゅう》して並んで、わずか海から八里の間を突如《とつじょ》として襲いかかって来て、仲間の半数以上の生命を奪《うば》った眼には見えぬ悪疫から逃れ得た幸福者にふさわしい熱心さで経文《きょうもん》を誦《しょう》したり、叱咤《しった》したり、呪文《じゅもん》を唱えたりしながら河を下《くだ》った。幸いしばらくするとコレラは自然に衰《おとろ》えて、ついにはまったく終息《しゅうそく》した。と、この英雄的な船出《ふなで》に加わったもののうち生き残ったものは、それを彼らの勝利に帰《き》することを忘れなかった。

この多数を占《し》める僧侶が、非常な勢力を持つこの国の都会を今度去れば、おそらくは二度と訪ねることはあるまいと思われるので、ここで数年間にわたって私自身が得た彼らに関する知識にロッブリーでお客になったさる高僧から聞き得た知識を加えて、彼らの社会上における特殊な地位を紹介して、彼らに関する先輩諸氏の報告をぜひとも整理しておきたいと思う。

欧州人は普通タイの仏教僧のことをタラポアン Talapoin と呼んでいるが、この名称はおそらくは仏教僧が常に手にしている扇を作る葉、すなわちタラパート Talapat 椰子《やし》から出ているらしく思われる。この国のものは彼らをプラ Phra と呼んでいるが、この語はチャオプラヤー河畔《かはん》では、昔ナイル河畔で用いられたと同じ意味、すなわち大、神、光明《こうみょう》等の意味を持つ。

この仏教僧が占めている社会上の地位というものは、われわれの既成概念《きせいがいねん》ではちょっと解《げ》し難《がた》いものである。それはいわゆる階級《かいきゅう》と称するものとはおよそ違う。というのは彼らの地位というものは、すべてに解放されていて、主持《あるじも》ちの奴隷《どれい》でもなれるからである。この点、彼らは仏教の始祖《しそ》の教えをいまだに忠実に守っているといえる。*また彼らは修道聖職者《しゅうどうせいしょくしゃ》というのにも当たらない。というのが、彼ら仏教僧は社会生活の主だった営みには常に出席し、またそれを司《つかさど》ってもいるからである。例えば誕生、剃髪《ていはつ》、結婚、臨終《りんじゅう》、葬式《そうしき》等がそれである。しかも彼らは、彼らの行為によって、自身よりも他人を利《り》するのだという宗教的な忍従《にんじゅう》の態度をもってそれらに臨《のぞ》む。つまり彼らの行いの報いを得るものは、それを行ってもらう方の側《がわ》であって、行う方の彼ら自身ではない。また彼らの司《つかさど》るのは魂《たましい》ではない。一言でいえば、彼らの対象は大衆《たいしゅう》で、信者ではない。

＊原註――ゴータマ・シッダルタ、後に仏教徒が呼んで釈迦牟尼《しゃかむに》と称したインドの貴族は、真っ向から階級制度を非難しはしなかったが、少なくとも地位、血統等には差別をもうけることをせず、ひとしくあらゆる人間に対して、苦行《くぎょう》こそは幸福の源泉であると呼びかけ、身をもって当時の階級制度を覆《くつがえ》すことにつとめた。彼は義務の平等を説き、涅槃《ねはん》における無差別を約し、かくして富者《ふしゃ》、権力者の軛《くびき》につながれている卑賤《ひせん》な階級を解放し、バラモン僧が民衆に課《か》していた種々の障害を除いてやった。「極東」および北部アジアの原始的な迷信を基《もと》として、それにインドを追われた教義を接木《つぎぎ》して生まれたこの奇妙な混成主義《サンクレティスム》自身はとにかく、それは四億の民をエジプトおよびインドの老朽民族《ろうきゅうみんぞく》――これらの国では階級制度という狭い致命的《ちめいてき》な観念が、国家的、愛国的な観念を若芽《わかめ》のうちに枯《か》らしてしまったのであったが――と、この国の民衆が同じ運命に陥《おちい》るのを結局、保護してくれるものと

はならなかった。

民衆は僧侶の奉仕《ほうし》を尊《とうと》しとするどころか、僧侶を非常に尊敬し、最大限の特権と最上級の称号を与えている。平民は彼らの前に平伏する。町の中でも同様で、合掌《がっしょう》した手を高く額《ひたい》のところへ持ってゆく。大官《たいかん》や王族でさえ合掌して挨拶《あいさつ》をする。王だけが彼らに挨拶をしないが、その代わりその側近《そっきん》に侍《はべ》る特権を与えている。王はまた毎日、自身で彼らに布施《ふせ》を与え、王妃をはじめ、主《おも》だった後宮《こうきゅう》たちも心から王の例《れい》にならっている。

しかるに、仏教僧の守るべき二百二十七戒《かい》にはこうある。

「女を見ることなかれ。
夢にも現《うつつ》にも女を想うことなかれ。
女と対談するなかれ。
女の手《て》づから供物《くもつ》を受け取るなかれ。

女の肩衣《かたぎぬ》に触《さわ》るるなかれ、乳児《にゅうじ》にても女の場合は同じ。
女の布団《ふとん》に坐《ざ》すなかれ。
女の船に乗るなかれ等々……。」

というのだが。この人類の半数たる女たちから、仏僧は最も手厚い庇護《ひご》を得ているのである。

貧しい家庭では、婦人あるいは若い娘が戸口《とぐち》に出て、近所のパゴダの「物乞《ものご》いをする兄弟」たちに布施《ふせ》を行い、彼らのいつも空《から》っぽの鍋《なべ》に、彼女らの日々の糧《かて》の十分の一には相当するものを入れてやる。また月に三、四日は近所のパゴダの偶像《ぐうぞう》に花を捧げるという口実のもとに、彼女らは僧侶の足下《あしもと》に贈り物をおきに行く。そしてその日の当番の僧侶の長《なが》ったらしい訳のわからぬ、睡気《すいき》を催《もよお》させるようなお説教《せっきょう》を聴きながら「さよう《サッ》！　さよう《サッ》！」の合《あ》いの手を入れる。

富裕《ふゆう》な家庭では主婦が友人知己《ちき》を招いて、例えばわが国フランスで舞踏会《ぶとうかい》や音楽会を催すように仏教僧のお説教を聴く。その場合にはその家庭の富や地位を誇るために、説教僧への礼物《れいもつ》が客間に仰々《ぎょうぎょう》しく並べられる。それは脚のついた美しい杯《はい》や高価な箱で、中には大官《たいかん》の年俸《ねんぽう》以上の金銀貨《きんぎんか》をはじめ、絹や木綿《もめん》の黄色い布、檳榔子《びんろうじ》、キンマあるいは煙草、茶、砂糖菓子、ろうそく、米、果物、その他、様々な食料品および香料《こうりょう》等、それだけで店なら一軒、呼売商人《よびうりしょうにん》の船なら、一艘《いっそう》分は十分ありそうな量がおさめられている。

以上でもわかるように、仏教僧の仕事というものは相当《そうとう》の収入《みいり》になる。しかもその上に種々の特権までが与えられている。

あらゆる労務《ろうむ》、市民として軍人としてのあらゆる義務、あらゆる税金が彼らには免除《めんじょ》されているだけではない、関税さえも彼らの品物にはかからない。彼らには、否《いな》、彼らだけには何事も許され、何事も大目《おおめ》に見逃してもらえる特権が与えられているのである！ そこで彼らはこの特権を利用しようとする。彼らは黄色い法衣《ほうえ》の袖《そで》にかくれてスペインの密貿易者以上の熱心さをもって、あらゆる商品、どころか輸入禁止の品物までも入手する。彼らの戒《かい》の第三十章および三十一章にはこうある。

「交易をなすなかれ。何物をも売買するなかれ。」

しかし立派なプラはジュールデン氏*の父親が商売人でないように、彼らも商人にはなり下がらない。ただ彼らはこの成り上がり貴族のように商売を知っていて、相当の報酬《ほうしゅう》を得て、その特権を親戚《しんせき》、知人に利用させることを知っているまでなのである。おお！　モリエール！　あなたは、あなたの時代および同国人のためだけに喜劇《きげき》を書いたのではない。あらゆる時代、あらゆる国のために書いている！……

＊訳註――M.Jourdain はモリエールの「成り上がり貴族 Bourgeois Gentilhomme」の主人公。

上述のような様々な特典《とくてん》の他に、相当額に達する臨時収入《りんじしゅうにゅう》がある。中にも葬式《そうしき》、剃髪式《ていはつしき》がそうであって、後者はタイ人が成年に達すると行われるもので、欧州の初聖体の秘跡《ひせき》、ローマ人の「元服式《げんぷくしき》」にあたるものである。その他にも世襲《せしゅう》あるいは試験、その他の方法によって、プラになったものの持つ特権があり、しかも僧侶は一列に法権外《ほうけんがい》にあるのだという点を考えるならば、タイ王国だけでもこの「物乞《ものご》い」の階級《かいきゅう》が多数に上る理由はおのずから知られよう。そのうち欧州でいう司教《しきょう》、副司教、法王管轄地《ほうおうかんかつち》の総督《そうとく》、僧院長《そういんちょう》、法親王《ほうしんのう》等*に当たる役僧《やくそう》で、タイの社会制度《しゃかいせいど》の中で最も気楽で、最も確実性のある地位を占めているものは数千人に達する。

*原註――この階級にあたるタイの僧侶は Chao-Khun-Samu,Chao-Khun-Balat,Raxa-Khâna,Somdet-Chao,Sang-Karat 等と呼ばれる。

そこでタイ人は黄色い衣を尊敬し、同じ衣を身にまとうならば自身はもとより、祖先の霊にも非常な幸せをもたらし得ると信じているのも無理はない。従《したが》って中産階級《ちゅうさんかいきゅう》のもので、息子をこの尊い集団に、少なくもしばらくは入れたいと思わぬものはない。また、それは非常に簡単にできる。仏教僧の地位というものは、白衣《はくい》を着て、親、友人、薬師《くすりし》等、相当人数に伴《ともな》われ、供物《くもつ》を携《たずさ》え、入門の試験に出たものには誰にでも与えられるからである。入門希望者は査問員《さもんいん》の前で、次のような問いに答えればよい。すなわち癩《らい》にかかっているかどうか、精神に異状があるかどうか、妖術者《ようじゅつしゃ》の呪《のろ》いを受けているかどうか、借金《しゃっきん》があるかどうか、両親の許可を得て来たかどうか、満二十歳に達しているかどうか、黄色い下帯、腹帯《はらおび》、衣、肩衣、鋳鉄製《ちゅうてつせい》の鍋《なべ》等を携帯《けいたい》して来たかどうか。これらの質問に肯定するか、否定するかによって入門如何《いかん》が決まるので、許可がおりると仏教僧になるについての戒《かい》の説教があり、これで身分の賤《いや》しい俗人《ぞくじん》が「事実上《イプソファクト》」のプラになって、ここに新発意《しんぼち》ができ上《あ》がる。入門したからには、少なくも三か月は僧籍《そうせき》にいなくてはならない。しかしこの期間さえ過ぎれば、自由に還俗《げんぞく》して俗人の着物を着《き》、結婚することもできる。それで祖先への負《お》い目《め》も返せたことになる。

終生《しゅうせい》を僧院の生活に捧げたものでも、三、四か月にわたる雨期以外にも敬虔《けいけん》な態度で仏に仕えて、幾年も暮らすというものはきわめて稀《まれ》である。彼らは雨期が終わると国中を歩き廻《まわ》って仏の教えなどは忘れ、天上のことよりも地上のことに気を奪われる。*

＊訳註――雨期が終わると僧侶は旧跡《きゅうせき》を行脚《あんぎゃ》して頭陀行《ずだぎょう》を行うのである。ムオはいかにものどかそうなその外観のみを見てこの誤謬《ごびゅう》を犯している。

タイの国法《こくほう》は、若者の教育を僧侶の手に委《ゆだ》ねているが、十人の劣等生中《れっとうせいちゅう》に一人の割の優等生《ゆうとうせい》でさえ、ただの読み書きの二科目を終了するのにたっぷり七、八年は費《つい》やしているといっても、これでは別に驚くにはあたるまい。

十月中旬に私はアユタヤに戻った。ちょうどその頃には、ラルノーディー師は小教区《しょうきょうく》へ出かけて留守《るす》だということは分かっていたので、師の戻った頃を見計《みはか》って訪ねるつもりでいたが、ふと耳にした洪水余話《よわ》とも称すべきものに心を惹《ひ》かれて廻る気持ちになったのである。

アユタヤ周辺の森林やジャングルには、多数の象が棲《す》んでいる。彼らは全然の野生のままに棲息《せいそく》しているのではなく、カマルグ島(一)の牛馬、マラン・ポンタン(二)の牛のように放ち飼いにされているものなのである。すべて王の所有《しょゆう》にかかるものであっ

クラール（アユタヤの象園）

て、それを殺したり、傷つけたり、あるいは盗みの現行犯《げんこうはん》をおさえられた場合は罰《ばっ》せられる。そして年に一回、公式にできるだけ多数の象をアユタヤの近郊に建てられたクラアル Kraal すなわち囲《かこ》い場《ば》——王国中で最も大きく最も設備の整った、いわば軍馬補充部《ぐんばほじゅうぶ》ともいうべきところへ追い込む。

(一) 訳註——Camargu はフランスのローヌ河口にある島。

(二) 訳註——Marin-Pontins はフランスのパリの近くにあり。

これは大きな四辺形の建物で、平行する二重の囲《かこ》いからなっている。最初の囲い、すなわち内側の囲いは厚さ二メートルにおよぶ木材で造られていて、第二のものはチークの巨材を地下深く挿《さ》し込んだ、各材の間隔《かんかく》数フィートの柵《さく》からなっている。各囲いにはただ一つの入口しかなく、それぞれ一種の罠《わな》になっていて、容易に深いほぞ穴《あな》に滑り込む仕掛けになった二本の巨材《きょざい》で開閉できるようになっている。

追われた象群が全部二つの囲いの間に入り込むと、外の戸《と》が閉ざされ、王の使用に供《きょう》し得る象の品定《しなさだ》めが行われる。これはこの国の大官《たいかん》からなる判定委員の指図《さしず》のもとに行われるのであって、普通は王自身も出席してクラアルの片側に高く組まれた広い台上に臨席《りんせき》する。

タイで珍重《ちんちょう》される象の資格は、色は淡茶色《たんちゃしょく》あるいは灰色がかった淡黄色《たんこうしょく》、爪は黒く、牙《きば》には傷がなくて尾《お》が損じていないものということになっている。ところがこの最後の二つの条件が、一つ象にそなわっているということは滅多《めった》にない。というのが、象牙に傷がないということは、性質がおだやかで好戦的でないことを示し、尾に傷がないということは、その尾の所有者は敵に後ろを見せたことがないということを、明らかに示しているからである。

高い壇上《だんじょう》に控《ひか》えた審査員《しんさいん》が、野生の象群から以上の条件にかなった、あるいはそれに近い象を選んでそれを象使《ぞうづか》いに追わせる。象使いはただちに馴《な》れた巨象をもってできるだけもの静かにその象を囲《かこ》み、押しやり、そうして中の囲いの中に追い込む。その時、その象があまり跳《は》ねたり、逃げようとして暴《あば》れたりすると、足に輪差《わさ》をはめて馴《な》れた象に引かせる。野象が地響《じひび》きを立てて地上に倒れると、十分に縄を掛けてから起こす。

この最後のところが、象使いにとっては最も危険なところで、時には死者を出すこともあるという話であるが、そんなことは滅多《めった》になかろう。というのが、容易《ようい》に人間が逃げ込める丈夫な防舎《ぼうしゃ》ができているし——これは中のクラアルにもある——巨大な柵《さく》は、野象の捨て身の攻撃に、耐えられるほど丈夫《じょうぶ》にできているからである。

クラアルに追い込んだ象は、数日食物を与えずにおいてから、サツマイモや生草《なまくさ》を多量に与えて馴《な》らす。そうして毎日、象使《ぞうづか》いを見《み》、その声を聞いているうちに馴れてしまう。

この一見、鈍重《どんじゅう》に見える巨獣《きょじゅう》は、ある点非常に臆病《おくびょう》である。娘のような神経を持っているので、馬や火器の爆発などに馴らすためにはなお長い期間を要する。クラアルの生活にすっかり馴れると、王から要求のあり次第、大きな筏《いかだ》に造られた小屋に入れて、静かにゆっくりと河をバンコクさして下って行く。

以上の話の大部分は、私の目撃したものではなく、信《しん》のおけるさる高官から聞いたものである。というのが、私の見た猟は、駆り立てては象を馴らすために行われたものではなくて、洪水によって囲《かこ》い場《ば》を追われた幾百頭という象が、アユタヤの果樹園《かじゅえん》や菜園《さいえん》に隠れ家と食物とを求めて闖入《ちんにゅう》したので、一時、それを「押し込める」必要から行われたものに過ぎなかったのだからである。

これら闖入者を捕えあぐねたクラアルの象使いたちは、ラッパを聞くとクラアルに帰る習慣を持つ牝《めす》の馴れ象を、夜中に幾頭か放った。そしてその後に牡の巨象を加えた勢子《せこ》がつづき、こうして野象の退路《たいろ》を絶った上で、いよいよ駆り立てを始めた。私はこれまでに、これほど感動的な光景を見たことがない。

欧州の猟で人の叫び声や角笛《つのぶえ》、犬、馬等によって駆り出される臆病で貧弱《ひんじゃく》な獲物しか見ていないものには、ちょっとその場の光景は想像できまい。相当狭い範囲、といっても一里四方はあろうか、そのまた四分の三が洪水に浸されていようというところに、二百あるいは三百の象がそれぞれ群れをなして、水に残された小島、あるいは木の繁《しげ》みによっている。と突如《とつじょ》として、三方の水平線上から恐しい物音《ものおと》がわき起こる。勢子《せこ》は徐々に象の周囲に迫《せま》り、象は徐々に後退《こうたい》し始める。そしてやがて大きな一塊《ひとかたまり》となった象群は恐怖《きょうふ》にかられて、牝《めす》の馴《な》れ象の後を追って、火器の音も人間の叫び声もタムタムの音も聞こえない唯一の方角へ逃げ始める。そう！　想像力と知識の力とを借りれば、その場の様子は大体、眼前《がんぜん》に彷彿《ほうふつ》させることはできよう。がしかし、猛《たけ》り立つ巨象の脚下《あしもと》に大地は震《ふる》え、輪伐林《りんばつりん》や木株《きかぶ》、大樹林さえもがその腹に押しひしがれる様《さま》、その通過によって巻き起こる波の音や渦《うず》の音などは、誰に想像ができるだろうか。それを知ろうとすれば、地震と龍巻《たつまき》と秋の高潮《たかしお》とを一時に経験する必要がある！

なおまた象の賢《かしこ》さ、馴れ象の冷静さなどを知ろうとすれば、どうしても私のようにその場を見る必要がある。馴れ象はいかにも牝象《めすぞう》らしい細心の用意をもって、沼や水の溢《あふ》れた河や急湍《きゅうたん》にそって進むかと見るまにそれを横切ったりしながら、瞬時も逃げる象群のそばから離れずに、彼らを一列に保ってクラアルの中に追い込んでゆくのである。時には急に半転して囲《かこ》みを強化し、鼻や額や脇腹《わきばら》で野象を無理矢理、囲いの中に追い込んだりする。そして、最後から自身も囲いの中に入って行く。

同じ船で一八六〇年十月十九日にアユタヤを発《た》って、二十日にタルア・トリスタルド Tharua Tristard に着いたが、もう夜もおそかったので、その日は町の入口で露営《ろえい》をした。そして翌朝早く、二年前にプラバート山に案内をしてくれたことのある地方役人クーン・パクディーの屋敷の前に船を止《と》めた。人のよいこの男は、私が船から降りるのを見てびっくりした。眼を疑うもののように見えた。というのが、彼は私がムアン・カビーンで死んだという噂《うわさ》を聞いていたからであった。われわれはすぐに旧交《きゅうこう》を温めた。一杯のコニャックを飲んでいる間に、昔のままの友情をこの男は私に示すようになったのである。愛すべきクーン・パクディー！　私がもしタイ王であれば（まさか！）、私はこの男をプラバートの親王《しんのう》に取り立てるか、いや、いっそ私は王位もこの男に譲《ゆず》ってくれてやったであろう。

私を見るとすぐに彼は食事の用意をいいつけ、私がコラートへ行くのだと知ると、バンコクで銃さえ買って来てくれたら、いつでも喜んで案内をしましょうといった、かつての約束を思い出して、「三ティカルくらいならお払いしますが」といった。しかし、私の持っている銃が前のものと変わっていないのを知ると、

「銃はお持ち下さらなかったのですね。でもかまいませんとも。そんなものはなく

とも、ご案内致しましょう。コラート万歳《ばんさい》です！　あすこならプラバートのようにひもじい思いはしませんよ。卵なら一ファンで百、豚が一頭で二ティカルしかしません。」

それで私は、コラートにはきわめて短い間しかとどまらないこと、もっと先の「帯革《おびかわ》を締《し》めなおさなければならない」ようなあたりまで出かけるつもりでいること、従《したが》ってあなたが役人らしく肥《ふと》っていられるのに、それを痩《や》せさせるなどということは、友情として忍《しの》び難いというようなことを言って、ようやく彼の熱心な申し出を断った。いずれ、われわれは森の中で美しい星を眺めながら、眠らなければならないようなこともしばしばあるだろうと言うと、やっと彼は話題を変えた。

食事が終わると、人のよいクーン・パクディーの大袈裟《おおげさ》な歓待《かんたい》や、相変わらずの口数の多いへつらいなどから逃れるために、早々に船に乗り込んだ。

ロッブリーからこの地にかけて延びている美しい小山脈——これは北ではビルマの山脈に合し、東では、一部は半島を横切り、一部は半島にそって走るデン山脈と合《がっ》する——が十五マイルほどの彼方《かなた》に姿をあらわして、私に懐《なつか》しい思い出の数々を思い出させた。たしかに天候は定《さだ》まったようである。空気は清く、空は澄《す》み、陽は一日中照《て》りつづけている。

十月二十二日、サオアイSaohaie――パークプリオに、いまだ着かない先に当然予期された様々な小障害《しょうしょうがい》にぶつかって、早くも難渋《なんじゅう》しなければならないことになった。毎年、その一部を洪水に浸《ひた》されるこの地方を相当量の荷物を持って旅するものは、その運搬《うんぱん》に苦労をしなければならなかったからである。もう二日前から私はこの地にいて、中国人の船に泊めてもらっているが、この中国人は初めは私に部屋を貸すことをひどく恐れた。しかし、とにかくこうして身を託《たく》する場所の得られたのはありがたい。うっかりすると宿無《やどな》しになるところだったからである。昨日、私は知事を訪ねたが、知事は河下二里のひどく汚い茅屋《かやや》に住まっている。またその地はサラブリーSaraburi州の首邑《しゅゆう》だというのに、知事の住居の他には、百姓の住む藁屋《わらや》が数軒、それも散らばって建っているに過ぎない。街もなければ、筏《いかだ》の店もない。時々、小商人が塩を積んでやって来て、それを売ったり食料品と物々交換《ぶつぶつこうかん》を行ったりしてゆくだけである。また時に中国商人が下帯《したおび》や檳榔子《びんろうじ》、布、タイ風のチョッキなどを持って来て、獣皮《じゅうひ》、角《つの》、米などと交換して行く。この中国商人の船は、時には上流のペッチャブーンまで遡《さかのぼ》る。

流れは非常に速く、十五分くらいで役人の住居に着いたが、この役人とは最初の旅ですでに見知《みし》り越《ご》しの間だった。贈り物をすると、コラートへ行くについて必要とあれば、百人の従者《じゅうしゃ》の都合をつけようと言ってくれた。私はカオ・コク Khao-Khoc まで行くつもりでいることを告げた。ここは三年前からタイ王によって蒙塵《もうじん》の地と定められて、要塞《ようさい》の建造が計画されているところなのである。というのが、欧州人の活躍《かつやく》には王もほとほと疲労《ひろう》を覚えているのであるが、万が一にもその欧州人がタイの首都を陥《おとしい》れるようなことがあるやも知れぬと案じていたからである。しかも秘《ひそ》かに皆の語るところによれば、それはまことに易々《やすやす》たるものらしくも思われた。アフリカの太陽になれたわずかばかりの猟歩兵《りょうほへい》と、アルジェリアの騎兵《きへい》や狙撃兵《そげきへい》があれば事《こと》足りようというのである。

私はタイ役人の好意を謝《しゃ》して、別に援助は乞《こ》わなかった。すでに私は近々にカオ・コクへ戻る船便を得ていたからである。私はパタウイへも行ってみたいと思ったが、この時期には、それは無理と思われたので、諦《あきら》めるより仕方なかった。この州に住む多数の住民はすべてラオス系で、この地方がタイ領に併合後《へいごうご》にヴィエンチャンから捕虜《ほりょ》として拉致《らち》されて来たものである。ボアティウーンBoatiouneおよびペッチャブーンの両州にはタイ人が住んでいる。というのが正しくいってのラオスは、ムロームM'Lomから始まるのだからである。この州の全部および東と北の国境の諸州も、タイ人の相当高官《こうかん》によって治められている。彼らのうちのあるものには、生殺与奪《せいさいよだつ》の権限《けんげん》さえも与えられていて、総督《そうとく》並みの待遇《たいぐう》をうけている。それより遠くの諸州になると、タイ王国からは離れてしまって、とはいってもその付庸国《ふようこく》の範囲を出てはいないのであるが、とにかく形だけは独立の国家をなしている。

ペッチャブーン州は特に煙草が有名で、ここの煙草はタイ中でも最上等《さいじょうとう》のものとされ、運搬《うんぱん》の不便にもかかわらず、多量にバンコクへ送り出されている。出水期《しゅっすいき》には相当の大船がここまで遡航《そこう》するが、そのためにはさながら滝津瀬《たきつせ》のような急流と一か月は苦闘《くとう》しなくてはならない。乾期《かんき》にはきわめて小さい船しか達することができない。始終《しじゅう》、船を砂地に上げて引っぱったり、岩が川を堰《せ》いて急流を作っているので、岩の上を運んだりしなければならないからである。この交易はほとんどペッチャブーンのタイ人によって行われている。彼らは雨期の終わりにパークプリオへ出て、そこで檳榔子《びんろうじ》や他の商品と交換を行う。

サラブリー州の北部の諸郡《しょぐん》にはほとんど人煙《じんえん》を見ないが、南部は割合に耕《たが》されていて、相当多量に米を産する。質《しつ》はペッチャブリー産のものよりはいくらか落ちるが、タイでは最上品の一に数えられている。これも絶えずバンコクへ物々交換《ぶつぶつこうかん》によって送り出されているものの一つである。河の両岸に非常な希薄度《きはくど》をもって住んでいる住民の数は、この国の他の部分の住民の数とひとしく、調査は困難《こんなん》である。

サオアイはコラートへ向かう隊商《たいしょう》の出発点にあたっている。いま一つの道路がバンコクからこのカンボジアの昔の町に通じている。ムアン・カビーンからするものであるが、しかしこの道は、その地方に住むラオス人にしか利用されていない。

思いもかけない知事の来訪を私は受けた。彼はパゴダの僧侶に果物の砂糖漬《さとうづ》けを贈りに行く途中、一時間程、私の宿に立ち寄ったのである。彼は、立派な大きな丸木舟《まるきぶね》に乗っていた。長さは三十メートルにもおよび、中央には屋根つきの美しい座席が設けられていた。私には彼の城やその付属物《ふぞくぶつ》よりもその丸木舟の方が羨《うらや》ましく思われた。知事は私をカオ・コクまで連れて行ってくれる約束の船の持ち主を呼びつけて、この地方の首長《しゅちょう》としての注意を二、三、与えてから、こう私に言った。

「ムオ殿には別に儂《わし》の書簡《しょかん》などの要《よう》はあるまいと思いますから、そんなものは書きますまい。貴殿《きでん》はすでに二年前にこの地の住民の尊敬をかちえておられるのだから、あちらへ行かれても、必ずや歓待《かんたい》されるに違いないと思いますからな。」

　おそらくは何の効果もあるまいと思われるこの知事の心ばかりの厚意《こうい》に対して、私はいくつかの細々《こまごま》とした贈り物をした。介殻《かいがら》を象嵌《ぞうがん》した眼鏡《めがね》、香水とコニャックが各一瓶《ひとびん》、知事がリューマチを癒《なお》す何かよい薬を欲しがっているようなことを言ったので、その鎮痛剤《ちんつうざい》を一瓶等。幸福なラスパイユー！　氏の「処方《しょほう》」はアジアの最も辺境《へんきょう》に位《くらい》する諸州に住む人間の苦痛をさえ救おうとしている。それに対して役人は、コラートに発《た》つときには小馬を一頭、その他、非常に有用なものを贈るだろうと約束してくれた。しかし、彼はその約束をいい具合に忘れてしまった。というのが、ここでは富者《ふしゃ》は何でも受ける、貧困者からでも受ける習慣があるのであるが、さて与えるということはまるでない。これらの役人は苛斂誅求《かれんちゅうきゅう》と被統治民《ひとうちみん》の寛大《かんだい》さがなければ、とても食ってゆけないからなのである。なぜなら彼らの俸給《ほうきゅう》だけでは身一つを養《やしな》うにも足らず、そのままでは絶望が彼らを無能な人間にしてしまおう。

これら役人は年に一回しか俸給をもらわないが、その額は次の通りである。

王族および大臣の年俸《ねんぽう》が、タイ銀貨で二十リーヴルすなわち七千フラン。

一級から三級までの役人が三千六百ないし五百フラン。

四級から五級までの給料が三百六十ないし百八十フラン。その下の吏員《りいん》は百二十フランないし五十フラン。最後に兵卒《へいそつ》、従者《じゅうしゃ》、医者《いしゃ》、労役者《ろうえきしゃ》などが三十フランないし三十六フラン。そしてちょうどそれだけの額に匹敵《ひってき》する税が、最下級のタイ民衆にかかる訳である。このありがたい手当の分配は、十一月末に王自身の手によって行われる。それはなかなか華々《はなばな》しく行われ、儀式は十二日の間《あいだ》続く。

The Discovery of Angkor Wat

第25章

「冷王が森」の横断

カオ・コク行——「ドン・プラヤ・ファイ」すなわち「冷王が森」の横断

役人と白象——倫理学者、自然科学者、狩猟家としての観察

カオ・コク行――「ドン・プラヤ・ファイ（ドン・パヤーイェン――カオ・ヤイ森林群）」すなわち「冷王が森」の横断――役人と白象――倫理学者、自然科学者、狩猟家としての観察

昨日から、私は中国商人の船にのってカオ・コクへの途上《とじょう》にある。この中国商人は非常に人がよく、また性質も温和《おんわ》でアヘンをたしなまず、また中国酒もやらない。彼はボアティウム Boatioume まで遡《さかのぼ》ろうといってくれているが、流れが早いのでカオ・コクから上へはとても上ることはできまい。すでに現在でも四人の漕手《こぎて》と私の手もとに残っている二人の従者《じゅうしゃ》（船を漕《こ》ぐのは嫌だといって、煙草を吹かしたり眠っ

たりばかりしていたラオス人には暇《ひま》を出してしまった）、それだけが力を合わせても乾期《かんき》に入って現れた岩のつくる早瀬《はやせ》の隈《くま》などにかかると、ほとんど船は進まない状態だからである。

もう定《さだ》まったものと思っていた天候が三日前から崩《くず》れ始めて、毎日午後四時か五時頃になると決まって激しい雨が襲って来る。昨夜はこの国の旅を始めて以来の激しい頭痛に襲われて、もしかすると雨期にはこの「ドン・プラヤ・ファイ（ドンパヤーイェン・カオヤイ森林地帯）」すなわち「冷王《れいおう》が森《もり》」一帯に猖獗《しょうけつ》を極《きわ》めるという熱病《ねつびょう》にかかったのではないかと心配したが、まる一日激しい太陽にあたったためであるのがわかった。一夜を船の舳《へさき》で大気にあたって過ごすと頭痛はおさまって、翌日はいつものように爽快《そうかい》になり、元気になった。

明日はカオ・コクに着くだろうという知らせを聞くと、私はほっとした。この小さな船は、私の荷物や大勢の乗組員《のりくみいん》の荷物などでもういっぱいで、足さえのばすこともできず、まるで牢屋《ろうや》にでも繋《つな》がれたような苦しみを経験して来たからである。船足《ふなあし》の遅いこれまでの十二日にわたる旅には、すっかり私は参ってしまった。

しかもこの辺の空気は湿潤《しつじゅん》で、不健康で、息苦しい。身体は悪寒《おかん》にふるえながら、頭は灼《や》けて身体を汗が流れるのである。

疲労困憊《ひろうこんぱい》の旅を四日続けた後、昨夕《さくゆう》われわれはこの時期にも河幅が九メートルくらいしかないとある峡《はざま》にさしかかった。と、たちまち滝のような雨が襲って来て、われわれは櫂《かい》を捨てて、木の葉で葺《ふ》いた屋根の下に潜《もぐ》り込まねばならなくなった。雨は終夜《しゅうや》、降りつづけた。私が一人で舳《へさき》の方を占領したので、皆は折り重なるようになって寝て、窒息《ちっそく》しそうな暑気《しょき》と蚊軍《ぶんぐん》のために、疲労《ひろう》の後にもかかわらず、一睡《いっすい》もできないというまったく気の毒な一夜を明かした。

夜が明けて櫂を百も漕《こ》いで隈《くま》を越えると、何のことはないわれわれはカオ・コクに着いていた。タイ王は南から侵入して来た白人が恐しい野心を抱いて、そのためにバンコクを見棄《みす》てなければならないような時が来れば、この地によって要害《ようがい》を築くつもりでいるとのことだが、私の眼からすると、それにしては随分《ずいぶん》と妙《みょう》な土地を選んだものだとしか思えない。恐怖の描いた幻覚としか私には考えられないのである。バンコクの占領《せんりょう》は、デルタ地帯一帯の占領を意味するのであるから、何を好んでこのような辺鄙《へんぴ》な土地に蒙塵《もうじん》した王など攻める必要があろう。

カオ・コクの下流二、三マイルのところにお粗末《そまつ》な船着き場と、仰々《ぎょうぎょう》しくも宮殿と呼ばれている貧弱な建物を見かけた。茅《かや》と竹とで造られたものだが、それがプラバート・モイ Prabat-Moi だった。このカオ・コクには三年ばかり前からしばしば、第二王が季節を選んで訪ねて来ているが、船着き場どころか、河岸は高い崖《がけ》になっているが、そこへ上るための岩に刻んだ階段さえもついていない。

私は上陸するとすぐに、河岸にたくさんあるはずと聞いていた、今は住むものもない役人の住居のどれか一つを借りようと探しにかかった。ところが、従者《じゅうしゃ》と一緒に泥深《どろぶか》い土に膝《ひざ》まで没《ぼっ》しながら、あたりの繁《しげ》みや輪伐林《りんばつりん》の間などを隈《くま》なく探しまわったが、わずかに七、八軒のラオス人の藁屋《わらや》があるばかりで、それが将来の要害の地の中枢《ちゅうすう》をなしているのを知ったのである。彼らはおとなしい世話ずきの百姓で、他日《たじつ》もし戦禍《せんか》がこの地にまでおよぶようなことになって、かなたに欧州人の銃剣《じゅうけん》がきらめき砲声が轟《とどろ》くようなことにでもなれば、どんなに迷惑をし、また悲しむことだろう。宮廷人の住居はついに見当たらなかった。河と山との間のわずか五十歩ばかりの平地はまだ泥濘《ぬかるみ》で、王が最近にこの地を訪ねてからようやく六、八か月しか経たないのに、小径《こみち》という小径はいずれも叢林《そうりん》または丈《たけ》の高い雑草でおおわれていた。

雨露《あめつゆ》をしのぐ家は一軒も見当らなかったので、われわれは竹を切って家を建てるより仕方がなかった。しかし、それには時間は長くかからなかった。近所の茅屋《かやや》に住む人間たちが手を借してくれたからである。そして四方吹《ふ》きざらしの住居にわれわれは落ち着くことになった。

そのうちに白象がラオス人によって捕えられ、役人付添《つきそ》いでバンコクへ送り出されたという知らせが来た。

この特報は、その通り筋《すじ》の道路の修理と、この聖なる動物の小屋を造るようにというコラート総督《そうとく》の命を受けてやって来た飛脚《ひきゃく》によってもたらされた。たまたまこの飛脚が到着した時には、私はカオ・コクの裁判所に居合《いあ》わせた。それで私は飛脚引見《ひきゃくいんけん》の模様と、その時、取りかわされた会話とを早速、手帳にしるして、私が初めて得た新しいニュースを読者にご披露《ひろう》に及《およ》ぼうと思う。

場所は地方裁判所《ちほうさいばんしょ》、フランスでいう県庁である。裁判所とはいうものの、いかにも貧弱な建物で、カンボジアの普通の民家となんら選ぶところがない。杭《くい》と木組みと中仕切《なかじきり》、床、天井、大小の家具など、大木一本と竹が少々あれば、結構《けっこう》建とうという代物《しろもの》である。

この種の建物は、人が歩けば揺《ゆ》れるが、その床には仕立屋《したてや》のように足を組んだ役人が高さ一ピエないし一ピエ五プースくらいの台を前におさまりかえってキンマを噛《か》んでいる。その前には、平伏《へいふく》というよりは這《は》いつくばってという形容にふさわしく飛脚が控《ひか》え――この飛脚は治安係《ちあんがかり》のナイ・ムエト Nai-Mouet すなわち巡査《じゅんさ》であった――報告をしている。その側の謁見《えっけん》の間《ま》に通ずるハシゴには騒々しい鳥が一羽とまってペチャクチャしゃべっているし、役所の床下《ゆかした》ではトカゲが腹を引きずりながら、汚物《おぶつ》の入った鉢《はち》の中を這《は》いまわってグウグウ鳴いている。

飛脚は報告をしたり役人の言葉を承《うけたまわ》ったりしている。そのうち役人は我を忘れて立ち上がると、キンマを吐《は》きすて、手を組んで叫んだ。

役人「なんともそれはめでたいことじゃ！　おお、ナイ・ムエト！　してその方はもったいなくもその聖象を拝《おが》んだか。」

飛脚「閣下《かっか》、いまだ拝見《はいけん》は致しませぬでござります！　しかし、私めに命令をお与えに下さりましたコラートのチャオ・パーヤ様*のお言葉によりまして、それを存じたのでございます。チャオ・パーヤ様はルアンプラバン王のお言葉をお確めになりますために、ピメ Pimaie までお出かけになりましたでござりますが、お戻りになりましてのお言葉に、それは牡《おす》の尊い象で、御仏《みほとけ》のおつかわし遊ばされたものに相違《そうい》なく、あらゆる尊い相《そう》を具えておいでの由《よし》にござります。」

＊訳註——Chao-Phaja は最上の官位で、大臣級に用いられる。

役人「なるほど！　さようか！　ではその象の色は新しい土鍋《どなべ》の色にそっくりであろうな。」

飛脚「閣下！　おそれながらその通りにござります。」
役人「うむ！　して身の丈《たけ》は？」
飛脚「閣下、少なくも二尋《ひろ》はござりますそうで。」
役人「おお！　ではまだ若象であるな？　してよい姿をしておられるか。」
飛脚「閣下！　おそれながらまことに堂々たるお姿の由《よし》にござります。」
役人「して、ここをいつ頃お通りになる？」
飛脚「閣下、その点にござりますが、来月の中旬頃に相成《あいな》ろうかと存じまする。」
役人「よし、よし！　分かった！　それまでには万端《ばんたん》用意を整えおこう。」
　ナイ・ムエトはこのよい知らせを次に知らせに行くために、ハシゴの方へ後《あと》ずさって行った。その間にも年俸六十ティカル（百八十フラン）の閣下は上機鎌《じょうきげん》で、珍しくも勢いよく手を幾度《いくど》も振《ふ》り動かしながら言ったのである。
「めでたいことじゃ！　めでたいことじゃ！」
　やがて裁判長《さいばんちょう》閣下は、この出来事によってどんな利益がもたらされるかという彼の喜びの本当の理由《わけ》を、私に洩《も》らさずにはいられなくなった。つまり路《みち》を拓《ひら》いたり修理をしたりするために、彼の管轄内の人間を労役《ろうえき》に服し得るという彼の権限にあるのであった。彼は片目《かため》に涙し、片目に笑いを浮かべながら控《ひか》え目に白状《はくじょう》したのであるが、実際に必要以上の人間を集めて、その中で一人頭《ひとりあたま》七ティカルを納めたものには労役《ろうえき》を免《めん》ずることにするのだというのである。この小取引が、濫費《らんぴ》さえ慎《つつ》しめば、彼の老後の安楽《あんらく》を保証《ほしょう》してくれることになる。

そして、最後に彼はこう結んだ。

「私どもの仲間は皆、大官《たいかん》も小官《しょうかん》も、これを Tham na bon limg-phrai（民衆の背中から刈《か》り入《い》れをする）と言っております。貴殿のお国にも、おお、立派な外国のお方、これに似た諺《ことわざ》がありますかな。」

約五十人いる村の住民はみな子供を連れてやって来て、病気を癒《なお》してくれと私にせがんだが、あるものは熱病《ねつびょう》に、あるものは赤痢《せきり》に、またあるものはリウマチ等々にかかっていた。しかしこの土地にはカオ・チウラウ Khao-Tchihulaü のようにらい患《かん》はいないらしかった。ところが、その子供たちの不潔《ふけつ》さとくるとお話にならない。彼らは文字通り垢《あか》の衣を着ていて、黒人の子供のように見える。しかもその大部分が熱病にかかってふるえている。

私の住居はロッブリーとプラバートから来る山脈が谷をなしているところにある。この二つの山脈はチャオプラヤー河の谷を取り巻いて、半島やビルマの山脈とつながる山脈の支脈に当たっている。コク山は河の左岸一キロメートルのあたりにあって、山懐《やまふところ》に半円形の土地をかこみ、東はコラートへ、北はムロームへ走る山脈に連なっている。コク山と相対《あいたい》して他の山が左岸から切り立てたようにそびえていて、この方は河に沿ってしばらく東へ走ってから、また他の山脈に合《がっ》している。私の住む茅屋《かやや》はこの河岸の狭い谷間にあるわけである。この地方一帯はまことに不健康な土地であるが、山地はいたるところに豊富な埋蔵物《まいぞうぶつ》を持っている。

雨は追々《おいおい》まれになり、北の方はすっかりあがってしまったので、河面は早くも二十ピエ以上さがってしまった。話によればボアティウムあたりになると、すっかり河幅が狭《せば》まって、両岸の樹々は枝を交《まじ》え、旅人の頭上に屋根をつくっているとのことである。石炭岩からなる山々は、生長力《せいちょうりょく》の旺盛《おうせい》な植物で蔽《おお》われているが、いたるところにまださして古くない時代に、この辺一帯が水におおわれていたことを示す地理学上の痕跡《こんせき》をとどめている。山頂に登ってみると、その時代にはどこまでが海であったか、その境界線がはっきりわかる。ちょっと見れば、南にひらけている平野は、かつては海底にあったのだということ、そして巨大な山脈の突出部が岬《みさき》をなし、湾をなし、島をなしていたのだということまで知られる。私はこの山の麓より少し上で、腐食土層《ふしょくどそう》の下から化石したサンゴ礁《しょう》や原形のまま保存された海生貝《かいせいかい》等を発見した。*

＊原註――「……アユタヤに滞在中、一七六八年のビルマ侵入の際に土中に埋められたという聖器の発掘を企てたことがあるが、至るところ約三メートルの深さに達すると、必ず厚さ一尺くらいの黒色の泥炭層《でいたんそう》に出会ったもので、その中には硫酸石灰《りゅうさんせっかい》の美しい透明な結晶が多数含まれているのを見た。（ついでながら、タイ人はこの結晶物を採って焼いて石灰にし、非常にこまかな純白の粉を作って男女の喜劇役者が顔や腕に塗る用に供している。）この泥炭層にはその他、木の幹や枝が混入していて、その木質部《もくしつぶ》は赤くなり、難なく折れるほど脆《もろ》くなっている。これから私は、昔はこのあたりが海岸線であったものに相違ないとの結論を得た。それが毎年、出水期《しゅっすいき》に水流によりもたらされる沈殿物《ちんでんぶつ》、その他、草や木の折れ屑《くず》などによって徐々に高まったのだと。

タイの年代記によれば、プラ・リュアーン Phra-Ruâng の治世（ほぼ西紀六五〇年頃）には中国ジャンクはチャオプラヤー河をスワンカローク Sangkolók まで遡《さかのぼ》ることができたとあるが、この地は現在では海から百二十里の上流にある。このことはタイ平野がこの百二十年間に相当変化したものであることをよく証している。というのが、現在ではジャンク船も海からわずかに三十里のアユタヤより少し上流までしか達し得ないからである。

運河を開鑿《かいさく》する際に、数か所で地下四、五メートルのところにジャンク船の埋まっているのが発見された。また数人の口から、王がプラバートへ通ずる路ぞいに巡礼のための井戸を掘られたところが、地下八メートルの深さのところで藤製の錨綱《いかりづな》を発見したとの話を聞いた。

バンコクの北端、海から十一里の地点で、私は中国人が沼を掘っているのを見たが、その底からは多量に介殻《かいがら》が出て来た。このことは私に、このあたりがかつては海であったことを教えてくれた。そこで私はこの問題を究めるために、バンコクのわれわれの教会の地所内に深さ二十四尺の井戸を掘らせてみた。ところが、その水は海水よりも辛かった。また底から引き上げた泥には、数種類の海生貝を発見した。多くは原形のままであった。中にも私の疑問をはっきりさせてくれたのは、大きな蟹《かに》の脚が一本と、可愛い介殻の付着した石塊が出て来たことであった。

ところで海はいまだに日ごとに後退を続けている。というのは、旅に出てこの海岸を通りかかった時、老水先案内人が海岸から一キロメートルも先にある大木を指差してこんなことを言ったことがあるからである。『向こうに木が見えましょう。わしらがまだ若い頃には、よくあの木に船をもやったものでがす。それが今では、ごらんのとおりあんなに遠くへ行っちまった。』

かくも早く海岸に陸地ができるわけはこうである。一年のうち三か月というもの、四つの大河は海まで測り知れない多量の泥を運んで来る。ところがこの泥は、私も目撃したが、海水と混じないで、潮の干満により掻《か》きまぜられ、海岸に押し返され、少しずつ堆積《たいせき》してゆく。そしてようやく水面上に出たと思うと、たちまちその上に草が生え、丈夫な木が生えてその無数の根で土を固めてゆく。私はタイ平野の幅二十五里、長さ六十里、すなわち千五百平方里というものがこうして生じたものに相違ないことを確言《かくげん》する。」(パルゴア、巻一第四章)

小屋が建つと——それには時間も費用も要しなかった——われわれはハンモックを三つ吊《つ》り、それから昆虫採集地の物色《ぶっしょく》にかかったが、これは雨期の前後ほどには豊富でなかった。われわれはそのために相当大きな樹木を多数伐《き》り倒したが、樵夫《きこり》の仕事はこの緯度《いど》の地域では大変だった。太陽はあたりの大地や沼の湿気を吸い上げて、さながら蒸し風呂か温室にいるような暑さである。しかし、われわれのその苦痛も豊富な獲物によって十分に償《つぐな》われた。長角虫《ひげながむし》が最も多く、今日などは新種や珍種を千匹以上も採集して、一箱全部を埋めてしまった。おがけで「ジョン・ブルック号」に積み込んで、海の藻屑《もくず》としてしまったペッチャブリーでの採集になる珍種《ちんしゅ》も、ある程度埋め合わせることができたわけである。

この村および付近の住民、それから近所のパゴダの僧侶までが毎日、私のところへ動物――そう彼らはいったが――を持って来てくれた。あるものはコオロギを、またあるものはサソリを、蛇を、亀等々を持って来てくれた。いずれも棒の先にそれらをつるして運んで来てくれた。彼らの目的は、そうしてお礼に一つか二つの銅貨、いくつかのガラス玉、赤い布の切れ端《はし》などをもらうにあった。

北風が吹き始めた。しかし時には南東、南西の風が強く吹いて雨をもたらすこともある。それでも夜になると毎日、温度は下がって、今のところでは朝の三時を過ぎると掛け布を着るか、頭巾《ずきん》付外套《がいとう》にくるまらなければならないほどである。二人の従者《じゅうしゃ》は時々、間歇熱《かんけつねつ》におかされて腹の底まで寒いと訴えることがある。この湿地帯《しっちたい》では死神が落とし穴をつくって待っているので、それから無事に逃れられるものは幸運だと考えられている。

……………………………………………

十一月末になると大気はさわやかになり、十二月になると真冬になる。そしてわが国の三月頃の風のような涼《すず》しい微風《そよかぜ》が終日、北から吹いて来る。夜になると寒暖計《かんだんけい》は摂氏《せっし》十五度くらいまで下がる。夕方になると私は河辺を、暖かい頭巾《ずきん》付外套《がいとう》にくるまり、頭巾だけはとって散歩をする。二年前にプラバートで味わって以来の快適さである。堪《た》えられないほどの暑さに息苦しさを覚えて、眠られぬ夜な夜なを過ごして来たことを思うと、羊毛の温かい掛《か》け布《ぬの》をひっかぶり、中にも絶え間ない蚊軍《ぶんぐん》との戦闘を忘れていられるということはまったくありがたい。プライとデンはありったけの衣装《いしょう》を終日《しゅうじつ》、背中につけている。私は彼らに赤のフランネルを二枚ずつ与えて着せ、フェルト帽子をかぶらせてやったが、その姿はガリバルディ*旗下《きか》の義勇兵《ぎゆうへい》そっくりである。といっても、それはただ格好《かっこう》だけのことで、派手な飾りや戦士に必要なものは何一つ身にはつけてはいない。ただし彼らもガリバルディ旗下の義勇兵に劣らぬほどの勇気だけは持っている。彼らは暖かい炬火《たきび》のそばで踊《おど》ったり歌ったりしている。私がこの世にはチャオプラヤー河よりはまだ大きな河で、それが凍ってその上を重い車も自由に通れるようになるとか、その上で牛をまるごと焼くこともできるのだとか、その地方では人間や獣が寒さのために死ぬことがあるなどと話して聞かせると、彼らは眼をむいて驚いた。

＊訳注――Garibaldi（西紀一八〇七――一八八二年）、イタリア独立軍に加わり、寡兵《かへい》をもって祖国のために終始、獅子奮迅《ししふんじん》した愛国者。

私の愛すチン・チン Tine-Tine は口をきかない。彼は掛け布の下にもぐり込んで、気ままに眠っている。ところがプライが寝具《しんぐ》をめくったりしようものなら歯をむき出す。これは失礼、私はまだ皆さんに、私が連れて来たこの忠実で従順《じゅうじゅん》な可愛い狆《ちん》

（犬）の紹介はしていなかった。タイ人は大体、犬に反感——反感といっては当たらないかも知れぬが、とにかく彼らはこの動物をあまり可愛いがらない。それではとんどすべての犬が半野生《はんやせい》の状態にいるが、この狆《ちん》（犬）だけは例外で、タイの女は、ことに子供のない女は非常に愛する。私はこの小さな犬が象の脚《あし》に踏みにじられたり、虎に咬《か》まれたりして悲しい最後を遂《と》げないようにと念じている。

二日以来、われわれは非常なご馳走《ちそう》にありついている。ようやく食料が欠乏《けつぼう》しかけて来たところへ、魚の大群《たいぐん》が河を遡《さかのぼ》って来た由《よし》の知らせがあって、大騒ぎをやった後に、幾百匹という魚を揚げたからである。その魚はちょうどイワシほどの大きさがあって、一時間ほどの間に籠《かご》に六、八杯もわれわれは揚げた。二人の従者《じゅうしゃ》は頭を取ってそれを塩漬《しおづ》けにした。

この近くの子供は——その大部分はまだ乳房《ちぶさ》に吸いついているのであるが——みな銅貨や煙草が欲しさによく昆虫を持って来る。そう、煙草欲しさに！　これらの子供は母親の乳房か、しからずんば煙草と、いつもそのどちらかを求めている。子供はおとなしいので、これほど不潔《ふけつ》でなければ可愛がってやりたいと思うのである

ラオスの首都ヴィエンチャンの仏教寺院タート・ルアン。1566 年にランサン王国セーターティラート王によって建てられた。同王によってラオスの首都は、1560 年にルアンプラバンからヴィエンチャンに遷った

が、一度、皮膚病《ひふびょう》にかかってからはどうも恐しくてならない。

ラオス人はカンボジア人同様、おそらくはタイ人以上に迷信《めいしん》深い。誰かが熱病にかかったり、ちよっと身体をこわしたりしても、すぐに悪魔《あくま》が身体に入り込んだからだとする。何か事がならなかったといっては、それを悪魔のせいにするし、山の猟や河の漁、あるいは森の木を伐《き》って何か事が起こると、それも悪魔のせいに帰《き》する。何でもかんでも悪魔のためだとするのである。それで家の中には護符《ごふ》を大事に祀《まつ》っているが、それは普通はただの木、あるいはヤドリギの一片を人体のある部分の形に似せたもの*であって、これをあらゆる悪霊を遠ざけてくれる守護神と考えている。

＊訳註――このリンガ Linga すなわち陽物崇拝《ようぶつすうはい》の思想は、ラオス人のみではなく、タイ、カンボジアをはじめ、南方の仏教国には広く行われている。

毎日、われわれは新しい収穫《しゅうかく》を得ている。ところが昆虫や鳥を採集《さいしゅう》しようとして出かけた先で、静かな山から山へとこだまする銃声《じゅうせい》、あるいは人声を聞きつけて、埋伏所《まいふくしょ》からいきなり猛獣《もうじゅう》が飛び出して来たりすることがよくある。昨日も相当長い時間、骨の折れる猟《りょう》をやって、鳥を数羽とサルを二匹射とめて、すっかり疲れて引き上げて帰る道すがら、森が切れて狭い空き地になったところへ出たので、私は二人の「ボーイ*」に木の根方《ねかた》でしばらく休むようにといって、私自身はその付近で昆虫採集にとりかかった。と、何か動物が厚く繁《しげ》った木の葉の間を渡るらしい怪しい物音を聞きつけて来た。思わず私は銃を握りしめ、身構《みがま》えしてふり仰《あお》ぎながら、忍び足に従者《じゅうしゃ》の眠っている大木の後ろへ近づいた。と、その時である！　見事な大豹《おおひょう》が、小屋にでもいる気でぐっすりと眠込んでいる私の従者めがけて、まさに草叢《くさむら》から躍《おど》り出そうとしている。私は狙いをよく定める暇《ひま》もなしに引き金を引いた。獣は右肩を撃たれて、大きく半円を描いて数歩向こうの草叢に落ちた。しかし豹は負傷《ておい》である。撃ちとめるか、少なくもいま片方の肩を砕《くだ》いてしまわないうちは危険である。幸い二発目は見事にきまって心臓《しんぞう》に当たり、豹はその場に倒れてしまった。

＊原註――Boyという語は子供という意味であるが、イギリスでは普通、男の召し使いに用いている。

耳のすぐ近くで起こった最初の銃声に夢を破《やぶ》られた若者たちは、驚きと恐怖《きょうふ》と興奮《こうふん》とを同時に感じた後だけに、彼らの足もとに獣が伸びて倒れたのを見た時の喜びは大きかった。

私はこの冒険《ぼうけん》を新年へのお年玉《としだま》にしたい。というのが、この日は十二月の最後の日にあたっていたのだからである。

また一年が経過した。私にとってこの一年は、すべての人と同じく、喜びと不安と苦しみの織《お》りまざった一年だった。それで今日は、いつになく私の思いは懐《なつか》しい人々のもとに通うのである。親しい人々の鼓動《こどう》が、時を同じうして私の鼓動に応えるのを私は感じる。遠くお互いの間は隔《へだ》たっていても、この哀《あわ》れな旅人に対して、父の、妻の、そして兄弟の思いもまた通って来るのを私ははっきりと感じる。バンコクの友人が届けてくれた兄弟からの最後の手紙には、皆して私の帰国を待ちわびている由《よし》、したためられてあった。しかし私はその時、ちょうど新しい戦場に向かって首途《しゅと》につこうとしているところだった。戦闘の前夜になって、暇《いとま》を願い出る兵士がどこの世界にいるだろうか。そして今、私は、ラオス人やタイ人が地獄《じごく》と呼びならわしている森の入口にいる。この死の国に棲《す》む悪魔たちは、この厚い穹窿《きゅうりゅう》のもとに深く眠る多数の哀れな旅人の骨をまき散らすのだと言われている。ところが、私はこれら悪魔を恐れさせるようなものは、何も所持していない。虎の歯も持たなければ、小鹿の角も持っていない。護符《ごふ》も身につけていない。私の持っているものといっては、科学への愛と神への信仰のみである。ここで私が死ぬようなことがあれば、それは天命なのであろう。

この森の静寂《しじま》、熱帯の精気《せいき》に満ちた自然の休息の中には、何か荘重《そうちょう》なものがあって、夜のこの時刻（真夜中）ともなれば、深く心の打たれるのを私は感じる。空は澄《す》んで大気はさわやかである。月光は枝葉《えだは》をとおして落ちて来て、地上のここかしこを、さながら風に紙片を飛ばしたように照《て》らしている。木を揺《ゆ》るがすそよとの風もない。この深い静寂を乱すものといっては、枝から舞い落ちる枯葉の音と、足もとの礫《こいし》の多い河底を流れる小川のせせらぎ、遠くで鳴き交わす蛙《かえる》の声くらいである。ここの蛙の鳴き声は、犬のしゃがれた鳴き声に似ている。時々、夜鳥《やちょう》――コウモリが木の枝に結《ゆ》わえた炬火《たいまつ》の光をしたって飛んで来る。その火の下に、私は虎の皮をひろげている。また間遠《まどお》に牡《おす》を呼ぶ豹《ひょう》の声が聞こえて来る。それに答えるように安眠をさまたげられたチンパンジーの唸《うな》り声が梢《こずえ》から聞こえて来る。

片手に剣、いま片手に炬火を持ってプライは河で魚をとっている。水や岩の上に黒い影を落としながら剣を振りまわして「しまった！　当たった！」と彼は叫びを上げているのであるが、その姿をこの地方のものが見たなら、きっと悪魔《あくま》と思うに違いない。何とはなしに今夜は私の心はふさぐが、数時間も眠って、明日になればどこか遠くへ猟にでも出かけたら、こんなものはふっ飛んでしまおう。今年はどんな具合に終わるだろうか。果たして目的を達し、すべての基《もと》である健康を持ちこたえ、あらゆる障害や困難――その中には荷物を運ぶ方便《ほうべん》を得るといういきわめて困難《こんなん》な問題も含まれているが――それらを乗り切ることができるであろうか。

それはとにかく、今、大陸や海の彼方の炉《いろり》の側《そば》で私のことを考えていて下さる方々よ、皆さんはあまり私の運命を案じずに、人間を偉大にも力強くもして下さる神の愛に希望をつないでいていただきたい。神の庇護《ひご》によってわれわれお互いが相《あい》まみえる時もやがて来《こ》ようし、われわれの忍耐と努力の酬《むく》いられる時も来よう！　距離を超越《ちょうえつ》して親しいものを結びつけてくれる、眼には見えぬ磁力線《じりょくせん》よ、お前は旅人の祝福を私の愛するすべての人々に伝え、いつも私を勇気づけてくれるようなことを考え、最も苦しく悲しい時にも私の慰《なぐさ》めとなるようにさせてくれ。そこで改めて私は皆さんに言おう、新年おめでとう！　また私の仕事と労苦《ろうく》を心からわけ合ってくれ、私のためには生命すら投げ出すことをいとわない忠実な仲間、若きプライを無事に連れ戻れるようにと私は祈ろう。私の二人の従者《じゅうしゃ》は、熱病《ねつびょう》にかかって相当《そうとう》参っている上に赤痢《せきり》の兆候《ちょうこう》さえ見せている。それでも彼らは元気にほがらかに私に付き添《そ》い、いつも骨身《ほねみ》を惜《お》しまず尽《つ》くしてくれている………。

カオ・コクの北方五里にサク Sake 山がある。その先二マイルからボアティウムまではまったく人跡が絶えてしまう。住むものもないこのあたりの河の両岸は、絵のように美しい。あるところでは所々に、鉄分を含む層皮《そうひ》を着た石炭の美しい岩が見られる。そのあたりには淙々《そうそう》たる音を立てて泉が流れ、至るところに穴を穿《うが》ち、面白《おもしろ》い形の鉱床《こうしょう》を露呈《ろてい》している。またあるところには非常に高い山が屹立《きつりつ》していて、その中腹《ちゅうふく》には相当深い、鐘乳石《しょうにゅうせき》で飾られた洞穴《どうけつ》がある。またある地点には美しい砂地があり、小島では大トカゲがひなたぼっこをやっているのが眺められる。どこもかしこも鬱蒼《うっそう》と樹木が繁《しげ》り、それに美しい竹やぶがまじっている。そこではチンパンジーの群れが戯《たわむ》れたり、喧嘩《けんか》をしたりしているが、プライはこのチンパンジーを馴《な》らして甘いご馳走《ちそう》にあずかったことがある。

われわれはきわめて船足《ふなあし》の軽い丸木舟《まるきぶね》でこの河を遡《さかのぼ》り、その日のうちに前夜カオ・コクを発《た》ったペッチャブーン行きの船を追い越した。河の流れはまだ相当に速かったが、すでに水量は大分減じていたので、この船は所々で砂地の上を引っぱったり、櫂《かい》をすてて斜桁《しゃこう》で走らせたりしなくてはならなかったからである。

カオ・コクでは虎はほとんど見かけなかったが、ボアティウム付近には多数いて家畜の被害がある。ワニは非常に多い。一昨日、私は船から大ワニを撃《う》ち殺したが、それは今までに見たこともないほど大きなものだった。猟に巧みなのと勇気があるのとで有名なラオス人の老猟師《ろうりょうし》は、この両棲動物《りょうせいどうぶつ》について、次のような挿話《そうわ》を聞かせてくれた。

「ワニが河のすぐそばの砂地の上で口をひらいて眠っていました。そこへ虎が水を呑《の》みにやって来て、思わず片脚《かたあし》をその大きな口の中に踏み込みました。口はしまりました。虎はたちまち水中に引き込まれました。しかし虎は必死にもがいて、やっと岸まで敵を引きずり上げましたが、またしてもワニは虎を河に引きずり込みました。今度も、虎は岸にたどりつきました。それをワニはまた引っぱり込む。そうして闘いはしばらく続きましたが、老猟師の放った弾《たま》が虎にあたって、この闘いは終わりました。争っていた二匹は水の中に姿を隠してしまって、水面には一筋の血が残ったばかりでした。」

The Discovery of Angkor Wat

第26章

再び「冷王が森」

チャイアプーン——バンコクへ帰る——白象——再び「冷王が森」へ——コラートとその州——プノン・ワット

チャイアプーン――バンコクへ帰る――白象――再び「冷王が森」へ――コラートとその州――プノン・ワット

一八六一年二月二十八日にチャイアプーン Tchaïapoune に到着した。私は知事を訪ねて援助を乞《こ》い、旅に必要な象あるいは牛を借りたい由《よし》、申し出た。私はフランスの旅券およびタイ宰相《さいしょう》ならびにコラート知事の書簡《しょかん》まで示したが、結局、何の甲斐《かい》もなかった。知事は、もし牛なり象なりを必要とするなら、森で捕えるがよかろうとのみ答えたのである。それで、私は下帯の役人の援助は諦《あきら》めて、町の住民から役畜《えきちく》を借りることにしたが、その値は普通の二、三倍した。この先の宿場《しゅくば》、宿場で同様の犠牲《ぎせい》を払わされたのでは、とても私の懐《ふところ》はやり切れない。そこで私は、この際とるべき唯一の途《みち》は、従者《じゅうしゃ》の一人を荷物と共にコラートにとどめておいて、自分はいま一人の従者を伴って一応バンコクへ引っ返し、わが領事館およびタイの閣僚《かくりょう》、場合によっては王自身に直接、異議《いぎ》を申し立てるにしくはないと考えた。ド・モンティニー氏の努力によってフランスとタイ王との間に結ばれた条約は、フランス人ことに宣教師《せんきょうし》や自然科学者《しぜんかがくしゃ》に対しては、タイは援助《えんじょ》を惜しまないようにとの一条が定められているのだからである。しかしそんなことをしていたのでは、いたずらに時間を空費《くうひ》して、そのためにはなはだしい不都合を生ずるかも知れぬという不安は多分にあった。そのために日が延《の》びて、雨期に森を通らなければならないことになって、健康地へ着く前に、私の健康や生命までもおびやかされるようなことになるかも知れなかったからである。

幸いにコラートから、私は先に述べたラオスで捕えられた白象とともに旅をすることができた。この象を迎えにわざわざバンコクから立派な行列《ぎょうれつ》を組んで役人がやって来たのであるが、この役人と私は昵懇《じっこん》になることができたのである。この行列はまことに見事なものだった。普通の色の六十頭からの象からなり、うち二頭は私の使用に供《きょう》せられた。すなわちうち一頭に私自身が乗り、いま一頭に私の従者《じゅうしゃ》が乗ったのである。

つまり私は、象崇拝者の護衛《ごえい》を伴《ともな》って、役人然《やくにんぜん》とおさまり返って旅をすることができたわけである。しかも私の冒険譚《ぼうけんたん》を聞かされた役人は、私の希望は何でもかなえて差し上げようとまで言ってくれた。サラブリーに到着すると、白象の世話をみにやって来たラオスの役人と、バンコクの大官《たいかん》が待ちうけていた。非常に迷信深くて輪廻《りんね》を信ずるタイ人は、王族あるいは王の霊魂《れいこん》は白象、白サル、その他、白色の動物の体内に生まれかわるものだと信じている。従《したが》って、彼らはこのできそこないの動物に歎賞《たんしょう》を超えた崇敬《すうけい》の念さえ抱いているのである。というのは、大体がタイ人は仏教における最高の菩薩《ぼさつ》の弟子で、菩薩以上のブッダ自身を認めることをせず、かえって不自然なものを信仰して、それによって幸福がこの国にもたらされるのだと信じているからである。

コラート州チャイアプーン郡パンブランの遺跡

この旅の間、百人あまりの人間が常に行列に先行して、白象の前の枝を伐《き》り、道路の邪魔になるものを取り除《のぞ》いた。また二人の役人が白象の食事係をつとめて、黄金の盆《ぼん》で様々な菓子を与えた。純理派《じゅんりは》哲学者に属《ぞく》するタイ王は、わざわざアユタヤまで白象を出迎えにやって来た。

この物神《ぶっしん》崇拝のお蔭《かげ》と、それに私の贈ったいくつかの高価な贈り物の効果も手伝って、私はいくらか厚意《こうい》に満ちたラオス諸州の知事宛《あて》の親翰《しんかん》を得ることができた。それで再びバンコクを後にした。バンコクには半月程滞在したが、その間、私は、これまで私が会った人のうちでも、最も世話好きな人の一人キャンベル医師の並々《なみなみ》ならぬお世話になったが、ここで氏の親切と友情と誠実《せいじつ》とに対して、喪心《そうしん》からの感謝と敬服の意を表しておきたいと思う。

二重の入費《にゅうひ》と時間とを費《つい》やした後――前者よりも後者の方が私にはもったいなく思われたが――再び私は北方へとって返した。

アメリカのなかなか勇敢《ゆうかん》なバンコク駐在《ちゅうざい》の伝道師で、今まで長い年月を通じてコラートを訪ねたことのある唯一の白人ハウス House 医師は、コラートの旅の話をして聞かせた後、どの点から見ても、その旅は幻滅《げんめつ》しか感じさせないものであったと私に語った。私もまた氏のように夢を持って発《た》ったとしたら、同じことを言ったであろう。しかし私は「冷王《れいおう》が森《もり》」がどのようなものであるかはもう知っていた。すでに私は方々《ほうぼう》で、例えばプラバート、カオ・コク、ケンヌ・コエ Kenne-Khoé などへ行く途中でそれを横切り、瘴気《しょうき》のこもるその森蔭《もりかげ》で、すでに幾夜《いくよ》かを過ごした経験を持っている。私はこの入るにさえ困難《こんなん》な、数歩先しか見えないような森の中にある町などには、何の期待も最初から繋《つな》いでいないのである。最近にも私は同じ森を十日がかりで横切って来ている。この広大な森を横切る間、隊商中《たいしょうちゅう》の中国人はみな、泊まりごとに――その度にあまり死者の出なかったのを感謝《かんしゃ》しているが――急ぎ食欲《しょくよく》を満たすために籠《かご》から食料品を取り出したが、その度に祭壇《さいだん》代わりに大木を選んで、跪坐《きざ》して祈祷《きとう》を低声《ていせい》に誦《しょう》しながら、その根元に皿をおき、線香を立て、厚い金紙を焼いた。またこの大森林に入る時と出る時には、四本の竹の脚のついた小さなお堂を造って、その中に木の葉を入れて線香を上げた。この奇妙《きみょう》な供物《くもつ》が、彼らのいうところでは悪魔を祓《はら》い、死を避けさせてくれるのだとのことである。

ラオス人も迷信深いが、彼らは中国人よりはこの森に馴《な》れている。ことに八回十回と横切ったことのある経験者はそうで、彼らは泥棒《どろぼう》や獣《けもの》に発砲《はっぽう》して「冷王《れいおう》」の眠りを覚《さ》ますことさえ怖れていない。しかし死は、実際に常に襲いかかって来るのである。よい時候《じこう》の時でも、初めてこの森を横切るものは、十人のうち一人あるいは二人はきっとやられる。思うに雨期にこの恐しい通路で、病気にかかったり死んだりするものは相当数に上ることであろう。河という河は氾濫《はんらん》して、地面はすっかり水びたしになり、この地方を横切る道という道は泥沼《どろぬま》の数珠《じゅず》と化してしまう。稲田《いなだ》は数ピエも水につかる。そんな泥田《どろた》を五日も六日も進んで来た挙句《あげく》のはてに、ひどい悪臭《あくしゅう》を放つ瘴気《しょうき》の蒸し風呂に入り込んで汗を流し、そうして幾人もの犠牲者を出すのである！

われわれの隊商の中国人のうち二人は、コラートへ着くと恐しい熱病《ねつびょう》を病んだ。そのうち一人を、私は救ってやることができた。手当が間にあってキニーネを飲ますことができたからである。しかし、いま一人は非常に丈夫《じょうぶ》そうな男であったが、病気と聞いて私が駆けつけた時には、もう断末魔《いまは》の苦しみの最中であった。

「冷王《れいおう》が森《もり》」での最初の露営《ろえい》は、山の西側の斜面《しゃめん》で行われた。われわれは丘の上で野営《やえい》したが、牛にやる草がないので、灌木《かんぼく》の葉を与えるより仕方なかった。コラートの近くを流れる河が山上から流れ落ちていた。その河の向こう岸には、二百頭からの牛をつれた他の隊商が露営していた。

この山峡《さんきょう》の険阻《けんそ》な、瘴気《しょうき》のはなはだしいあたりにカレン族 Karens* の小部落がある。彼らは、以前はパタウイ付近に住んでいたのであるが、種族を守るために他種族と離れて住む必要に迫られて、移住して来たものなのである。ここまではタイ人も瘴気を恐れてやって来ない。彼らは寺も僧侶も持たない。良種《りょうしゅ》の米と数種のバナナを作っているが、それらはこの種族にしか作れないものになっている。また彼らはお互いに相当接近して住んでいながら、お互いの存在さえ知らずに暮らしている。彼らはいくらか遊牧人種《ゆうぼくじんしゅ》に属しているのは確からしい。あるものは、彼らはラク Rake の貢物《こうぶつ》をしているといっている。ラクとはゴムラックすなわち日本漆《にほんうるし》に他ならない。しかし事実はこれに反して、コラート州の知事をはじめ、サラブリー州の役人の中にさえ、彼らがその領域内に棲《す》んでいることすらまったく知らないものがある。

＊訳註――本族は主に南部シャン・ステイツおよび下ビルマに住んでいて、うち約六万がタイ国領内に住んでいる。しかし、その大部分はタイ、ビルマ国境方面で占めている。今日なお所属不明であるが、その言語はモン・クメールまたはチベット・ビルマ系よりもむしろタイ系であると言われている。事実とすれば、そのタイ族との関係はすこぶる古いはずである。

翌日は日の出前に起き出て、過労《かろう》のために倒れた牛を数えてから、野獣がそれを襲いにやって来ないうちにというので、急ぎ荷物の積みかえを行って出発した。そして、十一時頃に輪伐林《りんばつりん》と丈の高い雑草におおわれた長い森に入り込んだが、ここにはディムと鹿がたくさんいた。われわれは泉のそばで早速《さっそく》休んだ。

翌日は通路を見つけるために数マイル北に迂回して、最初の山脈と平行した、しかし今度は砂岩《さがん》の塊におおわれた新しい山脈をよじ登った。空気は澄《す》んで涼《すず》しく、清冽《せいれつ》な泉に幾度か足をひたしたお陰《かげ》で、旅の初めに傷のために腫《は》れあがっていた足も大分よくなった。テナガザルとサイチョウの叫び声を再びここで聞いた。キジ、孔雀《くじゃく》、鷲《わし》などを、数羽、私は撃ち落とした。案内人たちは羽根をむしって大喜びで、その肉を食った。このあたりから地面は砂っぽく、植物は小さくなり始める。われわれは、その夜もコラートから出る小河の岸、その地方の首邑《しゅゆう》であるさる村から三百メートルほどへだたったところで露営《ろえい》をした。

振り返るとわれわれが越えて来た山脈は、一里ほど彼方に堡塁《ほうるい》のように横たわっていて、その上に向こうの山脈の円や尖《とが》った頂などがそびえ立っている。われわれの案内者はすべてコラート付近にすむラオス人であったが、その中でも年をとった隊長は私を大事にして、何くれとなく面倒《めんどう》をみてくれた。毎夜、私のために地をならし、枝を切り、夜露《よつゆ》をしのぐための木の葉の小さな屋根まで作ってくれたのである。これら勇敢《ゆうかん》な者たちの毎日は、苦闘《くとう》の連続といえる。毎日、四季の区別なしに、彼らは恐しい小径《こみち》を歩き回って、朝夕《あさゆう》ともに米の団子《だんご》をさえ落ち着いて食べる暇もないのである。しかも夜は夜で、白アリに攻められ、盗賊の見張りをしなければならないので、ほとんどおちおちとは眠ってもいられない。

われわれは毎日のように、八十頭から百頭の牛を連れた隊商に行き会ったが、彼らは鹿、豹《ひょう》等の皮、東ラオス産の多量の生絹《きぎぬ》、木綿《もめん》および絹の下帯《したおび》、孔雀の尾羽根《おばね》、象牙《ぞうげ》、象の歯、砂糖等を運んでいるのである。しかし、最後のものはあまり産しない。

その後、四日間は、土地の様子は少しも変わらなかった。数カ所で村を通過《つうか》したが、その一つシキエウ Sikiéou では王に属する六百頭の牛が飼われていた。ケン・コエ Keng-Koë からコラートまでに十日を要した。コラートでは知事の歓待《かんたい》を受け、私の所持する親翰《しんかん》の他に、彼の管轄《かんかつ》下の州役人に宛《あ》て、私の求めがあり次第《しだい》、必要数の牛と象とを借与《しゃくよ》すべしとの書簡《しょかん》をしたためてくれた。この町の住民の大部分がプライを先頭に立てて、私の出迎えにやって来てくれた。中には米、魚、果物、煙草等の袋を、それもたくさんに贈ってくれたものもあった。*

*訳註——現在ではコラートまで鉄道が通じて（西紀一九〇一年開通）、この苦労は旅行

者にとっては、すでに昔物語《むかしものがたり》となっている。なおこの線は西紀一九二九年にウボン Ubon まで延長。別の一線はコラートから北へ向かって西紀一九三三年にはコーンケーン Kon-Ken まで竣工《しゅんこう》した。やがてこの線はラオスのヴィエンチャンまで達する計画であるが、ムオはこの道をやがて苦労しながら辿《たど》って行った。

この町の中国人街には、六十ないし七十の天日《てんぴ》で乾した大きなレンガ建ての家があって、その周囲は高さ九メートルに達する城壁のような丈夫な柵《さく》で囲まれている。この要心《ようじん》は大いにその必要があるので、すなわちコラートは盗賊《とうぞく》および人殺しの巣であったからである。タイ人とラオス人と、この両人種のかすの巣窟《そうくつ》にここはなっている。奴隷《どれい》あるいは牢屋《ろうや》から逃げ出した一揆《いっき》や無頼《ぶらい》の徒《と》が、あたかも烏《からす》や狼《おおかみ》が軍隊や隊商の後を追うように、彼らにとっては住みよいこの地におのずと集まって来るのである。といって、ここには刑罰が絶対に行われていないというのではない。コラートの知事には、バッタンバンはじめカンボジアから離反《りはん》した諸州を鎮撫《ちんぶ》したボディーン Bodine すなわち将軍の子孫が代々なることになっていて、この小国全体の総督《そうとく》の役を勤めている。従《したが》って彼は住民の活殺権《かっさつけん》を持ち、噂によればそれを情け容赦《ようしゃ》もなく行使していて、首や手首を斬《き》ることくらいは、何とも思っていない由《よし》である。つまりここにもタイ式の懲罰《ちょうばつ》すなわち即決裁判《そっけつさいばん》が行われ、理屈などはほとんど重んじられていない。従って、ここには憲兵《けんぺい》も巡査《じゅんさ》もいない。それで盗賊は、盗まれた当人にその甲斐性《かいしょう》があれば、自らこれを捕えて裁判所へ突き出すより途《みち》がない。隣人さえそれに助力することをしない。

とにかく、宿が必要であった。それで中国人に、プライが私の荷物と一緒にいた家よりもいま少し広い家の世話をたのんだ。しばらくして、格好《かっこう》なのが見つかった。

中国人町——これが市場をなしている——のはずれから本当の意味の町が始まり、これは錆鉄色《さびてついろ》の凝固物《ぎょうこぶつ》と遠くの山から切り出した砂岩《さがん》とからなる一辺半マイルの壁によって囲まれ、一見してクメール人の仕事であることが知られる。

この囲い壁の外にも、相当数の人家がある。幅八メートルの細い流れが町を貫流《かんりゅう》していて、その岸には檳榔樹《びんろうじゅ》や椰子《やし》がわずか植えられている。

正しくいってのコラートには、五、六千人しか住民はいない。* うち六百人が中国

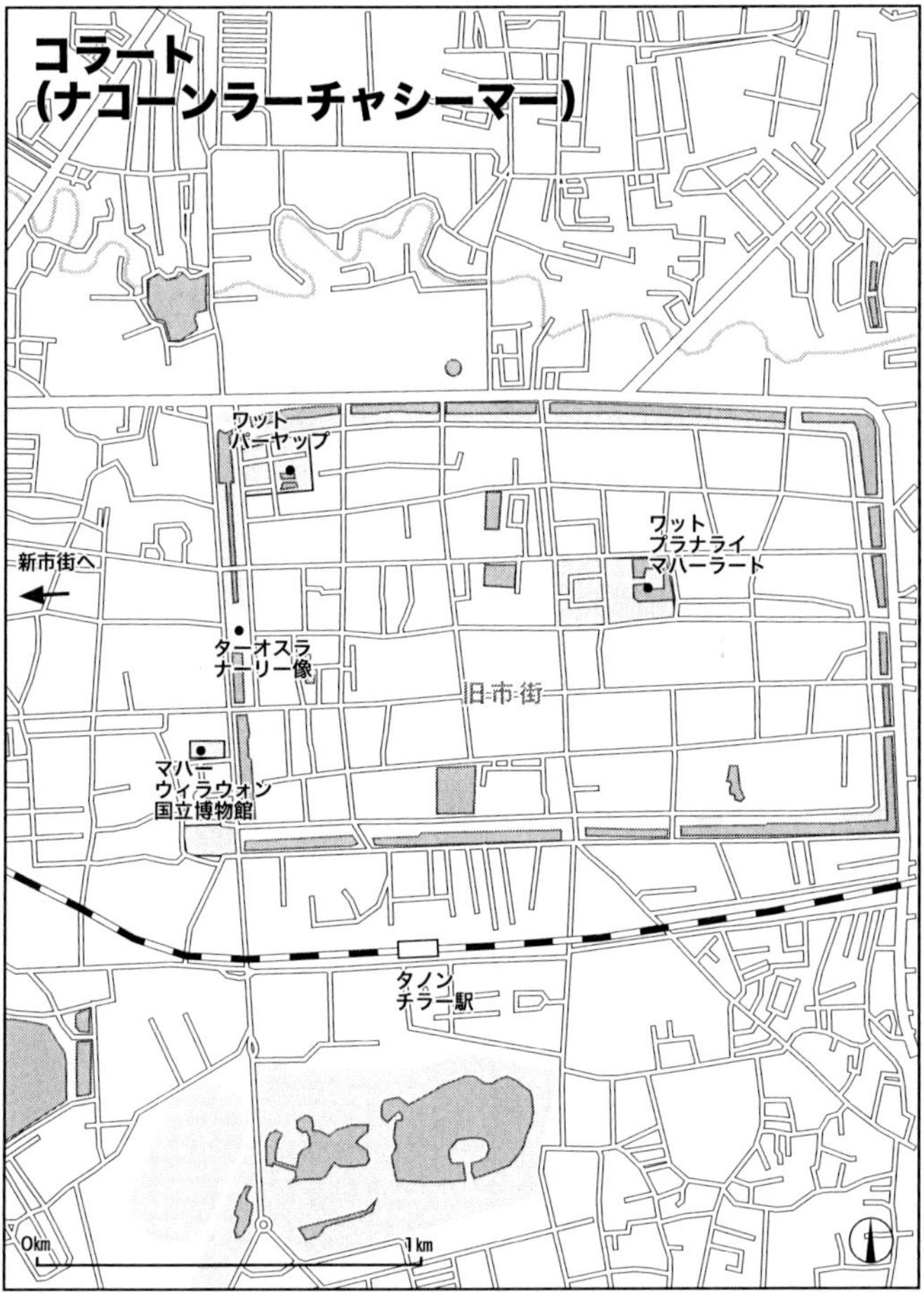
コラート
(ナコーンラーチャシーマー)
ワット
パーヤップ
ワット
プラナライ
マハーラート
新市街へ
ターオスラ
ナーリー像
旧市街
マハー
ウィラウォン
国立博物館
タノン
チラー駅
0km
1 km

人で、その一部は中国から来たもので、残りは古くここへ移住して来たものの子孫である。彼らはすべてコラートを中心に、この州の中で、あるいはバンコクへ至る道筋《みちすじ》で商売をやっている。

＊訳註――昭和十二年の調査では、総人口五九九、一六五人となっている。この当時からするとはなはだしい増加であるが、その理由として鉄道の開通により、この地が東部タイ国の中心地となったということを挙げることができる。

移住してきたタイ人には相当悪性《あくしょう》なのがいるが、これに反して中国人には愛想がよくて親切なのが多い。これは文明と野蛮《やばん》、悪徳《あくとく》が重なって怠惰《たいだ》に堕《だ》した人間と、労働に習慣づけられた人間の特性との相違《そうい》を示すものである。倦《う》むことを知らない商人や、工業者たちは商売によって裕福《ゆうふく》に暮らしているが、その一方では、そのために恐るべき道楽《どうらく》を楽しむ結果を招いている。賭博《とばく》とアヘンがそれである。彼らがよく小屋の中でひょろ長い背中を屈《かが》めながら、ゆがんだ手に恐しいカルタを弄《もてあそ》んでいるのを見かける。またアヘンのランプの光が微《かす》かにともっているばかりの不潔《ふけつ》な小暗い小屋の奥で、昏睡《こんすい》をむさぼっているものの姿もよく見かける。こうして金《かね》は借《お》しげもなく彼らの財布《さいふ》から流れ出るのであるが、それは結局、バンコクと同じように、役人の懐《ふところ》に入ることになっている。それはとにかく、商売が大勢の懐を肥《こ》やしていることは事実である。たとえ一時、不如意《ふにょい》になっても、知人の紹介だけで容易《ようい》に同国人の在庫品の委託《いたく》を受け、近所をひと廻りして来ると、結構それで資本《もとで》くらいは浮かび上がる。

東ラオス、ウボン、バサックBassac、ジャスートンJasoutoneおよびコラート州等のラオス人の村々で産するもの——うち絹はきわめて少ないが——それが主《おも》な商品となって、ここの市場に集まる。ここでもタイ人は、その他の地方と同じように、カスティーリャ人*さながらの頑固《がんこ》さで米しか作っていない。

＊訳註——イベリア半島スペインのカスティーリャ地方の住民。

コラートの人口はあまり多くないが、州全体には多数の村、十一の小さな町あるいは郡の首邑《しゅゆう》等があって、それらはお互いに四日、六日、七日くらいの行程《こうてい》内に散在し、その全部の人口を合計すると五万ないし六万くらいには達しよう。この小国はタイの属領《ぞくりょう》であるが、その関係は戦時には最も優秀な人間を多数送るという条件によるに過ぎない。*

＊訳註——現在はタイ国領である。

租税《そぜい》は五、六の地方、中にもチャイアプーンとプーキエオ Poukiéau の間の地方は、黄金で各月八ティカルあるいは銀で同額を納めることになっている。その他の地方は絹で納めるが、その量は役人の手加減《てかげん》によって定まる。かつて私は、役人がカルダモンの取り立てをやっているところをプルサトで、下帯《したおび》を量《はか》っているのをバッタンバンで見たことがあるが、最上品《さいじょうひん》をそれも量目《りょうめ》を誤魔化《ごまか》したり、勝手に値段を決めたりして買っていた。

この地方には象が多い。これは東部、あるいはカンボジア、ムアン・ラン Muang-Lang までの北部ラオスのあらゆる地方から多数に送られて来ている。コラートでは象市《ぞういち》が開かれるが、同じ市は同州中に千以上を数えることができる。牛と水牛は昔は非常に安かったが、数年前に獣疫《じゅうえき》が流行したために、頭数が激減して今では当時の二、三倍はしている。これらは東ラオスの国境、トンキンの国境等から南に送られて来る。

私はコラートの東九マイルにあるプノン・ワット Phnom-Wat と呼ばれる寺を見物に行った。アンコールよりはずっと小規模で、美しさも劣るが、非常に有名なものである。副知事が小馬と案内人を貸してくれたので、私は好奇心《こうきしん》をみたすために、直射する火のような太陽と、黄色い大地の照り返しの中を、広茫《こうぼう》たる稲田《いなだ》を横切って出かけて行った。それはすでに遠くから、まるで緑地《オアシス》のように空にそびえる椰子《やし》の葉や、蒼々《あおあお》とした緑葉《りょくよう》などによって認められた。ところが、そこへ達するためには否応《いやおう》なしに、私は水浴をしなければならないことになってしまった。というのは、そこへ行こうとすれば、どうしても深さ約四ピエのテコン Tekon 河を渡らなければならなかったが、身体を濡《ぬ》らしたくなかったので、私は子供じみた離《はな》れ技を思いついて、フランコニ*を真似《まね》て鞍《くら》の上に立ち上がった。ところがタイ式の鞍というのは二本の細紐《ほそひも》によって馬の腹帯《はらおび》にくくりつけられているだけで、ビジョーで締めつけられていない。それで、流れの中央にさしかかった時、これがずれて、私は学校の水泳選手も羨《うらや》むほどの鮮かさで、頭の方から真《ま》っ逆《さか》さまに河の中に落ちてしまった。お蔭《かげ》でタイ人の服を着て、半時間はぼんやり時間を過ごすことになってしまった。しかし、それだけの時間で服はすっかり乾《かわ》いてしまった。プノン・ワットは長さ三十六メートル、幅十四メートルの可愛《かわい》い寺で、平面図は大体十字形《じゅうじけい》をしている。二つの石の穹窿形《きゅうりゅうけい》の屋根をもった堂と、非常に優雅《ゆうが》な行廊《わたどの》とからなっている。穹窿の高さは七、八メートルあって、行廊の内幅は三メートル、壁の厚さが二メートルある。行廊の両側には、それぞれ曲線をなす格子《こうし》のはった窓が二つずつある。赤およびび灰色の相当粗い砂岩の入口がお堂には一つずつついていて、これは処々崩壊《ほうかい》しかけている。一方の門の上には、長い文字が書かれている。破風《はふ》はすべてアンコー

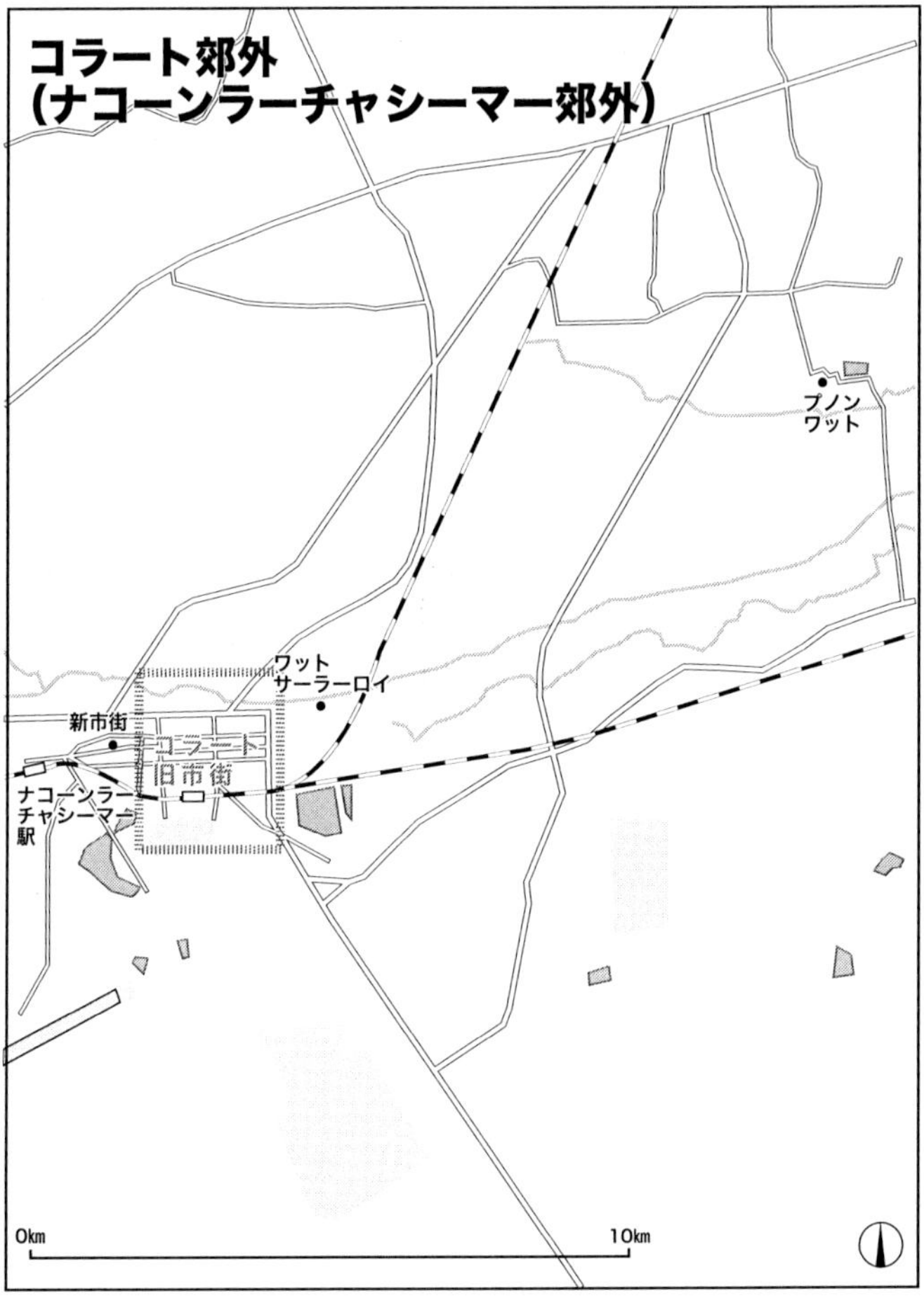
コラート郊外
(ナコーンラーチャシーマー郊外)
プノン
ワット
ワット
サーラーロイ
新市街
コラート
旧市街
ナコーンラー
チャシーマー
駅
0km
10km

ルおよびバセットの寺とほとんど同じ題材になる彫刻により飾られている。片方のお堂にはいくつかの石仏が安置されていて、うち最大のものは高さ二・五メートルあって、現在はボロ布で包まれている。お堂の壁の厚さは約二メートルある。頂上に達すると、さながらアンコールの廃墟《はいきょ》の中にいる感じがする。建築法が同じで、各建物の配置にも同じ様式が見られるからである。ここもアンコールと同じように、大理石のように磨いてセメントで繋《つな》ぎ合わせた、というよりは磨《みが》いて慎重《しんちょう》にくっつけた二枚の板といいたい巨大な岩塊《がんかい》によって造られている。格子や屋根等、この建物はすべて、一言にしていえば後年の模倣《もほう》ではなく、クメール人の建築様式に属し、帝国の各処にその偉大さを示した有名な時代に遡《さかのぼ》るものと思われた。しかし、内部は外部に比してははなはだしく劣る。タイ人の語るところでは、プノンは王妃の寺であって、王の寺はコラートの東三十マイルにある郡ピマイ Pimaïe にある由《よし》である。

＊訳註——Franconi は、イタリア系のフランスの有名な曲馬師《きょくばし》。

第27章

ルアンプラバンへ

コラートからルアンプラバンへ——メコンの谷の西の斜面

The Discovery of Angkor Wat

コラートからルアンプラバンへ
——メコンの谷の西の斜面

ラオスの中部を踏破《とうは》しようとするものにとっては、現在いくつかあるインドシナ図などは何の役にも立たない。また私の知る限りでは、まだ東部ラオスに入ったものは一人もいないし、この地方の実状《じつじょう》を紹介した刊行物《かんこうぶつ》も出ていない。また経度《けいど》にして一度以上のひらきのあるこの地方のことを原住民にきいてみたところで、もとより正確なことの知れようはずもない。ところで私の計画は、陸路をルアンプラバン Luang-Prabang へ出て、この地方の北部に住む朝貢族《ちょうこうぞく》を調査するにあった。それからメコンをカンボジアへ下る。そのためにはまずコラートを発《た》って、能《あた》う限り道路や人家を辿《たど》りながら北進する。もちろん、その途中で河岸に出るに相違《そうい》ない。それで、もしまっすぐルアンプラバンに行き着けない場合は、河沿いに東に出ようというのである。

コラートへ戻ったが、まだ象の支度《したく》ができていなかったので、なお数日、出発を見合わさなければならなかった。総督がたまたま出かけたための手違《てちが》いであったが、総督は戻って来ると何かと世話をしてくれて、管下各州の知事宛《あ》てに書簡《しょかん》をしたためてくれた上、私と従者《じゅうしゃ》のために象を二頭、いま二頭を荷物のために都合してくれた。こうしてわれわれは、ようやくチャイアプーン目差して出発することができた。

コラートを発つに際して、私が世話になっていた中国人はこんな忠告を与えてくれた。

「ぜひタムタムをお持ちなさい。そしてどこでも、あなたがお立ち寄りになる先々でそれを叩《たた》かれるのです。すると皆はきっと『王様の軍隊だ！』そういいましょう。また盗賊《とうぞく》は逃げますし、役人はあなたを大事にしてくれます。それだけではまだ心もとない、ラオス人の酋長《しゅうちょう》の邪魔が入るかも知れない、それも何とか防ぎたいとお思いでしたら、立派な藤の鞭《むち》をお持ちになることです。長いほど結構です。そしてそれで少しでも歯向《はむ》かったり、あなたの命令に服しないようなものは、情け容赦《ようしゃ》もなく背中を打擲《ちょうちゃく》してやるのです。思いやりなんかしばらくお忘れになるのですね。ラオスはフランスではないのですから。私のいうとおりにおやりになれば、きっといい具合に参ります。」

チャイアプーンでは、今度は非常に歓迎《かんげい》された。タムタムも藤の鞭もここでは必要がなかった。象の列とコラート総督の書簡《しょかん》は、役人を手袋《てぶくろ》のように軟《やわら》かくしてしまったのである。そして、町の北三里の山麓にあるパン・ブランの古跡《こせき》を訪ねに行く時なぞは、別の象を用意してくれたりまでした。迷信深いラオス人は、この廃墟《はいきょ》には金《きん》が匿《かく》されているが、それを探し出そうとするものは必ず発狂《はっきょう》すると信じている。

チャイアプーンからプーキエオへは二通りの道がある。その一は山脈を越す非常な難路《なんろ》で、これは道具を壊《こわ》す危険が多分にあった。そこでわれわれは第二の道を選

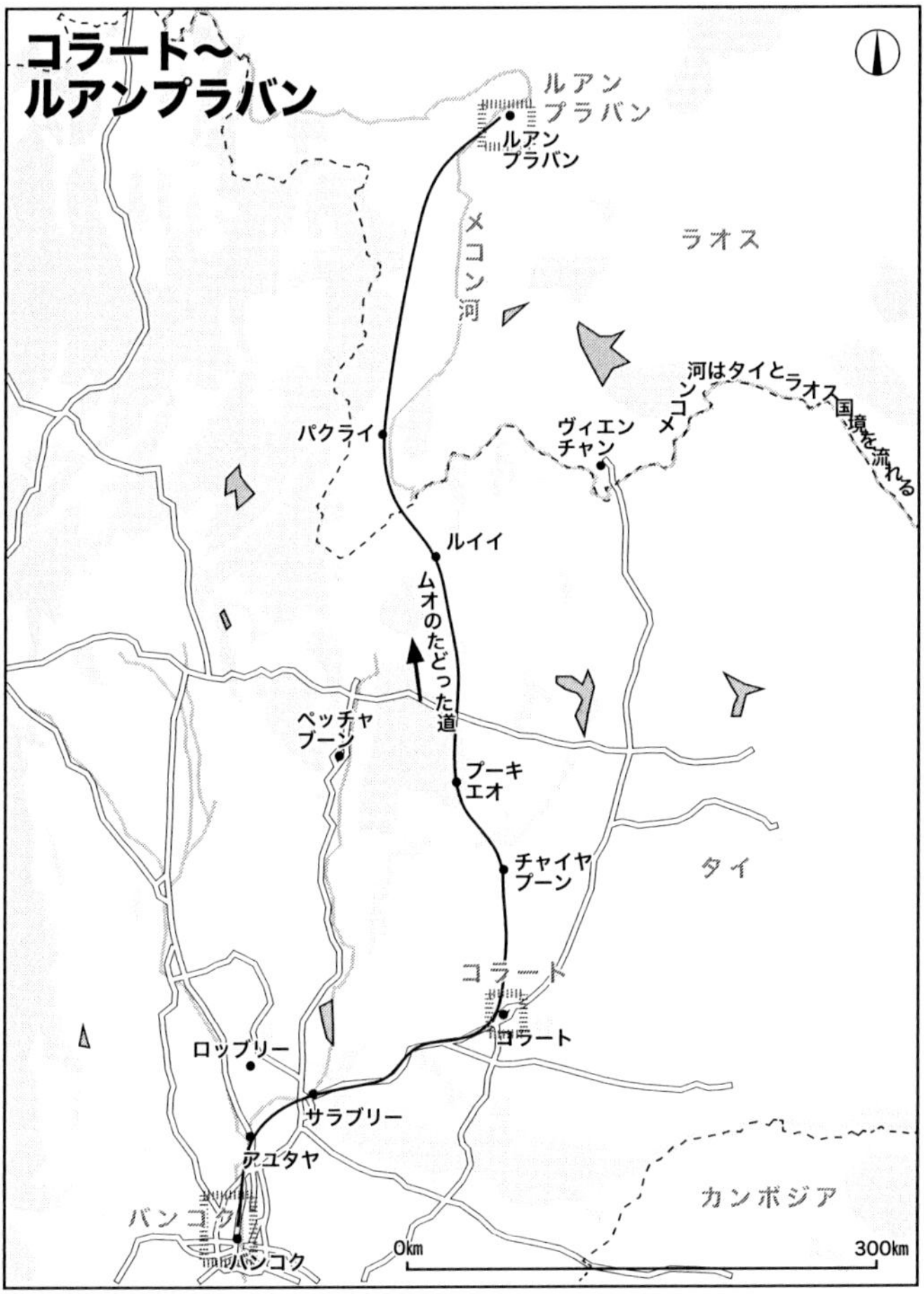
コラート～
ルアンプラバン
ルアン
プラバン
ルアン
プラバン
メコン河
ラオス
メコン河はタイとラオス国境を流れる
パクライ
ヴィエン
チャン
ルイイ
ムオのたどった道
ペッチャ
ブーン
プーキ
エオ
チャイヤ
プーン
タイ
コラート
コラート
ロッブリー
サラブリー
アユタヤ
バンコク
バンコク
カンボジア
0km
300km

んだが、悪路《あくろ》は避け得た代わりに、時間は前の倍を要した。最初の日は一時に発《た》って、ナム・ジャシウア Nam-Jasiea という村に着いたところで大雨にあった。雨の用意はできていたので、森の入口まで辿《たど》りついて、その夜はそこで明かすことにした。雨は夕方から夜中にかけて、数時間、降りつづいた。それから五日間は森の中ばかりを進んで、人家には一軒も出会わなかった。われわれの若象は、荷物を積み過ぎていたので、一日に三里ないし五里しか進むことができなかった。それに河があふれて、地面は泥濘《ぬかるみ》と水にすっかりおおわれていた。その森で過ごした幾夜《いくよ》かは、私がこれまでに経験した泊まりの中でも、最もつらいものだった。服は濡《ぬ》れ通しで、その苦しみはちょっと想像がつくまい。それは「雪よけ《シャスネージュ》」*を思い出させた。ロシアにはよく襲って来る冬の嵐で、そのために私は一再《いっさい》ならず死にそうな目にあったことがある。

＊訳註——除雪機関車《じょせつきかんしゃ》の前部につける除雪装置。

プライはプーキエオに着く二日前に恐しい熱病《ねつびょう》にとりつかれた。私もひどく気分がすぐれなかった。しかし、山道は楽だった。上りは、ほとんど感じないくらいだった。砂岩《さがん》の塊《かたまり》が方々で道をふさいでいたが、象や牛、中にも象はそんなものは物ともせずに進んだ。ただ二、三度、私は馬から降りなければならなかっただけだった。言い忘れたが、私はコラートでこの先の旅には役立とうというので、馬を一頭求めて来ていたのである。

植物はあまり繁茂《はんも》してはいなかったが、美しかった。巨樹《きょじゅ》というほどのものはなく、大抵《たいてい》、直径は一、二ピエくらい、高さは二十五ないし三十、時には四十メートルにおよぶくらいのものばかりである。その中には樹脂《じゅし》の採れる木も多く見受けられた。これらの木の下には、鹿と虎とが多数棲息《せいそく》していた。山中には象やサイも多数いる。砂岩の巨大な層《そう》も見かけた。また方々で、大したものではないが、小規模の古跡《こせき》も眼にした。それらはレンガ造り*で、中には石で刻んだ偶像《ぐうぞう》が祀《まつ》られていた。この旅で、私の箱が一つ象の動揺《どうよう》によって落ちて壊れ、中に入っていた器具類をはじめ、蛇《へび》や魚を入れたアルコール瓶《びん》が壊れてしまった。

＊訳註――レンガ造りのものは、クメール芸術でも最古のものに属する。これに石材が加わり、ついで石材のみのアンコール・ワットのごときものができた。

プーキエオは、チャイアプーンよりも小さな村だった。ここの役人はわれわれを非常に優遇《ゆうぐう》してくれた。というのが、われわれが着く前の晩《ばん》に、彼はコラートから戻って来たばかりで、コラートでわれわれがこの地を通過するという話をあらかじめ聞いて来ていたからだった。われわれは、非常な歓迎《かんげい》を受けた。ここの生活は、乏《とぼ》しく悲惨《ひさん》だった。脂《あぶら》もなく、ただ米があるばかりである。ここでわれわれは、哀《あわ》れなプライが歩ける程度に回復するまで待つことにした。

チン・チンは、原住民にひどく珍《めずら》しがられた。そのために彼らの好奇心《こうきしん》はあまり私に注《そそ》がれずにしまった。彼らはわれわれの通るのを見ても「白人、異人！」などと言わずに「小さな犬！」と叫んで、物珍《ものめずら》しそうに狆《ちん》（犬）を見に集まって来《く》る。われわれに対する好奇心は、後廻《あとまわ》しにされたわけである。山地では、ラオス人は地母神《じぼしん》に石や棒を供物《くもつ》として捧げている。

再び「冷王《れいおう》が森《もり》」に入り込んだ時、またして雨が降り出して、森の中でわれわれは恐しい雨の洗礼《せんれい》を受けた。それ以来、一日あるいは二日、時には三日くらいの合間《あいま》はあったが、ほとんど毎日のように降《ふ》った。それでも、私は一時《いっとき》も休もうとはしなかった。われわれはこれから先、タイ人がこの「冷王が森」以上に恐れて、あまり入りたがらない地域に行こうとしていたのだからである。

それはチャオプラヤー河に沿ってサラブリー州に入り、南に延《の》びてタイ湾に沿い、カンボジアのタイ湾側を帯《おび》のように囲んで、そのあたりに無数の大小様々な島を作っている山脈の続きで、これは北に延びるに従《したが》っていよいよ大きくなり、東側には多数の支脈を出してその間に無数の狭《せま》い谷間を作り、ここで集めた水はすべてメコン河に注《そそ》いでいる。

この山岳地帯の唯一の交通機関は象である。従ってこの辺の村で幾頭《いくとう》かの象を飼っていないところはない。ちょっとした町あるいは村になると、五十頭から百頭くらいは持っている。私はあえてこの賢《かしこ》い動物を、ジャングルおよび熱帯山地の帆走戦艦《はんそうせんかん》と呼びたい。この象がいなければ、この辺の交通は一年のうち七か月まではまったく途絶《とだ》えてしまおう。ところがこの象の助けさえあれば、どのような険阻《けんそ》なところも越せないということはない。深さ二、三ピエにもおよぶ泥道《どろみち》、泥深い文字通りの谷間、こうした「悪魔《あくま》の通路《つうろ》」としか呼べないようなところへ来て、初めて象の真価《しんか》は発揮されるのである。ある時は四本の脚を一所《いっしょ》に合わせるようにして、険しい傾斜地《けいしゃち》のこねたような軟《やわ》らかい粘土《ねんど》の上を滑《すべ》り降りるかと思えば、またある時は、泥濘《ぬかるみ》の中に半分身体をつけながら進むのである。そうかと思うとすぐその後で、プロンダン*のような男でないと渡れないような尖《とが》った岩角にも立ち上がる。大木を越えもすれば、行く手を阻《はば》む若木《わかぎ》や竹やぶは踏みくだいて進んで行く。鞍《くら》が背中でずると馭者《ぎょしゃ》に直してもらうために、腹を地面につけて坐《すわ》る。一日に何回となく、ようやく身体を通すくらいの広さしかない木の間を抜けたり、鼻を泥沼《どろぬま》に突っ込んで通行が可能かどうかを確めたりする。幾度も身体を屈《かが》めたり起き上がったりして、決してつまずいたり踏み外《はず》したりしない。あえて私は言うが、象の本当の性質を知ろうとすれば、その生地《せいち》すなわち象が好んで棲息《せいそく》する地方に出かけて、その自然のままの姿を見なければならない。しかしその賢《かしこ》さを知るためには、その力や従順《じゅうじゅん》な性質、器用さ、中にも久しくこの巨獣《きょじゅう》にはないものと思われていたあらゆる関節《かんせつ》の巧妙《こうみょう》な動きを有効に使えるように訓練《くんれん》したものを見る必要がある。すると、この自然の不手際《ふてぎわ》な創造物としか思えないこの象も、実は人間の頭だけでは了解できない、かえって人間に善良さ、忍耐《にんたい》、慎重《しんちょう》とはいかなるものであるかを教えるために作られた動物であることが知られるのである。しかし乗心地《のりごこち》は決してよいとはいえない。またタイやラオス人によって用いられている鞍《くら》も完全なものとはいえない。巨象が平野および山道を運搬《うんぱん》し得る最大限度は、牛三頭分の荷駄《にだ》すなわち二百五十ないし三百リーヴルで、普通の荷物を背に運び得る最大距離は十八マイル、しかし一日平均では十ないし十二マイルあたりである。

＊訳註――Blondinはフランスの有名な曲芸師《きょくげいし》。アメリカのナイアガラ瀑布《ばくふ》の上に綱《つな》を張って渡り、その真ん中のところでオムレツを作って食べて有名となる。

このような象、四頭、五頭、時には七頭まで連れて、私はこの山の海とも称すべき地域をラオス領の入口からルアンプラバンまで、それも絶えず、登ったり降ったりしながら約五百マイル進んだのである。

その間の東の傾斜面《けいしゃめん》一体には同じ人種――ただこの地方に棲《す》む「腹黒《はらぐろ》」*未開族の棲むいくつかの村を除いて――が棲んでいる。ラオス人すなわち「腹白《はらじろ》」ラオス人がそれであるが。彼らは自身ではラーオ人と呼んでいる。またタイ人や中国人、それから付近の種族もまたこの名称でラオス人を呼んでいる。

＊原註――股の上部に文身《いれずみ》をしているのでかく呼ばれる。

腹黒すなわち西部ラオス人は、東部の同族から、タイやカンボジアでベトナム人を呼ぶ語、すなわちズエーン Zuéne またはラオ・ズエーン Lao-Zuéne と呼ばれている。この種族の唯一の相違点《そういてん》は、胴の下部、主として股に文身をしていることで、

ラオスの高床式住居（杭上家屋）。柱を立て、床をもちあげることで、通気性をよくする。ヒマラヤ南麓から東南アジア、南中国、西日本へいたる照葉樹林文化に共通するもののひとつにもあげられる

また長髪を頭上で髷《まげ》に結《ゆ》っているのもよく見かける。彼らの言語は、タイ人や東ラオス人と大体同じであって、ただ発音が相違《そうい》するのと、タイ人や東ラオス人が現在では用いていない、ある種の表現法をいまだに使用しているくらいが違っている。

私はまもなく、たとえコラート知事の添書《てんしょ》がなくても、どこでもチャイアプーン同様の歓迎《かんげい》を受けるに相違ないのを知った。われわれはどこへ行っても、まるで私が王の使者ででもあるかのように、少なくも象と食料の給与《きゅうよ》を受けることができたのである。州の小酋長《しょうしゅうちょう》などは、私の従者《じゅうしゃ》に呼ばれると早速《さっそく》出て来て、タイ人からやられつけているのであろうか、私に藤の鞭《むち》で殴られはせぬかと、もうおどおどして、見るさえ滑稽《こっけい》なくらいだった。ある時など、従者の一人が威厳《いげん》と権力を示そうとして、その男が持ち役をつとめている銃器《じゅうき》を案山子《かかし》に結びつけたところ、相手はもうそれを見《み》、タムタムの音を聞いただけでふるえ上がってしまった。その上に私が贈り物をし、象の馭者《ぎょしゃ》には十分に酒手《さかて》をとらせたりしたので、いっそう住民は私を大切にしてくれた。

村は、大体一日行程くらいの間隔《かんかく》にある。しかし、時には三日あるいは四日というもの人家は一軒も見ないようなこともある。そんな時にはジャングルで露営《ろえい》するより仕方がない。季候《きこう》のよい時にはそれも気持ちがよいだろうが、雨期のつらさは、柴《しば》の寝床《ねどこ》に急造《きゅうぞう》の木の葉の屋根という粗末《そまつ》な宿《やど》りで、炬火《たいまつ》や焚《た》き火《び》に集まる幾万という蚊《か》、日が落ちても鐙《あぶみ》に足をのせている時同様に、人と乗り物との両方を襲うアブ、数限りなく身体について刺すとひどく痛んで腫《は》れ上がる眼には見えないほどの木虱《きじらみ》と闘いながら、夜を過ごしたことのある旅人でもなければ、ちょっと想像はつくまい。その他にまだ水蛭《みずびる》がいる。少しでも雨が降ろうものなら土中《どちゅう》から這《は》い出して、二十歩も向こうから人間の匂いをかぎつけて、あらゆる方角から信じられないほどの速さで血を吸いにやって来る。歩行中にこれを身体に上らせまいとするには、良性《りょうせい》の石炭を厚く足に塗《ぬ》るのが最上の方法である。

四月十三日にバンコクを発《た》って、ようやく五月十六日にペチャブーンとロームの二州にまたがる郡の首邑《しゅゆう》ルイイ Leuye に到着した。チャイアプーンからここへ来るまで通って来た町や村と同じように、この町もまた狭い谷間にある。この町はタイ領に属していて、最も鉱産《こうさん》に恵まれ、周囲の山中には磁鉄鉱《じてっこう》を多量に含む鉱床《こうしょう》を豊富に埋蔵《まいぞう》している。その他、アンチモニーや銀を含む銅、錫《すず》等を産する。

そのうち鉄だけが採掘《さいくつ》されていて、この町の住民の半分は農業に、半分は工業に従事《じゅうじ》し、コラートに至る各州に農具や刃物を供給《きょうきゅう》している。しかし、町には工場もなければ、蒸気機関も見られない。彼らの鋳造《ちゅうぞう》工場というのは滑稽《こっけい》なほど小規模で、山の近くに深さ一メートル程の長方形の穴を掘って、その中に鉄鉱を入れて木炭で溶融《ようゆう》している。溶解《ようかい》した鉄は穴の底に溜《た》まるので、これを取り出して鋳物工場《いものこうじょう》へ運ぶのである。

ここにも地面に穴が掘られていて、その中に火が起きている。それを子供が二本の鞴《ふいご》で吹くのだが、この鞴というのは中空《ちゅうくう》の木の幹を土中に挿《さ》し、その中を木綿《もめん》でくるんだ詰め物が往復する仕掛けになっている。詰め物は小板《こいた》についていて、小板には長い棒が取り付けられている。木の幹の底部《ていぶ》から出ている二本の竹筒《たけづつ》によって風は火床《かしょう》に送られる。

数カ所で私は砂金《さきん》を発見したが、いずれも採集《さいしゅう》されずに放置されている。昔は数か村の住民が砂金採集を業《ぎょう》としていた由《よし》であるが、聞くところでは、その仕事では食うだけの米にもならなかったそうである。私はこの旅で二十戸ないし五十戸くらいの村を六十以上と、町と呼ばれている人口四百ないし六百の小邑《しょうゆう》を六つ通った。

私は、この地方一体の地図を作った。コラートを出てから、私はメコン河に注ぐ大きな河を五つ越えた。最初に越えたのは幅三十五メートルのメーナム・チMenam-Tchieで、これは北緯《ほくい》十五度四十五分にあり、その次のものはメーナム・ルイイMenam Leuyeで幅九十メートル、北緯十八度三分にある。ケンヌ・タオKenne-Taoで越えたものは、メーナム・ウアンMenam-Ouanで、河幅は百メートル、北緯十八度三十五分。ナム・プーイイNam-Pouye河は幅六十メートルで、北緯十九度。ナム・ウーンNam-Hounは北緯二十度で河幅《かわはば》は八十メートルないし百メートル。

チ河は五月から十二月までは、コラートの緯度《いど》から河口まで航行《こうこう》が可能である。ルイイ、ウアン、ウーンの諸川は早瀬《はやせ》が多いので、一部しか水運の便がない。なおわれわれの古い地誌《ちし》には、チャオプラヤー河とメコン河とを繋《つな》ぐ水運の便があるように出ているが、これは誤りである。この両河を隔《へだ》てる相当高い山々は、大きな障害になっていて運河の開鑿《かいさく》をゆるさない。

ラオス語は、タイ語にはなはだよく似ている。発音の相違と、抑揚《よくよう》の乏しいくらいがタイ語と異なるだけである。女は髪を長くのばして長い袴《はかま》をつけている。この服装は、若い女にはよく似合う。またその頃には髪も綺麗《きれい》にときつけていて、たしかにチャオプラヤー河畔《かはん》の女よりは美しいが、少し年をとると髷《まげ》がだらしなくこめかみのあたりに垂れ下がり、彼女らのかかっている甲状腺腫《こうじょうせんしゅ》がひどく大きくなってまことに醜《みにく》くなってしまう。

ラオスのこの地方一体の商業は、まるで振《ふ》るわない。タイ領の中国人も、象の背中に商品をつけてここまで運んだのでは、引き合いはないのでやって来ないからである。ただ毎年のように、雲南から百人くらいの人間と数百頭のラバとからなる隊商がやって来る。うち一部はケンヌタ Kenne-Thae まで行き、他の一部はナーン Nâne 山やチェンマイ Tchieng-Maïe まで行く。彼らは二月に着いて、三月か四月には帰って行く。

この山地では桑《くわ》は育たない。しかしラックを出す昆虫を多数飼っている地方がいくつかあって、それらの地方ではその飼料《しりょう》となる葉を持つ灌木《かんぼく》を栽培している。バンコクに売られる安息香《あんそくこう》は、ルアンプラバン土侯領《どこうりょう》の北端にあってコーチシナとタイの朝貢国《ちょうこうこく》であり、ラオス人よりトンキン人の多数住む地方から産するのである。

七月二十四日にパクライ Paklaïe（北緯《ほくい》十九度十六分五十八秒）に到着した。ここは南からメコン河に沿うこの土侯領に入って最初に出会う小邑《しょうゆう》である。美しい村で、物資にも恵まれ、これまで通ったこの地方のどの村よりも大きく、また美しい。民家は趣《おもむき》があってしかも広く、すべてがこれまで私の通って来た地方より気楽で恵まれているように見えた。メコン河はこの辺でもバンコク辺のチャオプラヤー河より大きく、急湍《きゅうたん》は潮騒《しおさい》にもまごう音を立てて、両岸にそそり立つ高い山々の峡《はざま》を物凄《ものすご》く流れている。

この早瀬《はやせ》は、パクライから難路《なんろ》十五日の行程にあるルアンプラバンまでの間には処々に見られる。

この美しい河の眺めは、旧友《きゅうゆう》に再び巡り会ったような懐《なつか》しさを私に抱かせた。私にとっては、この河は古い馴染《なじ》みだからである。私はこの河に長い間揺られ、またいじめられた経験を持っている。今はその河が、高い山の裾《すそ》を噛《か》みながら河幅《かわはば》いっぱいに水をたたえて滔々《とうとう》と流れている。ここでは水はフローレンスのアルノ河のように泡立《あわだ》ち、黄《き》ばんでいるが、早瀬《はやせ》のように早くてまことに雄大な趣《おもむき》を持っている。

私は象の背中の長旅には疲れたので、ここから水路によろうとしたが、村の酋長《しゅうちょう》や住民たちは危険だから今まで通り陸路を行くようにとすすめてやまなかった。それで私も、陸路を九十マイル北のトズア Thodua に向かった。その間八日というもの、数知れず谷を渡り、いよいよ険阻《けんそ》な山を越え、しかも水蛭《みずびる》になやまされ通した。しかし、ジャングルに泊まることだけはせずにすんだ。毎夕、われわれは部落にたどり着いて、隊商宿かパゴダに泊まれたからである。ところが、おお！この後者の聖なる宿では、僧侶のお蔭《かげ》でおちおち休むこともできなかった。ラオスの僧侶は絶えずお勤《つと》めをやって、昼夜をわかたずあらゆる調子で経《きょう》を誦《しょう》しながら、ひどい騒ぎをやるのである。魂が物音《ものおと》によって救われるものであれば、彼らの極楽直行《ごくらくちょっこう》は請《う》け合いである。

私の通って来た村々は、どこでも虎の被害におびやかされていた。その他にいま一つの危険が、この地方の旅にはともなっていた。それはこうした険峻《けんしゅん》な土地の旅では、相当重大な事件となるものだが、隊商の象の中には、必ず小象をつれた牝象《めすぞう》が一頭ないし二頭はまじっている。小象らは親のそばをよちよち歩かせたり走ったり、道草を喰ったりじゃれたりしながら進むが、時にはそのうちの一頭がつまづいて谷間に墜《お》ち、皆して寄《よ》ってたかって、それを引き上げなければならないというようなことが起こるのである。

カンボジアの旅日記に私は、メコン河は堂々たる河であるが、単調《たんちょう》でまるで美しさを持っていないとしたためた。しかし、ここまで来ると大いに趣《おもむき》は変わって来る。河幅の最もせまいところでも、なお千メートル以上はあって、いたるところに高山が迫って早瀬をつくり、滝また滝の美観《びかん》を呈《てい》し、まったく壮絶《そうぜつ》といいたい姿である。この広い河の流れの上には、また必ず豊かな濃緑色《のうりょくしょく》の外套《がいとう》を着た山々がそびえ立っている。

七月二十五日に、ルアンプラバンに到着した。小さいが美しい町で、大きさは一マイル四方くらい、パルゴア猊下《げいか》はそのタイに関する著書のなかに、この町は人口八万と述べているが、とてもそうはない。せいぜい七、八千人くらいというところだろう。この町は、非常に景勝《けいしょう》の地を占めている。この町の上下でメコン河を挟む山々は、幅七マイルにわたる盆地をつくっているのであるが、かつてはここは堰塞湖《えんそくこ》であったらしく、まことに美しい風景を見せ、かの風光明媚《ふうこうめいび》なコーム湖*やジュネーヴ湖を思い出させる。

*訳注――コモ Côme 湖はイタリアのロンバルディア平原にある。

熱帯独特の強烈な太陽がこの谷間に直射《ちょくしゃ》せず、日中の酷暑《こくしょ》が微風《そよかぜ》に軟《やわ》らげさえするならば、あえて私はこの地を小天国《しょうてんごく》と呼びたい。

町は河を挟《はさ》んで両岸にある。しかし、右岸には人家はきわめて少ない。左岸の町の中央には高さ百メートルあまりの丘があって、頂上にはパゴダがある。タイ人に対する恐怖《きょうふ》、ことにはこの地の山々が死神《しにがみ》の住むジャングルで蔽《おお》われていなかった

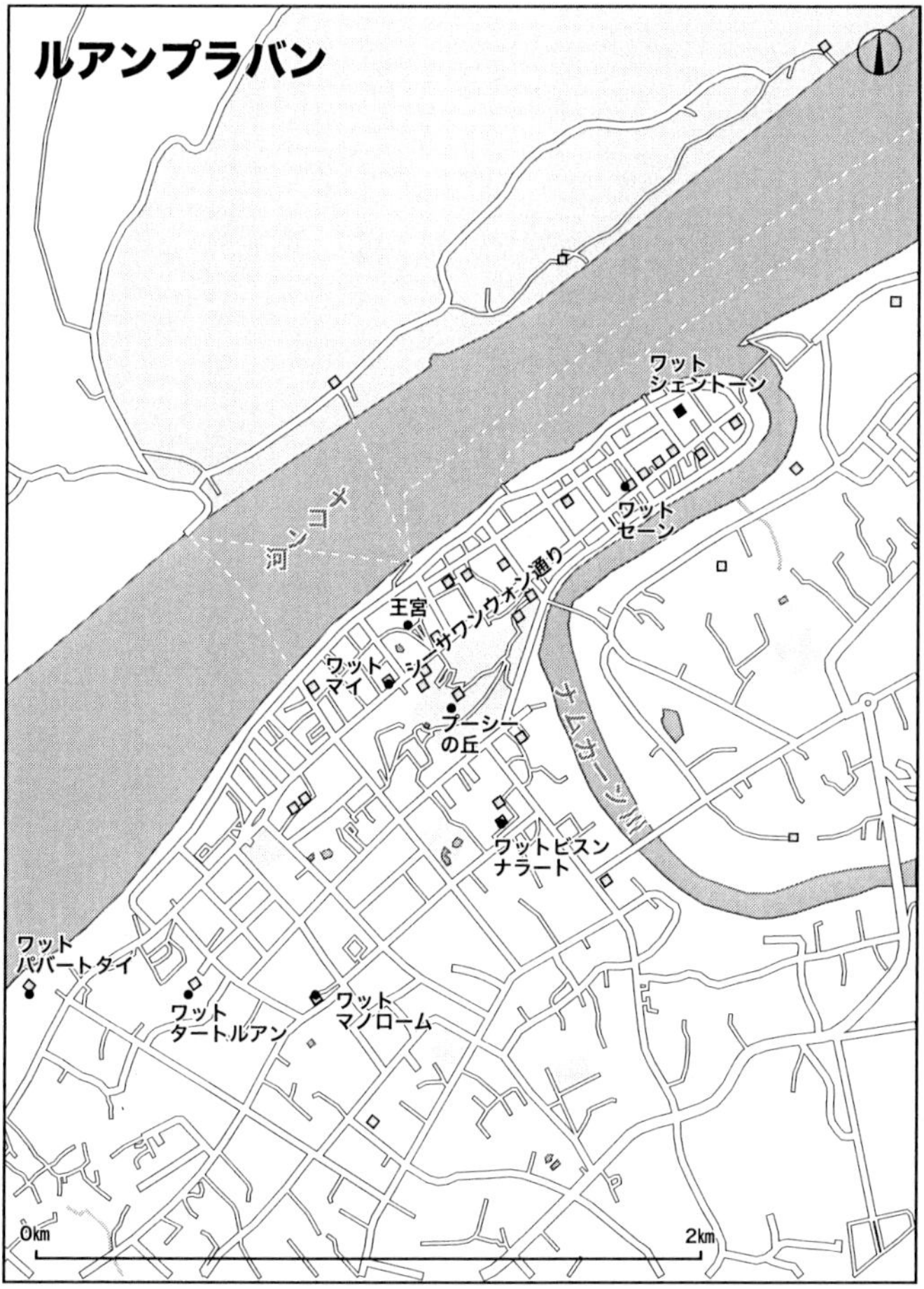
ルアンプラバン
メコン河
ワット
シェントーン
ワット
セーン
サワンウォン通り
王宮
ワット
マイ
シー
プーシー
の丘
ナムカーン川
ワットビスン
ナラート
ワット
パパートタイ
ワット
タートルアン
ワット
マノローム
0km
2km

としたら、早くからこの土侯領《どこうりょう》は東方七日の行程《こうてい》のところまで迫って来ているベトナム人の手中に帰《き》していたことと思われる。

この町の北端《はず》れで幅百メートルくらいの美しい河がメコンに流れ込んでいるが、この河を遡《さかのぼ》ると、この地ではチエ Tiê と呼ばれる未開ラオス人の部落がいくつかある。これはカンボジア人がプノン族 Pnoms と呼び、タイ人がカ族 Khas と呼び、ベトナム人がモイ族 Moïs と呼んでいるものに他ならない。

トンキンの北からコーチシナの南、サイゴンの北百マイルあたりまで続いている山脈には、まったくの未開族が住んでいて、彼らは訛《なまり》を異にするが、風習はすべてまったく同じである。そしてメコン河からあまり離れていない地方の村々は、すべて土侯領《どこうりょう》の属領《ぞくりょう》であり、町に近いものはすべてこの国の王や王族の普請《ふしん》にたずさわり、苦役《くえき》に従事《じゅうじ》している。その他のものは米を納めている。人家は木の最も繁《しげ》ったあたりにあって、彼らだけがその森の中の道を知っている。耕作は山の斜面や頂で行われている。これを要するに、彼らは敵との争いを避けるために野獣《やじゅう》の生活をし、そうして神の創造し給《たも》うた生物のすべてがそうであるように、彼らにとってもまた最も大切な自由と独立とを得ている。

第28章

The Discovery of Angkor Wat

旅行家の死

ルアンプラバン――この町の東部および北部の覚え書――日記の最後からの抜粋――旅行家の死

ルアンプラバン——この町の東部および北部の覚え書
——日記の最後からの抜粋——旅行家の死

十日待ってようやく八月五日、私は世にも不思議な扮装《いでたち》のルアンプラバン王に謁見《えっけん》した。みな武器を手にしていた。玉座の間というのは、わが国のお祭に見る掘立小屋《ほったてごや》に似ていたが、さすがにそれより少し広く、いろんな色で塗りたくられていた。王——「反芻類《はんすうるい》の王《おう》」で、憐《あわ》れにも気の毒な名ばかりの王——は部屋の奥の玉座について、ゆったりとなかば横に長椅子《ながいす》にもたれかかり、その右手には四人の護衛者《ごえいしゃ》がおのおの剣を持《も》って待っていた。その後ろには、王族が幾人も平伏《へいふく》している。王の前方両側には酋長《しゅうちょう》たちが大衆に背中を向け、鼻先《はなさき》を埃につけて、平行四辺形の二辺を形づくっていた。そして王の正面には私が、右手には銀の皿や土瓶《どびん》、痰壺《たんつぼ》等をおいて、白服姿で静かに座布団《ざぶとん》の上に坐って、おかしさをこらえながらブーリを吹かして、この家禽小屋《かきんごや》にもひとしい有様《ありさま》を何と形容したものだろうかと思案しながら眺めている。

この拝謁《はいえつ》のお蔭《かげ》で、私は第一王に銃を、王族にも様々な心ばかりの贈り物をしなければならなくなった。この国を旅するものは、王をはじめ王族、大官《たいかん》、その他のものに贈り物をする習慣があったからである。

幸いにしてここでは、タイとちがって、原住民の協力を得ることが出た。二、三プースあるいはせいぜい四プースくらいの真《しん》ちゅう線で、私は美しい長角虫《ひげながむし》、その他、様々な昆虫を手に入れることができた。原住民は方々からそれらを持って来てくれたのである。また私は、旅先で非常に豊富《ほうふ》な採集を得た。そのために赤い布を五枚も消費してしまいはしたが。また私は、これまでの旅で金がかからなかったので、その金で六か月分の食料を求めることもできた。何もかもいい具合《ぐあい》にいった。

ことに私の訪ねた従順《じゅうじゅん》な未開人のもとでそうであった。

謁見《えっけん》の翌日、私は第二王に会ったが、第二王もまた贈り物を求めた。それで私は古道具屋然《こどうぐやぜん》たる箱の中をひっ掻《か》きまわして、虫眼鏡《むしめがね》と古風な眼鏡すなわち凸《とつ》レンズ入りで、それで覗《のぞ》くと第二王はまるで毛のないゴリラのように見えようという代物と、大理石模様の入った石鹸《せっけん》（たしかに第二王はその必要があった）と、オー・ド・コローニュを一瓶《ひとびん》、コニャック一瓶などを贈った。最後のものは謁見中に口があけられたが、非常に気に入ったらしかった。

こうして私は無駄金を使わされた。しかし、これに対する収穫《しゅうかく》はあった。というのが第二王は非常に私に厚意《こうい》を寄《よ》せて、私の手紙の使いを引き受けてくれたからである。つまり、おそらくは恭順《きょうじゅん》の意を表しに行くのであろうが、近々、第二王はバンコクまで出かける用事があるというので、私は手紙を託《たく》することができたわけなのである。王がフランス語を解《かい》しなかったことは、そこで大いに私にとって仕合《しあ》わせになった。なぜなら、「ラ・ヴァリエール侯夫人を裏切った大王*」によって、その子孫に伝えられた封書《ふうしょ》を開いて見るという「卑《いや》しむべき越権《えっけん》」が仮にこの地方にまで入り込んでいたとすれば、たちまち私は最も高い木の頂《いただき》に吊《つ》り下げられたにちがいないと思うからである。

＊訳註――ルイ十四世のこと。彼は西紀一六六一年、ラ・ヴァリエール侯夫人フランソワーズ・ルイズ・ド・ラ・ボーム・ル・ブランなる女性を嬖妾《へいしょう》とし、四人の子を産ませたが、西紀一六六七年、ルイ十四世はさらにド・モンテスパン夫人を妾《めかけ》としたので、ラ・ヴァリエールは大いに悩んでたびたび出家しようとして果たさず、七年後にようやくパリ、フォーブール・サン・ジャックのカルメリート尼院に入り、『神寵考《しんちょうこう》』なる小冊子を残した。

ついで、王族たちにバンコクで集めた切手を分けてやった。手に槍《やり》を持つ美しい騎士のついたもの、二スーの大ナポレオンのもの、マジェンタの戦い（二）のもの、エマニュエル王（二）のもの、白、青、赤など彩色刷《さいしょくずり》のカリバルジのもの、ズアーブ兵のもの等。その他、金色の頭の釘《くぎ》、カンフル入りのブランデー等。彼らは非常に喜んで、私が玩具《おもちゃ》箱の底まで、はたいてしまわぬうちに、町を去るのを心から惜《お》しんでくれた。

（一）訳註――西紀一八五九年六月四日、ナポレオン三世は Magenta にオーストリア軍を破る。
（二）訳註――Emmanuel（西紀一四六九―一五二一年）は植民政策に力を致したポルトガル王。

パークプリオで雇《やと》った三人目の従者《じゅうしゃ》ソン Song は、ルアンプラバン王についてバンコクへ帰りたいとしつこく言い出した。私は何とかして思いとどまらせようとしたが、決心はもうよほど固いらしく、どうなだめても肯《うなず》かなかった。私ももうそれ以上、止めることはできなくなって、それまでの給料を与えた上で、バンコク宛《あて》の手紙を持たせて発《た》たせることにした。そこで帰路《きろ》に要した費用は、一切、仕払ってもらえるようにしてやったのである。

ソンには、きっとこの国の旅が面白くなかったのであろう。それに私もこの男には他の従者ほどには目をかけてやらなかったところも確かにあった。私のもとに来てからまだ間もなかったのだから、それも致し方なかったと思う。しかしソンにしてみれば、それが不服で、私に好感が持てなかったのかもしれない。私は心から彼を引き止めようとしたが、結局、どうにもならなかった。発たせるからには急がなくてはならなかった。王の出発はもう明日に迫《せま》っていたからである。私は彼を町まで届けるために小船を雇った。そして人のよいプライに今朝、一緒に町までついて行かせて、私に代わって知合いの老役人にソンの世話をたのませることにした。

私は旅に必要なものは、一切、整えて持たせてやった。たとい旅に三月かかろうと、少しも不自由しないだろう。そして無事、バンコクへ着けば、彼もいくらかの貯金ができることになろう。いよいよ発って行く時、ソンは平つくばって私に別れの挨拶《あいさつ》をした。私はそれを起こしてやって、握手を交わした。涙が、嗚咽《おえつ》が、その時ソンの眼を、咽喉《のど》をついて出て来た。それから船に乗りうつった。小屋に戻って一人きりになると、私は悲しくて涙が眼からはふり落ちた。

これで肩の重荷はいくらか降りたものの、いつになったら以前の平静に戻れるかは心もとなかった。昼となく夜となく、私の思いは哀れなソンが森の中で病《や》みほうけているのではないか、彼のことなどには無頓着《むとんちゃく》な、あるいは無情な人々の間にまじって不自由をしているのではないかと案じられそうに思えてならないからである。もう過ぎてしまったことだが、どうして私は、無理にも彼の出発を引き止めなかったのだろう。彼の意固地《いこじ》にどうして折れたのだろうと後悔される。が、もし、ここで彼が病気にでもかかったら、どんなに私は咎《とが》められるだろう！　彼はラルノディー師から預かって来たのである。神よ、どうか哀《あわ》れな男を守り給え。そして旅の間、あらゆる災害や病気から彼をお守り下さらんことを。

ラオス人は平和を好む従順《じゅうじゅん》な、辛抱強《しんぼうづよ》い、質実《しつじつ》な、裏肚《うらはら》のない、信心深く迷信を信ずる、忠実で単純で素朴な人間である。彼らはもちろん盗みを不正と考えている。噂によれば、ある王は盗賊を煮《に》えたぎる油の大釜《おおがま》に入れて、油揚《あぶらあ》げの刑に処したということであるが、最近の戦いによって国内が荒らされて以来、貧困あるいは復讐心《ふくしゅうしん》から相当盗みを働くものが現れ出したとのことである。

米、とうもろこし以外に、ラオス人はサツマイモ、カボチャ、トウガラシ、スイカ、その他の野菜をつくっている。そのために彼らは付近の森の中で、地味《じみ》の肥えた土地を選んで木を伐《き》り倒し、火を放つ。そうして、その土地をいやが上にも肥やす方

ラオスの古都ルアンプラバン。14 世紀からランサン王国の都がおかれた。アンリ・ムオは、1861 年 7 月 25 日にルアンプラバンに到着している。この街は 1995 年に世界文化遺産に登録された

法を採っている。また彼らは中国人に象牙《ぞうげ》、虎をはじめ、その他の野獣の毛皮を売っている。また砂金、銀、銅、雌黄《しおう》、カルダモン、漆《うるし》、蝋《ろう》、染料用の植物、木綿《もめん》、絹、その他、土地の産物等を売り、中国人からは安瀬戸物《やすせともの》やガラス器、その他、細々《こまごま》とした中国製品を求めている。

ラオス人は生来《せいらい》、闘争を好まない。昔から近隣の国王に従属《じゅうぞく》していて、決してその軛《くびき》から逃れようとはしない。ときたま反抗を企《くわだ》てることがあっても、謀反《むほん》を計った奴隷《どれい》が主人のピストルにふるえ上がるように、すぐまたもとの鞘《さや》に納まる。

医者は、非常に大事にされる。しかし、いずれも迷信に凝り固ったヤブ医者の域を出ない。最も一般に用いられている治療法《ちりょうほう》は、浄《きよ》めの水を病人に飲ませるという方法であるが、その前に聖なる木綿で病人の腕と足とをくくって、悪魔の法力《ほうりき》が身体におよばないようにしておく。ところが、この方法が実際に効くのであるから不思議である。欧州人には知られていない非常に効験《こうけん》あらたかな薬用植物がこれには用いられるが、たいていの病気はそれだけでけろりと治ってしまう。また彼らの行う治療法には、大抵の場合、奇妙な迷信的なもの、例えば禿鷹《はげたか》や虎やフクロウ等の骨、ボアや虎、熊、サル等の肝、サイ角《つの》、ワニ脂、ある種の獣類の胃腸《いちょう》内に生ずる糞石《ふんせき》等々、彼らが特に医薬的に効能があると信じているものが併用《へいよう》される。

音楽は非常に美しく、調和がよくとれ、感傷的である。三人の楽師によってこれは演奏される。一人が竹製のオルガンを弾き、いま一人が自由な調子で哀歌《あいか》をうたい、最後のものが木琴《もっきん》を叩《たた》いて調子をとる。この木琴の音は、なかなか効果的である。ラオス人の用いるオルガンというのは細長い七本の竹のあつまりであって、それが黒檀《こくたん》の木片《もくへん》に挿《さ》し込まれ、これに口がついていて、吹く息、吸う息により各筒《つつ》の穴についた金属製の小さな舌片《ぜっぺん》を震わせる。指先が巧《たく》みにこの筒の穴の上を走るのである。*その他の楽器は、タイのものとほとんど変わらない。

＊訳註――ケーン Khène という。

八月九日に、この町の東部および北部の諸地方を訪ねるために、ルアンプラバンを発《た》った。

この地方はいたるところ山と谷の連続で、北に進むにつれ谷はいよいよ深まり、山はいよいよ高まる。山頂には深いジャングルがあって、そこには絶えずテナガザルの叫び声がこだまし、時々、虎のしゃがれた咆哮《ほうこう》が聞こえる。斜面には樹脂《じゅし》を産する樹木が密生《みっせい》し、これが採集はラオス人の特技になっているが、ランド＊の松脂《まつやに》搾出人《さくしゅつにん》を思い出させる。また焦熱地獄《しょうねつじごく》さながらの谷間には、ラン Lan と称する椰子《やし》が多く生えているが、その葉はもう幾千年の昔からサンスクリット語の詩人あるいはインドシナの神学者によって、羊皮紙《ようひし》ないしは紙代わりに使用されてきたものである。

＊訳註――フランスで雄松《おまつ》や小灌木《しょうかんぼく》の生え繁《しげ》った荒地《あれち》をいう。しばしば牧場に使用されるが、多くはある種の松を植えて松脂《まつやに》を取るために利用されている。

八月十五日の美しい夜、われわれはナム・カンName-Kane河の河畔《かはん》に到着して野営《やえい》した。月は皎々《こうこう》と照《て》って、巨大な堡塞《ほうさい》さながらに黒々とそびえ立つ峻山《しゅんざん》の裾《すそ》を洗うこの美しい河面を銀色にそめていた。キリギリスの声だけがわれわれの小屋をとりまく静寂《せいじゃく》と平和を破る。そして窓から眺めた景色はまことに美しく、ものみなが乳色《ちちいろ》にうるんで見えた。しかし私はしばらく前から、前のようにこうした眺めにもひたり切ってたのしむことができなくなってしまっていた。何とはなしにもの悲しく、とかく考え込みがちで、気分が優れず、故郷が懐かしまれてならないのである。人の生活が慕《した》われてならないのである。ようやく長い孤独《こどく》に堪《た》えかねられなくなって来たようだ。

メコン河の河口から少なくも千七百キロメートルはあるこの上流まで来てみてもなお、インドシナ半島の背骨《せぼね》をなす大山脈の支脈の間を流れるこの河の水量が、非常に豊かである点から見て、私はこの河はイラワジ河やサルウィン河あるいはチャオプラヤー河のように、その源を南部傾斜地《けいしゃち》に発するものではなく、もっと上のチベット高原あたりに発《はっ》しているものに相違ないのを知った。それ以上とは、はたして私に言い切れようか。

山のラオス人の服装は、タイ人とほとんど変わらない。普通は下帯《したおび》をつけて赤い木綿の胴衣《どうい》をつけている。この胴衣はつけていないものも、たくさんいる。頭もタイ人と同じである。女は大体においてタイ人よりも美しく、黒い髪を後頭部で髷《まげ》に結っている。小娘は可憐《かれん》で賢《かしこ》そうな顔立ちで非常におとなしい。ところが十八か二十になると、その顔立ちにまとまりがなくなり、身体は肥大し始める。三十五くらいになると、もうすっかり妖婆《ようば》めいて、ほとんどすべてがヴァレ族 Valais やグリソン族 Grisons のように甲状腺肥大症《こうじょうせんひだいしょう》にかかる。男は――男はこの病にあまりかからない――大部分、運動家のようないい体格をし、ヘルキュールのような力を持っている。この山の男を徴集《ちょうしゅう》すれば、どんなに美しいタイの近衛兵《このえへい》ができ上がることであろう。

これを要するに、この国のものはみな、男も女も子供も、ポリネシア北部の型を思い出させる。一八二〇年から一八四〇年にかけて、フランス海軍により発刊されたあの大刊行物に出ているものにそっくりである。有名なデュモン・デュルヴィル*にメコン河流域を調査させたならば、彼がトンガ族Tongasやタイチ族の祖先だとなしているカロリン島やルソン島のタガログ族、セレベス島のアラフォラ族Haraforas等のそのまた祖先をここに見出したか知れぬ。

*訳註――Dumont d'Urville（西紀一七九〇―一八四二年）はフランスの航海家で、ポリネシア人やペルー人の調査の旅をし、また南極探検に出かけてルイ・フィリップやジョアンヴィルなどを発見する。

ラオス人の住居には椅子《いす》もなければ、卓《たく》も寝室《しんしつ》もない。土器や磁器《じき》の皿もない。多少の例外はあるが、まず大抵のものは米を団子《だんご》にして手で受けるか、藤で編んだ小さな籠《かご》に入れて食している。この籠にはなかなか芸術味豊かなものが見られる。猟具は弩《いしゆみ》と吹き矢で、竹槍もまた用いられている。時には――極めて稀にではあるが――銃も用いられ、非常に巧《たく》みにこれを使用する。

ナ・レーNo-Leの小屋には、九月の三日に着いた。ここで私は牝虎《めすとら》を撃ち殺したが、この虎は牡《おす》とともに、この地方に甚大《じんだい》な被害を与えていたものであった。それでその翌日、そのお礼に村の猟師頭《りょうしがしら》がサイ猟を催《もよお》してくれたが、このサイには私はこれまで、森の中を歩きまわっていながら、ついに一度も出会ったことがなかったのである。ラオス人のサイ猟は簡単なのと、巧妙《こうみょう》なのとでまことに不思議な、また興味深いものだった。総勢《そうぜい》は私をふくめて八人だつた。私と、私の従者《じゅうしゃ》は銃を携《たずさ》えた。私はその銃に銃剣《じゅうけん》をつけた。ところがラオス人は、先に銃剣と長剣との、あいのこのような刃物をつけた丈夫《じょうぶ》な竹しか持っていない。しかし頭《かしら》の槍だけには、先の尖《とが》った長い、丈夫でしかもしなやかという恐しい両刃《りょうば》の大剣様のものがついていた。

用意ができると、その辺でも最も深い森に入って行ったが、頭《かしら》はその森を隅《すみ》から隅まで知り尽《つ》くしていて、サイの隠《かく》れ場にも通じていた。二マイル程進むと、不意にわれわれは木の枝の折れる音、枯れ草の鳴る音を耳にした。頭《かしら》は先頭を進みながら、振り返りもせずに、手つきで歩調《ほちょう》をゆるめるようにと合図《あいず》をした。われわれは武器をかまえた。

　やがて鋭い叫び声が聞こえた。獲物《えもの》は近いぞという、それは頭《かしら》の合図だった。それから頭《かしら》は二本の竹筒《たけづつ》を打ち合わせ、皆は大声に叫びを上げて、サイを隠れ家から駆り出し始めた。静けさを破られたサイは、やがて猛《たけ》りながら、われわれに向かって驀進《ばくしん》して来た。それは非常に大きな牡《おす》だった。しかし頭《かしら》は少しも怯《ひる》まず、かえって勝利の自信に満ちた歓喜《かんき》をもって、その怪物の進路に向かって進み出て、刃を十字に交差した竹槍《たけやり》を手にサイの近づくのを待ちかまえた。サイは大きな頭を上げ下げしながら、大きく口を開いてだんだんこちらに近づいて来る。頃《ころ》を見はからって頭《かしら》の槍は、まるで大砲でもかまえているような落ち着き加減で、サイの咽喉《のど》もと深く一メートル半程も突き刺した。槍の打ち込みが終わると、槍はそのままにして頭《かしら》はわれわれの方へ駆け戻って来た。われわれはそうしてサイから相当距離《きょり》を隔《へだ》てたところで、少しも恐怖を感じずに、じっとサイの死を見まもっていたのである。サイは恐しい唸《うな》りを上げると、苦しさに身もだえしてどっと倒れた。歓喜《かんき》の叫びが、われわれの口をついて出た。しばらくしてから、われわれはサイに近づいた。サイは多量に血を流していた。私は頭《かしら》の技量と胆力《たんりょく》を祝《しゅく》して握手をした。すると頭《かしら》は、私にサイの最後のとどめを刺す光栄を与えてくれた。私は、長い銃剣でサイの咽喉笛《のどぶえ》を突き刺した。

頭《かしら》は巨獣の身体から槍を抜くと、記念にそれを私に贈ってくれた。私はそのお礼に欧風《おうふう》の大きな短刀《たんとう》を頭《かしら》に贈った……。

ムオ氏の旅行記は九月五日付をもって絶《た》えている。しかし十月二十五日までは、丹念《たんねん》に気象学上《きしょうがくじょう》の記録はつけている。旅行記用の手帳に書きとめられていた最後の記録は、次の通りであった。

九月　二十日　B……Pを出発。

二十八日　ルアンプラバンの大官からB……の役人宛《あて》、これ以上奥地《おくち》に入り込まずべからずとの命令来る。

十月　十五日　H……に泊。

十九日　熱病にかかる。

二十九日「おお神よ、余《よ》を憐《あわ》れみたまえ！」

震える手でしたためられたこの崇高《けだか》い心からの願いは、この旅人が手帳に書き止めた最後の言葉になってしまった。激しい頭痛といや増す虚脱感《きょだつかん》がついにペンを彼の手から奪《うば》ってしまったのである。それでもなお不屈《ふくつ》なこの自然科学者は、あくまでおのれの体力に自信を持って、すでに近づいている死期《しき》を認めようともしなかったことは、その忠実な従者《じゅうしゃ》プライが家族への遺言《ゆいごん》を求めた度に、「ストップ！　ストップ！　よさないか、よさないか、そんなことをお前は心配しているのか」とムオ氏が答えたというこの一事《いちじ》によっても知られるのである。十一月七日に病人は昏睡状態《こんすいじょうたい》に陥《おちい》って、時々うわ言《ごと》を口走《くちばし》った。そして十日の夕方七時に、最後の息を引き取った！　そしてそれから二十四時間の後には、われわれの友の死体は、木の頂に死体を吊《つ》るしてそのままに放置するというラオスの習慣には従《したが》わずに、同行者のプライとドンの手によって、欧風に手厚く土葬《どそう》にされたのであった。そしてこの二人は、それから三か月目に、上に述べた報告とともに、故人の採集品《さいしゅうひん》や衣類、書類などを携《たずさ》えてバンコクへ戻って来た。

　彼らの誠実《せいじつ》の祝福《しゅくふく》されんことを！　これはアンリ・ムオ氏の未亡人はじめ、兄弟、家族の人々のひとしく願ったところでもあった。読者諸氏もまた同じ願いを持たれんことを！

『世界旅行』紙にこの一文を載《の》せたとき、その最後にわれわれはいま一つの願いを出した。他でもない。それは、この旅行家が命を捨ててまで採集《さいしゅう》したものを受け取った博物館を持つイギリス、それからカンボジアへの道を開いてもらったフランスとがお互いに出資《しゅっし》し合って、質素《しっそ》ながら、永久に彼の遺業《いぎょう》を顕彰《けんしょう》するに足る記念碑をバンコクのキリスト教徒の墓地――おそらくはムオ氏が一再《いっさい》ならず訪ねて夢想にふけったところであり、また香《かぐ》わしい様々な植物が枝を交えたその蔭《かげ》には、彼の研究の対象物たるあらゆるもの、すなわち熱帯の花や昆虫、鳥などが群れつどっているそのあたりに建ててはという提案であった。

　ところが、この願いはかなえられた。願い以上に酬《むく》いられた。アンリ・ムオ氏のために希望したこの記念碑は、同国人によって建てられることになったのである。しかし、それは彼の探検旅行の出発点の河岸ではなくて、彼がたおれて静かに現在眠っているその場所、すなわち故国《ここく》から五千里、欧州人の住まっている最も近い地点からでさえ五百里という場所にであった！

　西紀一八六七年五月に、サイゴン《ホーチミン》からフランスの委員がルアンプラバンに赴《おもむ》いて、同じ月の二十四日に委員長のド・ラグレ氏 de Lagrée が「欧州《ユーロープ》」紙に次のような一

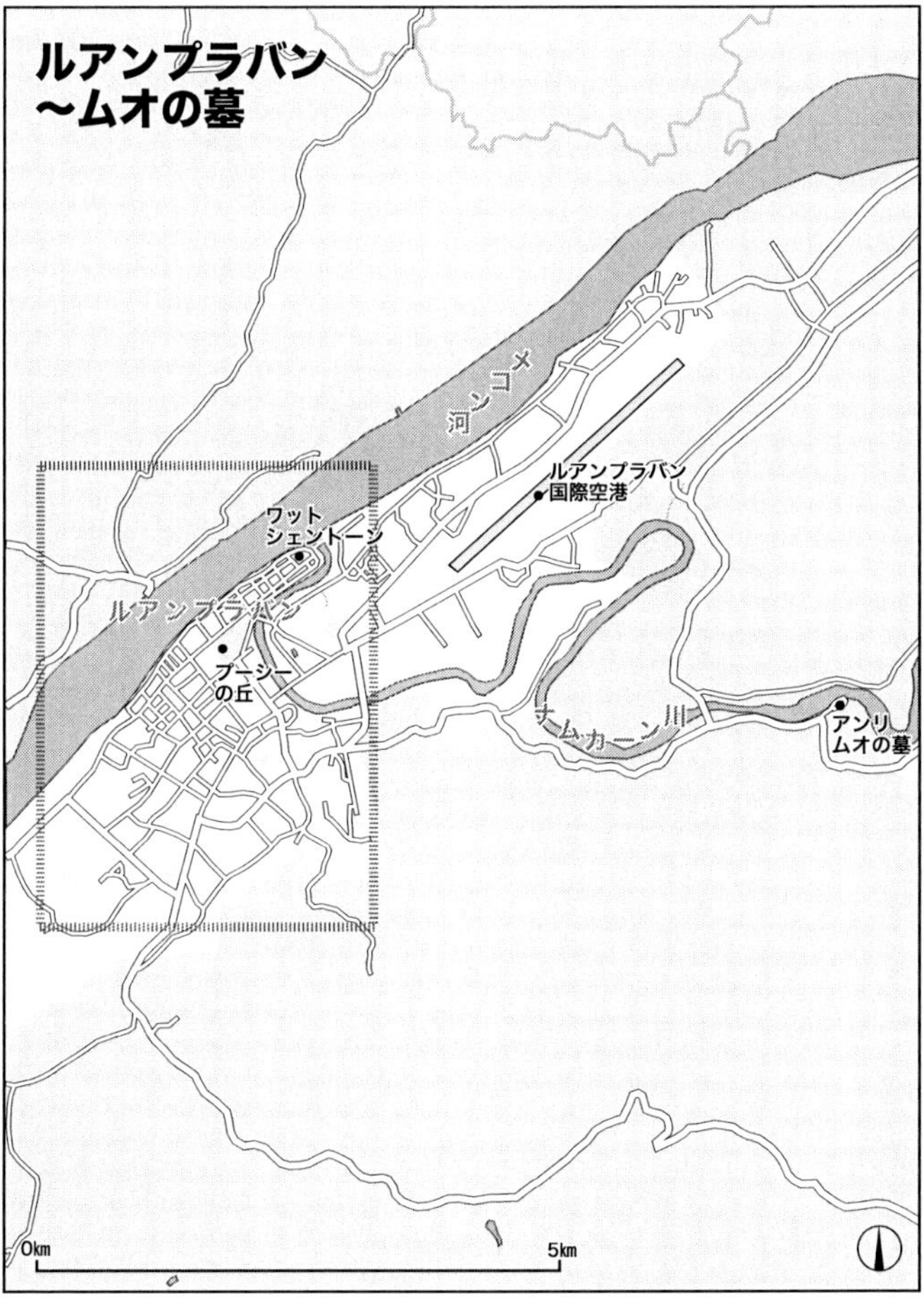
ルアンプラバン
〜ムオの墓
メコン河
ルアンプラバン
国際空港
ワット
シェントーン
ルアンプラバン
プーシー
の丘
ナムカーン川
アンリ
ムオの墓
0km
5km

文を寄せた。

「我々はこのあたり到るところに同国人ムオ氏の足跡《あしあと》を発見した。彼はその正義を愛する性格と生来《せいらい》の温情《おんじょう》とをもって、よく原住民の尊敬と愛情とをかちえていたのである。彼を知る程のものはすべて集《つど》い来たって、彼のことを賛辞《さんじ》と好感《こうかん》とをもって私に告げた。――彼が最後の闘いの地たるこの国の景色を見るにさえ、我々の心は痛むのであるが、この遠隔《えんかく》の地において尊敬の念をもって語られるフランス名前を耳にするとき、初めて我々は心の底から慰《なぐさ》めを感じる。――彼に伴《ともな》った従者《じゅうしゃ》達は忠実に彼の臨終《りんじゅう》の一伍一什《いちごいちじゅう》を物語った。しかし『世界旅行』に発表された物語に、一層《いっそう》の興味を添えるようなものは何も得ることはできなかった。

彼の死体はルアンプラバンから三キロメートルのナムカーン Nam-Kan 河畔、ナパオ Naphao の町に近いところに埋葬《まいそう》されている。私は氏の墓側に我々の尊敬を表明し、氏のこの国における思い出を記念するために、ささやかなる記念碑の建設をラオス当局に願い出た。

ラオス王はこの願いを心からの喜びをもって許可し、その上、記念碑に要する材

アンリ・ムオの墓

料一切の提供までも申し出てくれた。私はド・ラポルト de Laporte 氏にその建設を依頼《いらい》したが、それは長さ一・八メートル、高さ一・一メートル、幅〇・八メートルのレンガ建てになるはずである。その一面に嵌《は》められる石には、アンリ・ムオ氏の名と、一八六七年の文字が刻まれることになっている。

ド・ラポルト氏は下図を描かれたが、これはド・ラポルト氏の名前によって、ムオ氏の家族に贈られるはずになっている。」

われわれが建てることになったこの墓の下図《したず》は、フランス領コーチシナ総督《そうとく》ラ・グランジエール La Grandiére 提督《ていとく》の取り計いによってムオ未亡人《みぼうじん》に届けられた。

あとがき

フランスがインドシナ半島に着目《ちゃくもく》し、アジア制覇《せいは》の基地としてその地に足場《あしば》を築くまでに、二百年あまりの歳月と幾多無名《むめい》の犠牲者を数《かぞ》えている。大革命直前に活躍したアドラン司教ピニォー・ド・ベェーヌは、決して名なき第三階級者ではなかったが、朽木彫《くちきほ》るべからざるフランス旧制度王国最後の悲劇《ひげき》の英雄であった。その英雄のアジアに政治手腕を振るう以前、すでに早くから数多《あまた》の天主公教会聖職者《せいしょくしゃ》は、黙々《もくもく》として祖国フランス王国のために、この有望にして重要な基地を踏査《とうさ》し、民情を探り、もって職僧アドラン司教が活躍する素地《そじ》を作っていた。この求むるところなきひとびとによって、フランス王国の勢力は、大革命直前に遠く南アジアの一角に伸びたのであったが、八九年の暴風雨はわずかな礎石《そせき》を残してインドシナにおけるフランスのなかば建てられた殿堂《でんどう》を泥土《でいど》に委《ゆだ》ねしめた。

あらしは静まり、フランスが共和国となって捲土重来《けんどちょうらい》するにおよび、再びこの国は多くの名無き国士《こくし》の活動を要求した。先にはインドシナ半島東南海岸地方の探査が求められたのであるが、海岸地方に勢力を扶植《ふしょく》したこの秋にあたっては、さらに進んでこの半島の東を南北に貫き、南シナ海と中国大陸西南角とを結ぶと考えられる大河メコンの河口の占領と、大河流域の全貌《ぜんぼう》を知悉《ちしつ》することが、当面求められる行動日程となった。

西紀一八五八年九月、リゴー・ド・ジュヌイイ提督はツーラーヌにおいて攻撃の火蓋《ひぶた》を切り、ベトナム帝国領の侵略を開始したとき、その同じ月の十二日、フランスの一科学者アンリ・ムオ Henri Mouhot はメコン河流域諸地方の探査《たんさ》を自己の任務として、タイ国の首都バンコクに上陸した。この一科学者は、あたかもアジア侵略戦においてフランスがイギリスと提携《ていけい》して戦っているように、ロンドン科学協会の委嘱《いしょく》を受け、未知の国々の地理的、社会的諸状態《しょじょうたい》の調査を目的として来たのであるが、国力充実《こくりょくじゅうじつ》する母国の精神は、彼をして絶えずアジアにおけるフランスの地位を、イギリスよりも強固にして支配的なるものになさずんば已《や》まざる切願《せつがん》を抱《いだ》かしめたのである。ゆえに彼はこの南アジアの国々を踏査《とうさ》するにあたって、断じて客観的な傍観者《ぼうかんしゃ》の立場に立って、事物万象《じぶつばんしょう》を観察し、判断し、結論したのではなかった。文明の太宗と信ずるフランスの優越性の自覚、フランスをして優越性を保持せしめざるべからずとなす責任観、その優越性を保持し得るとして疑わざる牢固《ろうこ》たる自信は、彼の三か年あまりにわたる困難《こんなん》に満ち、危険とともに生きる探険行を執拗《しつよう》に遂行《すいこう》せしめたのである。

本書はこの一科学者の探険記、詳しく言えば『タイ、カンボジア、ラオス諸王国およびインドシナ中央諸地域旅行記』《Voyage dans les royaumes de Siam, de Cambodge, de Laos et autres parties centrales de l'Indo-Chine》Paris,Hachette,1868.》の全訳であるが、幸いにこれをひもとかれる諸子《しょし》は、ムオなる一フランス人がいかなる決意と目的とをもって、この瘴癘《しょうれい》の地を踏破《とうは》し、ついにメコン河の上流山地において自己の生命をなげうったかを知り得られるにちがいない。

ムオの生涯は、すべて本書一巻に記録されている。わずかに彼が西紀一八二六年、フランスの古い城町モンベリアールに生まれたことのみを、われわれは知り得るの

プノンバケンから見たアンコール・ワット。森のなかにたたずむ様子が視界に入る。アンリ・ムオの旅は、アンコール・ワットの存在を世界に知らしめることになった

みで、三十二歳の秋、その探険行《たんけんこう》の第一歩をタイ国の地に印《いん》するまでの行実《ぎょうじつ》は、私の狭い見聞《けんぶん》ではまったく何ものも知ることができない。しかしながら本書において、原住民の社会生活全般にわたる観察を通じて考え得る、彼の志向と教養とは容易ならぬものを感じさせる。おそらく優れた独学力行《どくがくりきこう》の青少年期を経た人物であると言い得るであろう。

バンコクを出発したムオは、メコンの河上《かじょう》遠くルアンプラバンに達し、西紀一八六一年、三十五歳の生涯《しょうがい》を閉じるまで、この大河を中心にして住むアジア人の生活と性向《せいこう》とを調査し、行くところ常にフランス人たる自覚に支えられた誠実の心をもって住民たちに深く祖国フランスの影像《えいぞう》を刻みつけた。このことたるや彼がスティエン族のなかに生活し、あるいはカンボジアにおいて欧米人として初めて悲壮《ひそう》なアンコール・ワットの偉大さに驚嘆《きょうたん》し、あるいはフランスの対タイ政策、およびメコンを通じて行わるべき中国本土侵寇方略《しんこうほうりゃく》の樹立に資《し》する調査を行った業績《ぎょうせき》以上に評価せられ、われらの慎重《しんちょう》な考慮《こうりょ》を促《うなが》す行動であった。

ムオがこの世のなかに生まれて来たのは、ただこの探険行《たんけんこう》をなすがためのみであった。しかし、この三年の月日に凝集《ぎょうしゅう》した彼の生涯は、フランスをしてこの半島に鬱然《うつぜん》たる勢力を築かしめる礎《いしずえ》となったのである。

われらはアジアを侵寇《しんこう》するいかなる国に対しても限りなき憤《いきどお》りをもつ。しかしながらムオのごとく命も名も金も欲せず、祖国のために身をなげうつ人物の行蔵《こうぞう》を省《かえり》みるとき、われらは峻厳《しゅんげん》に対立する旧世界のために戦った人士とは言え、なおかつこの悲壮《ひそう》なる志に対しては、よく哀惜《あいせき》の情を禁じ得ないとともに、すめらあじあの建設について、われらに要求せられるものが何であるかを切々《せつせつ》として痛感するのである。

最後に本訳書をなすにあたって、所在《しょざい》に見ゆる固有名詞の読みかたは、努めてタイ語固有の発音法に従《したが》った。これについては、しばしば満鉄東亜経済調査局《まんてつとうあけいざいちょうさきょく》、宮原義登氏の教示を煩《わずら》わした。ここに記して深い感謝の意を表明したい。

昭和十七年十一月十日、アンリ・ムオ八十一年忌にあたりて

大岩誠

●本書は、一九四二年に改造社より刊行された大岩誠訳『シャム、カムボヂァ、ラオス諸王國遍歴記』を底本に、『アンコールワットの「発見」』と改題し、本文を現代仮名遣い、慣用的な表記に改めた。

●本書掲載図は、本書出版時の地理、街の状況をもとに作成した。

●本書掲載図のうち、アンリ・ムオのたどった道は、『Voyage dans les royaumes de Siam, de Cambodge, de Laos et autres parties centrales de l'Indo-Chine』(Le Tour du monde) および、一九七四年に出版された『アンコール・ワットの発見』(アンリ・ムーオ著・菊池一雅訳/学生社) 掲載図を参考に作成した。

●また『東南アジアを知る事典』(平凡社)、『タイ国政府観光庁』公開資料を参考文献としてもちいた。

著者 アンリ・ムオ（1826-61）
1858年から61年にかけて、タイ、カンボジア、ラオスを踏査したフランス人旅行家。森のなかにたたずむアンコール・ワットを紹介し、その存在を世界に知らしめた（本書はそのときの記録）。旅の途中、ラオス山中で熱病にかかって病死。ムオの墓はルアンプラバン近郊に残る。

訳者 大岩誠（1900-57）
昭和の政治学者。京都大学法学部助教授となるが、1933年の滝川事件で京大を離れる。その後、立命館大学、満鉄調査部、電通、南山大学に勤務。著書に『政治学史』、訳書にカンパネラ『太陽の都』、アンリ・ムオ『シャム、カムボヂア、ラオス諸王國遍歴記』などがある。

参考文献
『アンリ・ムオの墓碑をルワンプラバーン近郊に訪ねる』（木村宗吉／史学）
『20世紀日本人名事典』（日外アソシエーツ）

・本書はオンデマンド印刷で作成されています。
・本書の内容に関するご意見、お問い合わせは、発行元の
まちごとパブリッシング info@machigotopub.com までお願いします。

アンコールワットの『発見』
～タイ・カンボジア・ラオス諸王国遍歴記（Classics&Academia）

Digital Publishing

2018年3月18日　発行

著　者	アンリ・ムオ（Henri Mouhot）
訳　者	大岩誠（おおいわ まこと）
発行者	赤松　耕次
発行所	まちごとパブリッシング株式会社 〒181-0013　東京都三鷹市下連雀4-4-36 URL　http://www.machigotopub.com/
発売元	株式会社デジタルパブリッシングサービス 〒162-0812　東京都新宿区西五軒町11-13 清水ビル3F
印刷・製本	株式会社デジタルパブリッシングサービス URL　http://www.d-pub.co.jp/

MP200

ISBN978-4-86143-336-8 C0026　Printed in Japan
本書の無断複製複写（コピー）は、著作権法上での例外を除き、禁じられています。